克努特·尼克劳斯（KNUT NICOLAUS）

架上绘画修复

献给我的老师

Leo Cremer，慕尼黑

Bruno Heimberg，慕尼黑

Johann Hell 博士，伦敦

Hermann Kühn 博士，慕尼黑

Hermann Lohre，慕尼黑

Augusto Vermehren 教授，佛罗伦萨

Christian Wolters 博士，慕尼黑

架上绘画修复

克努特·尼克劳斯（KNUT NICOLAUS）

编辑：克莉丝汀·韦斯特法尔（Christine Westphal）

翻译：王 方

人民美術出版社

北 京

图书在版编目（CIP）数据

架上绘画修复 / (德) 克努特・尼克劳斯著；王方译. -- 北京：人民美术出版社, 2017.12
ISBN 978-7-102-07806-9

Ⅰ. ①架… Ⅱ. ①克… ②王… Ⅲ. ①绘画－文物－修复 Ⅳ. ①G264.3

中国版本图书馆CIP数据核字(2017)第255764号

版权登记号：01-2017-1907

Art Direction and Design: Peter Feierabend
Layout and typesetting: Thorsten Laureck & Dirk Beuster, GbR, Hürth
Proofreading and index: Sabine Bleßmann, Köln

架上绘画修复
JIÀSHÀNG HUÌHUÀ XIŪFÙ

编辑出版　人民美術出版社
（北京北总布胡同32号　邮编：100735）
http://www.renmei.com.cn
发行部：（010）67517601　（010）67517602
邮购部：（010）67517797

责任编辑　张　侠　夏　婧
审　　读　张　桦
责任校对　冉　博　王存性
责任印制　刘　毅
制版印刷　北京图文天地制版印刷有限公司
经　　销　全国新华书店

版　次：2017年12月　第1版　第1次印刷
开　本：710mm × 1000mm　1/8
印　张：53.5
印　数：0001—1000
ISBN 978-7-102-07806-9
定　价：680.00元

前言

在我刚开始从事修复工作时，曾碰到过一件令我至今难忘的事。当时有位重要绘画藏品的继承者，取笑过一位偶尔注意到自己藏画的著名修复师，认为她的工作“精妙”得过了头（也就是太贵了）。他骄傲地对她讲，自己最近刚让一位“走街串巷”的上门修复师给一幅弗朗斯·哈尔斯（Frans Hals）的画做了清洗和覆背。他在画的背面抹上白色的木工胶（白乳胶），在上边铺了一块覆背画布，光着脚在上边踩，直到“粘住”为止。为了清除光油，他在整个画面上涂了一层浆糊，过了一会儿就将浆糊和光油一起去掉了。

令我感到惊讶的并不是这个“修复”过程本身，而是重要艺术品的收藏家们竟然能把这样一种操作方法引为典范。如今的博物馆管理者、保护机构、艺术品经销商和收藏家们已几乎不可能把一幅画托付于这等江湖郎中。然而，高水平的科学家、艺术家在近几十年来所研发的绘画保护修复技术，以及对现代绘画修复的复杂性还没有得到应有的重视，我希望这本书可以帮助改善这种状况。与此同时，我的一些同事担心它会鼓励每一个业余修复爱好者都一试身手，但这种担忧是没有根据的，相反，所有想当修复师的明眼人在读过这本书后，都会彻底放弃在这一领域里进行任何的自行尝试。

这本书不是写给对修复感兴趣的门外汉的指导手册，相反，它的目的在于说明绘画保护与修复工作实际上是多么的复杂和精微，且为了艺术，为了独一无二的艺术品，也为了各位的经济利益，修复工作都只能由有资质的修复师来承担。因此，我也有意识地挑选了一些插图，来展示不当的修复尝试所引发的病害。

所有古代大师的作品和几乎所有经典的现代绘画作品都已至少接受过一次修复。换句话说，修复师很难碰到未被修复过的“处女”画作。他在执行任务的时候必须记住，已知或未知的修复材料可能已经以各种方式进入待修复的画作之中了。为了让大家对过去——尤其是19世纪——所用的材料获得深入的了解，在每一章中，除了讲述当下的修复方法，也会涉及相应的历史修复技术与材料。

有几点要特别指出：

1. 在木材显微图集的插图中，木材横切面中的年轮一般都是呈水平走向。不过我放弃了这种常用的方式，考虑到修复师是将画作平放来检视木材切面的，因此本书中木材横切面的插图中，年轮是呈垂直走向的。

2. 为了加深读者的理解，有些特定的事实和步骤会在多个地方不止一次地重复叙述。比如微摩擦，在所有适合用这种方法来解决问题的段落中都会提及。

3. 我回避了诸如“精确地”“仔细地”等（修复文献中常见的）词汇，因为修复程序中的所有步骤都理应是精确、仔细的。

4. “颜料层”一章中涉及了老化引起的起皱、黄化、覆盖层损失、裂隙等变化。人们一般认为这些都是不可避免的年龄印记。但在这里我们还是要处置其病害。虽然的确无法将它们消除，但对画作背面的及时处理和采用适当照明等措施至少可以稳定住它们的现状。

5. 本书的四个主要章节中，任何一章（以现有的绘画修复技术和材料知识水平）都可以独立扩展为一本书。但这本书不仅面对专家和鉴赏行家，也要面对对修复感兴趣的外行人士，因此有必要将文字缩减至可读的分量，并用普通人易于理解的语言来撰写。尽管这本书还是很厚，且不可避免地还要用到一些专业术语，但我希望我是成功的。这本书并不是要（也不能）取代不断发表的专业文章。

本书试图总结现阶段知识并以“科普”形式展现它们，此外也试图完善修复术语的用法并提出一些可供讨论的新名词。不论读者的现有知识水平如何，每一位喜好欧洲绘画的人都能在这本书中找到保护它们的先决条件。

目录

第一章　木材支撑体

导言

前 2 页：木材绘画支撑体的背面，展现了用木扣补强的胶合接口。

17 世纪之前，木板一直充当着欧洲画板绘画的主要支撑体。乔托（Giotto）、拉斐尔（Raphael）、丢勒（Dürer）、克拉纳赫（Cranach）、鲁本斯（Rubens）和伦勃朗（Rembrandt）等艺术家都是在木板上作成自己的全部或大部分作品的。这种支撑体在观众眼中可能坚实可靠，但在绘画修复师眼中却是问题之源。因为以下的一种或多种原因，许多杰作都遭到了无可救药的损坏或损毁（见下图及对页插图）：

- 艺术家或画板工匠使用了不当的木材
- 保存或悬挂在不当的气候条件中
- 在运输过程中失于对气候条件的控制
- 不必要或不专业的处置，如安装托架
- 木材虫害

它们导致的后果包括支撑体的塑性变形、黏合接口开胶、木板开裂、支撑体收缩，以及随之出现的绘画层脱层（开裂），乃至木材虫害导致的支撑体强度下降。

在讨论这一话题时，需要区分木材支撑体本身所发生的损坏（如翘曲、黏合接口开胶或虫害）和木材支撑体引发的其他损害（如颜料层开裂——疱疹）。关于这两个领域的进一步讨论会在本章和“颜料层”一章（见 154 页起）中分别展开。我们在本章中仅讨论欧洲艺术家用于木板绘画的木材以及常见于木板绘画中的虫害。

20 世纪 50 年代以来，人们投入了越来越多的力量来改进处置方法以及开发新技术[1]。木板绘画的所有保护和修复工作都建立在对木材的复杂结构和它对环境影响反应的基础之上。

下图及对页：
粘上去的两个木块和围绕边缘的木条使这幅画的木质支撑体无法在空气相对湿度变化的作用下自由地发生反应（左下图），这使木板发生了两处开裂。在之前的几个世纪中，人们也曾试着用黏接、补腻子和复绘来修复这一损坏，却都没有消除真正的病因。这些方法只是使情况变得更糟（右下图及对页左上图）。直到木条、木块和接口处的腻子被清除（对页右上图），并将画板重新黏接（对页左下图）后，木板才得到了“休息”。（对页右下图）
（尼德兰，《男青年画像》［*Young Man*］［约 1530 年］，不伦瑞克安东·乌尔里希公爵博物馆。）

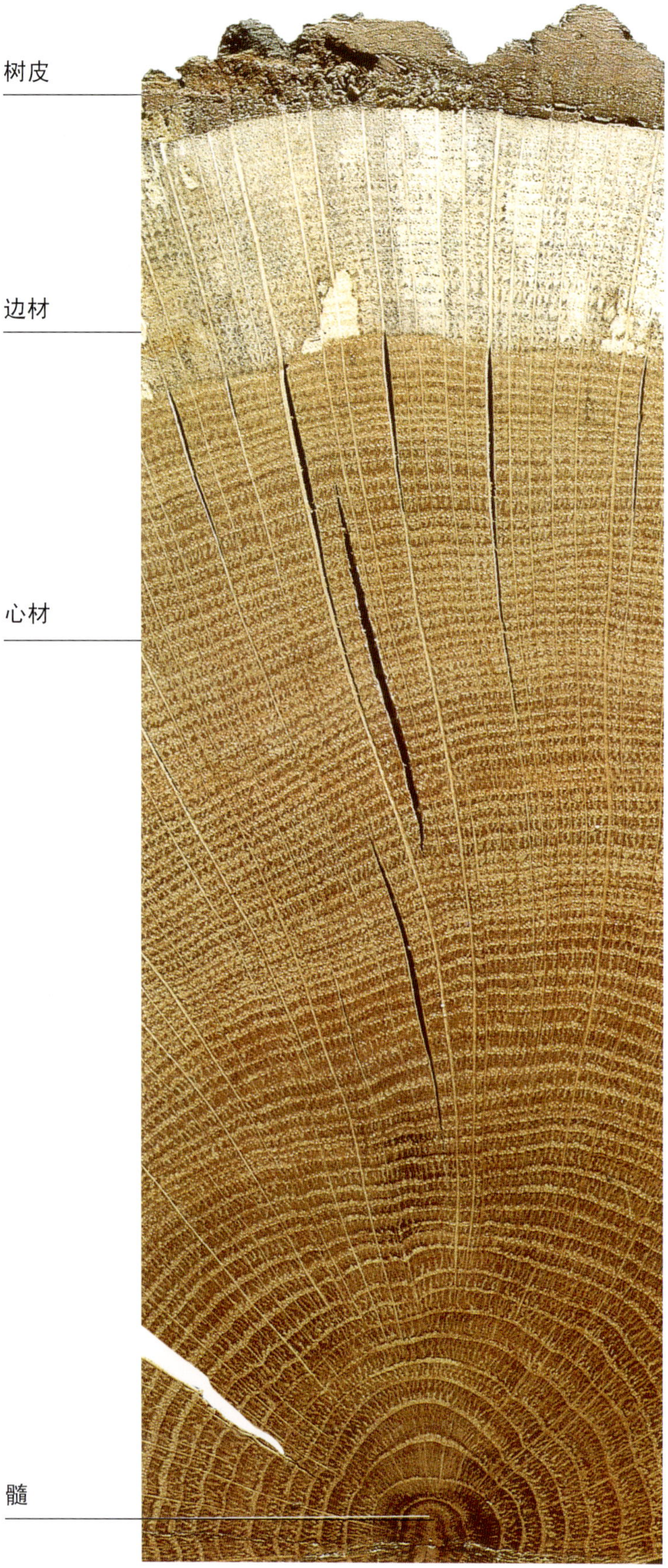

一棵橡树树干的横切面

木材的形成

树木既可以通过散播种子进行有性繁殖，也可以通过株蘖（如柳树）或扦插的手段进行无性繁殖。如果条件温暖湿润，营养充足，扦条或种子就会向上向光并向下向地往泥土里生长。向光生长的部分后来会形成树干和树冠，向地生长的部分则会形成根。根的主要功能是采集营养，次要功能是将树木固缚于土壤之中。

纤维素的形成

广阔的根系吸收溶解在水中的无机养料，并将其输送到树冠。树叶的下面有许多小孔或气孔，树木通过它们从空气中收集二氧化碳。在叶绿素的催化作用下，阳光使二氧化碳和水发生化合（光合作用），最初的产物是葡萄糖，葡萄糖又会渐渐变成淀粉。这些淀粉就是形成植株主体的材料——纤维素——的基础物质。

木材的生长

木材的所有生长都发生在边材和内皮之间的形成层（分生组织）。在这一过程中控制细胞分裂的是激素。形成层不断增大，从内侧分生出木细胞，从外侧分生出皮细胞。在较老的树木中，树皮占原木的10%—15%，而木材本身占85%—90%。为欧洲木板绘画提供用作支撑体的木板的树木便是这样逾数百年而长成的。

木材的结构

依靠裸眼或放大镜就可以辨识出木材的特征性构成部分。在带树皮的树干横切面上，我们可以根据木质类型分辨出树皮、边材和心材、髓环、生长轮和髓管（见对页插图）。但只有在显微镜下才能看到个别细胞的清晰结构。

木质化

随着树龄增长，木质化进程会使木材分化为边材和心材。树干外层的边材是树木活的部分，担负着水的输送和存储功能。而总体来说，树木内部的心材则不再包含任何活的细胞。木质化本质上就是活存储细胞死去的过程。它通常始于树龄 20—40 年之间。木质化的同时如果还伴随有色抽提物的沉积，就会形成有色的心材，比如橡树、松树和核桃树。在木质化的过程中，除了树木不再需要用作营养的特定抽提物，如树脂、橡胶在心材中沉积，也常因细胞壁的纹孔（孔）封死和侵填体（疱状生长物）在存储细胞中形成，而伴有气体和水代谢的变化。

存在于心材中的许多物质都有杀菌和防虫的特性。它们大大提高了木材的天然耐久性，并在一定程度上保护心材免受昆虫的侵袭（见上图）。因此，那些“耐久”级的木材主要来自带有有色心材的树种，而耐久性较差的木材大部分都没有有色心材。

根据所形成心材的种类，可对树木进行如下分类：

- 带有规则的有色心材的树木，包括橡树、松树、核桃树和柳树（见中图和下图）
- 带有浅色心材的树木，心材与边材无法根据颜色区分，但心材含水较少，包括云杉、冷杉、红榉和椴木。
- 心材延迟形成的树木，心材与边材没有色彩或湿度的差异，木质化的标志只能通过显微镜辨识。这组中用于木板绘画的木材只有杨木。

生长轮

生长轮是因树木在春夏季生长而在冬季休止而形成的。在某些特定条件下，可以根据木材中生长轮的数目，用树木年代学来计算树木被采伐的时间，并由此大致推测出木板绘画的年代。

早材、晚材

在每个生长期的开始和结束时，不同类型、

这块橡木板中只有边材受到了昆虫的侵害。

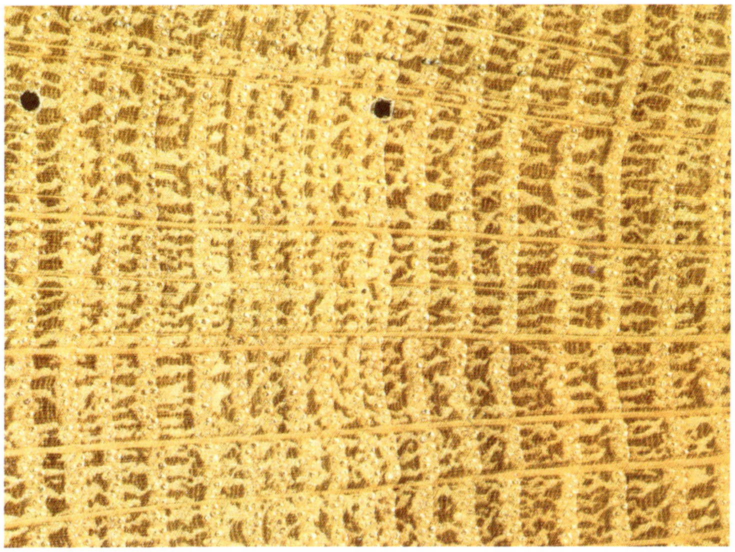

生长轮是因树木在春夏季生长而在冬季的休止生长而形成的。
中图：硬材（橡木）
下图：软材（松木）

髓（上图）起着存储养料的作用——尤其是在年轻的树木中。如果不将髓管从支撑体中去除，木板就会劈裂（中图及下图）

不同大小的细胞会以不同的数量和分布方式出现。在生长轮中可以分出早材和晚材。早材在春季用于大量输送水分；晚材主要是支撑组织。这种功能的差异在软材中尤为明显——早材中形成的细胞宽大、壁薄，而晚材中形成的细胞狭窄、壁厚。

髓心

木材中的其他细胞复合体包括髓射线、垂直存储细胞（纵向薄壁组织）和树脂道。髓心起到存储营养的作用——尤其是在年轻的树木中。这种死的存储组织直径很小，只有几个毫米。画在仍留有髓管的木板上的绘画容易开裂（见左侧插图）。

软材

就进化史而言，软材比硬材更为古老。最早的软材植物在3亿3000万年之前就已经存在了。

软材有着简单规则的细胞结构（见对页插图）。它们包括：

- 垂向传导及支撑组织（纵向管胞）
- 垂向存储组织（纵向薄壁组织）
- 垂向树脂道
- 径向髓射线

髓射线又分为：

- 径向传导及支撑组织（横向管胞）
- 径向存储组织（径向薄壁组织）
- 径向树脂道

传导及支撑组织

垂向的传导及支撑组织是由形成后直接死亡的死木质构成的。它们非常适合结构支撑和水分输送的功能，在软材的所有细胞元素中，占据了最多的空间（木材的90%—95%）。这种组织排列成规则的行或列。早材的管直径比晚材小。壁薄腔宽的早材组织（早材管胞）主要功能是输送水分；壁厚狭窄的晚材组织（晚材管胞）则为树干提供了机械强度。在树干的径向和横向细胞壁上有着叫作纹孔的开口，物质通过它们在细胞间进行交换。叫作纹孔塞的珠状生长物可将这些孔封闭。心材形成时，纹孔就会封闭，开口中也会存贮其他的物质。在本地（欧洲）的软材中几乎不存在垂向薄壁组织。

髓射线

髓射线是径向穿过木材的窄条，在木材中输送并存储物质。在软材中，它们是由一列堆叠的细胞构成的。因此其构造也被称为单列或单层的。只有包护着树脂道的髓射线会在树木中心部位增厚，形成多列细胞。在径向的细胞壁上，有叫作交叉场纹孔的开口，将径向存储细胞和垂向传导及支撑组织连接起来。

树脂道 树脂道既有纵向的，平行于木材纤维，也有与树干轴心垂直的，它们形成了一个耦合体系。垂直树脂道主要存在于晚材中。横向树脂道常包埋于髓射线内。用于木板绘画的软材中，云杉和松木有树脂道，而冷杉则没有。

硬材

硬材（见16页插图）代表着比软材更高的发展水平，有证据表明，它们在6500万年前就已存在[2]。它们的解剖结构更为复杂：为了每种功能都单独发展出了一种细胞，比如输送水分的细胞和机械支撑的细胞。硬材比软材包含更多种类的细胞和组织。水由导管输送，而机械强度由纤维（韧型纤维、纤维管胞）提供，营养的存储和输送则由平行和垂直于纤维的存储细胞（纵向薄壁组织、径向薄壁组织）实现。

导管 导管是木质化的死细胞，最容易用肉眼看到。它们包含大量独立的导管单元或导管组件，形成轴向管状的细胞系。被切断的导管通常直径较大。在木板的横截面中它们呈现为孔隙，在画板背面则呈现为沟槽（见对页插图）。根据导管的位置、数量和尺寸可将硬材分成三组：环孔硬材、中环孔材和散孔硬材。

环孔硬材 环孔硬材的早材导管特别粗，呈明显的环状排列。而晚材的导管则细得多。橡木是唯一一种被艺术家用于绘画的环孔材。

中环孔材 在中环孔材中，早材区域的导管要么尤为众多而密集，要么就是比晚材中的大。胡桃木是唯一一种曾被用作绘画支撑体的中环孔材。

散孔硬材 在散孔硬材中，整个生长轮中导管的分布与尺寸都没有明显的差异，这意味着每条生长轮的标记都很不清晰。本地（欧洲）的硬材主要是散孔硬材。山毛榉、椴木、杨木和柳木板都被用作绘画支撑体。

纹孔 不同于软材，硬材中的水分会在平行于纤维的导管中（沿轴向）自由地从一个单元流向另一个单元。只有径向的液体输送通过纹孔——硬材导管的纹孔没有纹孔塞——液体也不是以流而是以扩散的形式流通的。这种渗透性的降低因纵向细胞壁上的大量纹孔而得到了平衡，这样便能保

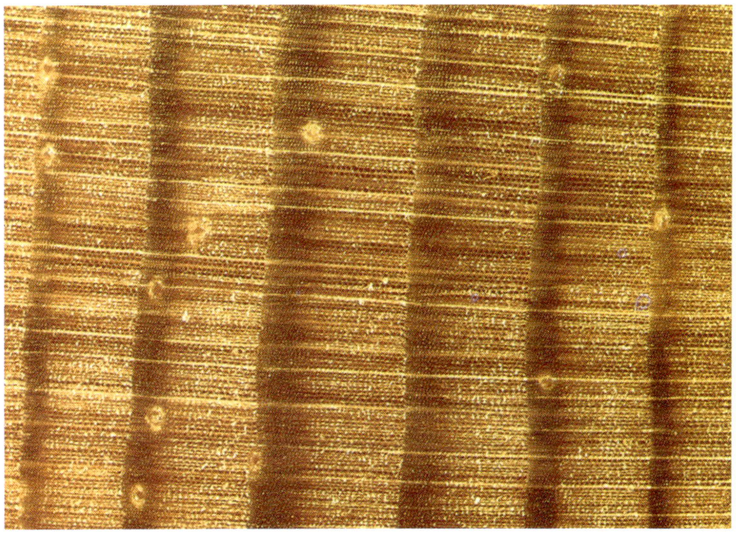

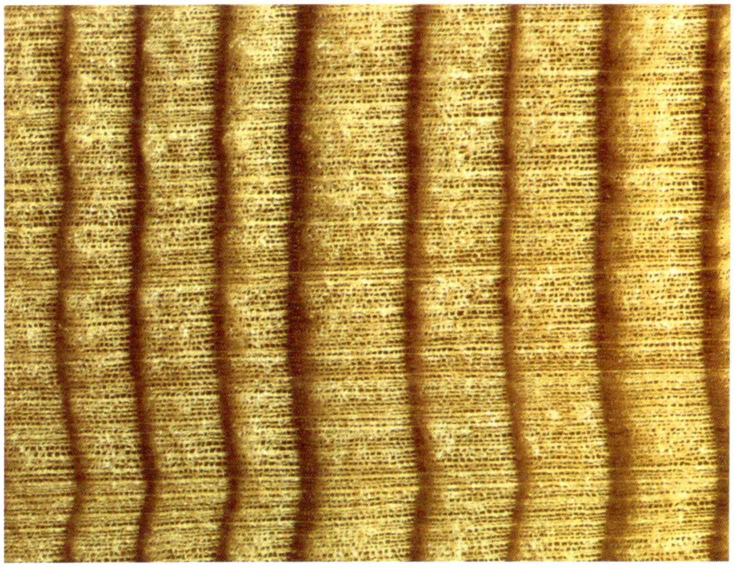

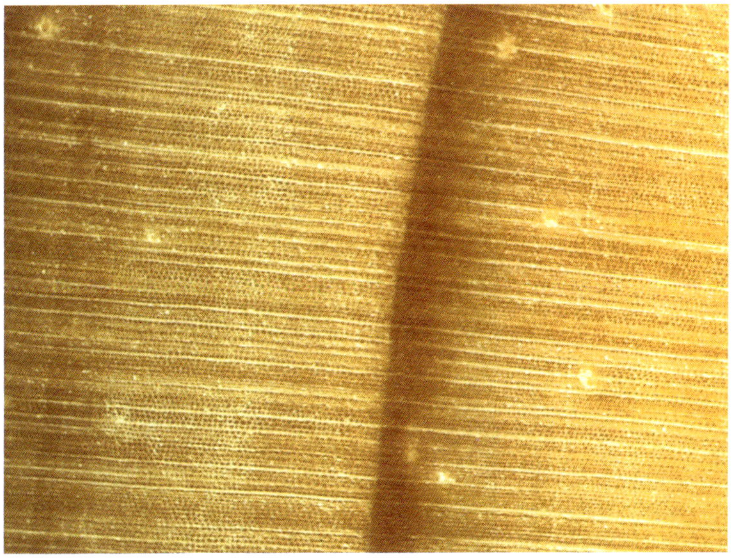

在欧洲，木板画家使用松木（上图）、冷杉（中图）和云杉（下图）制成的木板。

证养料充分地输送。在木质化的过程中，导管有时会被侵填体和抽提物堵住。

存储细胞 大多数硬材中都存在平行于纤维的存储细胞。它们与髓射线中的存储细胞共同构成了存储养料的活细胞网络，直到木材木质化时才死去。

髓射线 硬材的髓射线完全是由存储细胞构成的。一般来说射线是由 1—20 列细胞构成。和软材一样，杨木和柳木只有很薄的单列射线，而橡木和山毛榉则有着宽达 20 列细胞的髓射线。在木材的径向切片中，可见这些宽的射线呈“波痕”状（见对页插图右图、左下图、左上图，亦见 18 页起），比如尼德兰绘画用的橡木支撑体，或克拉纳赫画派喜欢用的山毛榉木板。

木纤维 作为支撑元素，木纤维形成了硬材本体的基本组织，所有其他的细胞都嵌在其中。木材的总密度（或比重）、强度，有时还包括可加工性——都是由 50%—75% 的纤维含量决定的。

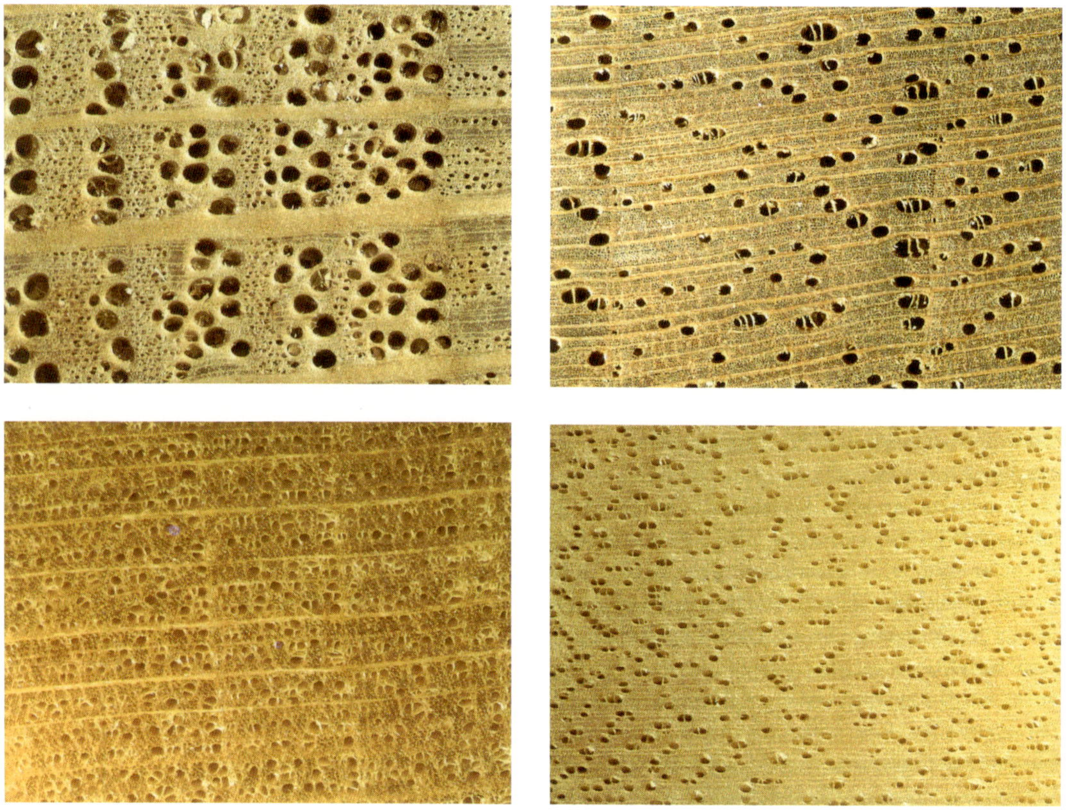

在硬材中，橡木（环孔材，左上图）是最常用作绘画支撑体的，而胡桃木（中环孔材，右上图）、本地的椴木和杨木（均为散孔材、左下及右下图）则偶尔用作支撑体。

木材的化学构造

木材是一种复合材料。包含碳（C）、氧（O）、氢（H）、氮（N）和矿物质元素。

木材的主要成分是：

纤维素	40%—50%
多糖	15%—35%
木质素	20%—35%
抽提物	1%—3%

纤维素

纤维素，在细胞壁构成物质中占绝大部分的成分，对木材的拉伸强度起到尤为重要的作用。

多糖

一些多糖也被称作半纤维素，与纤维素结合紧密。多糖的功能还没有被完全阐明，但人们认为它们在木材的膨胀与收缩过程中起到了关键性作用。

木质素

木质素具有扶强细胞壁的功能，也给木材带来抗压强度。在文献中，它被比作钢筋混凝土建筑中的混凝土：混凝土块体从侧面扶强拉伸的钢筋框架，并给钢筋混凝土带来抗压强度。

抽提物

抽提物大多存在于细胞内，偶尔也存在于细胞壁中。它们包括多种芳香族化合物，影响着木材的颜色、香味、表面连贯性、耐久性和防虫性能。

淀粉
果胶化合物
蛋白质

木材中含有少量的淀粉、果胶化合物和蛋白质。这些成分存在于存储细胞中，对昆虫和真菌的生长起着至关重要的作用。淀粉和蛋白质不仅对许多昆虫的幼虫发育有着重要意义，它们也和固态的细胞壁物质一起成为木腐菌类的重要养料。

上图：在不同切割取材方式的木板中，被切断的导管决定了绘画背面的外观。

在橡木板的横切面中髓射线看起来是浅色的条带（左下图）；在径切面中它们显示为“波痕”（右图）。

木材切割

木材的切割方向可分为三种：横切、弦切和径切（见下图）。

横切 横切口垂直于树干轴心，与纤维交叉，意即切断平行于轴的细胞和细胞群。

弦切 弦切口平行于树干轴心，与生长轮相切，意即垂直切断髓射线。大多数木板都是弦切的。生长轮在弦切的木材表面形成“U”形的纹理。

径切 径切口平行于树干轴心和髓射线。有着清晰生长轮的木材（橡木）在径切时会呈现出条状纹理。髓射线被纵向切割。这会生成一种叫作“波痕”的闪光条带和鳞状斑。径切的橡木与红榉木板会产生可见度各异的“波痕”。径切口越精确，“波痕”就越明显。这就意味着，对于没有装框的这种木板，通过观察其“波痕”的外观就可以判断出其质量与气候耐受性。（见 17 页插图右图）

因此，木材支撑体的外观与“气候反应”在很大程度上取决于切割方向。

横切（左图）、弦切（中图）和径切（右图）的木板。

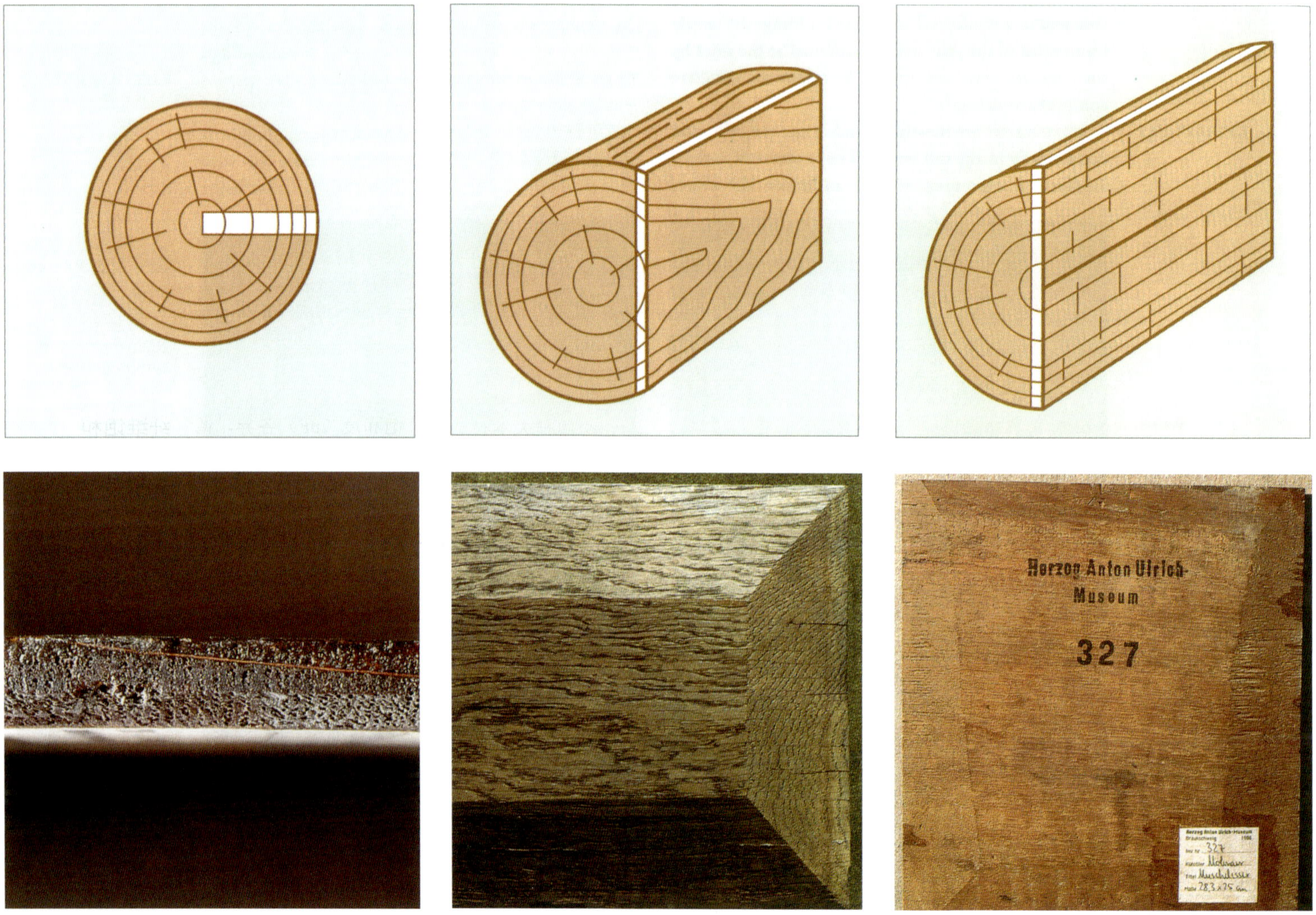

木材支撑体的属性

密度

举例来说，木材支撑体不像是铜板，它并不紧实，而是包含着细胞，即腔。在每种不同的木材和每块不同的木板中，腔（孔容积）与木材整体的体积比都不相同。一块木板的近似总密度（ρ）是用它的质量（kg、g）除以包括所有的腔在内的体积（m³、cm³）算出的。

总密度计算

密度（ρ）= 质量（kg、g）/ 体积（m³、cm³）

因此总密度随不同含水率而变化，可如下定义为：

ρ_u= 木材含水率为 u% 时的总密度

ρ_0= 木材含水率为 0% 时的总密度

ρ_{12}= 木材含水率为 12%（标准含水率）时的总密度

用于木板绘画的木材总密度介于 0.27 g/cm³（柳木）与 0.93 g/cm³（橡木）之间。每种木材的总密度也都会围绕平均值上下浮动。

影响总密度的有以下多种因素：

- 一环生长轮内早材与晚材的比例：晚材比例越高，总密度越大；
- 生长轮的宽度：人们一般认可，生长轮越宽的软材密度越低，而生长轮越宽的硬材密度越高，这一规律尤其适用于橡木之类的环孔材；
- 木材切片在树干横截面中的位置：生长轮的宽度在这方面也起着决定性的作用。

木材的总密度是对其技术性能和气候反应性能起决定性作用的特征。木材的总密度越大，木板支撑体就越硬，越坚固，也越耐用。生物灭杀剂要渗透未被蛀道蚀穿的致密木材需要花更长的时间，这种木材也比较轻的木材收缩或膨胀得更厉害。

硬度

木材的硬度是按异物刺入其表面所受到的阻力来计算的。由于多孔的结构，木材的质地非常不均匀，所以很难确定它的硬度。人们曾使用过的一种方法是布氏试验[3]；布氏硬度 HB（kg/mm²）值是在木材含水率为 12% 时测量出来的。然而所有的硬度测量值都只能视为近似值。所有木材的硬度数值都同时取决于木材的总密度和含水率。

布氏硬度

对于绘画修复来说，要想预估支撑体对修复保护工作和气候变化的反应，只要能区分出制作木板的木材是较硬的还是较软的（注：并非硬材与软材之分）就够了。

在用于木板绘画的木材中，冷杉、松木、云杉、杨木、柳木和椴木被归为硬度级别较低的木材，橡木、红榉和胡桃木被归入硬度级别较高的木材。

收缩与膨胀—解吸与吸着

木材含水率

木材总是含水的（除非进行人工脱水）。新木材的细胞腔和细胞壁中都含水，但木质支撑体中，水分只存在于细胞壁内。木材的物理、机械和技术性能——还有它的可加工性、对昆虫和真菌侵袭的耐受性以及生物灭杀剂的浸渍程度——实质上都取决于它的含水率。木材含水率（u）以百分比计量，可以用电子水分计测量，也可以根据“湿”木材与绝对干燥木材的比重值来计算。

平衡含水率

木材的吸湿性很强。它从空气中吸收水分，再将其释放到大气中，直到含水率达到与环境气候平衡的状态（平衡含水率）。平衡含水率（EMC）取决于空气相对湿度。木质支撑体储存在温度为 68 ℉（20℃）、空气相对湿度为 65% 的环境中时，平衡含水率应为约 12%（标准含水率）。木材在空气相对湿度为 100% 时的平衡含水率被称作纤维饱和点（FSP）。

纤维饱和

不同种类木材的纤维饱和度（uF）各异，低至 22%，高至 35%，它们的平均值为 28%—32%（见 20 页图表）。

木板在向环境中释放水蒸气时会收缩，吸收水蒸气时则会膨胀。这两个过程分别叫作解吸和吸着。一块木头——在这里我们指的是木材支撑体——的尺寸会随着收缩与膨胀而变化。因为较陈旧的绘画层没有足够的弹性，无法在长时间内顺应这种运动，结果便会遭受损毁（见 154 页起的“颜料层”一章）。

对气候变化的反应

木质支撑体对气候变化的反应取决于：

- 木材的硬度：较软的木材比较硬的木材反应更迅速；
- 无遮挡的表面面积与木板厚度之比：薄或比

几种典型木材含水率值

烘干（绝对干燥）木材	0%
中央供暖的房间内的木材平衡含水率	6%—8%
火炉取暖的房间内的木材平衡含水率	8%—10%
一般条件下（68 ℉［20℃］相对湿度 65%）的木材平衡含水率	约 12%
露天存放的木材（风干木材）的平衡含水率（夏季约 15%，冬季约 20%）	14%—20%
染色真菌和木腐菌对木材发生侵害所需的最低木材含水率	约 20%
空气相对湿度近似100%时的木材平衡含水率（纤维饱和点）	28%—32%

木材平衡含水率曲线

例：
室内温度 68 ℉（20℃）
空气相对湿度 55%
木材含水率为 10%

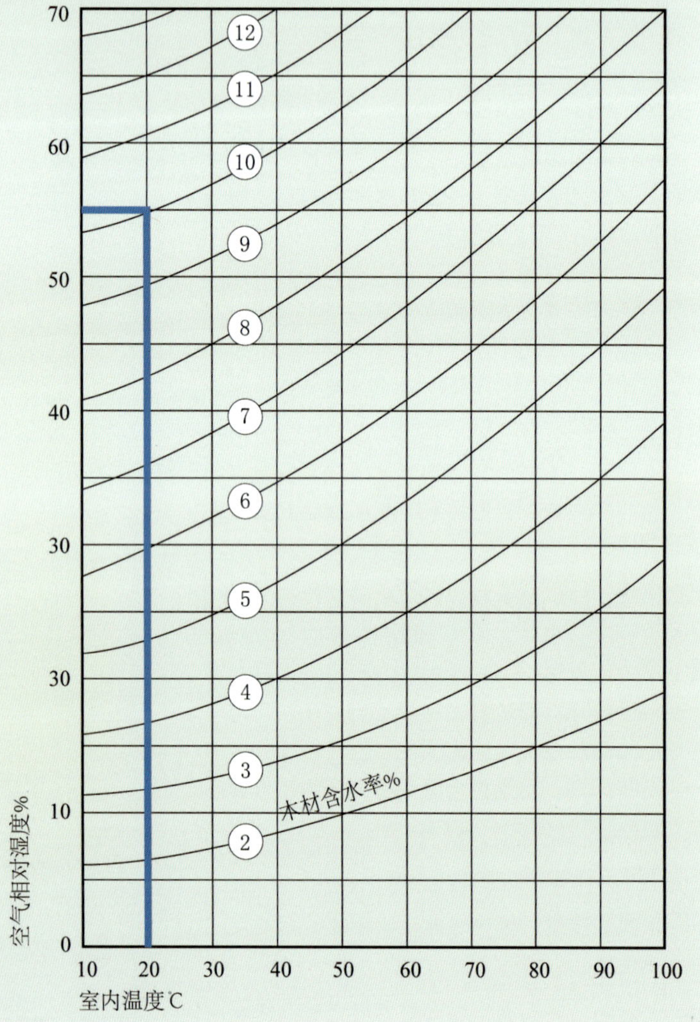

较薄的木板比厚的支撑体反应更彻底；

- 昆虫侵害：被虫蛀的支撑体比未被虫蛀的反应迅速；
- 可能存在的隔水层（包括光油层、色层、底料层等在内的各类涂层及其他隔档屏障）的类型、施用技术和厚度；
- 空气相对湿度的变化

空气相对湿度变化越大，木材含水率调节的过程越快。温度越高，这个过程还会越快。为了减少解吸、吸附和木材支撑体的相应“运动”，绘画存放场所的气候应当尽可能稳定。人们认为，存放木板绘画的理想条件大约为 68 ℉（20℃）的温度和 58% 的空气相对湿度。

表格来源：
D. Grosser, *Pflanzliche und tierische Bau- und Werkholzschädlinge*. Leinfelden-Echterdingen 1985.

解吸

新采伐的杨木含水量高达干重（烘干重量）的220%，而云杉是 150%，榉木和橡木都是将近110%。一棵树的含水量取决于它的总密度（见 19 页）。杨木和云杉是较软的木材，总密度分别为 $\rho_{(杨木)0}$= 0.52g/cm^3；$\rho_{(云杉)0}$= 0.64g/cm^3。榉木和橡木是较硬的木材，它们的总密度分别为 $\rho_{(榉木)0}$= 0.88g/cm^3；$\rho_{(橡木)0}$= 0.93g/cm^3。这表明，木材密度越大，含水量越少。水分存在于细胞腔和细胞壁内。

当切割下来的木材开始干燥时，游离水或毛细水就从细胞腔释放出来，直到木材含水率达到其纤维饱和点。随后细胞壁内的结合水便开始蒸发。基于季节、木材种类或其他影响干燥的因素，毛细水蒸发得相对较快。木材风干过程（木材含水率从 20% 降至 14%）中，细胞壁内水分蒸发所花的时间则长得多。

在只有细胞内的水分蒸发时，因为只是细胞腔被清空，木材基本不会发生收缩。只有当水从细胞壁中蒸发出来时木材才开始收缩。一块木板收缩多少取决于两个因素：

- 木材总密度（ρ_0）
- 结合水损失量

木板的总密度越大、损失的结合水越多，木板收缩得也就越厉害。

木板会沿着三个向度收缩：

- 沿纤维方向（纵向）

图源：
Eisenmann (ed.), *Kleiner Holztrocknungskurs*. Böblingen 1972 年 .（引用：U. Lohmann, *Holzhandbuch*. Rosenheim 1986.）

- 沿髓射线方向（径向）
- 沿生长轮方向（弦向）

膨胀系数

切向和弦向膨胀系数的差异对木板的“持久力”有着至关重要的影响。弦向和径向膨胀系数的差异越小，且纵向、径向和弦向膨胀系数总和越小，木板就越耐久。

每种木材都有自己的膨胀系数（a 值）和收缩系数（b 值）。这两个值是不同的，因为它们指向不同的过程：a 值指的是木材含水率从烘干状态升高到纤维饱和点时所发生的尺寸变化；b 值指的是木材含水率从纤维饱和点降至烘干状态时所发生的尺寸变化。

只有在木材含水率介于 20% 到纤维饱和点之间时，a 值和 b 值才有明显差异。因此，关于木材的文献中经常只引用 b 值。

收缩

简而言之，在干燥过程中木材的平均收缩率如下：

- 平行于纤维方向（纵向收缩）　约 0.4%
- 平行于髓射线方向（径向收缩）　约 4.3%
- 平行于生长轮方向（弦向收缩）　约 8.2%

也就是说，木材平行于生长轮方向的收缩大于沿髓射线方向的收缩。而平行于木材纤维方向的收缩小得可以忽略不计（给出的收缩数值参照的是木材在纤维饱和点的体积）。

木材含水率变化时木材的性质也会发生变化：若木材含水率下降，其弹性、强度和隔热性便会增加。

木材专家用百分变化率 q (q_r, q_t) 来计算库存木材的收缩（见 22 页插图），因此，修复师可以用百分变化率来对木板的收缩进行足够精确的计算（见右表）。百分变化率给出的是木材含水率每下降 1% 时木材的收缩比率。例如：橡木径向变形的百分变化率是 $q_r = 0.16\%$。如果储藏室空气相对湿度从 65% 降至 43%，导致橡木板的平衡含水率从 12% 降—8%，木板将失去 4% 的结合水。这便意味着木板相对于原有的尺寸径向（沿髓射线方向）收缩了 $4 \times 0.16\% = 0.64\%$。若木板的径向尺寸为 1000 mm，它就会收缩 6.4 mm（100% = 1000 mm；1% = 1000/100；0.64% = 1000×0.64/100 = 6.4mm）。

木板绘画通常被放置在生活区域、美术馆或储藏室内。如果这些房间没有进行气候调控，空气相对湿度在一年中会有相当大的变化，差值可达 30% 到 80%。如前所释，因为木材总是会适应周围空气的气候（温度和湿度）变化，这就意味着，在平均温度为 68 ℉（20℃）、空气相对湿度为 30% 时，木板绘画的平衡含水率为 6%，而空气相对湿度为 80% 时，平衡含水率为 17%。在这种极端的状况下，木材含水率的差异将达到 11%，也就是说，比如一块用径切法切割（垂直于年轮）的宽度为 100cm 的橡

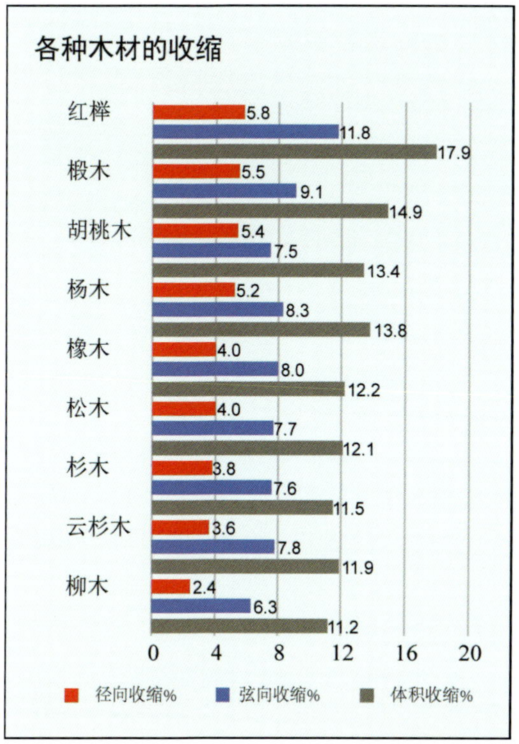

表格中给出的数值基于：U. Lohmann, *Holzhandbuch*. Rosenheim 1986.

百分比变化（q）

木材种类	q_r	q_t
红榉	0.20	0.41
椴木	0.23	0.30
胡桃木	0.18	0.29
杨木	0.13	0.31
橡木	0.16	0.36
松木	0.19	0.36
云杉木	0.19	0.39
柳木	0.26	0.35

q_r= 径向变化，q_t= 弦向变化
数值表示木材含水量减少 1% 时发生的变化

空气相对湿度发生变化时，可用百分比变化来计算木材支撑体的收缩和膨胀。表格来源：U. Lohmann（同上）

突出的镶嵌体表明这些画随着时间推移发生了多么严重的收缩。

木板，就会收缩 1.76 cm （11×0.16% = 1.76%；1.76%=100×17.6/1000=1.76cm）。

当然，与未经处理的木材相比，木材支撑体在涂有颜料层和做过背面保护的部位对气候的反应会被这些屏障所延缓。这取决于颜料层的类型、厚度和年龄（及老化裂隙）以及背面保护的种类（见 72 页起）。

吸着

如果支撑体比周围的空气干燥，它就会吸收空气中的水蒸气，直到它达到与空气相对湿度平衡的状态。这个过程被称作吸着。木材的吸着可分为：

- 化学吸着（木材含水率 0%—6%）
- 吸附（木材含水率 6%—15%）
- 毛细冷凝（从木材含水率 16% 到纤维饱和点）

在木材吸收水分的时候，化学吸着、吸附和毛细冷凝在很大程度上是平行发生的，无法精确地彼此区分。但可以有保留地说，木材含水率 0%—6% 的吸着仅以化学吸着（即分子结合）的形式发生，而吸附主导的是 6%—15% 这一段，毛细冷凝则是 16% 以上的吸着的关键因素[4]。

化学吸着 化学吸着——膨胀的初始阶段——是分子间引力作用的结果。它包含水蒸气分子和木材分子之间的化学反应。这种反应可能仅限于木板最表层，也可能深入到整块木板内部。化学吸着引起的体积变化——膨胀——并不明显。如前所述，化学吸着的过程无法清晰地与吸附和腔隙冷凝区分开来。

吸附 吸附发生于水分子积聚在木材表面，使木材真正开始膨胀的时候。吸附不仅发生在木材可见的表面部位，也发生在孔隙内的“内表面”上。木材的内表面面积很大，约 2×100 cm²/g。不仅如此：植物的细胞壁并不平整，而是带有微胞间裂隙的亚显微毛细体系。

吸附过程中，木材的表面会形成液体的覆盖层，而且会变得越来越厚。细胞壁内的细胞腔会充满水并将微结构撑开——木材便会膨胀。这一过程将持续到细胞腔充满得产生了毛细力并开始毛细冷凝时。如前所述，这一过程将持续到木材含水率达到纤维饱和点为止。

便会发芽。它们会形成萌发管，很快便会分支出大量的菌丝。菌丝结合在一起便会形成一个新的菌丝体。

基内菌丝体
表面菌丝体

我们将菌丝体分为基内菌丝体和表面菌丝体。基内菌丝体的菌丝生长在木材内部，它在分解时会为真菌提供养料。表面菌丝体会迅速蔓延到相当远的距离之外去侵害其他的木头。

菌丝束

有一种特殊类型的菌丝体叫菌丝束——它让普通干腐菌可以越过较远的距离和缺乏养料的区域而蔓延开去。

如果菌丝体达到一定的尺寸并成熟，就会形成子实体。子实体中包含着发生孢子形成（生成和释放孢子）的组织。传播真菌的孢子会大量生成。孢子常会整团地释放出来，受干腐菌污染的房间有时会被喷出的孢子染成铁锈棕色。

除了通过孢子繁殖，在人类或动物将菌丝体颗粒或感染了真菌的木材从一个处所带到另一个处所时，木腐菌也能植物性地繁殖。

木材真菌的发育取决于多种先决条件：适当的处所、特定的湿度和温度条件、光、氧气和它们寄生的木材的酸性。

养料

真菌把存在于木材细胞和细胞壁中的物质组分当作食物：细胞中的养料和结实的细胞壁会被酶分解。真菌也从过去受过虫害侵染的基质（在存在此类物质处）和腐败的陈旧菌丝体中吸取重要的养料。真菌发育最重要的准绳是湿度。木材真菌通常只能在木材含水率高于 20% 的情况下生长。木材在浸饱水分或持续干燥的情况下都不会受到真菌侵害。

这种真菌侵害并不常见于艺术藏品，只可能是因为艺术家在创作时使用了新采伐的木材。

普通干腐菌是一个例外。它在某些特定的条件下能够侵害湿度低于 20% 的干燥木材。然而就算是普通干腐菌，在生长的初始阶段也需要潮湿的木材。

真菌在干燥条件下休眠

当木材湿度降到这个最小值以下时，一些真菌会陷入一种或长或短的持续休眠状态。有些真菌可以保持这种不活跃的状态长达数年而不会死去。当湿度最终达到所需的水准后它们又会复苏，并重新开始生长。

普通干腐菌

除了木材的湿度和空气相对湿度，温度对真菌也至关重要。真菌的发育受限于特定的温度范围。普通干腐菌能承受的最高温度为 77 ℉(25℃)，最低温度为 37 ℉(3℃)。温度高于或低于这一范围时，干腐菌就会停止生长。但只有在温度明显

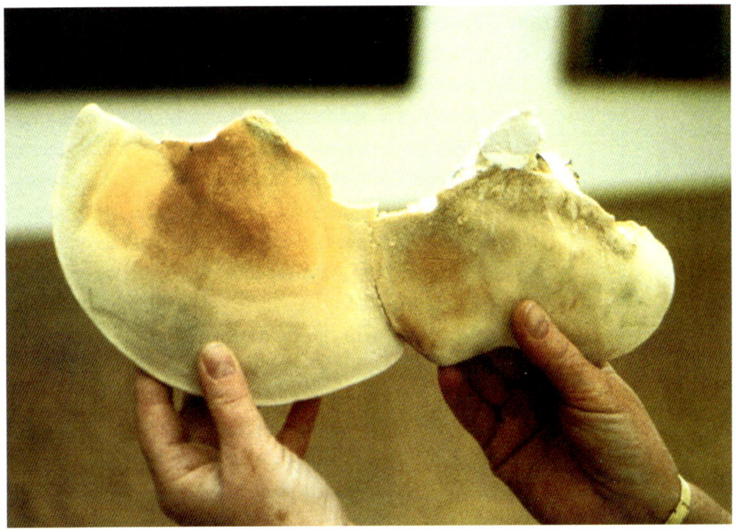

受到真菌的侵害，这幅木板绘画出现了“块状腐朽”。

高于或低于这一范围时，它们才会死去。也就是说，尽管它们有着惊人的耐热能力，但当温度达到 122—158 ℉（50—70℃）时，它们就会死去。真菌的耐寒能力比耐热能力强。不过普通干腐菌似乎比其他木材真菌更怕冷。光对真菌的生长没有那么重要，但供它们呼吸的氧气必须充足。木材的酸度是木材对真菌易感性的关键因素。所有真菌都喜欢偏酸的环境，最理想的 pH 值介于 5 到 6 之间。真菌可以自己分泌酸来调节环境，使其达到理想 pH 值。孢子发芽和菌丝体生长在很大程度上都依赖于它们寄居处的酸性。

普通干腐菌是最危险的真菌，同时也是最难克制的。它是唯一一种绘画修复师需要常常应对的木腐菌。

普通干腐菌主要出现在空气相对湿度较高的老房子、城堡和教堂内。除了破坏木材的能力，普通干腐菌还有一大危害——与其他真菌相比，这种真菌生长和蔓延所需的木材湿度相对较低。干腐菌所需的最佳相对湿度介于 30%—40% 之间，最佳温度为 64—72 ℉（18—22℃）。

某些情况下，它甚至能蔓延到干燥的木头上。它能爬过表面没有木材的地方，蔓延到数米之外，甚至能够穿透砖石。

普通干腐菌是典型的降解纤维素的木腐菌。它主要侵害软材，但也能侵害硬木。被它侵害的木材会呈现近似方块形的腐朽——这也是普通干腐菌被称作“块状腐菌”的原因（见 27 页插图下图）。木材受其侵害至深时，用手指就能将它碾成粉末。

昆虫

真菌可在几年内将木材损毁殆尽，而昆虫大多需要更长的时间才能导致同等程度的损坏。

简而言之，破坏木材的昆虫分为侵害新鲜木材的和侵害干燥木材的。侵害新鲜木材的昆虫会侵害衰弱、生病的树木或储存起来的新鲜木材；侵害干燥木材的昆虫则侵害干燥的、加工过的木材。它们可以在同一块木头中生息繁衍，活跃数代，直到将其完全吃光。只有几种昆虫能将包括画板和内框在内的干木材当作食物来源。生存于北欧的这类昆虫中，最重要几种为：

- 家天牛（Hylotrupes bajulus）
- 各种木材钻孔虫，尤其是家具蠹虫或木蠹虫（Anobium punctatum）
- 粉蠹虫（Lyctus brunneus）及其亲族。

生长阶段

这些甲虫会经历 4 个生长阶段，它们在这个过程中会彻底改变形态，这一过程被称作变态：

卵—幼虫—蛹—成虫。

这 4 个阶段构成了昆虫的生命周期。大部分木材钻孔虫的生命周期只有几年，但如果条件适宜，粉蠹虫有时会成为例外。

昆虫处于卵、蛹和成虫阶段的时间不会很长，通常每个阶段只有几天或几周。在它们的生命周期中，耗费时间最多的是幼虫阶段。如果条件不适宜，这一阶段可长达数年之久，而这段时间里，幼虫会使木材支撑体遭到相当严重的破坏。

幼虫

从甲虫的卵中孵化的幼虫会在木头中钻洞前行，用口器将木头磨碎，有时也会将木头吃掉。它们的这种行为会造成孔道或蛀尘道。总体而言，幼虫偏爱柔软的早材，不喜欢坚硬的晚材。被嚼碎的木头碎屑和幼虫排泄物颗粒结合在一起，会形成蛀尘或蛀屑，它们的形状和颜色常因昆虫种类而各异，让专家可以由此辨别虫害的类型。在生长过程中，幼虫会数次蜕皮。

在快要蛹化时，幼虫会在接近木材表面之处——也就是它们蛹化的地方——刻出一个蛹壳。甲虫从蛹中羽化，成为完全形态后就不再生长了。大部分甲虫只需钻透薄薄一层木头就可以从分飞孔中钻出来。分飞孔是虫害的外部信号，也能指示木材虫害的种类（见对页插图）。

甲虫

甲虫的职能是繁殖。交配之后，雌性甲虫会用它的产卵器在缝隙、裂隙、导管（纹孔）或旧

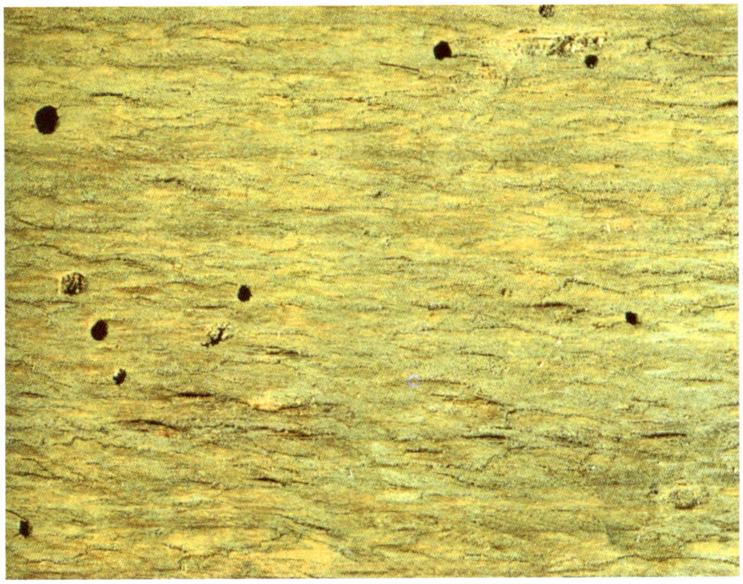

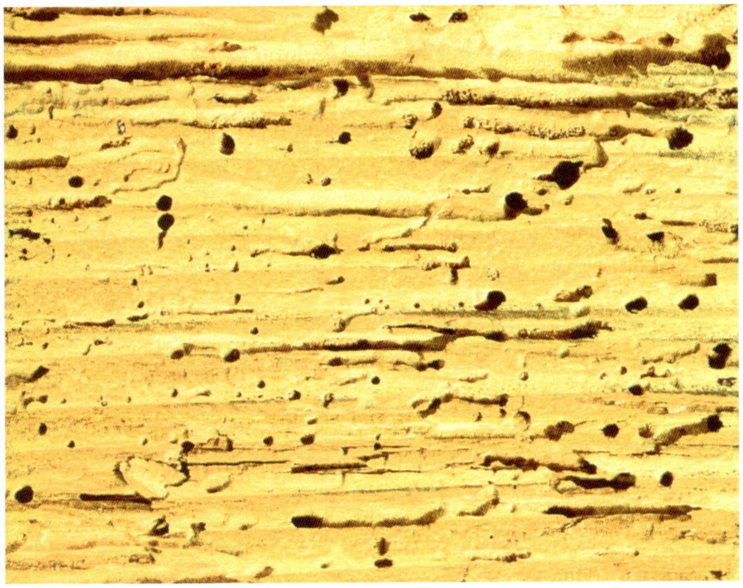

遭受虫害的圣像画表面的分飞孔中突出的柱状粪便

分飞孔只能初步指示虫害的迹象（中图）；它们并不能显示藏在表面之下的损害的程度（下图）。

分飞孔中产下很多卵。

幼虫的发育取决于木材的养料含量、湿度和温度。在木材蛀虫中，有些种类主要侵害软材，有些主要侵害硬木。其他种类则对二者同样喜欢。专门侵害一种木材的蛀虫相对较少。

干木材蛀虫的幼虫喜欢蛀边材，而大都会避开心材。这种类型的昆虫靠吃纤维素、多糖、糖、淀粉和蛋白质之类的碳水化合物为生。

发育速率

木材中的蛋白质和淀粉含量是决定各种幼虫发育速率的关键因素。这就是幼虫必须摄取大量木材来满足它们需要的原因。

在周边的空气相对湿度和木材含水率较高时，干木材蛀虫生长得更好（见 30 页图表）。这就是存放在空气相对湿度较高的建筑中的艺术品比其他地方的受损更严重的原因。

昆虫无法恒定自己的体温（它们是“变温动物”），对环境温度的依赖性很高。幼虫只在特定的温度范围内发育，每种甲虫所需的温度上限和下限都不相同。

温度对幼虫的发育起着重要的作用，也会在成虫群集、交配和产卵时影响它们的行为。较高的温度可在短时间内杀死幼虫，基于这一事实，便可以用热空气控制木材蛀虫。家天牛在温度为 137 ℉（56℃）的环境中会在约 60 分钟内死亡，家具蛀虫和粉蠹虫在温度为 124 ℉（51℃）的环境中也会在约 60 分钟内死亡。

人们通常通过成虫或幼虫来分辨甲虫的种类。然而，在检测受到侵害的艺术品时并不总能看到作祟的昆虫，因此便需要根据蛀害的外部或内部标志来进行判断，它们包括：

- 蛀尘道的位置和形状
- 蛀尘道的截面形状
- 蛀尘道的尺寸
- 蛀尘道的内容物
- 蛀尘道壁的颜色与形状
- 木材表面分飞孔的尺寸和分飞孔边缘的状况
- 蛀尘道壁上的蛀痕
- 粪便的形状、颜色和尺寸以及其中被嚼碎的木头所占比例。

被蛀木材的种类也能指示蛀虫的类型。例如：家天牛通常只出现在软材中。

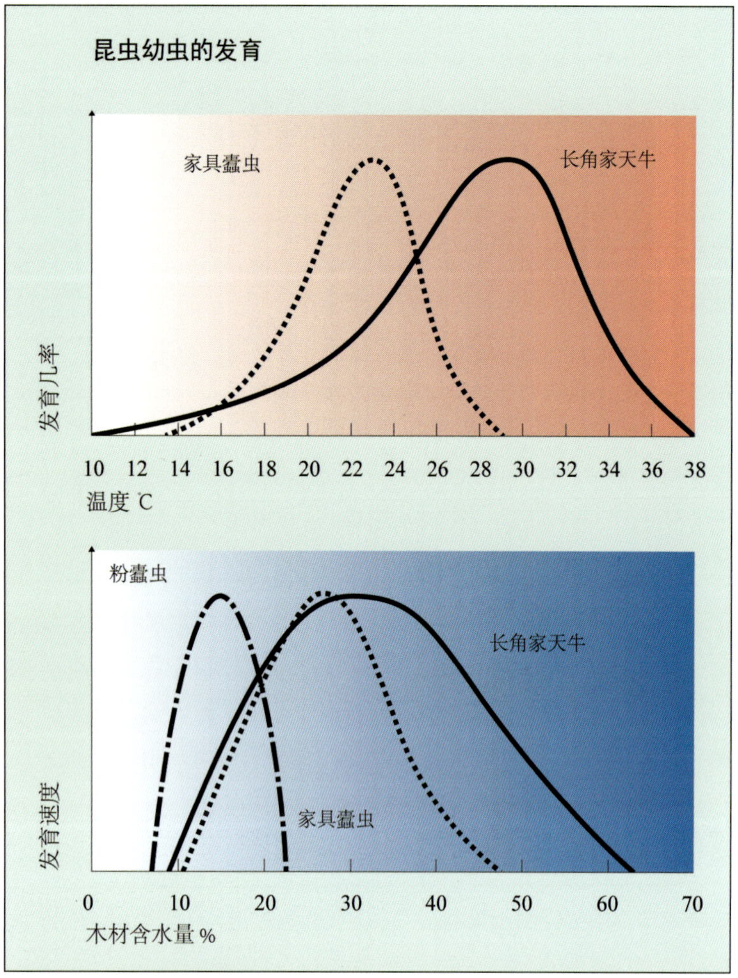

左图：
木材蛀虫幼虫的发育取决于木材的温度和含水量。比如，这些图表显示，家具蛀虫在大约 23℃，木材含水量大约 27% 时发育最活跃。
来源：
D. Grosser, *Pflanzliche und tierische Bau-und Werkholzschädlinge*. *Leinfeld-Echterdingen* 1985 (based on G. Becker, "Zerstorung des Helzes durch Tiere", in: Mahle/Troschel/Liese, *Handbuch der Holzkonservierung*. Berlin, Gottingen, Heidelberg 1950, pp. 111-165)

家天牛（*Hylotrupes bajulus*）

家天牛（见 33 页插图）遍布于整个欧洲，也存在于其他一些国家。它们通常损坏腐烂的木材，但也出现在木质的绘画支撑体和内框中。

家天牛只侵害软材。硬木中含有可杀死其幼虫的物质。如果在硬木中看到类似家天牛的蛀尘道，可能表明侵害者是起源于南欧和西南欧的鳞毛粉蠹（Mithea rugicollis）。

它们的幼虫主要侵害边材，会避开心材。家天牛喜温。它们的适宜温度在 82—86 ℉（28 －30℃）之间，高于其他昆虫的适宜温度。这种幼虫喜欢潮湿的木材，当木材湿度降至 8—10%——对应的空气相对湿度为 40%—50%——以下时，幼虫便会死去。

家天牛幼虫的生长和发育速率严重依赖于木材中蛋白质的含量。木材中可用的蛋白质越少，幼虫发育耗费的时间越长。它们靠纤维素和多糖为生。幼虫发育越慢，对木材造成的伤害越多，但与此同时，这也会延迟下一代的出现，延缓昆虫的蔓延。

家天牛从卵产出到变为成虫的生命周期为 3—6 年，因为食物供给和气候条件的差异，有时甚至长达 10—12 年。成虫在 6—8 月飞出并交配。幼虫在即将化蛹时长度为 0.6—1.2 英寸（14.4—28.8 mm）。此时它们会蛀出蜿蜒的椭圆形蛀道，且偏爱柔软的早材。蛀尘道中容纳有细碎的粉末状蛀尘和柱状的虫粪。家天牛的分飞孔是椭圆形的，直径为 0.2—0.4 英寸（4.8—9.6 mm）。家天牛的甲虫比其他木材蛀虫大得多：雌性甲虫长 0.4—1 英寸（9.6—24 mm），雄性甲虫长 0.3—0.6 英寸（7.2—14.4 mm）。

人们观察到，陈旧木材很少受到家天牛的侵害，这一点对修复工作来说既有趣又重要。人们认为，这种现象的原因之一是当木材变旧时营养成分便会下降。

左图和对页插图：
家天牛引起的损害：木材支撑体中的蛀尘道（左）和内框中的蛀尘道（右）。

家具蠹虫或木蠹虫（*Anobium punctatum*）

家具蠹虫或木蠹虫（见 33 页）是加工过的干燥木材中最常见的昆虫。许多教堂、城堡、博物馆和私人住宅中的陈旧木质艺术品上都可以见到“蠹孔”。其他种类的木材蛀虫也会侵害干燥的软材或硬材，比如报死虫。不同种类蛀虫造成的损坏非常相似，以至于只有专家能够区分不同昆虫造成的病害。

家具蠹虫会侵害加工过的软材和硬木。木材是否会被侵害与是否陈旧无关，家具蠹虫偏爱较软的木材。它们只吃带有色心材的树种的边材，比如松木、落叶松和橡木的边材。家具蠹虫从不侵害心材，除非是被真菌用酶“处置”过的心材。幼虫的主要食物是纤维素，为了发育，它们还需要少量的蛋白质。家具蠹虫的适宜温度为 72—73 ℉（22—23℃）。空气湿度高时，幼虫成长最快。空气相对湿度低于 55%—60%——对应木材含水率为 10%—12%——时，幼虫便会停止发育。这就是家具蠹虫喜欢侵害空气相对湿度较高、温度适中的房间内的木板绘画的原因。在持续干燥的情况下，比如木材长期存放在中央供暖的温暖房间中时，虫害便无法蔓延。幼虫很皮实，能够在长期没有食物的情况下存活。当环境条件改善后，它们又会迅速恢复，并再度开始损毁木材。基于气候和可得的食物量，在橡木的边材中，它们的生命周期至少可达两年。家具蠹虫化蛹在春季；主要的分飞时间是在 5—7 月之间。

窃蠹科昆虫（家具蠹虫便属此科）喜欢待在同一个地方。它们会世世代代地居住在同一块木头中，直到它完全被毁掉。雄性和雌性甲虫长 0.1 － 0.2 英寸（2.4 － 4.8 mm）。卷曲的黄白色幼虫长达 0.15 － 0.25 英寸（3.6 － 6 mm）。

家具蠹虫的幼虫通常侵害早材，会把较硬的晚材留下，使其成为环形薄壁（见 32 页左图）。蛀道中松散地填充着蛀尘和柱状的虫粪。虫害的标志中包括直径 0.4—0.8 英寸（5—20 mm）近乎圆形的小分飞孔。小堆的蛀尘偶尔也出现在艺术品的下方。这些蛀尘有时是成虫钻出木板时从分飞孔推出来的，但也可能是敲击木板时掉落出来的。因此蛀尘堆并不一定代表木材正受到活的昆虫的侵害。

粉蠹虫（Lyctus brunneus）

粉蠹虫（粉蠹科）的危险在于它们会损害硬木（见 33 页插图）。它们原本生活在热带地区，但随着人类的贸易和旅行，已蔓延到了世界各地。因为生命周期短，粉蠹虫也会对艺术作品造成严重的威胁。在欧洲木材蛀虫无法生存的干燥温暖的中央供暖室内环境中也能找到粉蠹虫。

粉蠹虫的幼虫发育需要充足的淀粉和大量蛋白质，而所有的软材以及榉木，便因这类养料含量低而免疫于粉蠹虫。7%—8% 的木材含水率便足以供幼虫发育。换句话说，粉蠹虫比欧洲干燥木材蛀虫所需的水分还要少。

粉蠹虫的适宜气候条件为木材含水率 16%、温度 79—81 ℉（26—27℃）。粉蠹虫的生命周期可持续 5—18 个月，这就意味着在适宜的条件下，有时一年中会出现两代虫，粉蠹虫的病害也就能够很快地蔓延开来。

圆头犀金龟（red-brown beetle）长 0.1—0.3 英寸（2.4—7.2 mm），幼虫长 0.25 英寸（6 mm）。它们的蛀尘道与家具蛀虫的相似。它们会一代代地吃光木材，直到它被损毁到只剩下表面的一层薄壳（见对页插图和背景图）。蛀屑中含有粪便。

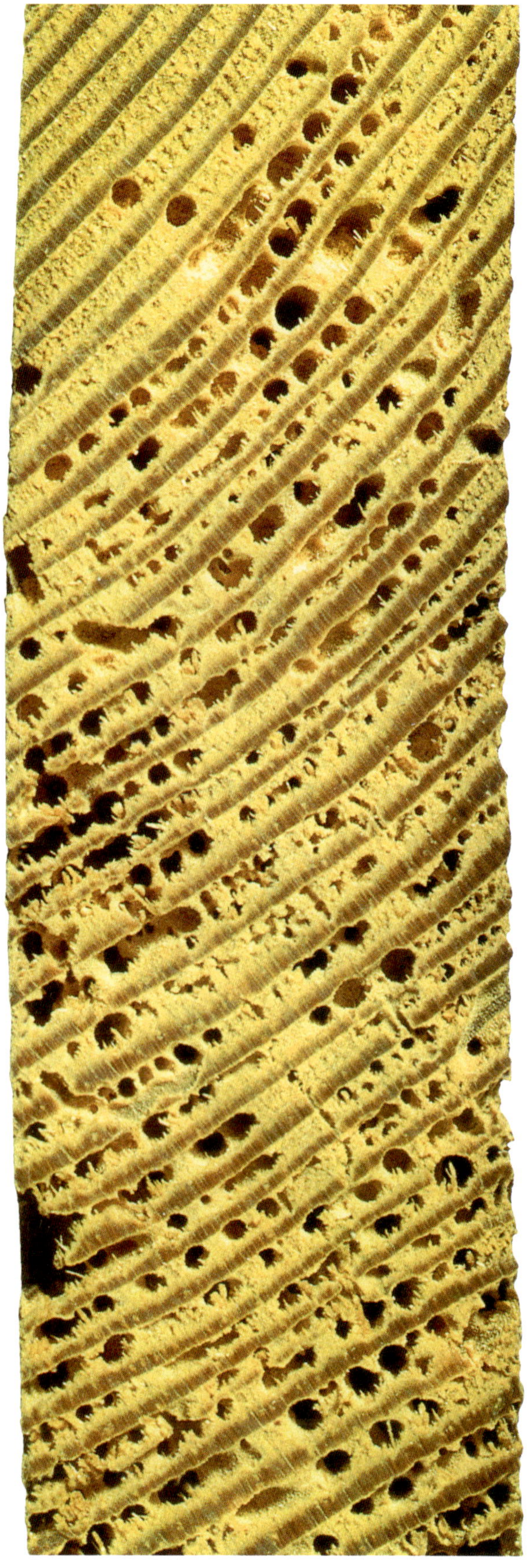

家具蛀虫的幼虫喜欢毁坏早材，而晚材被留下形成环形薄壁。

只有当木材表面的薄层被去除后才能看到昆虫幼虫造成损坏的程度。

真菌和虫害的防控

真菌的治理

昆虫及其幼虫尺寸对比（从左至右）：
家天牛：雌性长 0.4—1 英寸（10—25mm），雄性长 0.3— 0.6 英寸（8—16mm）；家具蠹虫或木蠹虫：长 0.1—0.2 英寸（3—5mm）；粉蠹虫长 0.1— 0.3 英寸（2.5—8 mm）

普通干腐菌是常侵害并损毁艺术品的唯一一种木材真菌。必须委托有经验的专业机构来对其进行防控。如果受到不专业的处置，会产生真菌复生并进一步蔓延的危险。

除真菌处置

最好将受到干腐菌侵害的艺术品移出保存它的房间或建筑，并用杀真菌剂对其进行处置。处置过后的对象应放置在没有风险的地方。如果没有这种可能性，比如保护对象为祭坛装饰屏，那么就应该对保存画板的房间进行清洗，使真菌无法再次侵害被保护的艺术品。重要的是，要找出导致湿度增加的原因，并予以消除。只有清除掉真菌的菌丝体和子实体，并将被侵害的木质构建予以置换之后，才能开始对艺术品进行处置。必须检查灰泥、圬料和接缝处，并清除被干腐菌侵占的酥粉的碎块。甚至有可能还要将灰泥清除并将圬料接缝处刮干净。在木材受侵害区域的圬料必须用通过官方认证的恰当的杀真菌剂来处置，

粉蠹虫的幼虫啃噬木材，直到它被蚕食到只剩下表面一层薄壳。

或干脆将其置换。“火烤”圬料和圬料接缝有时还不够，因为受热的只有墙壁表面，热量并不能传递到圬料内部足够深的地方。

霉菌

木质支撑体也会受到霉菌的侵害。霉菌不会毁坏木材，但它会影响到支撑体上面的颜料层。霉菌的处置会在“颜料层”一章进行阐述，霉菌也会对纺织品支撑体造成相当大的损害，因此在“纺织品支撑体”一章中也有阐述。

虫害的治理

虫害治理的内容是杀灭木质支撑体或内框内干木材蛀虫的成虫、幼虫和卵——尤其是幼虫。

辨识活虫侵害

许多木板上都会显示出虫害的迹象（见右图）。而治理艺术品木材蛀虫的一个最大的问题在于，要辨识可见的损坏是否是由活着的昆虫造成的，或者说幼虫是否已经死绝。如前所述，艺术品下方的蛀尘堆不总是决定性的标志。即便是轻轻的敲击也足以使蛀尘从已经死去的昆虫造成的陈旧分飞孔中掉落。

在幼虫侵害木材时，人们有时用裸耳也能听到蛀蚀发出的声响。20 世纪 50 年代，人们研制了一种“木蠹虫听诊器”，带有非常敏锐的扩音器，这种设备可将虫蛀的声音放大[6]。实践似乎证明，这种方法并不奏效，因为现在人们已经不再使用它了。

偶尔也有文献称，可以用 X 光对蛀尘道，即木材被损坏的程度进行成像（见对页插图）。然而这种方法只有在个别情况下才能奏效，例如：

- 蛀尘道的直径足够大（家天牛）
- 蛀尘道中几乎没有蛀尘
- 颜料层中不含大量吸收 X 射线的颜料

计算机断层扫描照相

要确定支撑体或内框的受损程度，只能借助计算机断层扫描照相（CT）的方法（见 71 页插图 2、3）。

自 19 世纪中期开始，已可以使用以下手段来对抗虫害：

- 浸渍、涂覆、注射
- 熏蒸
- 冷处置或热处置
- 低压处置（真空）
- X 射线或伽马射线处置

浸渍、涂覆、注射

修复师要为艺术品的处置做出正确计划并对自身安全进行必要防护，就必须掌握关于过去曾使用过的杀虫剂（历史生物杀灭剂）的知识[7]。

食盐处置

文献中所记载的治理木材蛀虫的物质中，最古老的材料之一是溶于水的食盐。古罗马建筑师兼工程师维特鲁威（Vitruvius）[8] 早在公元前 25 年就在他的著作《论建筑》（*De architectura*）中提到了用食盐保护木材的方法。人们认为在木材纤维中形成的结晶盐可防止木蠹虫的进一步侵害。1900 年前后，人们认识到了这种处置的无效性，以及与这种保护方法相关的问题（例如水的使用和盐霜带来的问题），此后人们便不再使用这种方法了。

这块木头表面形成了蛀尘堆，表明了活虫的侵害。

升汞

直到 20 世纪 50 年代之前的几百年里，人们也在使用升汞——一种剧毒的氯化汞水溶液。升汞的灭真菌效力良好，杀虫效能次之，但因为它具有毒性，还含有大量的水或酒精，所以几乎不适合用来处置木材。

砷

莱奥纳多·达·芬奇在 1492 年的著作中提到过砷[9]。至今人们仍在使用很多种砷化合物。现在已经禁止在生活区域使用砷了。自 18 世纪起，人们开始致力于用各种有毒颜料涂层来治理虫害，这种涂层是用铜绿或巴黎绿（翠绿：乙酰亚砷酸铜）

调和植物黏着剂（大蒜、烟叶、坚果壳）或动物制品（牛骨油）制成，但都未取得成功。人们也曾使用过香精油，比如薰衣草油、穗花油、酒花油、刺柏油、桦木油和荨麻油，但也都只有短期效果。

石油

早在1802年的文物保护文献中，就提到过用石油保护木材的做法[10]。自那时起，人们使用过多种名称各异的石油制品来治理木材生物病害，这些产品有的含有毒添加剂，有的则不含。

然而，在修复工作中，使用石油有时却会带来绘画层和木板背面变色的问题。曾添加在石油中的有毒添加剂中，包括三氯乙烷、四氯乙烷、六氯乙烷、DDT和林丹。

只有在个别情况下，比如这幅洛伦佐·科斯塔(Lorenzo Costa)的男青年画像（约1490年，普鲁士文化遗产基金会-柏林国家博物馆—名画陈列馆），用X射线可为隐藏在木质支撑体中的蛀尘道成像（如箭头所示）。

过去还曾使用过另一种技术，是将非干性油（如甜菜油、菜籽油）混入石油，来浸渍艺术品。这种做法会让浸了油的艺术品变质，并散发出刺鼻的气味。从保护史的角度来看倒也有趣，在（19、20）世纪之交，一般人们并不认为这种油亮的效果是对艺术效果的干扰。四氯化碳曾被用作这种混合物的稀释剂，来缓解这种油质浸渍物的油腻。

焦油护木剂

从1900年起，焦油护木剂也被用于治理木材的生物病害[11]。焦油护木剂被称作“爬行剂”。它会透过木头、底料和颜料层缓缓地“爬”出来，一直蔓延到画作的正面。它会使颜料层变成棕色，也会引起含油的调和剂膨胀。20世纪20年代之前，无色焦油也曾用作木材保护剂，可能它导致的颜料层变色不会比焦油护木剂更严重，但还会留下油腻的污渍，并使一些颜料黏结剂发生溶解。

最近几十年来，为试图防止杀虫剂中的油性成分使艺术品变色（见36页插图），修复师们越来越多地试验使用商业生物病害抑制剂。人们已开始致力于将毒剂与无色且不留油性残留物的溶剂结合起来。文献中记载着各种各样的公式。例如，作为挥发性毒剂的白精油、苯、甲苯、二甲苯和666，添加DDT、苯甲酸－2－萘酯、鱼藤酮、对二氯苯和多种氯酚等的配方都曾被推荐过。曾建议使用的配方有：

- 1000 cm^3（1 L）二甲苯 + 250 cm^3 对二氯苯
- 1000 cm^3 二甲苯 + 100 g DDT

这块画板的背面曾接受过处理，蛀尘道曾被剥露出来，然后用腻子将它们镘住。这幅图中能看清楚的只有镘进蛀尘道内并吸收X射线的腻子。

- 1000 cm^3 白精油 + 1000 cm^3 对二氯苯
- 100 cm^3 白精油 + 100 g DDT
- 二甲苯 + 五氯苯酚。

杀虫剂

在这里，必须分清不含有效溶质成分（多为溶剂）的液态杀虫剂和含有效溶质成分的液态杀虫剂。只有后一组在生物病害治理中具有持久的效用，因为只有它们在被昆虫吃下、呼吸或碰触时会产生毒效。

挥发性杀虫剂——比如治理昆虫用的毒气——是以蒸汽的形式扩散到木头内部的。这类实例包括甲苯、二甲苯和丙酮。

为获得恒久的效果，人们曾使用过林丹、氯菊酯和五氯苯酚（PCP），不过PCP已经不再使用。

然而这些杀虫剂的效果在10—20年后还是会消褪。可使用浸渍、或最好是注射的方式对支撑体施用液态形式的杀虫剂。

注射

可用医用注射器通过木板绘画上的分飞孔将杀虫剂注射到尽可能深的部位（见右侧插图）。当杀虫剂从邻近的分飞孔中溢出时，这个区域的处置就完成了。使用剂量应取决于艺术品的尺寸和受损的程度。人们普遍采纳的标准是300 cm^3/m^2或每1000 cm^3（1 dm^3或1 L）木材10—100 cm^3杀虫剂[12]。针的直径应小于分飞孔的直径。不同于受到严重损坏的雕塑，木板绘画不总需要架设点滴瓶来注射。

对于较大的木板绘画，这项处置有时需要花费几天的时间。在已经处置过的部分，应在分飞孔中插上细针来进行标示。对于整块木板，应当一个孔接一个孔地进行这项处置。

封闭分飞孔

从很久以前开始，人们便建议用蜡腻子之类的东西将分飞孔封起来，希翼可以使幼虫断绝空气或防止甲虫从已经存在的分飞孔中爬出。尽管这种想法并不现实，但将艺术品用腻子封起来却可以防止毒剂迅速蒸发，增强它们的效果，使昆虫难以产下新卵，还可以监测处置的成果。

健康与安全

所有的生物杀灭剂都对健康有害。在使用这些材料时，应采取适当的保护措施。应在抽排风装置或通风口下进行处置，操作者应佩戴呼吸面罩、塑料手套，并穿着工作罩衫。处置过后，木板绘画应在通风良好的储藏室内存放一段较长的时间，之后才能进行下一步工作。

现在，只有满足德国工业标准（DIN）的产品才能用于木材保护和生物病害治理。它们必须是拥有有效的质量标号和已通过法定检验的产品。必须时刻遵守制造商的使用说明。厂商必须提供列出所有物质成分的数据表格。

在根除虫害之外，还可以采取预防性处置。应针对具体情况来确定是否应当对木板进行预防性处置。在进行预防性处置时，必须考虑到，即便是“无色的”木材保护剂也会改变木板绘画的外观。

熏蒸

对页：
杀虫剂的某些成分已使木材凸起部分局部变色。

熏蒸的定义是，用气态生物杀灭剂或惰性气体来治理损害木材的真菌和昆虫。如果我们将用烟熏木材也归入此类，那木材熏蒸便是古已有之的了。后来人们还进行过一些尝试，希望靠烧硫磺、刺鼻的香草和树脂或砷来整治美术馆和图书馆中的昆虫，但都不成功。

人们最早大规模采用熏蒸技术是在19世纪末。随着科技发展，人们使用过各种各样的气体，主要有二硫化碳、氰化氢（氢氰酸）、甲基溴、环氧乙烯、硫酰氟、丙烯腈、氯化苦和磷化氢：1910年至1920年之间，人们发现含铅的颜料会在二硫化碳和甲基溴的作用下变黑。在气体浓度足够高的情况下，硫化氢和二硫化碳也会使未受保护的薄层油画颜料中的铅基颜料发生变化（比如铅白）。这种变化发生在肉色调子中用的铅白上时效果非常明显[13]。

对艺术品的风险

杀虫剂被注入木板绘画的分飞孔和蛀尘道。

如今，只有拥有执照的专业机构和受过训练的专家可以执行熏蒸处置。如果生物病害侵害的范围很大，可以进行原址处置，比如将藏有艺术品的教堂封闭起来，熏蒸整座建筑。可移动艺术品则可以在真空熏蒸室内进行熏蒸。真空熏蒸的优点在于需要的气体量较小，起效却快得多。可用于真空熏蒸处置的气体包括环酮（Zyklon）、环氧乙烷（Etox或Etoxiat）和甲基溴（Haltox）。受到霉菌侵害的艺术品可以用环氧乙烷（Etox或Etoxiat）来处置，处置后真菌就不会再造成损害了。在常压下，毒气会均匀地沿三个向度深入渗透到木材内部，触及居住在里边的所有幼虫。熏蒸结束后，它们只会慢慢地消散，所以这种处置发挥作用的时间比实际操作过程的时间要长得多。毒气不能用于预防性保护。熏蒸有着立竿见影的效果，但绘画很快还会再度受到侵害。

溶剂蒸气浴

除熏蒸以外，修复师也使用溶剂蒸汽浴来整治害虫及其幼虫。这种处置是在熏蒸帐中进行的：绘画被放在一个气密性良好的密封帐内，帐内同时放置一碗溶剂。根据苏特尔 (Sutter) 的研究，只有使用某些特定溶剂的蒸汽，比如氯仿或全氯乙烯蒸汽，才能有效地治理未被镶嵌固定的木制品中的家具蠹虫幼虫[14]。

惰性气体

有种比较新的熏蒸技术，对修复师和木板绘画都非常安全，是使用氮气之类的惰性气体来控制受侵害的木板。这种处置是在一个塑料帐内实施的。处置成功的关键在于，要让帐内的氧气含量降至 0.1% 以下。文献中描述的方法有三种[15]：

1. 将塑料帐中的所有氧气置换为氮气，通过不断补充氮气让这种状态保持较长的一段时间。
2. 对帐中的氧气进行置换，使其含量低于 0.1%，然后加入一种氧气吸收剂 Ageless[16]，之后将塑料帐封闭，使其变成气密环境。Ageless 会将空气中的氧气吸收，因此在塑料帐封闭之后就无需再补充氮气。
3. 在修复较小的画作（小于 4 ft^3、100 dm^3）时，根据其具体积计算所需的氧气吸收剂剂量，然后将该剂量氧气吸收剂和画作一起置入紧紧密封的塑料袋内，就能有效地控制虫害。

可在这个熏蒸帐内用惰性气体来治理昆虫。

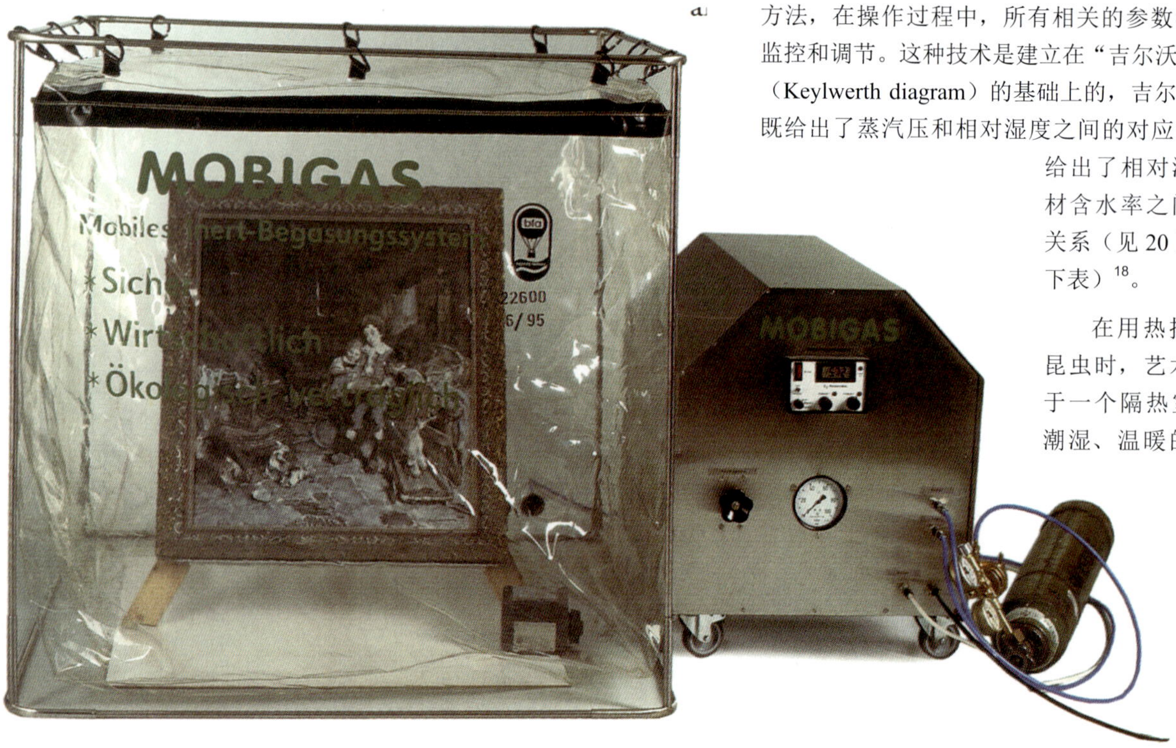

热处置

55℃左右的温度就可以杀死所有干燥木材蛀虫的幼虫。在这一过程中，加热的程度和持续时间扮演着重要的角色。

热风处置

早在 1920 年，就有过关于在保护工作中用热风处置杀灭虫害的讨论[17]。1951 年，这种方法首次获得了官方许可，及至 20 世纪 50 年代中期，它已经受到了极大的重视。人们用热风机将 100—120℃的热风送入藏有受侵害的木材的房间。木板被加热到不低于 130 ℉（55℃），持续到 60 分钟以上，就可以杀灭昆虫和它们的所有幼虫。因为在环境可持续发展方面的优势，近年来热风法已经用得越来越频繁了。

热控热处理

在很长一段时间里，人们曾认为热风法并不适合用于处置绘画。加热空气会降低空气相对湿度，这会影响木材的含水率，使艺术品收缩。收缩会使木质支撑体内部产生应力，并使颜料层出现开裂。为了防止发生这种情况，人们把相对“简单粗暴”的热风法发展成了一种叫作热控的方法，在操作过程中，所有相关的参数都会得到监控和调节。这种技术是建立在“吉尔沃斯图表”（Keylwerth diagram）的基础上的，吉尔沃斯图表既给出了蒸汽压和相对湿度之间的对应关系，也给出了相对湿度和木材含水率之间的对应关系（见 20 页图表，下表）[18]。

在用热控法杀灭昆虫时，艺术品被置于一个隔热室内，被潮湿、温暖的空气缓

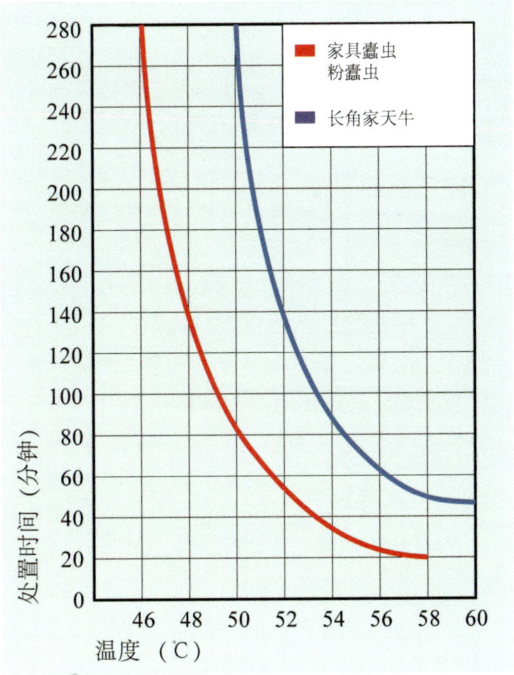

55℃左右的温度会杀灭干燥木材蛀虫的幼虫。加热的程度和时间是这一操作中的关键因素。图表来源：D.Grosse, *Pflanzliche und tierische Bau- und Werkholzschädlinge*. Leinfelden-Echterdingen 1985 (based on G. Becker/I. Loebe, "Hitzeempfindlichkeit holzzerstörender Käferlarven," in: *Anzeiger für Schädlingsurkunde*, 34 [1961], pp. 145-149)

缓加热至大约 130 ℉（55℃），一小时后，使其冷却至常温。一台微处理器控制单元会调节隔热室内的空气相对湿度，确保木板中的木材含水率不变。艺术品与包围它的热空气之间基本上不会发生水分交换。这样就可以保证，不会因木质支撑体对气候的反应而造成颜料层脱层。

低压

人们也讨论过用低压治理艺术品的虫害。然而，幼虫的呼吸系统拥有几丁质（角质）气门（气管），在低压状态下便会发挥作用。该领域的专家提出，需要将强真空状态保持大约一周的时间才能杀灭幼虫，但这却是不可能的，因为空气会被锁在多孔质的木材内部。

X 射线和伽马射线

X 射线和伽马射线是短波射线，如果剂量正确，便能够杀灭活细胞，因此人们也曾尝试用 X 射线和伽马射线来治理受侵害木材中的昆虫幼虫。然而，人们发现幼虫对这些射线的耐受性很强。用来杀灭幼虫的剂量远比杀灭成虫的高得多。实际上，在照射处置的过程中，木材也会形成对射线的屏蔽。它会吸收有杀伤力的长波射线，却让对生物伤害相对较小的短波射线通过。家天牛的幼虫在 180,000 伦琴的照射下仍能在木材中存活。根据缪勒·绍尔德（Müller-Skjold）的实验，大约 100,000 伦琴以上的剂量就会使含铅的颜料发生可见的变色，说明 X 射线和伽马射线并不适于治理木板绘画中的昆虫幼虫。

这种专门的热控室被用于处置虫害。室内的空气相对湿度和温度受微处理器控制。

木材加固

木材加固是用加固剂来巩固受损木材的方法。在绘画修复领域，木质支撑体的加固曾是困扰了人们几个世纪的问题，合适的加固剂直到最近方才问世。

我们在加固木材时，认定昆虫和真菌所引起的是截然不同的损害类型。如果木材被昆虫蛀蚀，它剩余的强度便取决于损害的量和分布情况。

幼虫的“隧道体系”

幼虫在蛀蚀木材时会创造网状的隧道。如果损害范围广泛，这些隧道便会形成得力的加固剂“散布体系”。随着幼虫发育，从木材内部向表面（它们离开分飞孔的位置）移动，隧道（蛀尘道）的直径会越来越大。这会产生毛细作用，使加固剂被吸收到支撑体的深处。加固剂的散布也会涉及健康的木材，如果两个受损区域之间距离不是很远，健康的细胞结构可以在它们之间形成桥接。

蛀屑和虫粪

蛀尘道中的蛀屑和虫粪会促进加固效果。贮存在蛀尘道中的蛀屑和虫粪会形成具有毛细作用的小空腔。它们会和加固剂一起形成“填充料”，提升被“蛀蚀”支撑体的稳固性。在蛀尘道内也会形成网状的支撑框架，来巩固支撑体。

加固剂渗透

如果被蛀的支撑体只剩下了填满蛀尘的一层外壁，蛀屑就会起到滤膜的作用，并阻碍加固剂渗透支撑体。如果溶剂挥发性非常强，还会形成一层硬痂，阻碍有效的加固。在木板绘画中倒从未发现过这种程度的损害。被蛀的木材和未受侵害的木材有着相同的膨胀和收缩特性。木材的湿度（平衡含水率）对加固剂的渗透、散布和效果都有影响。这些黏胶液主要通过细胞腔和害虫创造的“隧道体系”渗透被昆虫幼虫损坏的木材。

在这样一种体系内，液体流动靠的是差压。除了毛细力，蛀尘道的长度、深度和直径以及液体的温度、黏度和差压也都会影响液体的流动。

蛀尘道的长度、深度和直径是不可改变的给定值（除非在已经存在的分飞孔中人为钻孔）。不过液体的温差、压差、稠度、流动速度都是可以加以干预的。修复师们通过模仿工业加压浸渗，尝试借助压力将加固剂追入木质支撑体。为了实现这一点，需让注射器的针头穿过（封闭分飞孔的）一个小的橡胶或硅橡胶塞刺入支撑体，通过施加压力注入加固剂。事实证明，这种方法可以确保加固剂渗透得更深。然而加压浸渗的主要缺点在于，被注射进支撑体的加固剂常会突然从另一个分飞孔流出来，污染表面。

渗透深度

加固剂能渗透多深也取决于它的流动速度和黏度。低粘度的合成树脂溶液比高黏度的制剂渗透得更快。这一事实久已为人所知，也得到了利用——开始时，修复师先用稀加固剂润滑细胞壁，然后才施用强度与计算结果相符的真正的加固剂。人们并不知道在这一过程中发生的是什么物理现象。据推测，预先润滑过的细胞壁不会再吸收后来注射的高浓度的溶液，因此它也就一点也不会损失流变性能和阻碍进一步的渗透。温和地加热加固剂（至 64—68 ℉ /18—20℃）通常也能帮助它渗得更深。提高空气相对湿度还能进一步促进加固剂的渗透和散布。

有效性

加固剂的有效性在很大程度上受所用溶剂的影响。加固剂的蒸发时间和膨胀率是至关重要的。溶剂蒸发得绝不能太快，这样加固剂才能充分地在木材内散布开来。它还应尽可能不使木材膨胀。木材主要是由极性物质构成的，比如纤维素和木质素，它们作用于极性溶剂便会膨胀。这就意味着，乙醇、甲醇和丙酮都不适用于木材加固剂（见右表）。

散布

加固剂能否均匀散布是非常重要的。在木材支撑体中，被彻底加固的部分与其他部分之间不能有生硬的界限。这种界限是加固剂浓度陡然升高的结果，通常出现在加固剂中含有强挥发性溶剂（丙酮等）的情况下。溶剂的迅速蒸发会造成栓塞，阻碍后来注入的加固剂的渗透。这便会形成一道不可渗透的屏障，形成一块坚硬的加固剂富集区。

蒸发

合成树脂溶液蒸发和木材与蛀尘道内的蛀尘被彻底加固需要几周、甚至几个月的时间，花费时间长短取决于加固剂 / 溶剂的种类，病害的类型、程度、深度以及预处置的类型。如果画不是非常巨大，可通过称重来监测加固的过程。加入的加固剂会增加绘画的重量。加固完成时，支撑体的重量会达到一个特定的值，然后随着溶剂的蒸发，画的重量又会渐渐减小。可以不断地为画称重，来考察溶剂蒸发的速度。当受损的画作重量等于它的原始重量加上引入的加固剂重量时，溶剂便已从木板中蒸发殆尽，加固过程也就完成了。

在加固的过程中，支撑体的机械性能会发生改变，重量也会明显增加。这就意味着支撑体会面临破损的危险，如果可能的话，最好不要在溶剂完全蒸发之前移动它。

变色

加固处置可能会使画作的背面变色。处置使用的加固剂、被处置木材的种类，以及病害的类型都会对变色造成影响。

被虫蛀的木材在加固后颜色会变深，加深程度因加固剂浓度和病害程度不同而异。但不会出现像受真菌侵害的木材那样的染色。如果蛀尘道非常靠近木材表面，蛀尘道上方的木材会发生个别的线状暗化（见 43 页插图）。如果在空气相对湿度高的环境中进行加固处置，合成树脂会形成与木材被吞噬部分形状契合的框架。如果之后将艺术品放在空气相对湿度较低的房间里展陈，水分便会释放出来，直到达到平衡含水率，而木材也会发生收缩。在最坏的情况下，这套合成树脂构架会无法随木材变化作出相应的变化，还会撑裂木材。

为了尽可能有效地加固遭受虫害的木板，必须了解病害的程度和分布情况。如前文数次提到的，分飞孔并不能成为准确判断木材受损情况的证据。用热成像法或 X 光照相来简历木材受损精确图示的尝试也已经失败了[19]。迄今为止，人们只能借助计算机断层扫描照相的手段确定木材支撑体内幼虫蛀蚀区域的范围，而这种手段造价非常昂贵。（71 页插图 2、3）

木材在被真菌侵害后，受损的部分会发生化学性质的变化，并显现出体积损失。这种损失是不可逆的。此外，受真菌侵害的木材也不再会遵循木材含水率应变于环境条件的法则。渗透、散布和加固的效果也不再受木材含水率的影响，而是取决于支撑体被菌丝填塞的程度、木材分解的产物、以及真菌侵害造成的裂隙和断裂情况。

研究表明，在受真菌侵害的木材中，加固剂通常散布得更充分，也能渗透到被均匀腐蚀的木材深处。健康的木材则只在与受损部位的交界处才会吸收加固剂。

受真菌侵害的木材会发生变色，因为纤维素化学分解会造成木材部分暗化。在加固过程中，这种变色会得到加强，形成染色。没有腐败的浅色的木材与变色的受侵害区域相邻。所有可能发生的变色都能在实施加固之前测试出来，比如，可以用白精油轻擦木材，以便观察变色情况。

各种溶剂的膨胀率

溶剂	膨胀率
正丁胺（n-Butylamine）	139.0
水	100.0
甲醇（Methyl alcohol）	95.0
乙醇（Ethyl alcohol）	83.0—87.0
乙酸甲酯（Methyl acetate）	80.0
乙酸乙酯（Ethyl acetate）	70.0
丙酮（Acetone）	63.0
正丙醇（Propyl alcohol）	45.0
丁醇（Butyl alcohol）	13.5
戊醇（Amyl alcohol）	4.9
氯仿（Chloroform）	3.2
甲苯（Toluene）	1.6
石精油（Benzine）	0

表格来源：
V. Cuany/V. Schaible/U. Schiessl, Studien zur Festigung biologisch geschwächten Nadelholzes, in: Kunsttechnologie und Konservierung, 3, 2 (1989), pp. 249ff.（based on E. G. Cowling/A. J. Stamm, An approach to the measurement of solid solution structures in wood and other cellulose materials, in: Journal of Polymer Science, Part C, 2 [1963], pp. 243-252）

历史上的加固剂

动物胶 皮骨胶

动物胶或皮骨胶（glutinleim）现在仍被推荐用来加固腐烂或虫蛀的木材。这种胶的用法不一而足，既可以用刷子涂胶，也可以将受损的木质物件浸泡在沸腾的胶液中。如果添加剂运用得当，胶加固剂就可使木材变得防水，也会使加固变得不可逆，这些添加剂包括明矾、甲醛、铬酸钾、单宁，有时还包括含亚麻油或威尼斯松节油之类的乳液。

胶的稀溶液能充分渗透遭受生物病害的木材，并取得可靠的加固效果。它们也能有效地加固蛀尘。不过它们会使木材膨胀和变形[20]。含有亚麻油或威尼斯松节油的乳液并不适用。

由于皮骨胶有很强的吸湿能力，饱含皮骨胶的木板吸水性明显高于未经处置的绘画，它对湿度的反应也明显强得多。

亚麻油

早在 18 世纪的文献中就描述过用热亚麻油浸渍被采伐木材的方法。20 世纪，亚麻油既有热用的也有冷用的，常与树脂相混合。为获得更强的渗透性，亚麻油中常加入稀释剂，比如松节油、白精油（Sangajol）或萘满。

亚麻油可以深入地渗透木材。它会把蛀尘粘住，形成一种胶状混合物，但并没有实际的加固效果。因为缺乏氧气，即便加入催干剂，亚麻油干燥的速度还是很慢。饱含亚麻油的木材明显会吸收更多的水分，也比未处置过的木材膨胀得更为明显。

中国木油

中国木油也叫桐油，在1900年前后开始被用于艺术品加固。桐油是从多种亚洲大戟属植物的外果壳中冷榨出来的。它是一种促干剂；1962年，桐油仍被用作加固剂的一种成分。桐油会使木材颜色严重地变棕，也会引发表面污染。

蜡

动物蜡（蜂蜡）、植物蜡（巴西棕榈蜡）和矿物蜡（石蜡）也被用作加固剂，这种方法是将木板被放置在熔化的热蜡中。首次将木板整个浸入熔蜡 / 树脂的实验是在1902年实施的。拉特根(Rathgen)推荐将木材预先加热至120—140℉（50—60℃），再浸入加热到212℉（100℃）的液态石蜡中[21]。

自1935年起，美国人戴维·罗森(David Rosen)开始以蜡浸法来浸渍和加固带外框或不带外框的受损木板绘画[22]。为实施浸渍，他专门制作了大型的加热盆。物件被置于蜡液（9份石蜡+1份蜂蜡）中加热至230℉（110℃），持续加热到不再有气泡冒出为止。在蜡液温度降至大约160℉（70℃）时，将艺术品取出。根据艺术品受损的程度，它们在蜡浴后最多会比浸入前增重50%。直到1964年，人们还在使用这种方法做浸渍。

蜡 / 树脂浸渍效果如下：

- 画面上未作过上光保护的区域的色彩效果发生改变
- 带金箔装饰的区域被破坏
- 木板的背面变色（油渍）
- 用皮骨胶黏结的部位，有时胶会被溶解
- 有些情况下，蜡液的高温会导致支撑体破裂。

实验证明，蜂蜡对遭受生物病害的木材的加固效果是最差的。与人们过去所说的相反，饱含蜂蜡或石蜡的木材吸收水分和膨胀的程度远高于未处置过的木材。这种现象也许可以这样解释：蛀尘道中的蜡在干燥的过程中会收缩，这就意味着会在细胞壁和蜡之间形成细小的空腔，并产生毛细作用。

天然树脂

直到大约四十年前，天然树脂、纤维素衍生物、亚麻油和蜡还是仅有的几种能用于遭受虫害的木材的加固剂。用作蛀蚀木材加固剂的天然树脂——琥珀、达玛树脂和松脂——需溶于有机溶剂，或放在促干油中“煮”。

人们用亚麻油来“煮”琥珀，并用它浸渍受虫害的木材。在1930年前后，人们发现琥珀比其他漆类的棕化效果都更为严重，此后便不再使用它了。

拉特根在19世纪末曾推荐将达玛树脂溶于四氯化碳或温热的二甲苯，用作木材加固剂[23]。

松脂在加固剂中也扮演着重要的角色，它既被用作熔蜡的添加剂，溶于有机溶剂后也被用作加固剂。然而，因为它有着强烈的棕化效果，而且有脆化倾向，如今已经再也不用作加固剂了。

1934年，奥地利古尔克市(Gurk)大教堂中的主祭坛曾被浸泡在400美制加仑（1500 L）的虫胶中。虫胶溶液的醇含量很高，所以也是很强力的膨胀剂。它的渗透不佳，所得的加固效果平平。

塑料

纤维素酯

从20世纪早期开始，塑料也被用于加固木材。纤维素酯及其两种衍生物——硝酸纤维素及醋酸纤维素——也成了重要的木材加固剂。

硝化纤维清漆（zapon lacquer）是一种硝酸纤维素产品，是市场上出现的第一种不含油的酯漆。硝化纤维素漆几乎无色。比起在此之前广泛使用的大部分透明的黄色加固剂，它的出现标志着关键性的进步。硝酸纤维素可溶于大部分有机溶剂。拉特根用硝化纤维清漆或醋酸纤维素（dope，见下文）来加固受到虫害的木材[24]。罂粟油被用作它的塑化剂。樟脑、蓖麻油和亚麻油也被用作塑化剂，但它们容易产生人们不希望出现的老化特征，比如“出汗”或脆化。

醋酸纤维素比硝酸纤维素更为耐久和稳定，而且与后者相比，也不易燃。它只溶于丙酮或丙酮—酒精混合物，已成了取代硝酸纤维素的加固剂。20世纪五六十年代，醋酸纤维素（dope）常被用作保护剂。

除溶于乙醇的树脂（比如虫胶）之外，醋酸纤维素是保护史上第一种溶于高挥发性溶剂（丙酮）的加固剂。高挥发性溶剂会引起木材发生严重的膨胀，乃至出现裂隙。此外，在加固剂溶液干燥的过程中，会在靠近表面处形成一层硬壳，这层壳还会越来越厚，在很长时间里阻碍木材内部溶剂的蒸发，并增加支撑体内部的应力。20世纪70年代仍在使用的“液态尼龙”（calaton, Zellodyl）有时也会引起类似的损害。

据施斯尔（Schiessl）称，水玻璃——一种硅酸钾（钾玻璃）或硅酸钠（钠水玻璃）的可溶物——也被用于雕塑的加固，而这是一种完全不恰当的处置[25]。

对页：
如果蛀尘道非常靠近木材表面，比如这件木刻浮雕，注射杀虫剂会引起蛀尘道上方的木材会发生局部的线状暗化。

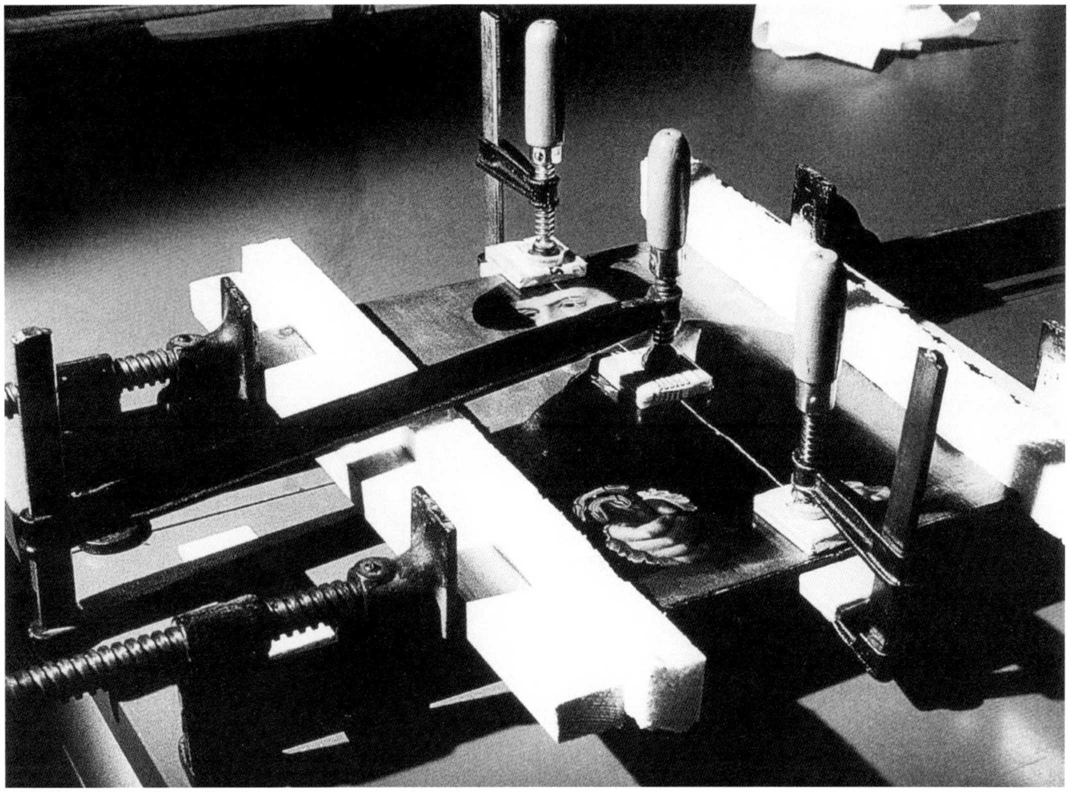

胶合木板：
上：带式夹具
下：螺旋式夹具

光吸引（见对页插图）。

补腻子

有时修复师会试着补腻子，并在接口位置涂色来掩饰这种瑕疵，而并不处理真正的病害。相反，在接口处补腻子会遮盖原画的绘画层，反而使病害加剧（见右下插图）。

有时修复师会用线锯把对合不平整的接口部位切开，轻轻施加压力把接口对齐，然后再把它胶合起来。木板被锯开时体积损失的部分会黏合薄木片加以替换。

胶合前模拟对接

为了防止这种技术缺陷，如果有可能，在胶合前应进行“模拟对接”。应在未涂胶的状态下，将整块木板按照最终黏结方式组装起来，并夹住。如果木板的组件在模拟对接时恰好能够吻合，就涂上黏结剂，并将它们再次夹起来。但即便在模拟对接的过程中一切都顺利，在实际的胶合过程中还是可能会出现意外。涂了胶的表面会因黏结剂而变得更滑，它们会微微地沿水平方向滑动，有时也会沿垂直方向滑动（见 52 页插图上图）。

夹合木板组件

用来夹合木板组件的设备有好几种，既有大型的螺旋式夹具，也有自制的胶合夹。我个人认为，螺旋式夹具（见 49 页插图，下图）并不适用，因为使用这种设备很难达到必要的精度。有一个简单而有效的方法，是在一块大木板上钉两个木条，把要黏结的木板放在两根木条中间，再向木条和木板之间打楔子，以使接口压紧。还有一种好办法，是用叫作带式夹具的设备来胶合木板，这种工具是细木工匠胶合木门和木窗用的（见 49 页插图，上图）。

胶合夹床

最好的解决方式是胶合夹床（见 46 页插图，背景图，及 52 页下图）。1956 年，斯特劳勃（Straub）曾记述过一个完全用木头制成的此类设备实例[29]，1979 年，尼德曼（Niedermann）又对这种设备做了有趣的改进[30]。现在已可以在专业供货商那里买到这种机器[31]。在胶合夹床上，断开的木板组件被置于两部分组成的大型滑框中，在胶合接口的周边区域，用可调节的底部带垫的小夹子从上下两面将木板固定住。这些夹子用来调节木板的高度，直到两个组件在接口处吻合，形成平滑的表面。之后将滑框拉开，使两个组件分开，再在接口处涂胶，然后将滑框推合到一起，将木板夹住。

修复黏结时发生了错位，胶合接口部位变得不平。为了找平，修复师或在接口处补腻子并上色（上图），或将高起的部位削平（下图）。

贯通整块木板的裂隙通常也按胶合接口的方式来处理。断裂和被称作环裂的损伤只会从木板端面的边缘向内发展，应仔细对接木板损伤部位的几个部分，填入黏结剂，如果有必要，再填入木片，并将其夹在一起。完成后还需仔细观察，确保最终的表面完全规整。

裂隙
环裂

接口加固

很长时间以来，木板制造工匠和修复师一直使用木扣、蝴蝶榫、布条和短麻屑来加固胶合过的接口，这些东西如今仍在使用。

在采用易于开裂的皮骨胶做胶合时，使用这些方法可能是恰当的，但在使用现代合成树脂胶的情况下，只要木板的稳定性和强度足够，便不总需要进行这些附加的接口加固了。

粘附木扣是广为使用的接口加固方法。木扣是垂直或平行于木纹胶合上去的。

木扣

木板制作工匠和修复师也用蝴蝶榫来加固胶合的接口。在木板制作时就已插入的蝴蝶榫既可能存在于正面，也可能存在于背面。而木板背面的蝴蝶榫通常很难看出究竟是原来就有的还是修复师加上去的。蝴蝶榫在某种程度上曾被视为“麻烦的起因”和绘画结构中的“异物”，但这并不一定是事实。即便蝴蝶榫就在画作正面的底料层和颜料层下边，通常也只会在颜料层上显现出沿其轮廓线的裂隙。在蝴蝶榫脱落后，既可以不进行更换（原用），也可以用一枚新的蝴蝶榫或蜡把空缺处补上。

蝴蝶榫

木板制作工匠和修复师常在接口处表面粘布条或短麻屑。然而，这些材料对接口只有轻微的固定效果。

布条
短麻屑

古代大师们常用暗销来为画板的胶合接口作补强（见54页插图）。从木工技术的角度来看，这无疑是耐久地固定胶合接口的最佳解决方法。旧的暗销会在一定程度上防止组件在接口部位发生滑动，这会使重新黏结更加容易。装有托架的画板在被减薄时，会将暗销暴露出来。因为暗销的洞总是钻在胶合接口的中间，所以可以利用它们算出木板的原始厚度。

暗销

因为表面不平整部位凸起处的反光，很容易就可以看出贯穿人物右臂的胶合接口。（罗索·菲奥伦蒂诺［Rosso Fiorentino］［1494—1540］，《垂死的克娄巴特拉》［*Cleopatra Dying*］［局部］，不伦瑞克安东·乌尔里希公爵博物馆。）

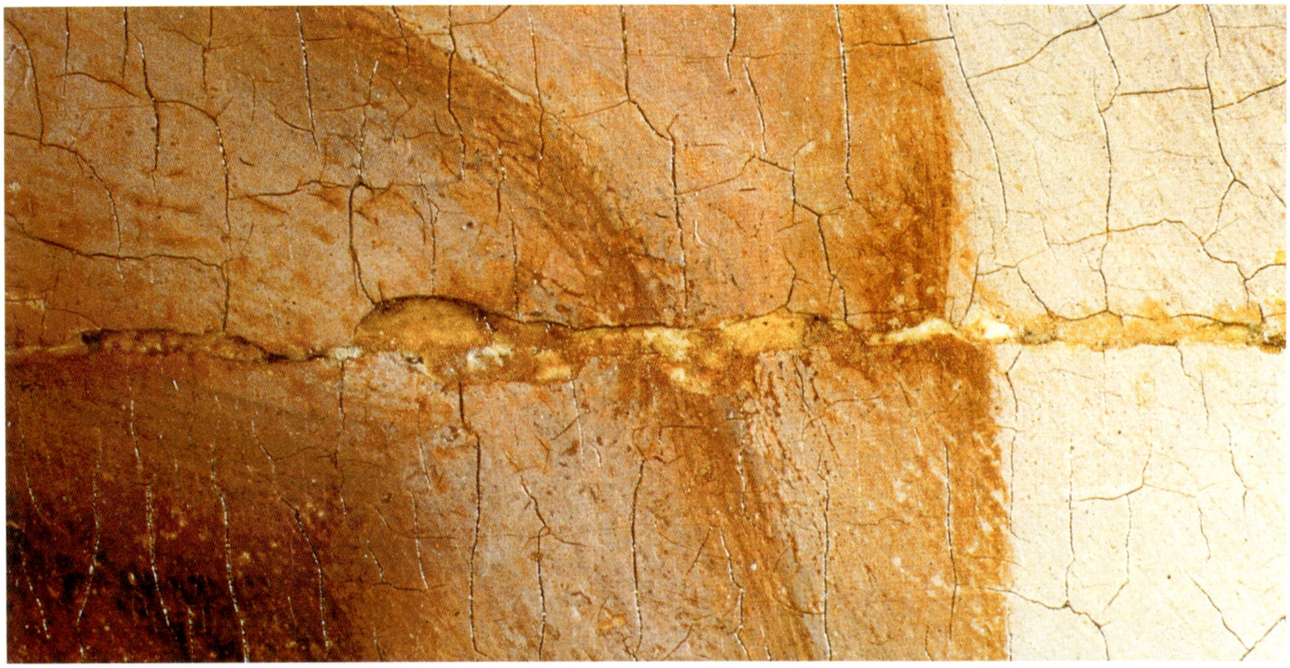

两块木板在胶合的过程中发生了轻微的滑动错位。

在重新胶合变形的木板组件时，只有用胶合夹床才能获得最好的效果。

矫正

使变形的木板回平称作矫正。支撑体变形通常表现为凸起。未加处置的变形支撑体内并不存在会对支撑体及/或颜料层造成威胁的内应力。因此，从保护的角度来看，并没有对变形木板加以矫正的理由。矫正的初衷往往是希望使画面变得“完美”。变形会破坏一幅画给人的印象。

方法

几个世纪以来，人们发明了一系列间接或直接的矫正方法，并不断加以改进，它们包括：

- 滑衬外框（slip frame）（见 55 页插图）
- 槽口插条（插片法［sverzatura］）
- 辅助支撑体（secondary supports）
- 死补强件（rigid reinforcements）
- 活补强件（flexible reinforcements）
- 托架（cradle），木撑（brace）、木板、其他板材（亦见 72 页开始的“保护性背面处理”）
- 塑性变形
- 部分转移
- 完全转移

除了滑衬外框、塑性变形和完全转移，其他所有方法都会或多或少对木板造成永久性的压力（程度取决于变形的类型），在使用其中一些方法后，木板对气候变化的反应也会受到改变或阻碍。几个世纪以来，除了清洗光油，几乎再没有其他一种修复技术像矫正一样毁坏了如此多的画作。

变形的木板

用死补强件、活补强件或辅助支撑体固定的变形支撑体必须减薄到原有厚度的一半左右，这就意味着要将它们削薄来减轻变形（见 54 页插图，上图和中图）。这是对木质支撑体结构的重大干预。被减薄的木板对气候变化的反应比未被减薄的更为敏感，变形也会更严重。过度减薄并作过补强的木板常会发生波浪状变形、环裂和/或裂隙（见 63 页插图，下图）。

除了塑性变形，在矫正前，需在调高空气相对湿度的条件下——比如放在气候调节室、潮湿的地窖中，或将画作背面弄湿——将变形的木板弄平。操作时，将画平放，突面向上，木板两侧纵边着底，形成一个中间向上的“拱”，任其尽可能依靠自重变平。

吸收水蒸气、木板的自重和细胞壁的膨胀都

在胶合接口处的加固：木扣、蝴蝶榫、布条、短麻屑（从上至下）。

会引起弹性和塑性变形（亦见“弹性及结构强度”，23 页）。也就是说，只有在细胞壁中还含有水或木板承受应力的情况下，支撑体才会保持稳定。如果水分开始蒸发，支撑体便会收缩和变形，常会比之前更为严重。有些情况下，如果发生了严重的塑性变形，木板会一时保持平整，但经常随之恢复变形，甚至变形比以前更严重。

滑衬外框

使用滑衬外框是将一幅变形的木板绘画装在一个槽口内镶有“滑衬”的外框中。滑衬是用木条制成的，它的形状与变形支撑体的表面弧度相符（见对页插图）。

滑衬外框并不是真正意义上的矫正，支撑体仍保持变形，支撑体只有受到令其固定在装饰性外框内所必须的压力。如果木板绘画的外框安装得正确，也就是用弹簧夹来弹性地固定，就不会有损坏支撑体或颜料层的危险（开裂）。变形被“含”在了装饰性外框中，即便是训练有素的观察者也不易注意到它。

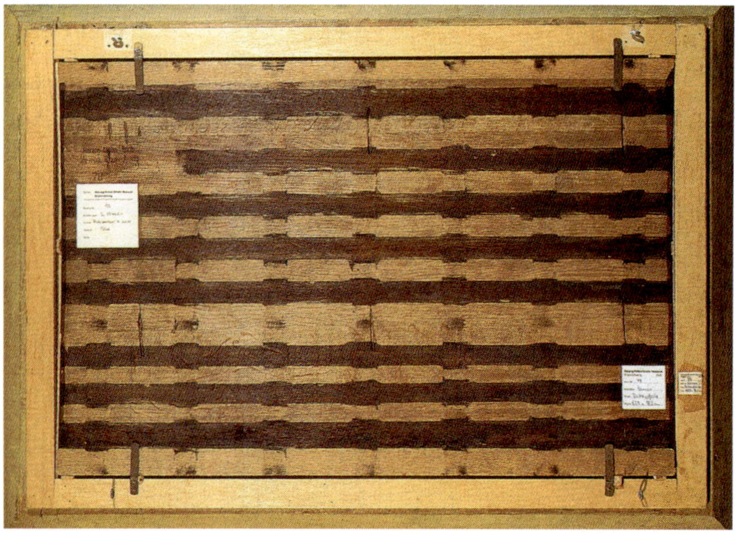

古代大师常用暗销来为木板绘画补强，当木板被减薄（上图及中图）或修整（下图）后便可以看到暗销。

最好用滑衬外框让变形的画“回平”：一个形状与画面弧度相符的内坡被放在装饰性内框中（右下图）。只有从侧面看（右上图）或侧光（左下图）时才能注意到画面的变形。（亚历山大·凯林克斯［Alexander Keirincx］，《有河流的山景》［*Hilly Landscape with River*］［局部］［约 1640 年］，不伦瑞克安东·乌尔里希公爵博物馆。）

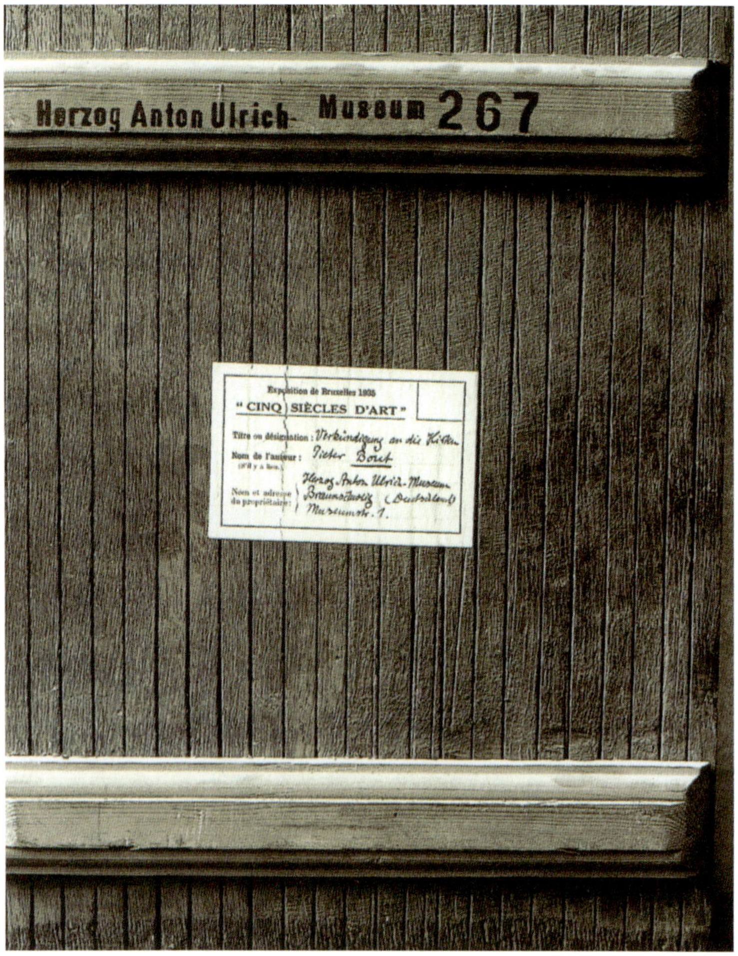

上图及对页插图：这块木板背面被挖出了槽口。之后又粘了两根木条来矫正（左上图），它限制了木板的活动，于是木板发生了裂隙（右上图）。再次修复时去掉了木条，并在沟槽中插入了轻木片（对页）。（彼得·鲍特［Peter Bout］［1658—1719］，《牧羊人领报》［*Annunciation to the Shepherds*］［局部］，不伦瑞克安东·乌尔里希公爵博物馆。）

槽口插条（插片法［sverzatura］）

有一种矫正技术，是在木板背面挖出方形或“V”字形的沟槽。这样就可以将小木条或三合板条粘进沟槽，来矫正木板。这种方法被称作插片法（sverzatura）（源自意大利语的“sverzare”——插片）。这两种方法（槽口与插条）通常结合使用，18 世纪时在法国广为人知。

槽口是用（圆片）锯或凿子在木板背面切割出来的，槽的方向平行或垂直于支撑体的木纹。槽口可以减轻变形程度，这样无需将木板减薄就可以回平了，还可以粘入木片使其保持平整。每道槽口都会削弱木板的机械强度，而与木板刚性衔接的木条也会阻碍木板对空气相对湿度变化产生的反应。支撑体内部会产生应力，它会从阻力最低小处自然释放：通常木板会在槽口最深的地方开裂。

如果已在槽口内粘入小木片或三合板条，通常不必再粘木扣就能保持木板平直。粘在槽口里的木片应比支撑体的木质更软；轻而多孔的轻木尤为合适。使用这种方法后，如果空气相对湿度发生变化，插入的木条就会起到楔子的作用，有造成支撑体开裂的危险。

辅助支撑体

另一种技术是将减薄的木板绘画粘到辅助支撑体上。辅助支撑体可以是一块木板（见 58 页插图），也可以把一组轻木条并排拼接起来安装在原作支撑体背面，交叠两层或多层，以构成支撑性覆背。辅助支撑体具有强化和保护（保护性背板和气候屏障）的作用，但会限制原作支撑体的活动。采用辅助支撑体的理由有若干种：

采用的理由

- 矫正变形的木板
- 固定木板
- 补强受昆虫侵害的木板

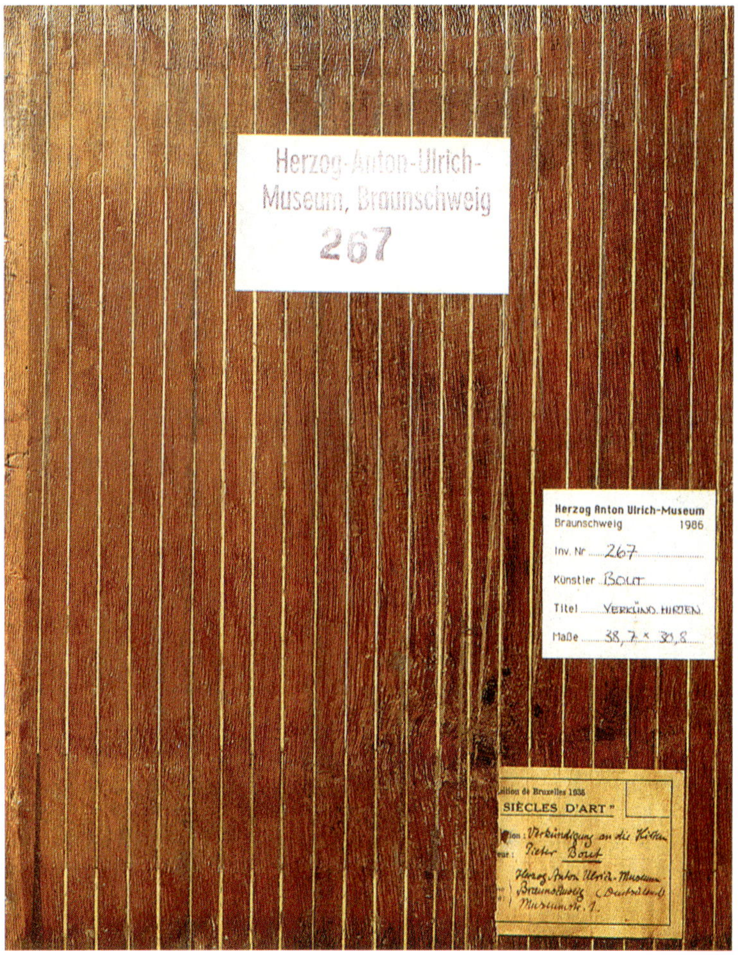

（图片说明见对页）

- 拼合断裂的木板
- 部分转移木板绘画

在为变形或受昆虫侵害的木板安装辅助支撑体时，应先将原作支撑体削薄。被分剖过的木板无需进一步削薄，因为原来的木板已经被锯成两层（见 65 页），足够薄了。对部分转移技术而言，辅助支撑体是必不可少的（见 67 页）。

辅助支撑体的应用是一种历史方法。如今，需要视具体情况来决定是否有必要使用它。通常使用间接支撑体——比如固定保护背板——就可以有效地为强度减弱的木板绘画补强（见 72 页起）。

死补强件

死补强件是与木板绘画刚性连附的装饰性外框，或是起固定作用的框架结构，它们可以是作品创作之初装配的，也可以是后来添加的。这类补强件包括：

- 中世纪木板绘画的装饰性外框（板条式外框）
- 艺术家或木板工匠安装在中世纪木板绘画背面的木条及木条组件的原件
- 后人在画上刚性连附的所有木条和框架结构
- 木掌

装饰性外框

装饰性外框有几种功能。它的存在是为了给绘画带来赏心悦目的饰边，但也是为了起到保护和支撑的作用。最早的外框类型中就包括板条式外框，它是用钉子、榫或胶固定死在木板上的。

从 12 世纪起，人们就用钉子或木螺丝把一种叫作横条（cross-bar）的部件按垂直木纹的方向钉在画的背面（见 59 页插图，上图）。在 14 世纪，

人们又对西班牙绘画背面补强用的横条作了补充，增加了对角线方向的斜条。后来便构建起了整套框架体系，至今还无法证明固定在16世纪木板绘画上的框架体系是原装部件。现在人们看到的大多是后来被修复师加上去的。

性能

钉死在木板上的补强件不仅可保持木板平整，它们也会限制支撑体对空气相对湿度变化的反应（即活动）。如果一块木板的膨胀和收缩受限，它就会因反作用力而向反方向运动。这常常就是绘画层开裂（见“颜料层”一章，189页起）、裂隙（环裂）、胶合接口脱开，或在黏结接口时难以准确对合的原因。如果木质支撑体内部应力过大，在刚性矫正设备崩裂或支撑体开裂时，应力就会突然发生暴力释放。有些未受损的中世纪木板绘画还带有原装的装饰性外框和横木条，说明这个规律可能也有例外。然而也不能因此就以偏概全，因为我们永远也无法知道，拜这种技术所赐，千百年来我们已经失去了多少木板绘画。

木撑

木撑的作用就像束身衣。它们固定木板的形状，而不必钉死在木板上。木撑一般连附在自己的框架结构或装饰性外框上。和保护性背板一样，木撑或贴着木板，或固定在与木板有一定距离的位置上。固定木撑的是安装在几个关键点的弹簧或弹簧杆。

活补强件

使用活补强件的目的在于固定木质支撑体，而不严格限制木板因气候条件变化而活动。它们包括裁口（踩口）外框（groove frame）、榫槽外框 (rebate frame）、穿带（inlet key）和各种形式的托架（cradling）（见对页插图及60、61页插图）。

裁口外框

安装在15、16世纪木板绘画上的裁口外框是一种活补强件：木板松弛地落在外框裁口内，只要裁口够宽，它就可以在一定程度上活动。若非如此（或不再如此），外框就会起到死补强件的作用：支撑体受到拘束，膨胀的压力会引起支撑体或绘画层变形。

榫槽外框

榫槽外框也是从16世纪开始使用的，只要榫槽足够深，并用弹簧夹来固定画板，这种外框也可以在固定画板的同时容许它们因空气相对湿度变化而活动。

将近15世纪末时，被称作穿带（inlay）的镶嵌式横木首次被艺术家和木板制作工匠用于木板

这块木板被减薄，并镶上了用大芯板做成的辅助支撑体。

修复者试图固定穿带，用木螺丝将它拧在了木板上。这种刚性固定可使木板保持平整，但会在一定程度上完全限制木板对空气湿度变化产生的反应。

穿带

绘画的补强（见右图）。它们插在木板背面一端宽一端窄的燕尾形凹槽中，并不钉死。这种设计也是为了在不限制木板活动的情况下防止画作变形。然而，支撑体只要稍微变形就能限制穿带的活动，并由此限制木板的活动。有些穿带是原件，有些是修复师后加上去的。

托架

另一种形式的活补强件是托架。托架的设计旨在保持支撑体平整而不限制木板对气候变化的反应。托架是由粘死的板条和穿过这些板条下方缺口的松动板条构成。粘牢的板条平行于支撑体的木纹，松动的板条则与木纹垂直。在安装托架时，通常靠加湿使支撑体回平（见 54 页及 64 页），并将其削薄，使厚度大致减半，以防其变形。人们认为，最早的托架体系是在 1770 年由路易斯·哈昆（Louis Hacquin）发明的，它是死补强体系的后代[32]。20 世纪 50 年代早期和晚期，卡里塔（Carita）[33] 和巴克（Buck）[34] 又分别对托架体系进行了改进。

迄今为止，已经研发出了四种形式的托架，还有一些变体，四种主要的形式为：平板式、隆起式、扣式和现代滑轮式，为木质 / 塑料 / 金属的托架构造。

平板式托架
隆起式托架

历史上，托架最早的形式是平板式（见 62 页上图）。平板式托架发明于 18 世纪后半叶。这种形式的托架，纵向胶合的板条比较宽也比较扁平，胶合面积相对较大。它们会更多地限制木板的活动，因此比隆起式托架（见 63 页插图，左上图）造成的损害更大。隆起式托架的胶合区域面积有所减小，这是对早期技术的发展，这种体系在机械性能上更为稳固。

扣式托架

扣式托架进一步减小了胶合区域的面积。约束横向板条的不再是粘在木板绘画背面的板条，而是用一些单个粘上去的木扣（见 62 页插图，下图，及 63 页插图，中图）。

塑料 / 金属托架

在现代塑料 / 金属托架构造中，是用螺丝而非胶将扣固定在支撑体上的。扣可以是木质的，也可以是塑料的。横向的板条通常是用金属（例如铝）制成的，可在滚柱或滚珠轴承上滑动。

很难说托架是否有效地行使了它的功能。就我个人观点来看，为绘画安装托架是没有必要的。我认为托架的整个体系——至少历史上的各种版本——都是基于一种错误的概念：如果一块有变形的倾向，而又靠着胶合的板条强制保持平整，活动的板条就会被卡住，也会限制支撑体在水平方向上的活动，这就事与愿违了。

空气相对湿度发生变化时，所有的木板都会试图调整自己的平衡含水率。这就是它会活动的原因。即便是仍能发挥作用的托架体系，因为存

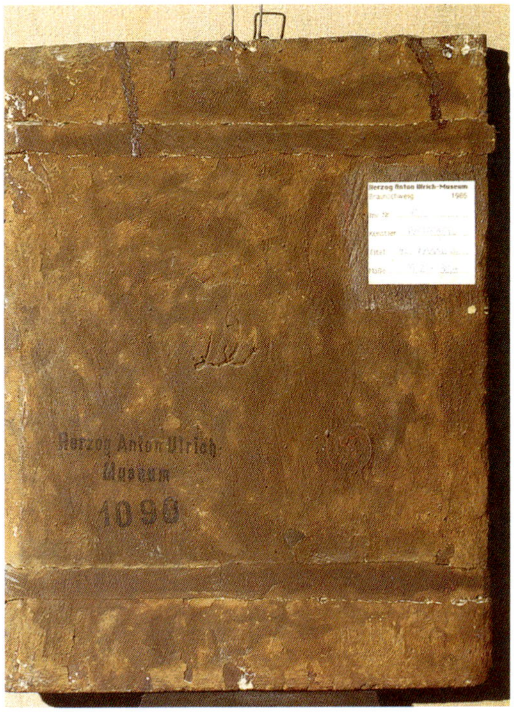

左图及 60、61 页插图：穿带（左图）和裁口外框（61 页）属于活补强件：它们在不妨碍木板作用于气候变化产生的活动的情况下对其起到固定作用。（60 页：荷兰，《救世主》［*Christ as Salvator mundi*］，16 世纪，私人收藏。）

平板式托架

扣式托架

左图及对页插图：人们反复尝试用托架来矫正木板，比如平板式托架（左上）、扣式托架（左下及对页中图）或隆起式托架（对页左上图）。如果板条阻碍了支撑体的运动，支撑体就会出现开裂（对页右上图）或变形，比如波浪状变形（对页下图）。

在粘上去的板条，也会使支撑体背面分成受保护、被限制的区域和未受保护、不受限制的区域，这两部分区域在水分交换和机械性能方面都有差异。受限制/保护的区域位于粘死的板条下方，未受限制的区域位于活动的板条下方和板条之间的区域。木板未受限制的区域可以在一定程度上活动，而受限区域则无法活动。变形的趋势越强烈，产生的弹性应力越强。这会导致画的正面只有在与背面粘有板条相对应的部位发生更严重的压缩。这会造成薄支撑体或被过度减薄的支撑体发生波浪状的变形，这类变形表现为两种形式：

波浪状变形

1. 木板在未受限制区域向前拱，引起凸起变形。
2. 木板在未受限区域向后拱，引起凹陷变形。

人们推测，凸起变形发生于收缩受限时，而凹陷变形发生于膨胀受限时（见对页插图下图）。不久前，我在不伦瑞克的安东·乌尔里希公爵博物馆（Herzog Anton Ulrich-Museum）发现了一块粘有木格子架来加固的铜板（见 64、65 页插图）。铜板带有惹人瞩目的波浪状变形。因为铜并不会对气候变化产生反应并发生活动，只可能是粘上去的木格子架引起的这种变形。如果我们把这种经验用于带托架的木质支撑体，那这么久以来人们所持有的理论就必须再次加以修正。

总而言之，可以说一幅变形的木板绘画的底料层和颜料层要经常性地承受结构调整所产生的应力，比如强制塑性变形引起的应力。如果托架法所依据的力学原理得不到修正，托架法技术改进的价值就总是有限的。托架所对抗的只是木材活动的结果而非原因。

塑性变形

塑性变形矫形法是通过施用溶胀剂和将木板较长时间平放来使木板绘画回平的方法。

这种矫正技术基于以下概念：如果凸起变形的木板绘画背面的木细胞在收缩的过程中被压缩到了一起，而且这种塑性变形保持了下来，应该可以用一种溶胀剂和轻微的压力使它们再度膨胀起来，并用这种方法永久性地矫正木板。这种方法需要克服木材的弹性并将材料塑化。

回平

前边描述过的将木板弄湿回平的方法，是最古老也最简单的临时矫正技术。人们注意到，在个别情况下，如果处置过程中在画的正面施了压

左图：隆起式托架

右图：即便使用隆起式托架，色层也会出现引人瞩目的龟裂。
（科林·德科特［Colijn de Coter］[15 世纪下半叶]，《供养人肖像》［*Portrait of a Donor*］，不伦瑞克安东·乌尔里希公爵博物馆。）

扣式托架

画作背面的托架卡死所引起的波浪状变形和环裂

上图及对页插图：
连带有“托架”的铜板也会遭受波浪状变形。因为铜板并不会对气候变化产生反应，这就可以充分证明，是粘在支撑体上的板条造成了变形的作用。
（达尼埃尔·塞热［Daniel Seghers］[1590—1661]，《围绕圣徒胸像的花环》［*Garland of Flowers Round a Bust of a Saint*］，不伦瑞克安东·乌尔里希公爵博物馆。）

（重物），变形就不会恢复。实验中不仅用了水，也用了有机溶剂。同时还安装了背面直接保护，以减少木板与周围空气的水分交换。

溶于甲醇的聚醋酸乙烯酯溶液也是有效的矫正和定形剂，也被用在各种后续的涂层中。经过大量实验，沃尔特斯（Wolters）发现，溶于等量乙醇和乙二醇单乙醚的 7.5% 虫胶溶液是有效的木板矫正剂[35]。在几天——有时是几周的时间里——反复将这种溶液涂在木板背面，再用油纸盖住，直到有效矫正为止。用油纸覆盖为的是防止溶剂蒸发。

在木板得到有效矫正后，再涂一层 25%—30% 的虫胶（乙醇）溶液，形成水分的屏障（背面直接保护）。

不过，因为不希望木板过度受力，沃尔特斯认为变形程度减弱 50%—70% 就足够了。

断裂载荷

在使用这种矫正法的过程中，因为在木质支撑体上施加了压力，就必须注意到被处置木板的断裂载荷。沃尔特斯提出了计算断裂载荷的以下公式：$R = N \times 2h\ t^2/(3b)$〔R = 断裂载荷，N= 结构强度（结构抗力），h = 木板高度，t = 木板厚度，b = 木板宽度〕。

结构强度

结构稳定性取决于木材的种类、切割的方向、可能存在的生长缺陷、真菌或昆虫侵害引起的损伤、生长轮的密度、接口的数量和它们的胶合方式；这个数值介于 80—120 kg/cm^2 的范围内。一般 N 取值为 100。

计算实例：

木板高度：16.7 cm

木板厚度：0.8 cm

木板宽度：39.6 cm

（本图注释见对页）

$R = 100 \times 2 \times 16.7 \times 0.8 \times 0.8 / 3 \times 39.6$

$R = 200 \times 16.7 \times 0.64 / 118.8 = 18\text{kg}$

为安全起见，用于矫正和回平的负重 P 不应超过计算出的断裂载荷 R 的三分之二至四分之三：

$P = 2 \times R/3$，或 $P = 3 \times R/4$

（根据以上实例计算：$P = 2 \times 18/3 = 12\text{kg}$）

分剖

修复师用术语分剖（splitting）来指将两面有画的木板绘画“锯开”的操作（见 66 页插图）。将木板绘画分剖的目的是为了能够同时展示双面的绘画，或将它当作两幅画来出售。最早是什么时候分剖绘画的已不得而知。分剖会产生两幅“新”的薄木板绘画，它们通常对气候非常敏感，最后常会成为“终身残废”而待在修复工作室里。分剖开的绘画会安装辅助支撑体或托架来进行加固。

转移

转移是将木质支撑体部分地（部分转移）或完全地（完全转移）去除，并将绘画转移到用纺

一套双联画的两面有画的内翼被分剖（下图：X光照相）并重新组装，拼成了一幅“新”画（上图）。卢卡斯·范·莱顿［Lukas van Leyden］，《圣母子，抹大拉的马利亚和供养人》［*Madonna and Child, Mary Madgalen and Donor*］[1522]，巴伐利亚国家绘画收藏馆，慕尼黑古画陈列馆。）

织品、木材或人造合成板材（纤维板、大芯板）制成的新支撑体上。采用这种干预的原因是昆虫对原作支撑体造成了严重的损害，形成颜料层开裂的痼疾。

部分转移最早始于何时已不得而知。完全转移是在18世纪发明的。在很长一段时间里，人们一直认为罗伯特·皮考特（Robert Picault）是完全转移的发明人。他曾在1751年为一幅现在藏于伦敦的国家博物馆的拉斐尔的圣母像作过转移，将这幅画从木质支撑体转移到了画布上（见69页插图），他还为其他一些重要的画作他过转移。现在，沙伊布勒（Schaible）的研究已经证明，意大利的画家和修复师早在皮考特之前就做作绘画转移[36]。

评估

这两种形式的转移都只能当作最后的手段，只有在其他所有方法都无法保存绘画的情况下使用。是选择部分转移还是完全转移一直是修复师们争议的重点。人们常选择表面上看来伤害较少的部分转移，但以我的观点来看，许多修复师都忽视了一点，就是这样做并不能解决转移原本要解决的问题，因为还有薄薄一层原始木板被保留在了原地。在完全转移过程中，引发问题的因素——木材——被去除掉了，绘画层也被固定在新的支撑体上。在不合格的完全转移中，木板绘画会丧失它原有的特点和结构，带上新支撑体的特点（见68页插图）。

部分转移

部分转移是将木质支撑体减薄到仅留0.5—1mm的厚度，再将减薄的“支撑体片”转移到辅助支撑体上。绘画部分转移的原因与安装辅助支撑体的相同（见56页起）。

步骤

在修复的文献中提及过部分转移，在博物馆中也有被部分转移的绘画，但它已是一种历史性的技术，如今已不是主流的方法。部分转移包括三个主要步骤：

- 在绘画层正面粘贴贴片缚固（覆面）
- 将原始支撑体减薄到需要的厚度
- 将减薄的支撑体粘接到辅助支撑体上

因为修复师在工作中必须面对已被部分转移的画作，我们在这里（简略地）引用一份部分转移的修复报告，它采用的是几种可用的技术中的一种，是著名的伦敦考陶尔德学院在1952年实施的。这个例子将说明木板绘画在接受部分转移时会经历些什么。

先用两层结实的丝纸对绘画层一面进行保护，用加热工具和未脱色的蜂蜡与松脂的混合物将其熨平。丝纸在画板的四周都留出较宽的纸边。正面贴好贴片的画被面朝下放在高密度板上，再将延长出来的丝纸边用胶带固定在高密度板的背面。（这样可以防止在减薄的过程中木屑掉进绘画层和纸之间。）将画和高密度板整个地面朝下放在一张工作台上，用一块带衬垫的木板和台钳将其固定。用半圆凿沿木纹方向和垂直于木纹的方向将木板削薄，直到厚度只剩1.5毫米为止，再用砂纸把它磨光。借助加热工具，使未脱色蜂蜡和干燥白垩粉的混合物尽可能深入地渗透进底料层、颜料层和剩余的部分支撑体内。木板剖面内的蛀尘道和其他凹坑也用同样的方法填平。选用的辅助支撑体是一块比原画略大的0.5英寸（12 mm）厚的纤维板。在加热工作台上的蜡液中用未脱色的蜂蜡浸透这块板。在温热的板面上涂覆一层未脱色蜂蜡和白垩粉的混合物。让辅助支撑体缓缓降温，至蜡/白垩覆盖层刚好黏稠到可以充分地与放在上边的减薄支撑体黏合。二者黏合之后，在上边覆盖一层畜皮纸和一层毛毡，再用冷熨斗从画面中心向四周将它们熨合。再用一块板和重物压覆在部分转移后的绘画上，静置一夜[37]。

完全转移

完全转移的方法有两种。第一种是前边提到的皮考特所用的方法，风险很高，是将绘画层软化后，像揭邮票一样地从支撑体上将它揭下来，不过，流传下来的关于皮考特这种技术的记述都不是十分详细。

第二种方法如今仍偶有使用，是将支撑体完全削掉，刮到露出底料层或颜料层（见68页插图）。仅在以下情况下才能采用完全转移：

- 原始支撑体已经被蛀虫严重蛀蚀，再也无法起到支撑体的作用
- 底料已经丧失了附着力，再也无法被保全

绘画转移有几种可用的方法。其中一种曾经比较常用的方法是石膏底台法，这里将作为本类操作的例子进行简短的描述：

绘画层缚固

一幅画的转移，需要做的第一件事就是绘画层的缚固。

在完全转移到画布上之后，木板绘画丧失了本身的特点，获得了新支撑体的特点。（扬·凡·艾克）[*Jan van Egck*]，《圣母领报》[*Annunciation*]［约1434—1436年］。华盛顿国家美术馆，安德鲁·W. 美仑收藏。）

用大头钉将一块细纹亚麻手帕布绷在一个比待转移的画略大的框子上。将它放在绘画颜料层上边，让亚麻布贴在画面上。从中间开始，用刷子将加热的蜡—树脂均匀地涂在上边。待它冷却后，再用加热工具将其熨平。细纹亚麻手帕布应与颜料层表面完全贴合，不留气泡。

将熟石膏（博洛尼亚石膏）抖落在加热到大约140℉（60℃）的含水较多的兔皮胶中，直到液面不再将石膏粉吸入为止。之后将其仔细调匀，调成没有结块或气泡的浆料。为了试验它的性能，将一茶匙浆料倒在一处不吸收的表面，待其凝固并完全干燥。混合物不应太软或太硬，必须能用刀顺利切削。之后便用这种混合物将另一块尽可能粗的画布粘在蜡层的表面。因为在随后的工作中，是这面朝下放在工作台上的，所以它应该尽可能平，有时还需打磨。

石膏底台

对于较大的不平整或严重变形的画，还需要制作一个被称作石膏底台（plaster bed）的设施。它的形状应与不平整的表面吻合，才能将木板绘画平放在工作台面上。为画面取模用的是塑形石膏。干要在石膏中加入少量干石灰，来抵消干燥过程中的膨胀。在混合了胶的石膏底和石膏模之间，要放两层锡箔作为隔离层。在锡箔上要涂一层蜡/二甲苯浆，以便将来更容易取下。

为防止石膏层在凝固过程中走形，应在上层锡箔上边铺一层用铜管编成的网格。用铜丝将铜管在交叉的部位绑起来。要用木支架将铜网格支起来，防止它们碰到锡箔。为了稳住这套装置，在格子的一些交叉点处倒上石膏，将它们和锡箔之间的空隙填上。用这种方法固定好网格之后，用石膏填满其余的空隙，石膏的上表面要弄得尽可能平整，这样在去除木板时，就可以将它安稳地放置在工作台上了。

在石膏凝固放热达到最高程度时，小心地将石膏模取下。这需要一定的技巧，因为空气只能慢慢进入模子与锡箔之间。石膏模干透之后，再次将它放在画面上，并将这个“三明治”翻转过来，露出待处置的支撑体。

首先检查木板上的节疤，如果有就用带柔轴的高速铣刀将它切除，直到露出底料。之后，如果木板较厚，就按垂直于木纹的方向切割出间距1英寸（2—3cm）的平行切口，深度大约为木板厚度的一半。这样就可以用凿子去除较多的木头，剩下的部分则用平口半圆凿和铣刀清除，直到露出底料。

去除底料

如果有必要将底料去除，也应用铣刀或手术刀去除。将需要去除的部分润湿。如果有底层素描，此时通常便会显露出来。为获得与新底料更好的黏合效果，最好不要去除原始底料中没有酥粉的部分。

新底料是用博洛尼亚石膏和兔皮胶做成的。石膏/胶的混合方法如前所述。无法给出这种混合物的确切比例，因为这取决于所用原料的准确成分。

用刷子将温热的底料混合物涂上去，厚度约1 mm。干燥后，在上边铺一层没有绒毛的细纱布，再涂一层底料混合物，将它夹在中间。之后待其干燥。

接下来用一块粗亚麻为画覆背。推荐使用下边这种糨糊：

1份亚麻籽面，混入24份水，加2份细木工胶，在水浴中煮30分钟；将它们调匀，再向糨糊中加入3份小麦面粉和3份黑麦面粉。

将混合物整个过滤，再放在水浴中煮几分钟。

对页：
这幅拉斐尔(Raphael)的木板绘画《圣母像》(*Modonna*)（约1509—1511年）在1751年由罗伯特·皮考特转移到了画布上，人们推测皮考特便是完全转移的发明者。如今这幅画属于伦敦国家美术馆。

糨糊 在浆糊冷却前，可以加入一份糖蜜，使它变得更富有弹性。

之后将整个“三明治”翻转过来，将石膏底台取下。用猪鬃刷子蘸水，把用来黏结保护层（粗亚麻布）的石膏浆层软化，再将石膏浆擦除掉，直到露出画布。然后就可以把画布卷起揭走。用白精油软化蜡—树脂混合物，再用棉签将它清除。最后，小心地将亚麻手帕布从颜料层表面卷起揭掉。然后，按照钉布面绘画的方法，将这幅完成转移的画钉在一块大芯板或刨花板上[38]。

修补受损的支撑体

在德国的博物馆中，受真菌或昆虫侵害程度严重到需要进行木质支撑体修补的木板绘画只有几件。已经无法弄清第一次木板修补到底是在何时何地进行的。可能人们一直都会将木板受损的部分去除并替换上新材料，或用腻子修补受损的部分。

受昆虫幼虫侵害的木质支撑体对冲击或压力反应敏感。不仅边角部位有风险，整个绘画层都可能有风险（见对页插图），风险程度因支撑体损坏程度而异。针对受损类型、程度的差异，根据修复师所持有的态度和所受训练，处置支撑体的方法包括转移（见65页起）、加固（见40页起）、修补。和过去一样，修补用的材料还是木材或腻子。

腻子 腻子是用填充料和黏结剂制成的。将腻子填进缺损部位的工具是刮刀。人们曾经使用过的填充料有锯末、白垩粉，如今使用的是石松孢子和中空微珠；制作腻子的黏结剂包括蜡、皮骨胶、聚醋酸乙烯酯（PVAC）分散剂、Paraloid B72 和环氧树脂（如 Araldite 2020）。使用不同的黏结剂，腻子会或强或弱地发生收缩（蜡和环氧树脂例外），（如果缺陷较深）则需要多层填充来防止干燥过程中的开裂。

支撑体背面和边角部位的受损区域可用腻子填充。在边缘处要将木质暗榫和金属钉子打入原始木材中，以使腻子稳固。将腻子涂在钉子周围，并将其弄平，以适合支撑体的形状。

腻子对空气相对湿度变化的反应与木板并不相同。木板中补过腻子的区域就像一块没有弹性的塞子，会在与木材交界的地方凸出来或甚至松脱。

木材 有几幅木板绘画的边和角是用板条或木扣进行修补的。为了修补，受损区域的原始物质被清除，造成一个可以将替换材料黏结上去的表面。用木材修补支撑体也是一种历史技术。比起腻子，它的优点在于，如果选择的木材恰当，所用材料的外观和一般行为便与受损的支撑体相似。

1977 至 1978 年，巴赫曼（Bachmann）修补了林登哈特祭坛画（Lindenhardt Altarpiece）中的几块画板，但他并没有对原作本体进行矫正[39]。缪勒（Müller）和海杜克·弗拉纳（Heiduk Vrana）随后又对这一方法作了改进[40]。

轻木条 用截面宽度统一为 5 mm 的预制轻木条，只要把它们粘在一起（比如 2×2、2×3、2×5、3×5、3×3、5×5），就能组成一块完全适合缺损形状的填充物，还能减少所需的工作量。所使用的黏结剂是分散剂胶。新的填充物形状通常可以非常精确地适合缺损部位的形状，这样就不必将它们黏结在本体上，之后也可以随时取下（见71页插图）。

背面保护

背面保护的目的是保护绘画免受机械力和环境的影响。它们是直接涂在支撑体背面或是安装在支撑体后边的（见72、73、74页插图）。我们将其分为直接背面保护和间接背面保护。

直接背面保护 直接背面保护是牢固附着在支撑体上的保护性涂层。间接背面保护是连附在支撑体上或与其保持一定距离固定住的层状结构。布克（Buck）称直接背面保护为“水分屏障”，这个术语被一些德国文献所采用[41]。然而，这一术语只有用在直接背面保护中才是正确的。间接背面保护并非水分屏障；实际上它们的作用多得多。

很久以前，人们便对背面保护的必要性和方式有了理解。直接背面保护的最早形式是中世纪的双面彩绘木板绘画。正面和背面的绘画层可以保护木板免受短期气候变化的影响。从15世纪到17世纪，艺术家用单色的底料、大理石纹的底料、盾形纹章等来作背面保护[42]。

大量的说明、详细的阐述和对直接背面保护附着方法的研究出现于19世纪以来的修复文件中，例如以下修复人员、保护人员和研究者的著作：

- 科斯特（Koster）（1827年）[43]：油画颜料

对页：
这块木板（1）已被昆虫严重损坏，在计算机断层扫描照相中清晰可见（2、3）。在修复过程中损坏区域被打开（4、5），两面都衬以木条（6、7），再封闭起来（8）。工作完成后的计算机断层扫描照相表明，缺损区域已被木条填满（9）。（圣像画，私人收藏）

到更大的面积上。

悬挂，展陈

木板绘画有多种悬挂、存放或展出方式，这要取决于它们的重要性、尺寸、对气候条件的敏感程度以及类似的因素（见 76 页插图）。悬挂是用钉子、绳子或类似材料将绘画固定在墙上时所用的术语。美术馆内的墙壁因所处位置或结构不同，可能会比馆内环境空气更为干燥或潮湿，或更冷或更暖。这些特性有时会感染整件艺术品，如果悬挂不当就可能造成严重的损害。这一事实早在 17 世纪就已被艺术家和修复师们所知晓了，现存的文件、书面材料和绘画背面保护上贴的标签都很容易证明这一点。

软木垫

1834 年，韦尔施（Welsch）建议在绘画的装饰性外框背面粘一些小块的软木垫，使绘画与墙面隔开一段距离，防止艺术品受墙壁的温湿度变化影响[66]。卢卡努斯（Lucanus）（1832 年）[67] 和沃思（Voss）（1899 年）[68] 也对这一问题作过广泛的论述。这清楚地表明，与墙壁的低温和潮湿相关的问题在 19 世纪就已经为人熟知。20 世纪，沃尔特斯（1955 年和 1960 年）[69]、尼克劳斯（1979 年和 1986 年）[70]、沙伊布勒（1987 年）[71] 都研究过这一问题。沙伊布勒提出，如果墙壁的状况很差，可以附加软木或泡沫板将墙体与木板隔开。

通常，将画挂在离墙壁有一段距离的地方就能防止冷和 / 或潮湿的墙壁对画的影响。可在装饰性外框后边连附木扣或软木来实现。文献中建议留出 0.2—1.5 英寸（0.48—3.6 cm）的缝隙[72]。至关重要的是，画和墙壁之间的间隙应大到足以让空气在画的背后循环。正确的悬挂可以对绘画的保存起到决定性的作用。

气候调控展箱

对气候高度敏感的木板绘画，例如德累斯顿那幅提香（Titian）的《基督与纳税银》（*Christ and the Tribute Money*），展陈于所谓的“气候调节展览箱”内，专门的盐溶液或硅胶在箱内创造出了保存绘画所必要的气候条件。

在科隆瓦尔拉夫—里夏茨博物馆中，祭坛画被放置在与墙壁保持相当距离的位置。这样做的好处在于木板不会受到墙壁的气候影响，此外，观众也可以看到祭坛侧翼背面的绘画。

注

1 C. Wolters, The care of wood panels, in: Museum, 8, 3(1955), pp. 139-164
2 D. Grosser, Pflanzliche und tierische Bau- und Werkholzschädlinge. Leinfelden-Echterdingen 1985, p. 18
3 瑞典工程师约翰·奥古斯特·布里内尔（Johann August Brinell, 1849-1925）发明了所谓的压痕测试，是通过把一个小球压入金属表面来确定金属的硬度。
4 F. Kollmann , Technologie des Holzes und der Holzwerkstoffe. Vol. 1, Berlin 1951, p392
5 D. Grosser, 见注 2, pp28ff.
6 Anon., Holzwurmsuchgerät "Detektiv", ein neues Hilfsmittel der Holzindustrie, in: Umschau in Wissenschaft und Technik, 7(1951), p. 392
7 我在本书中袭用了 U. 施斯尔（U. Schiessl, Historischer Überblick über die Werkstoffe der schädlingsbekämpfenden und festigkeitserhöhenden Holzkonservierung, in: Maltechnike/Restauro, Vol. 90(1984), pp. 9-40.）对生物灭杀剂应用的杰出研究成果。
8 Vitruvius, De architectura. 维特鲁威（Vitruvius）是一位古罗马建筑师兼工程师，他在公元 25 年前后编纂了这部《论建筑》，此书包含十卷，是根据一些古希腊著作撰写的。这部著作讨论了建筑、钟表制造和机械，是从古希腊罗马时代流传下来的唯一一部建筑理论著作。
9 Leonardo da Vinci, Das Buch von der Malerei (1492). Deutsche Ausgabe nach dem Codex Vaticanus 1270, übersetzt und übersichtlicher geordnet von H. Ludwig (reprint of 1882 edition). Osnabruck 1970, quoted in: A. Eibner, Entwicklung und Werkstoffe der Tafelmalerei. Munich 1928, p. 97
10 G. G. Zinke, Kunst allerhand natürliche Körper zu sammeln, auf eine leichte Art für das Kabinett aufzuarbeiten und vor der Zerstörung feindlicher Insekten zu sichern. Jena 1802
11 焦油护木剂（Carbolineum）：这个词是由"carbo"（煤）和"oleum"（油）组合而成。它是石油产品苯酚和甲酚的混合物。
12 Instructions for Xylamon Holzwurm-Tod manufactured by Desowag
13 为"修复"这种变黑的部分，它们被包在浸满过氧化氢的布里。这会将黑色的硫化铅变成白色的硫酸铅。
14 H.-P. Sutter, Holzschädlinge an Kulturgütern erkennen und bekämpfen. Berne 1986, p. 111
15 L. A. Zycherman/J. R. Schrock (eds), A Guide to Museum Pest Control. Foundation of the American Institute for Conservation and Association for Systematic Collections, Washington DC, 1988
16 除氧剂 Ageless 的生产商是内华达斯帕克斯的保护材料有限公司（Conservation Material Ltd., P. O. Box 2884, Sparks, Nevada 89432）。
17 F. Rathgen, Die Konservierung von Altertumstunden. Parts II and III. Berlin 1924, pp. 140ff.
18 吉尔沃斯图表最初由 W. K. 洛夫博罗（W. K. Loughborough）发明，由 R. 吉尔沃斯转换为德国单位。它给出了蒸气压和空气相对湿度之间的对应关系，也给出了相对湿度与木材含水率之间的关系。20 页给出的是该图表的简化形式。
19 V. Cuany/V. Schaible/U. Schiessl, Studien zur Festigung biologisch geschwächten Nadelholzes: Eindringver mögen, Stabilitätserhöhung, feuchtephysikalisches Verhalten, in: Zeitschrift für Kunsttechnologie und Konservierung, 3, 2 (1989), pp.249-292
20 同上, p. 277.
21 F. Rathgen, 见注 17, p.148
22 D. Rosen, The preservation of wood sculpture: the wax immersion method, in: Journal of the Walters Art Gallery, 13/14(1950/51), pp. 45-71
23 F.Rathgen, quoted in U. Schiessl, 见注 7, p 27
24 F. Rathgen, 见注 17，p.148
25 U. Schiessl, 见注 7，p.22
26 KD-Chemicals, Laupen, Switzerland
27 将 200 克 Araldite 加入 256 克混合溶剂（75% 二甲苯、15% 异丙醇和 10% 乙酸乙酯），再加入 56 克固化剂 Araldite HY 2996。
28 Paraloid B72 是溶于甲苯的聚甲基丙烯酸甲酯（PMMA）木材加固剂。
29 R. E. Straub, A modified apparatus for re-joining heavy panels, in: Studies in Conservation, 2 (1955/56), pp.192ff.
30 U. Niedermann, Einfaches Hilfsgerät zur Verleimung von Fugen und Rissen, in: Maltechnik/Restauro, 1(1979), pp. 51-54
31 Willard Developments Ltd., Chichester, England
32 L. Hacquin, quote in: V. Schaible, Gemäldeübertragung, in: Maltecknik/Restauro, 2(1983), pp.152-162
33 Carità, Patricia dell parchettatura, in: Bolletino dell' Instituto Centrale del Restauro, Vol. 27/28(1956), pp. 103-131
34 R. D. Buck, Some applications of mechanics to the treatment of panel paintings, in: G. Thomson(ed.), Recent advances in conservation. London 1963, pp.156-162.
35 C. Wolters, 见注 1
36 V. Schaible, 见注 32
37 Cf. p.J.F.M. Hermesdorf, Ein neues Verfahren zur Überstrangung von Tafelmalereien bei terlweiser Beibehaltun des Bildträgers: in R. E. Straub (ed.), Über die Erhaltung von Gemälden und Skupturen. Stuttgart, Zurich 1963, pp. 87-98
38 Cf. K. E. Denninger, Ein Verfahren zur Übertragung italienischer Tafelbilder des 13.-15. Jahrhunderts, in: R. E Straub (ed.), 见注 37, pp. 99-106
39 H.-W. Bachmann, quoted in: N. Erhardt, Möglichkeiten der Ergänzung großer Fehlstellen an frassgeschädigtem Holz. Degree dissertation. Cologne Fachhochschule, 1995, p. 13
40 Müller and Heiduk Vrana, quote in: N. Erhardt, 见注 39, p. 16
41 R. D. Buck, The use of moisture barriers on panel paintings, in: Studies in Conservation, 6(1961), pp. 9-19
42 P. Achternkamp, Der Rückseitenschutz von Gemälden: Historische und zeitgenössische Praxis, in: Zeitschrift für Kunsttechnologie und Konservierung, 5(1991), P. 18 (see reference in note 53)
43 C. Köster, Über die Restauration alter Ölgemälde. Heidelberg 1927, p. 14
44 F. Bentz, Rätschlage zur Konservierung von Gemälden und Zeichnungen, in: Jahrbuch für Kunst und Kunspflege, 1915-21, p.335
45 J. Basch-Bordone, Handbuck der Konservierung Restaurierung alter Gemälde. Munich 1921, p.12
46 K. Wehlte, Rückseitenschutz fur Gemälde, in: Die Kunstkämmer, 5 (1935/36), P.21
47 R. D. Buck, 见注 41
48 C. Wolters, Treatment of warped woodpanels by plastic deformation; moisture barriers; elastic supports, in: G. Thomson(ed.), 见注 34，pp. 163-164
49 R. H. Marijnissen, Degradation, conservation et restauration de l' aeuvre d' art. Brussels 1967, p.334
50 M. S. Brommelle/A. E. Werner, Problems of conservation in museums, in: ICOM, London 1969
51 Koller, Barocke Altarbilder in Mitteleuropa: Technik, Schäden, Konservierung, in: Der Altar des 18. Jahrhunderts. Das Kunstwerk in seiner Bedeutung un als denkmalpflegerische Aufgabe. Forschungen und Berichte der Bau- und Denkmalpflege in Baden-Wurttemberg, Vol. 5, Munich. Berlin 1976, p.210
52 J. A. Brewer, Effect of selected coatings on moisture sorption of selected wood test panels with regard to common panel painting supports, in: Studies in Conservation, 26(1991), pp. 9-23
53 P. Brunner, Rückseitenschutz von Gemälden. Degree dissertation. Staatlich Akademie der Bildenden Künste, Institut für Technologie der Malerei, Stuttgart, 1988 (Achternkamp is Brunner' s married name, 见注释 44)
54 H. Mogford, Hand-book for the preservation of pictures. London 1845, p.28
55 A. H. Church/H. W. Ostwald, Farben und Malerei. Munich 1908, p. 324
56 C. Wolters, 见注 48
57 J. A. Brewer, 见注 52
58 F. Bentz, 见注 44，p. 338
59 R. E. Straub, Das Problem des verwölbten Holztafelbildes, in: Nachrichtenblatt der Denkmalpflege in Baden- Württemberg, 11 (1968),p.74
60 W. Brandt, Lokaler Klimaschutz im Tafelbild, in: Nachrichtenblatt der Denkmalpflege in Baden-Wurttemberg, 11 (1968), p.78
61 P. Achternkamp, 见注 42, p.40
62 Tycore，斯图加特 Anton Glaser 公司销售。
63 Deko-Leichtplatte，科隆 Karthauser-Breuer GmbH 销售。
64 C. Schulze-Senger/H. W. Schwarz, Zur Stabilisierung begradigter einseitig bemalter Einchenholztafeln, in Mitteilungen des Deutschen Restauratorenverbandes (DRV), 7(1985/1986), pp. 98-102
65 斯泰罗普（Styropor）是聚苯乙烯硬泡沫塑料的专属品牌。
66 F. Welsch, Vollständige Anweisung zur Restauration der Gemälde in Öl-, Wachs-, Tempera-, Wasser-, Miniaturund Pastillenfarben. Quedlinburg, Leipzig 1834, p. 85
67 F. G. H. Lucanus, Gründliche und vollständige Anleitung zur Erhaltung, Reinigung und Wiederherstellung der Gemälde. Halberstadt 1832, p.20
68 E. Voss, Bilderpflege. Leipzig 1899, p. 14
69 C. Wolters, 见注 1；C. Wolters, The care of paintings：fabric paint support, in: Museum, 13, 3 (1960), p. 142
70 K. Nicolaus, BuMont' s Handbuch der Gemäldekunde. Cologne 1979, revised edition 1986, p.28
71 V. Schaible, Neur Überlegungen zur Feuchtigkeit am Leinwandbild, in: Zeitschrift für Kunsttechnologie und Konservierung, 1, 1 (1987), p.93
72 P. Achternkamp, 见注 42，p.28

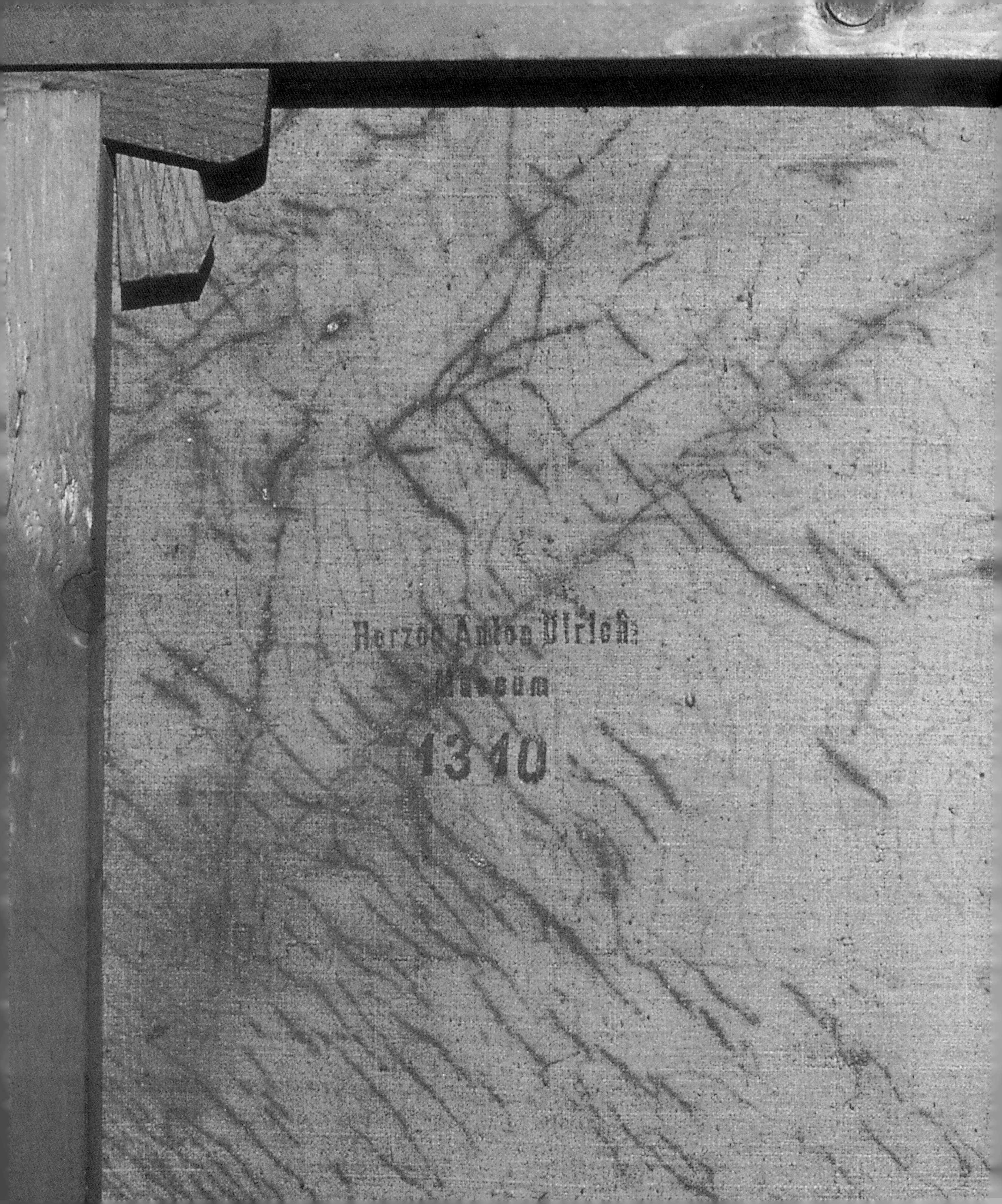
Herzog Anton Ulrich
Museum
1310

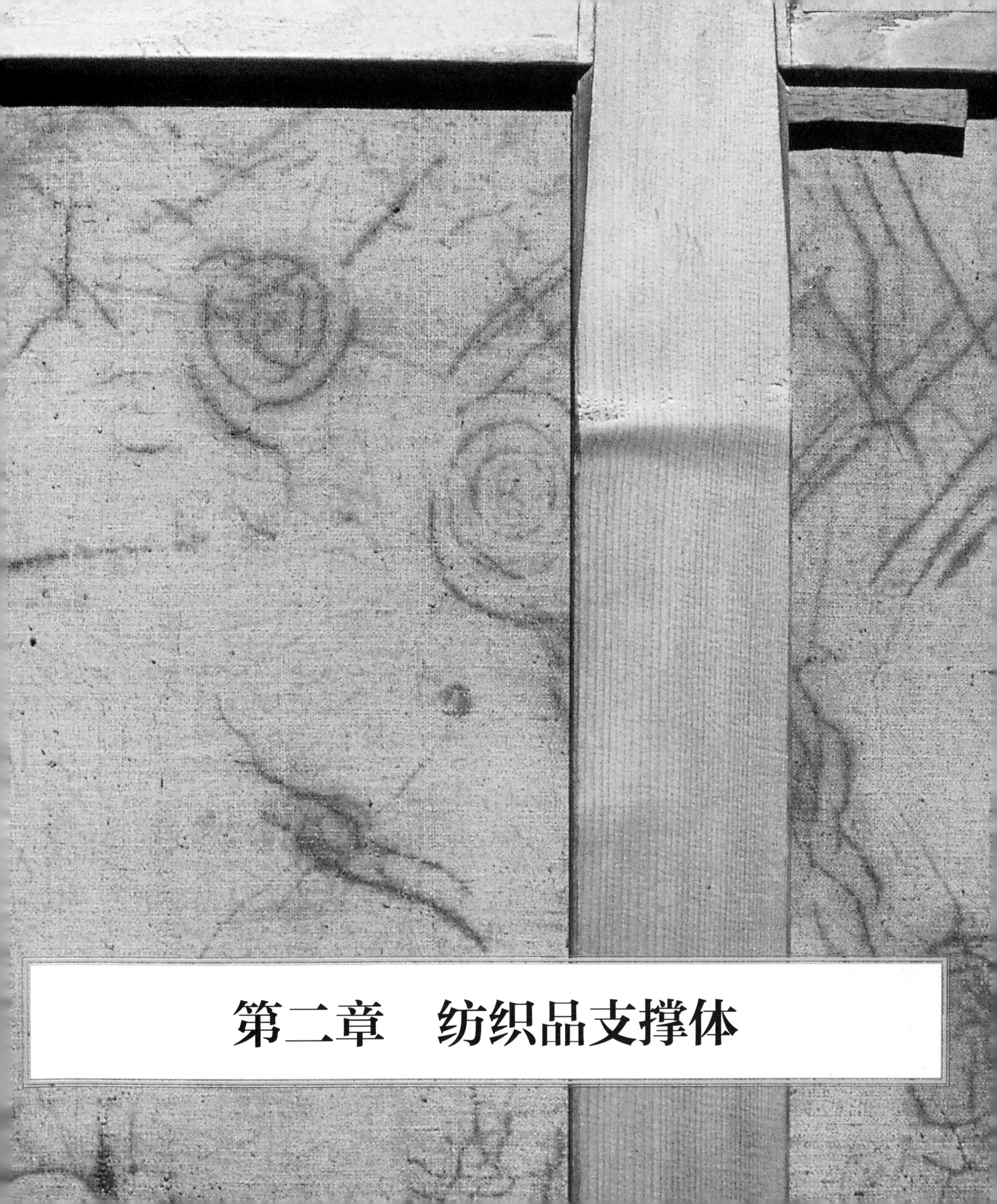

第二章　纺织品支撑体

导言

术语“纺织品支撑体”涵盖了所有用于欧洲绘画的编织物支撑体——不论是亚麻、大麻、丝、棉还是合成材料做成的。编织材料既被用作架上绘画的支撑体，也被用作彩绘旗帜、四旬斋幔的支撑体。早期的作于纺织品支撑体上的绘画是从15世纪中叶留存至今的。随着16世纪的到来，纺织品支撑体开始渐渐取代了木质画板，从18世纪起，它们成了欧洲绘画使用的主要支撑体。

前两页：
一件纺织品支撑体的背面。透过老化裂隙漏出的物质（即溶剂、光油、表面污染）会令纺织物支撑体局部变色，并加快它的老化。

病害类型及成因

所有的有机材料都会老化，也包括纺织品支撑体。随着老化的进程，它们会失去牢固性和弹性，在很多情况下也无法再起到对绘画层的支撑作用。

老化的纺织品支撑体呈现在修复师面前的问题在过去常以覆背这种一揽子“解决方法”来加以应对（见117页起）。现代修复师们因受到更良好的训练、拥有现代检测手段和越来越精密的视觉仪器而变得敏锐，今天的修复师们不再认为一揽子的解决方法是令人满意的。大约从20世纪70年代早期开始，人们做过各种尝试，用针对性的研究来检测病害的各种起因，并研发新的方法来保护和修复纺织品支撑体。尤其是1974年在（英国）伦敦格林尼治举办的覆背技术研讨会的发起

下图：
这幅图中，不当的存放引起了纺织品支撑体大面积的穿刺。在支撑体背面的覆背纺织品具有弹性，把压力传导给了支撑体而保全了自己（右图：修复后的画作）。（彼得·斯尼尔斯［Peeter Snyers］[1681—1752]，《嘉布遣会僧侣》［*The Capuciin Monk*］，不伦瑞克安东·乌尔里希公爵博物馆。）

在这个案例中，覆背纺织品非常有效地稳定了纺织品支撑体，尽管受到了碰撞，这幅画却并没有被穿透。
（约阿希姆·拉恩[Joachim Lahn]，《艺术家和未婚妻及未婚妻的父母，画家雅各布·魏尔和他的妻子》（*Self-portait of the artist with his betrothed and her parents, the painter Jakob Weyer and his wife*）[局部]。约 1670—1673 年，不伦瑞克安东·乌尔里希公爵博物馆。）

人及组织者——乌尔巴尼（Urbani）、里斯·琼斯（Rees-Jones）爵士、塔西纳里（Tassinari）、布瓦索纳（Boissonnas）、沃尔特斯、尤其是珀西瓦尔-普雷斯科特（Percival-Prescott）——或更晚的伯杰（Berger）、赫德利（Hedley）、梅克伦堡（Mecklenburg）、梅拉（Mehra）、沙伊布勒和施斯尔等人的研究成果和出版物说明，对于纺织品支撑体老化，现在我们已经有了更为广泛的知识基础，可以在此基础上来建立保护与修复工作。尤其是，这次覆背技术研讨会既给人们提供了一个停下来思考的机会，也标志着纺织品支撑体处置技术的一个转折点。这是几种主要的覆背技术第一次被公开、比较和讨论。

病害的成因

大多数纺织品支撑体的病害实例都是由纤维素的负面特性（见下图及对页插图左图）、不慎的操作（见 80 页插图）和恶意破坏（见 81 页插图）引起的。

纤维素的特性

纤维素颇有几种不良的特性：

- “老化”，即吸收大气中的氧气会发生氧化（我们称之为“燃烧”）
- 吸收引发光化学反应并使纤维断裂的射线
- 会受酸——比如大气中的酸性杂质——侵害
- 为微生物提供了潜在的滋生地
- 会受到保护修复处置的影响
- 对明显机械应力反应敏感
- 吸湿

氧化

如果画布接触到大气中的氧气，它就会氧化。这种氧化是一个无法停止的过程，氧化过程最多只能被减缓。和颜料层一样，氧化的画布会部分地丧失弹性并变脆[1]。与干性油（亚麻油、罂粟油等）接触则会进一步加速这一过程，因为在干性油“干燥”的过程中会吸收大量的氧气。

紫外线

所有的天然纤维和部分合成纤维都会受到电磁波谱中可见光和不可见光的损害，特别是紫外线。光是能量的表现，而能量会传递给纺织品支撑体。较高的空气相对湿度和起催化剂作用的颜料都会加速纺织品支撑体的腐坏。

金属

金属与画布直接接触也会造成加速氧化的效果。可以在陈旧的布面油画包边部分清楚地看到，画布在与铁钉接触的地方会变色（由棕至黑）并受到腐蚀（对页插图左图）。据说含铁的土黄底料还会更快地损坏纺织品支撑体。

环境影响

严重的工业化也助长了破坏的过程。废气中污染大气的硫酸和亚硫酸之类无机酸对纤维素具有腐蚀作用。由于建筑的位置与装备，存放或展陈绘画的博物馆或房间中都含有二氧化硫和尘粒。二氧化硫所形成的硫酸会毁坏纤维。落在画作背面或内框与纺织品支撑体之间的缝隙（贮尘袋）里的尘粒则会起到敷料的作用，加速这一损坏过程（见对页插图右图和 84 页插图）。

微生物

霉和细菌会分解纤维素。为分解纤维素，霉和细菌需要很高的空气相对湿度或真正的凝结水——幸运的是，这种条件现在只会偶尔出现在私人或公共收藏场所（见 85 页插图），不过没有采暖的博物馆、教堂、城堡或乡间宅邸除外。纤维素被微生物分解的情况下，支撑体的表面指征与氧化的指征相似。纤维也会丧失强度和弹性，变脆，直到最终瓦解。

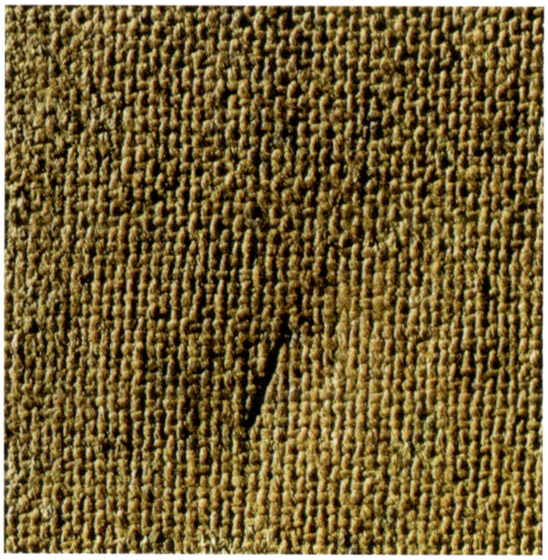

纺织品支撑体的氧化非常严重，以至于支撑体撕裂。右侧是被锐器刺穿的纺织品支撑体。

铁对纺织品纤维的氧化起催化（加速）作用。在铁钉接触画布的位置发生了变色和腐蚀。

在除去内框后，可以明显看到在内框最下边的框条和画布之间形成了可观的贮尘袋。

干性油

过去，人们经常试图用干性油对绘画进行处置，以恢复“脆化”画作的弹性，但这只会加速腐朽的进程。

覆背 存储 运输

在不适宜的环境中，覆背材料中的酸性成分（即松脂或糖蜜）和现代聚乙烯醇（PVA）—基的合成树脂黏合剂会释放出乙酸，也会引起损害。许多纺织品支撑体都曾受到过不当存储和不专业运输的损害（见 80 页插图）。

吸湿性

天然织物有惊人的吸湿性能。纤维从大气中吸收水分并膨胀，变短变粗。随着空气相对湿度升高，纤维会渐渐变粗。由经线和纬线或松或紧地编织成的纺织品就会收缩。相反，当它释放出水分后又会伸展和松弛。换句话说，纤维素纤维在吸水后会变粗，在释放出水蒸气后会变细。如果将一块纺织物弄湿，它会表现出极端的反应，所有可能发生的反应都会比空气相对湿度发生变化的情况下快得多、明显得多。

未处置过的亚麻

早在 1967 年，F. 科尔内留 · 迪蓬（F. Cornelius du Pont）[2] 便指出，随着空气相对湿度升高或降低，未经处置的亚麻布与已经用底胶处理过的亚麻布（即布面油画）所产生的反应不同。根据他的研究，当空气相对湿度从 20% 升高到 95% 时，未经处置的画布会收缩大约 6.5%，而刷过底胶的亚麻布会膨胀 1.5%—5%（见第三章“颜料层”，195 页）。

预涂胶的画布

在布面绘画——即在涂刷底料和设色前用胶料预处理过的画布中，胶料和底料会将纱线“胶合”在一起，填补它们的孔隙，并可能填平某些纤维间的缝隙，使纤维“硬化”，形成绘画表面。单根纱线之间的摩擦力将不再单独对整体结构的内聚力产生影响。纤维对空气相对湿度波动的反应将会受到胶料和底料中所含的皮骨胶的反应的限制。在空气相对湿度升高时，胶料会膨胀，“强迫”纤维分离并使它膨胀。

纺织品在经历了无数次收缩膨胀运动后，绘画会明显变大。在经过一段时间后，曾经绷紧的画会在内框上松垂。“这段时间”的长短取决于支撑体的编织密度和气候变化的频率与速度。这种作用不仅表现为纺织品支撑体的变形，也会使绘画层受到影响。

对水的反应

如果水（比如凝结水）接触到纺织品支撑体，膨胀的皮骨胶就会形成一种机械强度有限的凝胶

在除去内框后，可以明显看到在内框最下边的框条和画布之间形成了可观的贮尘袋。

对页：在湿度过高和接触水分的地方，微生物会侵害纺织品支撑体并渐渐损坏它。

状物质。它是固态与液态之间的一种过渡状态。在这种条件下，画布的收缩力会占上风，支撑体也会收缩。它所导致的张力会引起绘画层与纺织品支撑体脱离（见 101 页插图上图）；我们称之为“水损”（water damage）（见 86 页插图）。

空气相对湿度的变化也会改变支撑体的属性。当含水量增加，它的柔韧性、热传导能力和弹性都会增加，而它的强度、硬度、化学抵抗力和水汽阻隔能力都会降低。伯杰和拉塞尔（Russel）[3] 的研究表明，会导致支撑体病害的不仅是过高的空气相对湿度和纺织品支撑体潮湿；张力和温度的变化也会导致画布尺寸和机械性能发生长时间的变化，这种变化常常也是不可逆的。

画布张力

画布的张力以牛顿(N)每米(m)计量。1 N = 3.46 oz（98.1 g 力，即约等于 0.1 kg 力；10 N ≈1 kg 力）。通常画布的张力在 100N/m—200 N/m 或 10kg/m—20 kg/m 之间。这种“理想”张力不会永久保持。久而久之，空气相对湿度的波动与温度的变化会引起所有布面绘画张力下降并松弛。

“松弛”的布面绘画

已经“松弛”的画布会受到重力（下垂）和其他可导致支撑体变形的较弱力量的影响。举例来说，这些较弱的力量中就包括绘画层对气候波动的反应（见 88 页插图）。如果纺织品支撑体张力不足，绘画层就会导致它走形（见“杯形起翘”［Cupping］部分）。因此，对于保护表面的绘画层来说，紧绷的基底有着极大的重要性。一幅紧张程度落在“弹性区间”内的画布会为绘画层提供最好的支撑。

每种纺织品支撑体都有它的“理想”张力。如果绷得过紧，在一小段时间后它还会回到一个特定的值，伯杰和拉塞尔[4] 称之为“最大可持续张力”（MST）。在相当长的时间里，人们已经用过多种方法，试图在尽可能长的时间里保持画布的最佳张力，这些方法包括借助可吸收张力波动的特制弹簧系统使画布绷紧、通过涂胶或涂一层颜料使画布硬化、覆背，或将画布绷在刚性基底上。

气候囊

布面绘画的背后会形成气候囊。由于内框或装饰性外框的厚度，会在墙壁和纺织品支撑体之间形成一个小的空气容腔，它有着与室内空气不同的温度和相对湿度。这种差异因墙壁的类型和位置不同（外墙、隔热墙等）而不同。作为一条定律，画背面的温度总会更低，而空气相对湿度总会更高。当画挂得离墙非常近或几乎压在护壁板上，这种差异可能就会相当明显。气候囊会助长水蒸气透过纺织品支撑体和色层的扩散。这会引发严重的龟裂、杯形起翘、绘画层脱层和变形。

水蒸气的扩散

纺织品补丁、粘贴物和背面题记会增加画布对扩散的阻力（见对页插图），这也是使这些东西在画的正面显形的可能原因之一[5]。

可逆性

使用多种材料来保护修复纺织品支撑体还会产生可逆性的问题。比如：被添加或引入的材料能否在处置后从绘画表面或本体内部完全清除？尤其是，它们能否很好地适应，对画作“内部”和“外

86、87 页：
用水性黏合剂做覆背后，纺织品支撑体发生了收缩。由此引起了绘画层大面积开裂，修复的效果也不佳。87 页插图显示这幅画在一次新的修复后的状况。
（德国，《女孩与葡萄》(*Girl with grapes*)[局部]，19 世纪，私人收藏。）

当支撑体张力不足时，绘画层会使其发生变形——比如在气候变化的影响下。

部”都不造成损害？

纺织品支撑体和涂在上边的涂层都是多孔质材料。由于修复采用的处置和黏合剂，这些孔隙或多或少地会被填住，迄今为止使用过的任何一种材料都无法实现上述意义上的完全可逆性。目前，顶多只能确定残留物会对结构产生多大程度的影响，而将来会如何还不得而知。纺织品支撑体的腐朽只能依靠“消极”防护（调控气候和光照）和“积极”防护（处置）来加以延缓；它是无法阻止的。

对页：
用皮骨胶粘上的纺织品补丁（上图左右）使纺织品支撑体和绘画层发生了变形。甚至是写在背面的字（下图左右）也会造成画作局部变形。

Herzo

普通修复操作

为绘画层覆面

为绘画层“覆面”是指在绘画层的局部或整个表面粘贴一片纸张、棉网，或细薄的天然或人工合成纺织物。覆面是保护绘画层的临时性方法。它形成的是一种“辅助支撑体”，在处置过后即被清除。卢卡努斯（1832 年）[6]、韦尔施（1834 年）[7]、和弗里梅尔（Frimmel）（1896 年）[8] 和其他人的文献中都曾描述过覆面技术（亦见“脱层的回贴与加固”部分）。

在对纺织品支撑体进行的所有操作中，可能都要对绘画层做部分或完全覆面。选择哪种形式的覆面取决于绘画层与纺织品支撑体附着的情况和计划采用的操作类型。如果用水性黏合剂进行覆面，应当先将绘画绷平或“固定”，以防止在操作过程中原作的纺织品支撑体对水分产生强烈反应而发生层间分离。

画作背面清洁

“疵体”

旧的纺织品支撑体背面不总是平滑洁净的。根据计划实施的修复操作类型，需在处置过程中将所有“疵体”（irregularities）和陈年污垢清除，或对它们加以留意。

这些疵体、沉积物和残留物包括编织瑕疵、画布线结、接缝、漏过纺织品支撑体的原作底料、所有类别的污染、烟熏沉积物（焦油）、陈旧纺织物补丁或覆背留下的黏合剂残留物或微生物。

对绘画背面实施的所有处置都会造成绘画层的拉伸。因此背面清洁之前，都需要先查看是否需要进行预覆面来确保绘画层安全。

承托体

要为厚涂法的画作实施背面清洁，就不可能不用到所谓的承托体。如果不使用承托体，清洁所需的压力就足以损坏绘画层。

承托体的厚度和类型取决于厚涂色层的厚度和处置中必须施加的压力。

对于较薄的厚涂色层，柔软的承托体就足够了；而对于厚涂色层更为突出的画作，则建议使用所谓的“沙箱”或石膏或硅橡胶“底台”。

这件纺织品支撑体是用两块织物做成的，两块织物是缝在一起的，涂刷底料前还做了填塞。

右图和下页插图：
这组图片展现了在之前的修复中粘在木板上的布面油画被从木板上取下的过程。
首先，用细棉纱缚固绘画层（1-3）。用刨子和圆口凿将木板从原作画布支撑体上切除（4、100页插图）。为在操作过程中能检查操作面与绘画层的距离，按相等的间隔在木板上挖洞，一直挖到看见画布支撑体为止（5）。用水平仪检查减薄是否均匀（6）。

清除刚性支撑体

在一种叫作贴画（marouflage）的工艺中，油画也会被粘贴到刚性支撑体上（亦见131页起）。偶尔也需要去除这类支撑体。可能的原因有：绘画呈现出僵硬（板状）的外观；出现某种特殊的龟裂；纺织品与刚性支撑体之间的杂质形成的痕迹或空鼓。

切除

要去除厚木板或木板支撑体，需要缚固绘画层，并用刨子、凿子或柔轴铣刀将木板切除到露出原作纺织物支撑体（99页插图）。

剥离

一种更具风险的操作是剥离。将绘画层缚固，并从一角开始将纺织品支撑体一点一点地揭下来。如果有必要，可以用平刮刀或手术刀松动黏结的部位，黏结比较结实的地方，还需要用水或溶剂进行局部润湿。以尽可能水平的角度才能有效揭除支撑体。过程中也可能会出现意外。碰到原来有空鼓，曾从背面注射过“白乳胶”（PVA黏合剂）并压平的部位，就无法继续剥离支撑体了。这样就必须将刚性覆背整体切除。

变形处置

变形是指绘画表面走形。既有支撑体因内部张力或受到压力而发生变形的情况，也有绘画层因内部张力而发生变形，造成支撑体“跟着”变形的情况（88页插图）。所有这些现象都会显现在画的正面，在侧光下尤其明显。在本章中，我们只对支撑体变形作详细论述（绘画层变形见196页起）。

支撑体变形包括不同种类的鼓包和凹痕，可以细分为受压鼓包和受压凹痕、张力鼓包和张力凹痕、褶痕、贮尘袋和空鼓。鼓包是纺织品支撑体局部凸起变形，凹痕则是凹陷变形。它们是由于绘画正面或背面受到局部压力（受压凹痕和受压鼓包），或纺织品支撑体内部张力——如黏合剂造成的张力所致。褶痕是支撑体的波浪状变形。它们是因石膏绷带、高张力黏合剂、内框的收缩或松动、或纺织品支撑体的伸展（松垂）（右上插图）而形成的。空鼓是纺织品支撑体从覆背织物或刚性覆背上脱开隆起形成的鼓包或褶痕变形。空鼓是由于覆背材料的黏合失效或原作支撑体和覆背之间的“动作”差异所致。贮尘袋则是经年累月在内框下边的框条与画布背面之间形成的（见右下图）。

用圆口凿去除木质覆背（亦见99页插图说明）。

受压鼓包
张力鼓包

如果受压鼓包和张力鼓包较小，通常无需将画作从内框上拆下来，就可以用润湿与压覆结合的方法来消除。绘画正面朝下放在承托体上，将变形部位的织物微微润湿，并进行大面积压覆——可以用一块加热的木板。这种方法只能用于天然纤维织物；合成纤维或玻璃纤维织物并不会对水分产生反应，因此无法用这种技术使其回平。

褶痕

小褶痕可以靠扩张内框（带楔子的活榫内框或螺杆式内框）或借助工作框来消除。如果褶痕已经变得特别“硬”，就需要在一个气候封套内进行处置（见102、103、150页插图）。如果活榫内框收缩，导致框条的连接部位不再牢固，或内框长时间处于过分紧张的状态下，画布的张力就会使得框条内弯。这会使画布从框角部位向内产生褶痕。此时已不可能重新把内框撑紧，因此必须为绘画做一个新的稳固的活榫内框或螺杆式内框。

空鼓

支撑体与覆背之间存在空鼓时，能否不取下辅助支撑体就将空鼓回平，取决于空鼓的大小。对于凸起不明显的小空鼓，可以从背面注射黏合剂，并通过压覆使其回平。对于凸起较为明显、较大的空鼓，要想回平就不可能不使绘画层受压。在这种情况下，需要将织物覆背或刚性支撑体去除，将表面回平，再重新为绘画作覆背。

经年累月负面的气候影响使纺织品支撑体发生了扩张，形成了褶痕，并导致绘画层大面积开裂。

对微生物病害和其他虫害的处置

微生物这一术语涵盖的主要是一组单细胞低等生物。所有绘画表面都有着丰富的微生物群落，它们可能是随着灰尘一起附着于画面上的。在这些微生物中，通常只有真菌和细菌在适当的条件下能在画的表面或内部发育。

修复师在18世纪晚期发现，绘画在湿度高的情况下会生霉，他们尝试用各种方法（用油性或树脂类物质）来降低画作对空气中湿度的敏感性。对于那些不得不放置在非常潮湿的环境中的画，他们试过用松脂与熟亚麻油混合而成的黏性混合物，有时也加入威尼斯松节油。

直到20世纪30年代以后，修复师们才更加深入地思索受生物侵害的艺术作品的处置问题，也开始研究真菌对绘画中不同成分的侵害效果[15]。进一步的研究则展开于20世纪80年代[16]。

一块干了的糨糊落入了贮尘袋，造成了纺织品支撑体变形。

各种微生物对温度、湿度、养料的需求截然不同。霉菌的理想生长温度是29—77 ℉（15—

在工作框和夹子的辅助下，可非常小心地消除支撑体上的褶皱。

制备 体高度相符。镶嵌的制备有两种方式：或是沿着洞的轮廓描图，在一块画布上剪出这个形状；或是把用来制作镶嵌的织物绷在木板上，松紧度与原作相同，然后把画放在上面，正面朝上，透过破洞用一把尖锐的小手术刀把镶嵌用的织物割成洞的形状。

将织物镶嵌与原作支撑体黏合。为防止滑移，可以用别针将它固定在一块木板上。如果待覆背的画上有较大的破损，也要黏合织物镶嵌，以防破洞的边缘部位透显出来。

撕裂部位黏合

撕裂部位黏合指的是用黏合剂将纺织品支撑体的撕裂部位封闭（109 页插图）。在海贝尔（Heiber）[21] 的专门研究推动下，这种手法已经成了覆背的一种重要替代方法（110、111 页插图）。在 1993 年 A—S. 鲁（A—S. Roux）[22] 的一篇论文中，有对这种方法历史演进过程的综述。在文献中，这种方法也被称作“线头黏合”“线头焊接”和“烙术”。“黏合”作为通用术语还可以，但要用它准确限定这种方法涉及的多种操作还是不够。限定不同的技术和黏合剂，还应使用不同的专门术语。

技术 最初，是从画的背面将扯断的线头捻在一起，并用鱼胶、马蒂树脂、达玛树脂或松脂固定 [23]。20 世纪 60 年代早期，合成树脂黏合剂的出色黏合力促使修复师开始采用一种不同的方法。他们在画的背面撕裂处滴入“白乳胶”（PVA 黏合剂）。之后用一块薄膜将这个部位盖住，并用重物压覆。水分蒸发后，会留下一块“塑料补丁”。这种方法可以有效地“封闭”撕裂口并加固支撑体。

线头黏合 1980 年—1981 年，加布勒（Gabler）[24] 首次描述了线头黏合的技术。他在修复一幅费迪南德·贺德勒（Ferdinand Hodler）的画时，用“一小滴一小滴的环氧树脂”（Uhu plus endfest 300）一根一根地黏结线头。1996 年，海贝尔 [25] 发表了一篇广泛研究线头黏合技术的论著。他的方法是，将撕裂部位的支撑体回平，并将扯断的线头摆好，让对应的线头一根根并排，或将它们摆得可以重新“织”在一起。将黏合剂涂在线头部位，并用一根细焊针加热。热量会使水分释放并使线头两两黏合在一起。

（见对页右侧图注）

织物镶嵌被嵌入纺织品支撑体的破洞中。用小剪刀和手术刀将镶嵌物切成适合的形状，用镊子和针状工具排列线头。黏合剂被储存在注射器中，以便一滴滴地使用。

线头焊接

线头焊接是将粉末状的黏合剂（例如尼龙纺织品焊接粉 5060）喷洒在黏合部位，或将细的“人造线”[26]放在每段扯断的线头上并用一根焊针加热，将线头焊接在一起。尽管人们提到这种技术时称之为“焊接”，但严格来说这个术语并不准确。它并不是像金属焊接工艺那样，靠引入一种同质材料（在这里指的便是“液态”画布）将物质连结或“焊接”在一起的。在这里，是用一种不同的材料——也就是黏合剂——来连接纺织品的线头。严格来说，这里用的方法是“钎焊”。

为进行黏合和焊接，靠近撕裂部位的支撑体和绘画层都必须“固定”。否则，在操作前就需要将线头和绘画层缚固。长度不足以“织补”在一起的线头需要被加长一些。如果损坏面积太大，或间隙过大，无法再将线头加长或编织，就需要嵌入一片涂有底料或未涂底料的画布（“织物镶嵌”）。为增加黏合与焊接的强度，有时会用浸过黏合剂的线进行“桥接”（见 112 页插图）。

黏合剂

用于撕裂部位黏合的黏合剂有环氧树脂（Araldite Standard）、聚醋酸乙烯酯（Ponal、Keimfix、Mowilith DM1、DM4 或 DM5）、鲟鱼胶与小麦淀粉、聚丙烯酸（Plextol B500）、聚乙烯醇（Mowiol）、Beva 371、Paraloil B72（人造线）、Mowilith 30（人造线）和尼龙纺织品焊接粉 5060。黏合的质量取决于黏合剂和所用的黏合技术。做得好的黏合可将撕裂部位完美闭合，恢复到几乎看不出来。

严重损坏的纺织品支撑体需要作覆背。为防止撕裂部位的边缘在之后隆起，需要在覆背前将撕裂口黏合起来。

撕裂部位缝合

1992 年贝尔廷格（Beltinger）[27] 发表了一种用针线缝合撕裂部位的方法。这种理念是旧的。修复师偶尔也会碰到用粗线和大针脚缝合的撕裂的画（见 113 页上图）。但直到贝尔廷格提出外科手术针的使用之后，令人满意的解决方法才变为可能（113 页插图）。

缝合前需将撕裂部位回平，然后将画正面朝下放在坚实的支撑物上。沿着被扯断的线并入一段尼龙丝，在经纬线交叠的部位，尼龙丝也随着上下穿插，在离撕裂口有一定距离的部位打结。把线结拉过纱线交叠处，使它受到轻微的拉力时可以“挂住”。接着将缝线平行于撕裂口拉一段距离，到下一道桥接处，再打结，折回。

缝合完成后，尼龙丝网格把原来的线头或新的纱线都编织进去，从而得以稳固。缝合之外，也可以再加以黏合。

边缘补强

在纺织品支撑体内框边缘部位（也叫作包边“turnover”）[28] 的背面粘贴细织物进行补强的做法被称作边缘补强。这种补强通常集中在支撑体的折叠部位——在陈旧的纺织品支撑体中这部分常被磨损或“断开”。这种损坏是否会发生取决于织物的年龄、内框的类型和使用的底料，以及曾经实施的修复操作（114 页上图）。

步骤

要进行边缘补强，应先将画作从内框上取下。然后用润湿与加热（热刮刀）相结合的方法，将

在显微镜下一根线头对一根线头地将撕裂部位黏合。

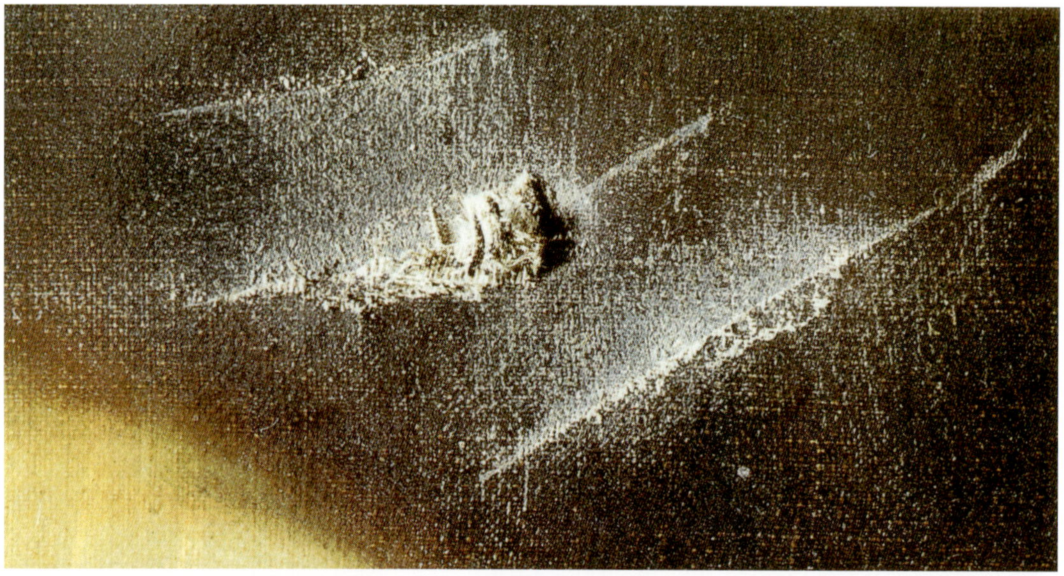

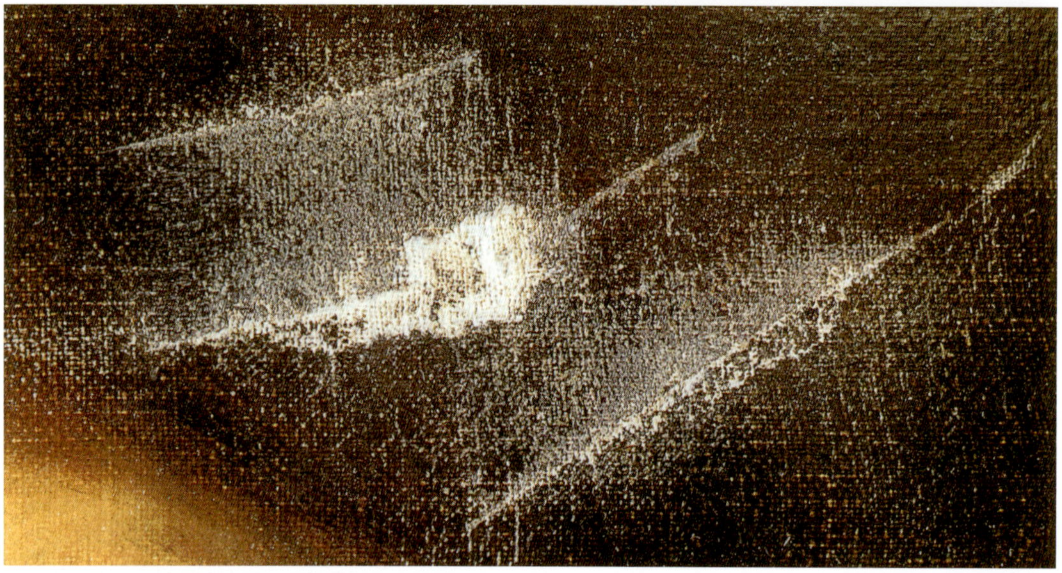

在纺织品支撑体修复中，线头黏合（上图及中图，下图为放大的局部）是覆背的一种重要的替代方法。

对页：在将线头织补和胶合之前，必须先将其加长。

被黏合的撕裂又用线桥再次加固（下图）；在这一过程中，线被一根一根地粘在了原作织物上（上图）。

支撑体与内框接触的折边回平，并在背面黏合纱布或其他薄织物（例如丝绸）。覆背织物应延伸到折口内 3/8 英寸处，内边缘还应加以打磨，以防它从画的正面显现出来。还有一种可行的方法，不用将画布弄平，而是在两根木条间进行黏合（所用的黏合剂，见 140 页起）。

边条覆背

这一术语涵盖的不仅是加宽支撑体内框边缘或包边，也包括加新边。这种操作是在包边或纺织品支撑体背面黏合较宽的织物条。当画作需要绷内框，但包边太窄、包边不牢固、包边残留过少，或包边被切掉，就需要作边条覆背（见 114 页插图，中图及下图）。

边条覆背用的织物结构应与原作织物相同，或更细密。将它们切割成所需的长度与宽度，并沿着边缘磨毛，边条的边缘延伸到纺织品支撑体的折边以内。曾使用过的黏合剂包括皮骨胶、蜡—树脂混合物和 PVA 或接触型黏合剂，不过现在常用的是 Beva371、Plextol D541[29] 或 Lascaux 丙烯 498-20X。

将 Beva 371 涂在支撑体和边条织物上，待其干燥，然后再黏合；也可以使用 Beva 热熔胶膜。将 Plextol D541 或 Lascaux 丙烯 498-20X 涂在原作织物和新边条上，然后轻轻摩擦并施加较轻的压力待其干燥。为避免绘画边缘变形，不能在绷框状态下或在受到拉伸的状态下黏结边条。

背面保护

背面保护指的是涂刷或固定在纺织品支撑体背面的保护层。在这一方面可分为直接保护和间接保护。

直接背面保护指的是牢固地附着在支撑体上的保护层（涂层）；间接背面保护是不与纺织品支撑体直接接触的保护层（画布、纤维板、聚氨酯板）。直接背面保护通常用来抵御潮湿；间接背面保护还能抵挡热、冷、机械压力和震动（见 115、116 页插图；亦见 72 页起）。

早在 16 世纪，艺术家就意识到布面绘画对湿度有多么敏感，并开始寻找方法，以防止它们受其置身的环境潮湿和气候波动的影响。科勒[30] 在对巴洛克祭坛画的诸多研究中，发现了多种以此为目的的保护方法，它们遵循的传统可能确实可上溯到16世纪。

在意大利和阿尔卑斯山北麓，一种最早、最流行的方法是在用锯末和粗略刨过的软木板在祭坛背后镶成后壁。有一种更为复杂的背面保护，是将刨平的木板或边缘有倒角的木板插入内框两条窄边内侧的凹槽中，不进行黏合。1774年，在克雷姆斯画家约翰·马丁·施密特（Johann Martin Schmidt）写给上奥地利皮恩山口附近施皮塔尔的修道院院长的一封信中，有对这种方法的说明。这是一份引人入胜的记载，详细地描述了将布面绘画保存在潮湿的教堂中所产生的问题。其中警告人们，不要试图在画布背面涂油画颜料来进行保护，并指出祭坛应当放置在与墙壁保持一段距离的地方，以便让空气进入后方，“因为对于预防发霉和腐败来说，空气是有利的”。

人们也构造过所谓的“气候屏障”，可见于下奥地利赫恩鲍姆加尔滕的教区教堂主祭坛，该祭坛作于18世纪中期。在祭坛后边有一座3英尺（约1m）深的壁龛，在它的中部——与祭坛画和半圆室的墙壁都有一段距离的地方——有一道可通风并起到气候屏障作用的木板墙。他们也把木炭堆在画的背面和墙壁之间，用作湿度和气候的缓冲区。

有问题的方法

人们也曾用过其他一些有问题的方法。例如：用金属箔或塑料薄膜将画的背面封住，结果画的背面便再也无法进行水分交换。这种方法还会导致凝结水、生霉和其他一些问题。

人们使用过的直接背面保护方法包括在支撑体背面涂干性油、蜡、蜡—树脂混合物或合成黏合剂；非直接保护法包括用绷在内框上的画布作“干覆背”，或黏附纸板、胶合板、纤维板或聚氨酯板。

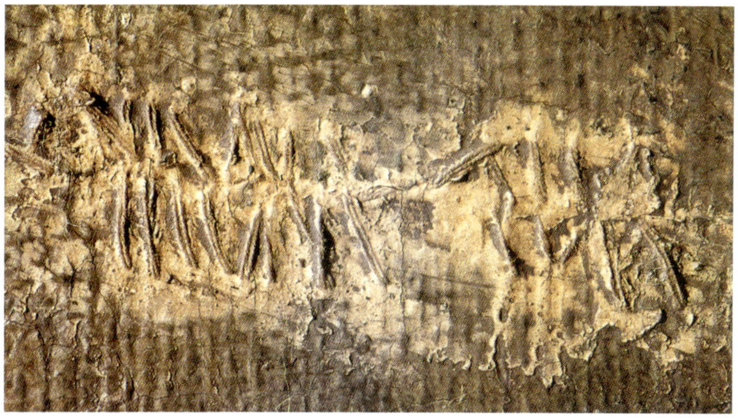

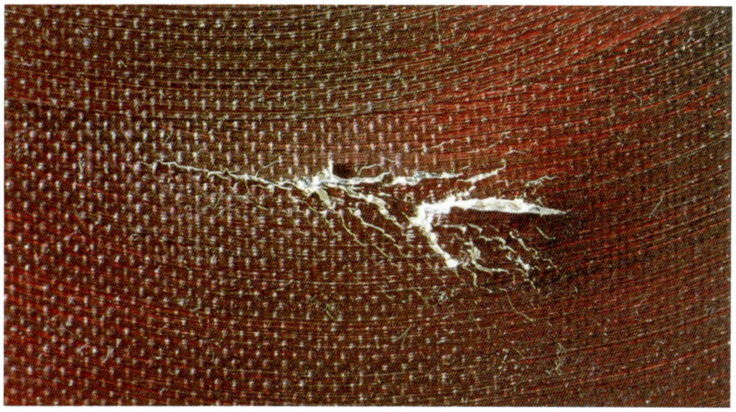

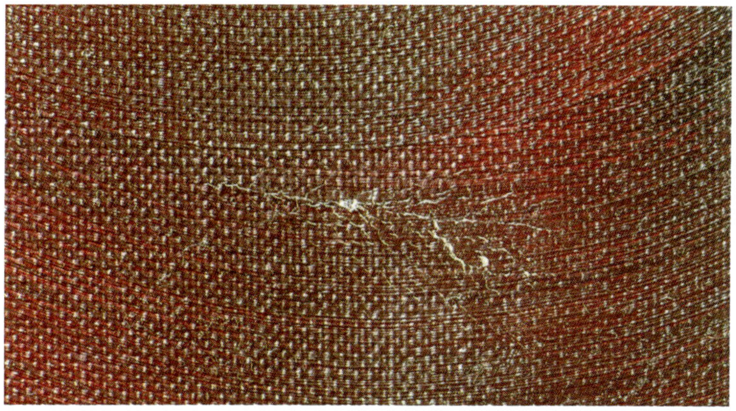

填喂、浸透、隔离、加固

精细的外科手术针提供了一种可能性：可以用这样一种方法将绘画的撕裂口缝合，让人几乎看不出来。

如果使用天然或合成黏合剂对纺织品支撑体进行浸透或涂覆，这种工艺就被描述为浸透、填喂、隔离和加固，或（用一个统称来概括）直接背面保护。

“填喂”

直接背面保护可以固定纺织品支撑体（填喂），提供抗湿能力（浸透），形成保护层，防止覆背物质渗透到织物或绘画层内（隔离），或最终加

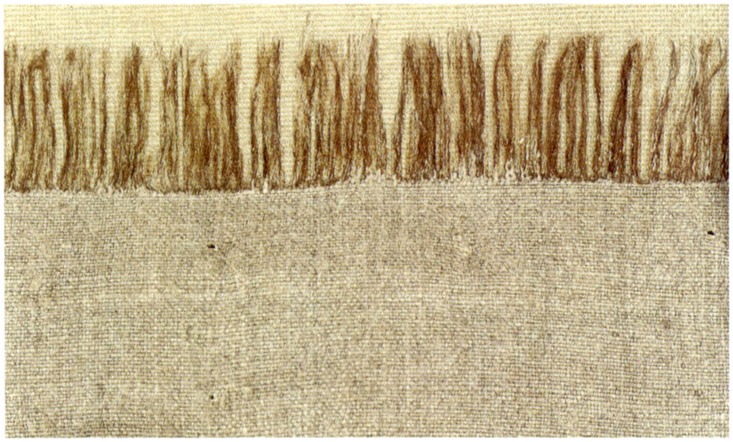

左图：
用纱布加固绘画边缘（上图）——用边条覆背增加宽度或替换包边（下图）——早期的边条覆背（中图）

固色层或底料层（加固）。

人们采用的最早的气候保护方法之一是用干性油填喂布面绘画。人们相信这种处置可使变脆和失去弹性的支撑体恢复柔韧性，也可以保护它抵御潮湿和微生物。短时期内，填喂的确可以增加支撑体的弹性。但随着油的氧化和聚合，支撑体也会愈发失去弹性、变得脆弱易损。实际发生的情况是，油在纤维素分解的过程中起到了催化剂的作用，加速了纺织品纤维的氧化。

德迈厄尼（De Mayerne）[31] 早在 1620 年便推荐过这种有问题的方法。他说，先将画布绷框，再在背面涂覆稀释的油。这种方法在 18 世纪和 19 世纪的绘画修复师中流传，直到最近仍在使用。为达到“保护目的”，画的正面和背面都用干性油处置。用来处置背面的干性油常混以一种土质颜料（见 117 页左图）。

蜡—树脂混合物

关于用蜡—树脂混合物作背面保护的方法，我们知之甚少。劳里（Laurie）[32] 在 20 世纪早期的著作中，曾推荐用等量的蜡和树脂作保护，沃尔特斯（Wolters）[33] 则提到 18 世纪美国画家查尔斯·威尔森·皮尔（Charles Willson Peale）使用过这种方法。不过，我们可以肯定地说，在 19 世纪，蜡或蜡—树脂混合物的覆盖层曾经被涂或熨在画的背面用作背面保护（见 117 页右图）。

为回贴开裂，绘画也会被浸渍（见“脱层的回贴与加固”）。按照所用的黏合剂，这种方法也可提供背面保护。

覆背物质有时会渗入或“透出”纺织品支撑体或覆背织物，为防止或将这种渗透限制在最小限度，有时要对两者都进行隔离。

合成胶

用于隔离和加固的水性合成胶包括用四倍水稀释的 Lascaux Hydrogrund 750；溶剂基的胶有 10% 的 Paraloid B72 甲苯溶液或 10%—50% 的 Plexisol P550 特级白精油（100—140）。马蒂（Marty）[34] 在用 Lascaux 黏合蜡与 Beva371 作覆背时，用 25% 的 Plextol D540 和甲基纤维素 MH300 取得了出色的隔离效果。

人们也把 Plexisol P550 与玻璃纤维一起使用，来防止覆背物质渗出。

“干覆背”

使用这种技术时，在将纺织品支撑体绷在活榫内框或螺杆式内框上之前，先在这类内框上绷

对页：
一幅 18 世纪的绘画原先的背面保护，用的是松木板。

一块织物（帆布）。它直接衬在原作支撑体的背后，既提供了附加的支撑体，也提供了间接的背面保护。干覆背技术甚至在 19 世纪的绘画中也可以看得到。干覆背既可以采用刷过底料的织物，也可以用没有刷底料的织物。在使用有底料的织物时，通常有底料的一面朝着原作支撑体。

边缘覆背法

在使用边缘覆背法时，只将纺织品支撑体的四条包边粘在洗过并烫平的织物覆背上。支撑体在色层背面的部位并不与织物覆背黏合（见 117 页右图）。这是干覆背的一种扩展形式，或更准确地来说，是一种介于干覆背和传统覆背之间的替代程序。边缘部位可以用 Beva 膜或用上述黏合剂中的一种来黏合。

背面保护的现代形式

用于背面保护的画布被绷在一个框架上，并固定在原作内框上，使其直接接触原作的纺织品支撑体，保护和固定它。

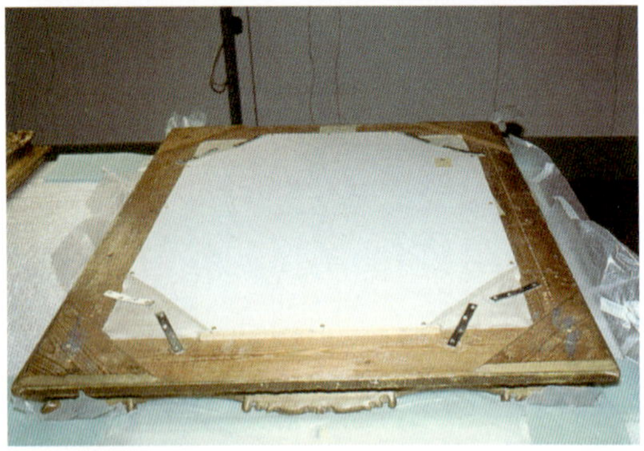

聚氨酯板被固定在这幅布面绘画的后边，作背面保护。

这里，背面保护是四块固定在内框上的硬纸板。

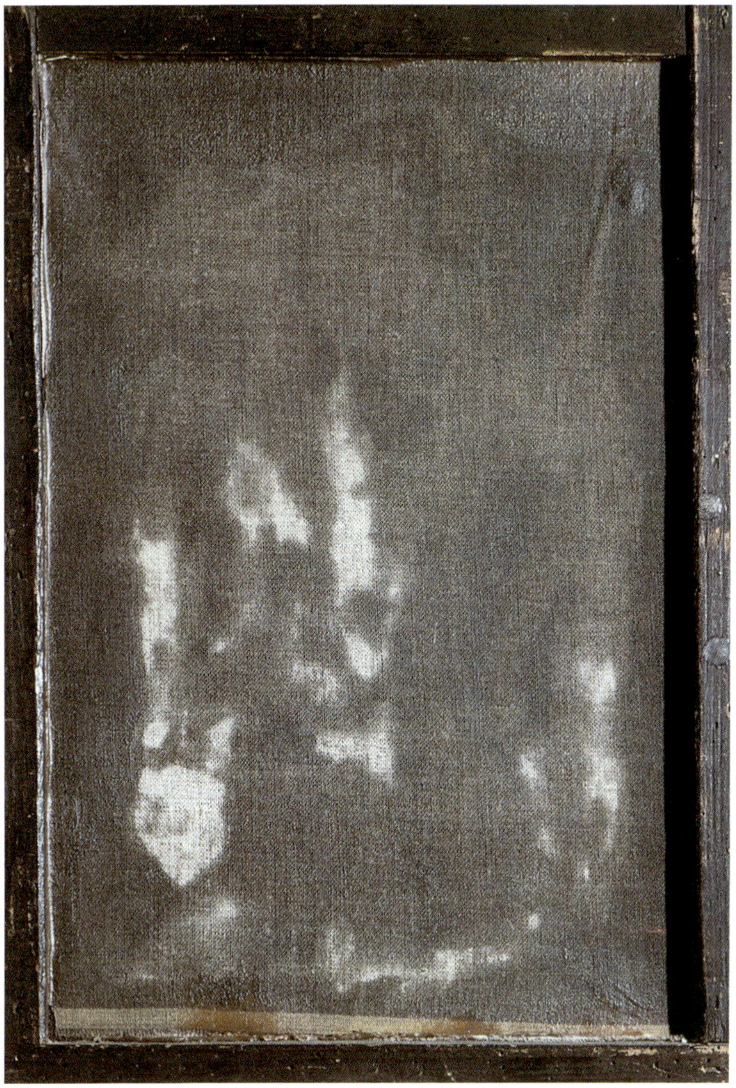

直接背面保护的两个例子：为保护纺织品支撑体，内框条和画之间的部位涂了一层赭色涂层（左上图）；蜡涂层也被用于相同的目的（右上图）。

覆背

在覆背时，是将一块（个别情况下为几块）覆背织物粘在纺织品支撑体的背面。为绘画进行覆背的原因有许多种，包括原作纺织品支撑体不再能够固定绘画层，内框需要更换，画布松垂，绘画层张力（杯形起翘、一些颜料区块受到严重的张力）造成严重的脱层，绘画层表面视觉效果令人不满，支撑体部分损毁，包边（折边）缺失，或为避免损坏而希望采取预防措施（见 118、119 页插图）。覆背技术的历史可以追溯到 17 世纪[35]。

覆背最初是在何时何地实行的已不得而知。法国和意大利都自称为这种方法的发明地，但为人所知的最早的证据来自阿姆斯特丹，是一位修复师在 1660 年在一幅旧画背面粘贴新画布的发票。

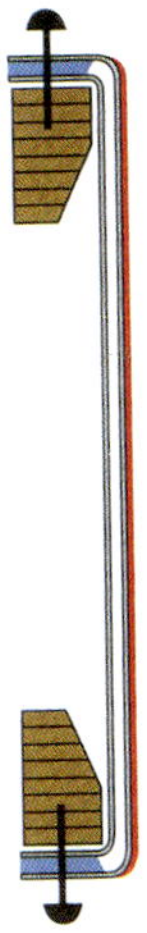

对页：
使用边缘覆背法时，只将四条包边粘在覆背织物上。

威尼斯的“胶糨覆背”（coletta）法，是用糨糊作覆背，是从大约1670年开始使用的。18世纪的文献给出了用黑麦面粉或小麦面粉糨糊和皮骨胶做黏合剂进行胶糨覆背的方法；其中树脂、香脂、糖蜜、蜂蜜和干性油被用作添加剂。

18世纪末在巴黎使用的覆背技术是由巴蒂斯特·皮埃尔·勒布伦（Baptiste Pierre Le Brun）[36]传下来的，他是当时的中央艺术博物馆（现在的卢浮宫）修复部的发起人和组织者。1794年，法国政府要求他拟定一份传统修复方法的等级制度，以平息关于纺织品支撑体各种处置方法的争论。勒布伦将修复方法分成三类：

1. 糨糊覆背
2. 铅白覆背或贴画法
3. 转移

不同方法的费用也做出了规定。以“平方尺”（1“尺”≈1½英寸［3.5 cm］）为单位计算价格，糨糊覆背的价格为1法郎/平方尺，铅白覆背为3.5法郎/平方尺，转移为10法郎/平方尺。如果是有名的修复师或重要的画作，转移的价格可能会更高。

蜡—树脂覆背

关于蜡—树脂覆背的起源我们知之甚少，而且我们所知道的信息也是相互矛盾的。1757年，法国人佩尔内提（Pernety）[37]在他的“词典”里记述过这种方法。而另一面，这种方法又似乎是由名为霍普曼（Hopmann）的阿姆斯特丹修复师发明于1870年的。然而早在1854年，伦勃朗的《夜巡》就用蜡作过覆背。这种方法实际上被称作“荷兰方法”，在19世纪大行其道，尤其是在阿尔卑斯山以北的地区。人们可能希望能用这种方法“永久”保存纺织品支撑体。

铅白覆背的起源尚不为人所知。

从20世纪30年代早期起，自然科学对保护和修复领域的影响日益加强。这促成了一种对艺术作品视觉效果更具批评性的态度和多种不同的修复方法。人们开始研究历史上使用过的各种方法，辨识这些方法造成的问题，并开始寻求新的答案。在这次清点中，糨糊覆背和蜡—树脂覆背幸免于淘汰，时至今日仍在一定程度上被使用着。

覆背器械

自1930年起，新开发的器械使人们可以更好地进行覆背操作——譬如：内置恒温器的电熨斗被用于蜡—树脂覆背。1949年，第一台热工作台问世，只过了一年，便又出现了热/真空工作台，后者从1960年开始批量生产。1964年，哈克（Hacke）[38]“发明”了低压工作台，1974年，奇滕登（Chittenden）和珀西瓦尔-普雷斯科特[39]研发了真空封套。

从内框条上可能可以看出这幅画曾作过糨糊覆背。

从20世纪70年代早期起，合成黏合剂渐渐开始被采用于覆背技术。使用这些黏合剂，修复师可以降低三种风险——压力、热和潮湿。合成树脂熔点低，使“低温封胶法”成为可能；在“冷覆背”时，也不再需要对覆背黏合剂进行预热了。

为获得最大限度可逆性，并尽可能少让黏结剂渗入绘画结构，人们尝试尽可能将黏合剂的用量降至最低。这些努力导致了许多新的发明，其中有梅拉（Mehra）[40]在1975年发明的“拉毛黏合法”，以及海贝尔在1987年发明的

这幅画的包边部分不存在了。为了绷内框，为它作了覆背。

一种相关技术，在德语中被称作“织物网格法”（Gewerberasterhaftung）[41]。

这两种方法都只是借助一些小“黏合点”将覆背织物固定在原作支撑体上的。

20 世纪 70 年代早期，新覆背技术刚一问世，人们便已对它们产生了一定程度的疑虑。修复师们突然意识到，尽管已经做了这么多的研究，但关于覆背对绘画本身造成的影响还是知之甚少。这种疑虑在 1975 年 ICOM（国际博物馆协会）的威尼斯会议上得到了伸张，会议呼吁将所有的覆背操作推迟至少三年，以期在此期间对相关的主要问题进行研究。人们成立了一个“内框与重覆背”工作组，自此之后一直专注于这一领域的研究。

环境压力

如我们已经看到的，纺织品支撑体在几百年间经受了光、氧气、酸（来自大气）、微生物、机械力和气候的诸多作用，已经丧失了强度，再也无法合格地起到支撑绘画层的作用了。

到了这个地步，至少也得考虑一下，覆背的替代性方法是否还能满足要求，或者说绘画是否需要覆背。尽管覆背存在诸多问题，但就我的观点来看，放任任何一幅超过 200 年的画不作覆背都是不负责任的——个别情况除外。和伯杰[42]一样，我也认为，如果曾经适时得到覆背，很多很多古代绘画的保存现状都会比实际情况好得多。

覆背造成的压力

因所用的黏合剂类型不同，覆背也要分别用到润湿、融化（蜡）和热封等方法，而画作本身是否会因压力、热、水分或黏合剂中的溶剂而“产生应力”，则取决于覆背所用的方法。这些因素以及人们对它们影响覆背画作的正确评估会决定所有覆背操作的结果。

压力

我们称施加在表面上的力为压力。绘画在接受背面清洁、回平、所有形式的覆背或覆背的替代操作，以及贴画操作的过程中，都会经受压力。决定压力强度的条件有：污染物的性质和强度；支撑体或绘画层变形的程度；绘画层的老化程度和厚度；清洗、回平或覆背所使用的技术。压力必须与绘画结构的牢固程度相符。不当的压力会毁坏一幅画的内部和外部结构（120 页插图）。热 / 真空工作台、低压工作台和真空封套——都是人们在寻求对绘画施加压力最小的有效处置设备过程中发明的。

随着热 / 真空工作台的发明，压力因素在覆背过程中的重要性首次凸显了出来。在用热 / 真空工作台进行覆背时，压力是通过一片有弹性的薄片施加在画作表面的。这种施加在绘画层上的压力可能非常强，以至于将绘画层压入纺织品支撑体。

压力差异

在关于覆背的文献中，有许多种计量压力的单位，比如：大气压（atm）、帕斯卡（pa）、巴（bar）、毫巴（mbar）、托（torr）、毫米汞柱（mmHgS）、千克力 / 平方厘米、真空度（% vacuum）。也有人使用牛顿 / 平方米（n/m^2）和达因 / 平方厘米（dyn/cm^2，相当于 0.1 n/m^2）[43]。

施加在绘画上的压力的计量单位中，最便于理解的是千克力（kg）每 cm^2。下边四个例子比较了负重、熨斗、螺旋压力机和热 / 真空工作台分别对绘画表面所施加压力的差异：

- 如果在 10×10 cm（100 cm^2）的绘画表面压覆 1kg 重物（例如，用来压平鼓包），压力

为 0.01 kg 每 cm^2。

- 一只铁熨斗底面积大约为 200 cm^2。如果在覆背过程中以 20 kg 的力作用于画作背面，压力为 0.1 kg 每 cm^2。
- 螺旋压力机或液压机用一块面积为 2 m^2 的压板以 2 t 的压力为绘画进行覆背，压力为 0.1 kg 每 cm^2。
- 如果用热 / 真空工作台以 0.5—0.7 atm 的负压运行，所得的压力为 0.5—0.7 kg 每 cm^2，即用熨斗或螺旋压力机的数倍。正是这一发现部分地导致了低压工作台的研发。

使用负压会造成自外向内施加于绘画的外部压力和存在于绘画结构内的内部压力（即负压）。真空造成的压力不仅能对绘画表面造成损伤，也能造成结构内部的损伤。

所有的画作都含有水分（平衡含水率）。水的含量取决于其中的吸湿成分、毛细管腔和环境空气相对湿度。（真空工作台的）薄片下面最轻微的气压也会使毛细管和孔中水分的蒸汽压升高。由此造成的高能量蒸汽会对支撑体、黏结剂和颜料造成影响。

在清除光油、上光，或用稀释的合成树脂加固开裂部位时，溶剂会渗透绘画结构，且只能缓慢地逸散。如果用真空来处置一幅仍残留着溶剂的画作，这些挥发性物质的蒸汽压便会增加。由此产生的高能量溶剂蒸汽将对绘画结构施加更多的压力，且可能实际改变绘画的原始结构。这样的损害通常不可察觉，然而却会使绘画结构变得脆弱，之后也可能引起进一步的损害。

豌豆公主效应

如果纺织品支撑体或覆背材料带有疵体，譬如纺织线结或变粗的纱线，它们就会造成这些部位的绘画层变形。如果之后在热 / 真空工作台或低压工作台上对绘画进行覆背，每增加一层织物便会不成比例地格外增加这种变形（见 121 页上图）。伯杰称之为“豌豆公主效应”[44]。

热 / 真空工作台发明之前，在所有的覆背操作中，都是把画夹在两个不能变形的表面之间来施加压力的。由于覆盖体或承托体的结构，它们对绘画层上凸起的部位损害尤其严重。而使用热 / 真空工作台时，压力是通过一片柔韧的膜均匀地施加在凸起和凹陷的部位的。在纺织品支撑体编织松散或经纬纱之间有较大间隙时，绘画层便会被压入这些间隙中，导致画布的纹理和纱线的疵凸变得更为明显。两块画布的纱线不仅会平行上下

左图：
因为覆背过程中压力过强，织物纹理被压入了绘画层。

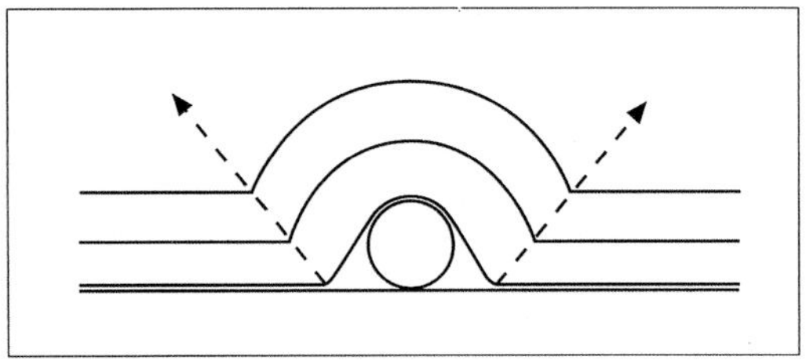

纺织品每增加一层，变形都会被放大，并产生所谓的“豌豆公主效应”。G. A. Berger, Heat seal lining of a torn painting with Beva 371, in: Studies in Conservation, 20, 3

相叠，也会并行交错（见 121 页下图）。就算是在覆背画布与原作画布的结构与纱线粗细相同，也会发生这种情况。此外，画布的纱线很少会是编织完美的，常会以不同的角度彼此交叠。这一切因素结合起来，结果一块画布的个别纱线就会“陷”入另一块画布纱线间的缝隙中。画的表面就会变得不平，并表现出一种叫作“编织干扰”或“轧纹效应”（moiré effect）的特性（下图）。伯杰[45]在 1966 年首次描述并解释了这种现象。

所有用热 / 真空工作台作覆背而不带间隔层的画作都会出现这种现象（下图）。在使用天然纤维织物时，莫尔效应会与织物本身的瑕疵重叠，不总是明显。而另一方面，使用合成织物或玻璃纤维织物时，纱线统一而匀整，也没有纺织错误，作为这种规整的结果，上下相叠的两层经纱或纬纱一旦不平行或不垂直就会立刻显出轧纹。用一层棉网或纸张作间隔（三明治法）就可以防止轧纹效应（见 121 页下图）。

热

一些覆背的操作方法会用到热。在绘画修复中，热是一个颇有问题的因素，因为它会在艺术作品内引发热张力、热塑性变形、水分减少，并加剧化学反应。构成一幅绘画的不同材料吸热的情况也不同。譬如，暗区域反射没有那么强烈，会比亮区域变得更热。一幅画中不同区域之间的温升差异可高达 30%，致使每次对纺织品支撑体的加热操作都会在绘画结构中引起热张力。除了

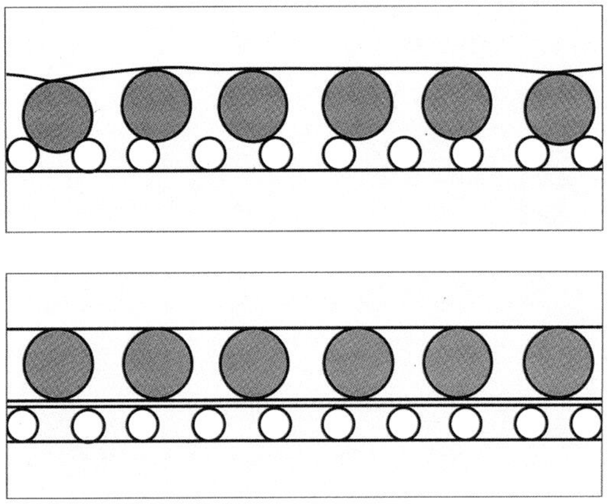

覆背时，纺织品的纤维不会恰好准确与另一块纺织品的纱线叠压，因此会发生纺织品重叠的情况（上图）。这种情况可以通过间隔的方法避免。G. A. Berger, Weave interference in vacuum lining of pictures, Studies in Conservation, 11（1966），pp. 170-180

这种热张力，加热还会造成热塑性张力：因为暗部色层会变得更热，且（通常）所含黏结剂更多，所以会变得比亮部“更软”，而亮部色层则几乎和之前一样“坚实”。热也会影响环境空气的相对湿度，导致变热的材料释放掉更多的水分。每次加热操作都会加速绘画内部发生的化学反应。伴随自然老化发生的日常变化——比如氧化、聚合和光化学反应——也会比在常温下更为迅速。

覆背的预处理

在覆背之前，绘画层和支撑体都需要作预处理（见 90 页）。此外也需要对所有撕裂、刺伤和破洞进行预处理（见 105 页起），否则不久之后它们的边缘就会起拱[46]。但如果要用纸张或素描卡纸之类硬挺的材料做间隔层，或遇到曾以贴画法粘贴在硬木板上的布面绘画，就无需对这几类病害进行预处理。

经典覆背法

铅白覆背法

铅白覆背法是最早的覆背方法之一，如今已经不再使用。无人知晓最早的铅白覆背是在何时实行的。1758 年，多西耶 (Dossie)[47] 曾建议用调色板上剩余的油画颜料来作覆背，1794 年，勒布伦[48]也在他的著作《国家博物馆思考》（*Réflaxions sur le Musée National*）中提及并描述过铅白覆背法。

在铅白覆背法中，黏合剂是用干性油研磨的铅白。使用油画颜料或铅白作覆背的原因并没有

侧光下的阴影将绘画表面的不平整显现出来。

团分布在覆盖绘画表面的聚酯薄膜上。等它们融化时，覆背和原作支撑体之间的蜡—树脂层也就软化，覆背也就完成了。之后关闭热源，打开冷却风扇，在充分冷却（蜡—树脂团重新凝结）后将聚酯薄膜取下。蜡—树脂覆背法偶尔也会与糨糊覆背法结合使用：先用糨糊覆背法对绘画进行覆背，再用蜡—树脂混合物二次覆背。

1975 年，格拉夫（Graf）[65] 提出用热水来为尺幅巨大无法搬运的绘画进行覆背。这种方法制造负压的方法与热 / 真空工作台非常相似，是用一片聚酯薄膜盖在一大块胶合板或大芯板上，把边缘部位密封起来，借助真空泵产生负压。聚酯薄膜上连接着抽气嘴，可以向上抽出空气。用结实、有弹性的防水 PVC 膜做成 40 英寸见方（1 m × 1 m），深 12 英寸—16 英寸（30—40 cm）的水槽，在水槽中注入深度为 4 英寸—6 英寸（10—15 cm）的热水，以此实现加热。

从画的中间部位开始黏合。透过水和 PVC 膜可以清晰地看到画的表面。如果有必要对画的表面施压，可以用一个带手柄的滚轮隔着水槽底滚压。热量通过热水传递。当一个区域被黏合后，小心地将水槽移至下一区域（与前一区域部分重叠），并在下一“区块”重复上述操作。

用合成黏合剂覆背

自 20 世纪 30 年代起，修复师开始使用合成树脂、合成蜡和 / 或两者的混合物来作绘画覆背。这类材料通常为丙烯酸树脂黏合剂和合成蜡黏合剂。蜡黏合剂主要是微晶蜡、石蜡和多种合成树脂添加物构成的多种混合物。在少数情况下，人们也使用聚醋酸乙烯（PVAC）。

根据热处理，可将合成树脂分成热塑性塑料、热固性塑料（duroplasts）或高弹体。只有热塑性树脂适用于修复工作。它们的物理特性与天然树脂相似。

热塑性塑料

热塑性塑料是可以无数次在加热后软化，并在冷却时硬化的塑料。它们在某些有机溶剂中可以膨胀并溶解。它们的老化主要归因于光氧化，也就是与光反应的结果。这种反应可引起黄化、褪色，或发生永久性的网状聚合，简而言之，就是形成一些延伸而相互横向连接的长聚合链。网状聚合可将热塑性塑料变成高弹体甚或是热固性塑料，高弹体在有机溶剂中仍可膨胀，却再也无法溶解，热固性树脂在溶剂中既不能溶解也不能膨胀，还会因内部应力而脆化。

可能的施用方法

用于覆背的合成树脂黏合剂可以在热的状态下用于热封法（Beva 371），也可以在冷的状态下用于“冷覆背”，梅赫拉（Mehra）也称后者为“安全覆背”[66]。现代合成树脂适用于覆背，这让人们可以用少于传统黏合剂用量的黏合剂来进行覆背。

应用技术

黏合剂的应用技术也有所进步。应用方法中又增加了热喷枪法、三明治法和转移法；画笔、清洁刷和小号或锯齿状刮刀也成了标准工具。下边描述的覆背技术有些只能用于合成树脂，有些通常用于这些材料。

冷覆背

冷覆背是在不加热的情况下用合成树脂进行覆背。是梅赫拉首次在 20 世纪 70 年代的出版物中使用了“冷覆背”这一术语 [67]。

研发

20 世纪 60 年代末，梅赫拉开始在阿姆斯特丹的艺术与科学中心研究实验室研究适合在不加热的情况下作覆背的黏合材料。作为研究成果，他推出了使用 Plextol B500，添加 1%—2% 纤维素羟乙基醚作增稠剂来进行冷覆背的方法。黏合剂是涂在覆背画布背面的，覆背的过程则在低压工作台上实施。

为了减少黏合剂的用量和画作背面的湿度，1972 年，他又将这种技术发展成了所谓的“拉毛黏合法”（nap-bond method）。

拉毛黏合法

在拉毛黏合法中，不再是用整个一层连续不断的黏合剂层来固定覆背织物和原作织物，而是仅在一些小黏合点进行黏合。

将一张带有细小的穿孔（直径约 1 mm）的塑料膜或塑料网绷起来，把它放在覆背织物上，用一把刮刀把黏合剂涂在塑料膜或塑料网上。一些黏合剂会漏过穿孔，在覆背织物上形成小点 [68]。取下绷着穿孔塑料网的框子，便会留下黏合剂小点构成的网格。

冷覆背用的合成树脂（Plextol B500）、糨糊和 Beva 371 都是适用于这种技术的黏合剂。

正在热 / 真空工作台上作蜡 - 树脂覆背的画作，可以看到缓冲层（浅色的纺织品）、覆背织物和原作绘画。一层薄膜整个覆盖在上边，四边用胶带牢固地黏附在热 / 真空工作台上。

热封法

热封法是通过加热使一层干的黏合剂薄膜变黏，并使之与另一层物质黏合。热封法利用了某些合成树脂的热塑性，为此目的还专门生产了用于覆背的混合物。作为定律，所有的热塑性树脂都适用于热封法[69]。

20 世纪 60 年代，莱讷（Leene）（1963 年）[70]、梅森斯（Messens）（1966 年）[71]、卢多维克斯（Lodewijks，1967 年）[72] 和伯杰（1968 年）[73] 做了热封法的研发工作。热封法要受温度、时间和所需压力的制约。许多热塑性树脂因为熔封点过高而不适于绘画修复。

黏合剂 适用于热封法的黏合剂包括以聚丙烯酯和聚醋酸乙烯酯为基础的制剂，也包括合成树脂与微晶蜡的混合物（Beva 371）。这些材料分为永久热熔黏合剂和临时热熔黏合剂。永久热熔黏合剂（接触黏合剂）即便在常温下也保持着黏合力（Lascaux 360 HV, Plextol D360）。织物通过轻压和微温就可以压合在一起。临时热熔黏合剂则只有在加热时才具有黏性（Lascaux 489 HV、Plextol D489、Beva371）。

方法步骤 使用热封法时要用黏合剂溶液涂覆覆背织物。在黏合剂中的溶剂挥发后，通过施压加热的方法进行黏合（热封）。支撑体涂覆与黏合（热封）本身是两个独立的步骤。既可以直接将黏合剂涂覆在覆背织物上，也可以覆一层夹层（三明治法），或使用黏合剂膜（转移法）。

可使用热 / 低压工作台、热 / 真空工作台、红外管、红外灯等设备来将黏合剂激活（变黏）。原作的支撑体与覆背织物直接压合在一起，或分别压合在夹层的两面。完成后，黏合剂只会接触到织物表面，而不会深入地渗透到画中。这种方法的优点在于黏合膜不含溶剂，不会渗透到绘画层中，冷却后便会凝固。

1976 年，雷宾（Rabin）记述了一种用聚醋酸乙烯酯和少量微晶蜡混合物作热封覆背的方法[74]。他所用的黏合剂混合物包含溶于 1.4l 甲苯的 454 g 的 AYAA（Mowilith 30）和 454 g 的 AYAC（大致相当于 Mowilith 10）和溶于 50 ml 甲苯的 5.6 g 复合微晶蜡 No. 445。在覆背画布上涂覆一层用等量水稀释的 Rhoplex AC33 或 AC34，形成一层隔离层[75]。在该混合物干燥后，涂覆两层热封黏合剂。实际的热封过程是在热 / 真空工作台上实行的。

织物网格法

织物网格法（Geweberastermethode）是拉毛

为使真空均匀产生与分布，在画的周边铺了一圈织物条带，织物条带还与抽气嘴相连。

黏合法的进一步发展成果。这种技术也是通过黏合剂小点将覆背织物与原作织物黏合在一起的。1987年，海贝尔研发并详细地记述发表了这种方法。这种方法是将Beva胶膜覆在一块大网眼的画布上[76]。胶膜的原料是稀释于白精油的Beva 371（2:1至3:2），用一卷仿羊羔皮织物或喷枪将这种混合物薄薄地涂在一张硅油纸上。待其干燥后，再将这层膜熨在覆背织物上，这样黏合剂就只与最表层的纤维黏合。在小心地揭下硅油纸后，整块覆背上就覆盖上了一层黏合剂膜（见130页插图）。

为做出黏合剂网格，需用热风枪将黏合剂膜熔化。这样做可使黏合剂聚缩到织物的纤维上和已粘到黏合剂的各点，其余部分则不带黏合剂（见下图和对页插图）。将制备好的织物铺在画的背面，用热风枪进行局部加热，再用拇指肚将加热的区域压下。这种方法的优点在于，所需的压力较轻，画只需短时间受热，也只有少量黏合剂接触原作织物。需要指出的一个缺点是，这种织物不十分牢固，难以用它来加固受损严重的纺织品支撑体。

再活化法

这种方法是通过溶剂润湿使已经涂好且已干燥的黏合剂再次活化，使其变黏并用它来覆背。再活化法只能用于某些种类的黏合剂，比如Beva 371。通常使用的溶剂是二甲苯和甲苯。再活化之后，将绘画和覆背织物在真空和低热的状态下压合起来。

三明治法

三明治法是一种在纺织品支撑体和覆背织物之间放置夹层的方法。间隔层所选用的材料和厚度不一，应与采用这种方法的原因相符。三明治法发明于20世纪70年代。它的历史前身是间隔法（见124页）。

选择这种方法的原因包括：覆背织物无法有效地固定支撑体、黏合剂不能直接涂在原作或覆背织物上，并需要避免编织干扰。

适用于加固的间隔层材料包括玻璃纤维布、日本纸、无酸纸和薄素描卡纸等。适用于承托黏合剂且能防止编织干扰的材料包括薄聚酯纤维无纺布（10-30 g/m²）、薄聚丙烯纤维无纺布（10-30 g/m²）、粘纤绒和玻璃纤维织物。

在三明治法中，间隔层通常也用来承托黏合剂，黏合剂是用画笔、锯齿状刮刀或喷枪涂施的。所用的黏合剂包括合成树脂分散剂或热封黏合剂。

转移法

转移法是将薄层的“黏合剂膜”从一层运载膜上熨烫（转移）到覆背画布上，之后将覆背热封到画上（见“热封法”，128 页）。黏合剂膜可以从专业供货商处购得，也可以现用现做。这种方法的优点在于不会有水、溶剂或溶剂蒸气渗透到绘画层中。

制作黏合剂膜

制作黏合剂膜的运载材料是硅油纸或带有硅油涂层的聚酯薄膜。所用的黏合剂则是那些适用于热封法的黏合剂，如 Beva 371。用白精油稀释 Beva 371（2:1 至 3:2），按照所需的厚度，用一卷仿羊皮织物或喷枪将其涂覆在运载膜上。待其干燥后，便形成一层胶膜，可用熨斗将其压熨在覆背织物上。

下图和对页插图：
在织物网格法中，用一层 Beva 膜覆盖织物（左下图），将其“干吹”成织物纹状，这样就只有少量黏合剂会粘到原作支撑体（右下图及对页插图）。

（见对页图注）

贴画法

贴画法这一术语如今用于将纺织品支撑体黏合到硬板上的方法。它起源于法语词汇“贴裱”（maroufler），但其含义并非一直相同。

在 18 世纪的法国，贴画法的意思是用油画颜料涂覆绘画的背面（作为背面保护），或用稠厚的油画颜料将画粘贴在墙上。19 世纪，贴画法的意思是将一幅木质支撑体上的画转移到其他支撑体上。施斯尔在 1983 年一篇论文中详尽地论述了贴画法[77]。

采用贴画法的原因包括纺织品支撑体严重损坏（撕裂），异形绘画，以及保护颜料层以防受损或变形（杯形起翘）。

严重的撕裂或损坏的绘画有时会转移到木板上，后来则转移到刨花板、高密度纤维板、夹芯胶合板或胶合板上。刚性的支撑体对绘画的稳固效果比覆背织物更为有效，覆背织物常常无法抵消沿着撕裂边缘产生的力。

异形画——譬如椭圆形的画——所需的内框制作起来很复杂，因此造价昂贵。贴画法是更为简单和经济的解决方法，很容易将刚性支撑体切割成待转移绘画的形状。

尽管之前几个世纪已经有了一些用贴画法修复的绘画，但在 19 世纪末之前，这种技术并没有被专门提到过。1955 年，斯特劳布记述过一次贴画法的操作，是一幅古埃及法尤姆木乃伊肖像画的薄木质支撑体被黏合到一块五合板上[78]。德维尔德在 1964 年描述了贴画法的技术，他可能想以此激励他人的效仿[79]。仅一年之后，1965 年，斯特劳布便告诫人们不要使用贴画法[80]。

直到 20 世纪初期，木板、纸板和金属片还是可用于贴画法的仅有的辅助支撑体材料。20 世纪初，出现了新的人造片状材料，例如胶合板、大芯板、刨花板、高密度纤维板或铝板。

木板

用于贴画法的经典辅助支撑体是木板。因待实行贴画法的绘画尺寸不同，可能会用到一块或粘在一起的多块木板。用于贴画法的黏合剂通常为皮骨胶。

纸板

19 世纪，纸板被用作布面绘画的辅助支撑体。大约 1900 年起，纸板开始在德国以工业规模生产，并被开始用作贴画法的支撑体。

大芯板

大芯板是将一些矩形的短木板条夹在几层胶合板之间做成的。在 20 世纪，大芯板经常被用于木板绘画的部分转移或完全转移。它也偶尔被用作贴画法的辅助支撑体。

纤维板

纤维板是用木屑制成的，大约出现于 1914 年。纤维板可分为低密度纤维板和高密度纤维板。高密度纤维板被用于贴画法。

刨花板

刨花板最早被记述于 1943 年，从 1950 年开始出现了工业生产的刨花板。它们被用于大幅布面绘画的贴画。

铝板

20 世纪 60 年代，铝板[81]或“蜂窝铝支撑体”[82]也被用于贴画法。

木板效果

每次实施贴画法时，原支撑体的特征，即所谓的“木板效果”（wood panel effect），就会丧失[83]。所有的木板、布面、金属或石板绘画都拥有一种由特定支撑体所决定的特殊结构。一位专家可以只看绘画表面就判断出所用的支撑体（见本页和对页插图）。当布面绘画被转移到刚性支撑体上之后，它的一些特征就会被新支撑体的特性所损害或干扰。

绘画层的压痕

如果贴画法实施不当，绘画层会被压入原作织物的缝隙间。结果就可以在绘画层上看到织物的结构，绘画的表面肌理也会受到影响。

这类损害不仅出现在实施过贴画法的绘画上，在用热 / 真空工作台作覆背时，绘画表面会被施加强大的压力，因此也会出现这类损害。在实行贴画法时，绘画层尤为危险，因为在将绘画压和到坚硬的新辅助支撑体上时，下方没有任何可减轻压力的缓冲物。

负效损伤

如果一幅画使用了明显凸起的厚涂法，覆面用的贴片又不够柔软，且所用的黏合剂过于黏稠，就会出现所谓的“负效损伤”。如果覆面贴片没有弹性，当画被压紧时，压力就无法均匀地分布于绘画的整个表面，而是仅仅施加在厚涂色层凸起的区域，这些部分会陷入黏合剂层中。这些厚涂区域下方的黏合剂就会被挤跑，并在附近颜料层较平的区域拱起，使绘画层形成鼓包。

这会把色层“拉平”，使绘画丧失原本的表面结构。负效损伤并不仅限于贴画法，在使用光滑的支撑体作覆背时也会发生。

上图和对页插图：纺织品支撑体上的绘画（上图）和木板绘画（对页）有着各自的特点，但在贴画法和转移的过程中被毁。

做过贴画法的绘画有时会翘曲。如果使用了水性黏合剂，支撑体背面又没有夹保护性夹层，就会出现这种变形。

转移

在转移的过程中，原作支撑体被去除，直到露出底料层，剩下的绘画层被转移到新的支撑体上。这种方法在纺织品支撑体绘画的修复中，和在木板绘画修复中用得一样多（见“木质支撑体”一章，65 页起）。

转移最早在何时实行已不得而知。只有 1750 年之后的一段时期，在巴黎卢浮宫对一些重要画作的转移进行记录时，才有过对这种方法实施地点、实施人和实施方法的准确记录。布面油画的转移一直实行到 20 世纪 30 年代[84]。

转移之前，需在画上粘贴纸或细织物来缚固颜料层。然后用热水或酸将原作支撑体一根纱线接一根纱线地从底料层上取下。在个别情况下，不仅去除原作的织物，连底料也要从颜料层上清除掉。这一步完成后，常常要在此刻露出的颜料层背面粘贴一块细纱布，以便在将整幅画转移到

（图注见对页）

新纺织品支撑体上之前缚固色层（见 134 页插图）。

与现在偶尔还需使用转移法的木板绘画修复相比，在纺织品支撑体绘画的保护中，已没必要也已不再使用这种极为有害的方法了。

分剖

分剖（splitting）这一术语既用于木板绘画分剖（见 65 页）——如两面有画的祭坛画侧翼——也用于纺织品支撑体双面绘画分剖。如果实施成功，两种方法最终都能将原作分成两幅画。艺术家偶尔会在纺织品支撑体的两面作画。因为基本上只有画的一面可被观赏（和出售），便时不时会有人要求修复师将这些绘画分剖开来。布瓦索纳在 1979 年记述过分剖这种画作的方法步骤[85]。

方法步骤

用 Beva 371 和聚酯薄膜缚固画的两面，然后用 Lascaux 黏合蜡在不与纺织品支撑体分离的一面黏结一块薄锌板（0.7 mm）。

实际的分剖过程为：一个人抓住锌板支撑体和无需与之分离的绘画层，以一定角度沿台边缓缓向下拉拽，而另一个人将黏附在聚酯薄膜上的另一个绘画层切下，并沿水平方向揭取。然后将揭下的绘画层放在低压工作台上，将背面磨平并抹上灰泥。

在一块织得密实的画布上，涂一层与原作底料色调相同的底料，用作新的支撑体。在低压工作台上，用 498 HV Lascaux 丙烯酸酯黏合剂把分剖下来的画粘在用砂纸打磨过的底料上，再用白精油除去聚酯薄膜。

在对布面绘画进行分剖时，如果局部黏合不佳，便会出现问题。在黏贴聚酯薄膜之前，用 Beva 371 将一块细手帕布（Makobatist）黏在绘画层表面可能会更好些。

双面绘画至少要有一面色层下的底料层较厚，才有可能用这种方式进行分剖。

覆背织物

覆背织物用于稳固原作的支撑体，并以此增加绘画的强度。所有常用于修复工作的纺织品支撑体都被用于这一目的。人们曾使用亚麻、大麻、丝绸制成的纺织品作为支撑体，20 世纪也用过棉、合成纤维、混纺纤维和玻璃纤维制成的纺织品，现在也还使用它们作支撑体。

覆背织物如果需要暴露在空气污染和光照的环境中，就需要稳固。它们应当尽可能结实，不能松弛，还要有良好的各向同性特性（即各向活动等量），对空气相对湿度变化也要表现出最小的反应，还要与选用的覆背黏合剂结合良好，并拥有合适的编织结构。

麻布

麻布（canvas）这一术语描述的是用亚麻或大

当布面绘画被转移时，常在露出的底料层背面粘贴一层纱布，在转移到新的织物支撑体上之前，它起着保护绘画层的作用。在这幅画的边缘可以看到纱布，表明它曾被转移过。

麻制成的纺织品。麻布是经典的纺织品支撑体，也是“传统的”覆背织物。20 世纪 70 年代之前，麻布几乎是唯一一种被用于覆背和织物补丁的材料，只有少数例外的情况。此后，随着合成纱、玻璃纤维和混纺织物的出现，可用的材料种类也变多了。因此过去使用的通用术语，如“麻布绘画”（canvas painting）、“覆背麻布”（lining canvas）和“麻布补丁”（canvas patches），也就变得不够准确了。

处置

所有覆背用的麻布都要下水，熨平，并检查确保没有疵点（线结等）。为了使它平整，也为了进行下一步处置，应将麻布绷在带框条的工作框上，工作框应比原作大（麻布边在框条处对折）。对麻布编织结构的选择取决于原作支撑体和随后采用的黏合剂与覆背方法。覆背麻布的重量通常为 300—450 g/m²。

棉布

棉取自一种锦葵科植物——棉花——的种子纤维。它很容易走形，极易吸湿，吸水迅速而释放水分缓慢。

人们认为棉首次被用作支撑体是在 19 世纪。1827 年，博韦（Bouvier）曾写道：“用棉做的原材料完全不适用。”[86]

棉纺织品也被用作现代绘画的支撑体，还用于覆背和纺织品补丁。

丝绸

丝取自蚕（蚕蛾的幼虫）编织的丝茧。丝织品偶尔也被用作支撑体，但不知道是否曾被用作过覆背。

合成纤维

合成纤维或人造纤维是所有通过化学过程生产出来的纤维的统称。

特性

与天然纤维相比，合成纤维有更好的耐撕扯和耐磨损性能，也有着更好的膨胀性能。大部分合成纤维都不起皱，其中许多种类也对水、光、气候、化学、霉和昆虫有抵抗力。合成纤维的性质千变万化，因此便可以为专门的目的生产出专门的纤维或混合纤维。

在合成纤维中，人们开始考虑用聚酰胺纤维（尼龙、贝纶）、聚丙烯腈纤维（特拉纶、奥纶）、聚丙烯纤维和聚酯纤维（迪奥纶、达可纶、特雷维拉）来作覆背材料。

聚酰胺纤维，比如尼龙（Nylon）或贝纶（Perlon），属于最重要的合成纤维材料。人们单独用纯聚酰胺纤维或将它与其他纤维混合制造布和无纺布。

为人熟知的聚丙烯腈纤维品牌有特拉伦（Dralon）、奥纶（Orlon）和陶纶（Dolan）。较早时候，希勒（Hiler）[87] 就曾提及用聚丙烯腈纤维做支撑体（1957 年）。它既可单独使用，也和其他纤维——比如棉——混合使用。丙烯酸纤维特拉伦“完全均质，白色，有弹性，抗老化和潮湿”，此外，“如果你不是特别强调真正的亚麻布独特的不平整的表面效果，那它在各个方面都是理想的绘画材料”[88]。

人们从 20 世纪 60 年代开始讨论用聚丙烯织物做覆背织物。它们有弹性，抗褶皱，吸水量少（0.2%—0.5%）。聚酯纤维材料的商品名有迪奥纶（Diolen）、达可纶（Dacrun）和特雷维拉（Trevira）。涤纶帆布是用特殊的聚酯纱编织的极密的织物，因此拉伸也极少。因为它的这些属性，修复领域的研究者们也曾建议用它来做覆背织物[89]。

玻璃纤维织物

玻璃纤维布是合成纤维材料——更准确地说，是矿物纤维材料。玻璃纤维是用玻璃丝编织成的，抗潮湿、光照、昆虫和霉菌。玻璃纤维布的重量和组合方式多种多样。根据迈耶的记述，它们曾在 20 世纪 30 年代被用于绘画[90]。1961 年布瓦索纳[91] 提出，可以用玻璃纤维布替代用亚麻制成的覆背织物。当它们与蜡－树脂混合物或 Beva 371 一起使用时会变得透明，即便作过覆背，也可使人辨认出画作背面书写的字迹。玻璃纤维织物的缺点在于看起来与画作不相衬，且几乎不会膨胀，鼓包和凹痕也无法被弄平。

使用玻璃纤维布需要一定的经验。将它们用于覆背时，小气泡会被困在旧支撑体和新覆背之间，在画作的背面形成浅色不透明的小点或斑块。1996年，伯杰列出了一整套用作覆背时会变得透明的其他合成纤维布，使用后画作背面的字迹都可辨识[92]。

夹层

夹层是用柔韧性或牢固度或高或低的材料制成的。它们被夹在覆背织物和纺织品支撑体之间，通过承托黏合剂和/或抵消纹理来加固画作（亦见“间隔层法”124页和“三明治法”130页起）（见右上插图）。

夹层使用的材料包括各种比重的纸张、丝纸、日本纸、天然织物、薄合成纤维布和无纺布。

无纺布是黏合型纺织品材料，是用一层杂乱无序的纤维以恒定的压力压合而成。无纺布都是用合成纤维制成的。适用于夹层的材料包括细聚酯无纺布、聚丙烯无纺布和玻璃纤维无纺布。夹层的两面都涂上黏合剂，放在覆背和原作支撑体之间，根据所用的黏合剂，借助压力或加热将原作织物与辅助支撑体黏合在一起。

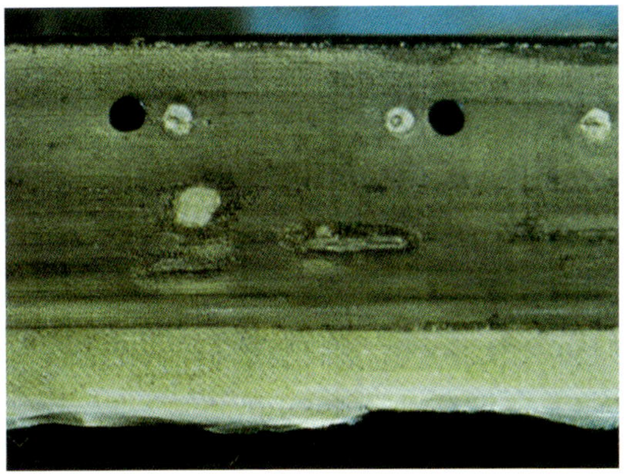

纸质夹层被粘在原作支撑体和覆背织物之间，用来加固这幅画。

工具和设备

熨斗、螺旋压台和液压式夹具等专门的工具应该是修复师专为保护和修复工作而研制或借自其他领域的。直到1950年之后，才有了专为绘画修复设计的设备，比如焊针、热刮刀、热/真空工作台和低压工作台。

焊针

从工作原理与设计来讲，焊针是个带有细尖头的小烙铁。焊针可用来软化热塑性黏合剂，或通过加热特定部位的黏合剂来加速干燥与凝固过程。黏合断线用的通常就是焊针（见107页起的“黏合撕裂部位”），它们也与小硅酮帽配合使用来加固颜料层（见210页插图）。

热刮刀

热刮刀是大的电热金属刮刀，可以调节温度，不同的设备调节精度或高或低。它们的工作原理与焊针相同，不同之处在于，热刮刀加热的是作品表面较大的区域，也可以调到较低的温度使用（见137页插图）。在热刮刀发明之前，是把刮刀放在热水中或酒精灯火焰上加热的。

研发

第一台电热刮刀发明于20世纪20年代末期，可能是由鲁赫曼（Ruhemann）[93]发明的。二战后，伯恩（Böhn）设计出了它的原型。20世纪50年代，在韦尔特和迪尔（Düll）的倡议下开始批量生产，最初的型号被称作“伯恩-韦尔特”[94]。第一批设备的温度并不能调节，也无法稳定在某个精确的温度。在用它们处置面积较大的区域时，它们会急剧地冷却，因此只能停止一会之后再工作。如果间隔时间太长，工具又会升温过高，使色层面临风险。为了克服这个缺点，20 世纪 80 年代又开发了多种设备，包括“Restaurtron”。这种型号带有直接测量作品表面的温度的温度计。温度显示在数显屏上，并通过自动调节使刮刀不断维持在所选温度，不会再发生过热或迅速冷却。热刮刀用于小面积区域回平和激活热塑性黏合剂。

熨斗

熨斗是可加热的带把手平底金属块。在绘画修复中，熨斗最多用于糨糊覆背、蜡－树脂覆背和浸蜡法，但也用于合成树脂（Beva 371）的覆背。

熨斗是在何时何地首次被用于覆背的已不得而知。至少，在 18 世纪蜡－树脂覆背流行之际，绘画修复师需要用熨斗来加热和回平。

早期的熨斗内有一个空腔，可将一块燃着的炭放在里边加热熨斗的底面。这在一定程度上会导致温度的变化；譬如熨斗重新装炭之后，或因某种原因，较长时间熨烫某一特定部位时。因为温度无法控制，常会有绘画过热、颜料层被烧坏的危险。因此卢卡努斯建议，将熨斗放在热水中加热，或将充炭的熨斗放入水中直到它停止发出蒸汽的嘶嘶声为止[95]。

第一台电熨斗的出现标志着重大的进步。它不再需要加炭，但仍存在着过度加热绘画层的问题[96]。1935 年，斯托特（Stout）讨论过一种有圆滑的边缘和可降低熨烫风险的自动恒温器的电熨斗[97]。

压力

熨斗可以加热或在冷却状态下使用。加热的熨斗用来熔化和散布黏合剂。用糨糊为绘画作覆背时，也用热熨斗“烘干”水分并熨平织物。凉的熨斗用来熨黏合剂层，直到黏合剂硬化，水分蒸发，黏合剂表面变得牢固为止。绘画可从正面熨烫，也可从背面熨烫。用熨斗施加的压力并不均匀，也几乎无法控制。厚涂法的绘画需垫上衬垫以防颜料层被压扁（见 143 页起）。

熨斗又顺理成章地发展成了热工作台，热 / 真空工作台和低压工作台。人们相信用这些设备可以更温和地处置绘画，也可以将黏合剂分布得更为均匀。

热工作台，热 / 真空工作台，低压工作台

就原理而言，热 / 真空工作台是带有吸气管的“底朝上的大熨斗”（见 138 页插图）。带抽气管的加热板附有用恒温器控制的电热元件，而薄膜盖层和加热板之间的低压是用真空泵制造，并用测压计进行调节的。许克尔（Hückel）曾讨论过热 / 真空工作台的历史[98]。

研发

设计一种可调控温度和压力的工作台的想法，最初是在 1930 年的罗马国际博物馆大会上提出的，但直到 1948 年，热工作台才研发成功，1953 年前后，又顺理成章地研制出了第一台热 / 真空工作台。热 / 真空工作台以带有恒温器控制的加热板取代了熨斗，也以大气压取代了不均匀的机械压力。20 世纪 50 年代晚期，以汉诺威为基地的科赫（Koch）公司生产了第一批批量生产的技术成熟的热 / 真空工作台，包含不同的尺寸和型号。将近 20 世纪 70 年代，为了自己使用和销售，修复师们研发出了多种多样的热工作台，有些是他们自己制作的，有些是与保护修复领域的公司合作制作的。

在鲁赫曼（1953 年）、斯特劳布与里斯·琼斯（1955 年）、德林克沃特（Drinkwater）（1957 年）、斯特劳布（1958 年）、德维尔德（1959 年）、西格尔（Siegel）（1959 年）、斯特劳布（1961 年）、布拉赫特（Brachert）（1966 年）和厄齐森（Erchison）（1969 年）[99] 的出版物中，热工作台和热 / 真空工作台的发展都得到了反映。随着这些工作台投入使用，很快便出现了问题。例如，斯特劳布[100] 在 1965 年指出，如果热工作台使用不当，会将画布结构印在原作底料层或颜料层中。

热 / 真空工作台可以只开真空用于各种形式的冷覆背，也可以用于热封法。它们还可以处置有疱疹的布面绘画[101]，在某些情况下，也可以处置木板绘画的绘画层[102]。

拜工作台的尺寸所赐，可处置的画作尺寸也不受限制，也可以用它来分块处置面积大于台面的画作[103]。

在用热 / 真空工作台进行覆背时，必须以外科手术式的精准进行工作。每颗尘粒、每处黏合剂污斑，每根出现在不当位置的画布纤维，和画布上的每个线结都会在绘画表面顶起更突出的鼓包。覆背和原作织物之间的污染物也会引起许多的问题（“豌豆公主效应”，见 121 页）。

1964 年，哈克发表了对一座工作台的详细记述，他使用这台设备，在没有正面保护的情况下用糨糊为一幅脆弱的坦培拉绘画作了覆背[104]。这台设备被视为低压工作台的原型。

用热刮刀做糨糊覆背。

RESTAUTRON

在很长时间里，热 / 真空工作台都是用于绘画覆背的最重要的设备。就原理而言，它们是带有吸气口的大号“上下颠倒的熨斗”。

低压工作台

低压工作台是由热 / 真空工作台进一步发展而来。它以一座中空气密的金属工作台为基础，台面上带有细密的小孔，有一套工业抽气装置将空气从这些小孔中抽出。它利用绘画表面仅允许有限的空气通过（通过老化裂隙），使绘画本身起到覆膜作用的事实，将画吸在筛孔板上。这就意味着，在低压工作台上对画作实施处置时，只需要将没有被画遮住的部分用薄膜盖起来即可。

在低压工作台上，画作受到的处置更为柔和，也可以在画被低压吸住的时候在画上进行操作（见 124 页插图）。

在这种设备投入使用之初，为了能够加热，设备上方装有红外灯。现在，市场上的低压工作台台面则装有可准确调节温度的内装加热系统。低压工作台可用于所有种类和形式的工作[105]。

真空封套

真空封套是可在画作上施加轻微压力的设备（见右上图）。封套法是由珀西瓦尔 - 普雷斯科特和奇滕登开发的，最初发布于 1974 年举办的格林威治覆背技术比较研讨会上[106]。

构造

真空封套是用一片聚酯薄膜、乳胶膜或聚酰胺薄膜用胶带绷在框子上做成的（见“外框及工作框”，145 页起）。选择哪种薄膜材料应取决于绘画的脆弱程度和厚涂色层的凸起程度。将待处置的画放在薄膜上，周边围一圈布条，以便在产生真空的过程中空气抽出的速度均匀。将这些部分与另一片安装着抽气管的薄膜整个黏合在一起，形成一个真空封套。然后通过抽真空在两片薄膜之间形成需要的压力。真空封套的优点在于，色层结构所受的应力较小，在处置过程中可以同时观察到画的正面和背面。

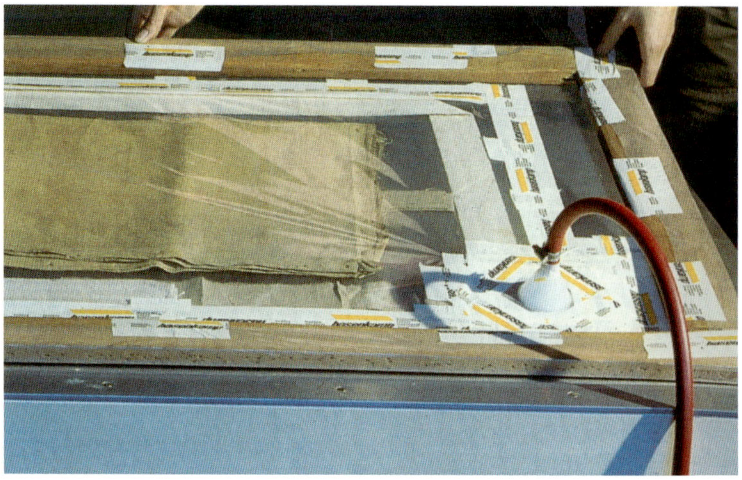

真空封套可在绘画上施加“轻柔”的压力。这个真空封套被放在热 / 真空工作台上，以便加热。

真空封套适用于为有突出起伏或正面和 / 或背面带厚涂色层的绘画做覆背。

真空膜

真空膜是一片有弹性的气密性材料（聚酯薄膜、乳胶薄膜等），上边连着一个抽气嘴。在一个光滑的平面（比如大芯板或胶合板）上，用一片真空膜和一台真空泵就可以简便而快捷地搭建起真空工作台。

螺旋压台

螺旋压台在细木工艺中用于胶合木材，在绘画修复中用于糨糊覆背（见对页下图）。覆背所用的黏合剂为糨糊，是用画笔、干净的毛刷或锯齿缘刮刀涂在覆背织物或用作间隔层的纸或卡片上的（见 124 页）。考虑到厚涂色层和纺织品支撑体的结构，应预先进行覆面或添加适当的衬垫（见 143 页起）。拧紧螺旋夹，以产生必要的压力。为防止糨糊中的水分长时间浸泡画作，需数次更换衬垫。热 / 真空工作台——尤其是低压工作台——已远远地超越了螺旋压台。

液压压台

在木工工艺领域，螺旋压台进一步发展成了液压压台。在使用这种设备时，无需再手旋拧螺杆，而是靠液压系统将压力施加在工作对象的表面。

科勒记述过奥地利负责遗产管理事务的机构——“国家文物协会”（Bendes-denkmalamt）——

推挤撑开，而是靠螺杆系统或螺杆系统加弹簧来调节（见149页插图下图及150页左上图及右图）。

涉及修复工作时，织物或纺织品支撑体必须绷起来。在常用的几种方法中，有一种是用湿纸条将支撑体连附在围绕它的工作框上；在纸条干燥时就会将纺织品支撑体绷紧。

如今已经有了可以通过角部旋转螺杆来扩张，并将画绷紧的工作框，比如Lascaux或Rigamoni牌（见150页插图下图）。

在将画绷在新内框上之后，原本的活榫式内框上的题记被切割下来并安装在了新内框上。

19 世纪活榫式内框的局部

右页：
用预制件组合而成的活榫式内框对于修复过的绘画来说往往过于不牢固，因为它们所用的框条太细（左上图）。
带加固用十字撑的现代活榫式内框的局部（右上图）。
可扩大的螺杆式内框是活榫式内框的进一步发展成果。（下图；亦见150 页上图）

D.1345

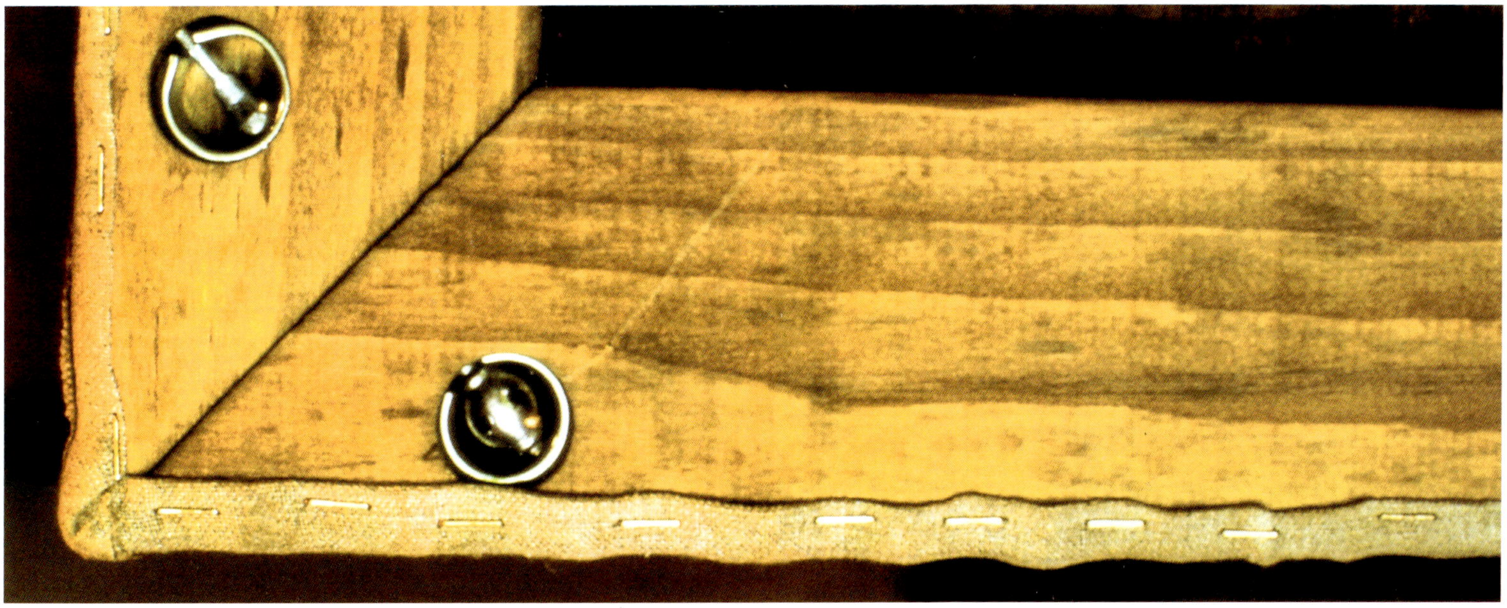

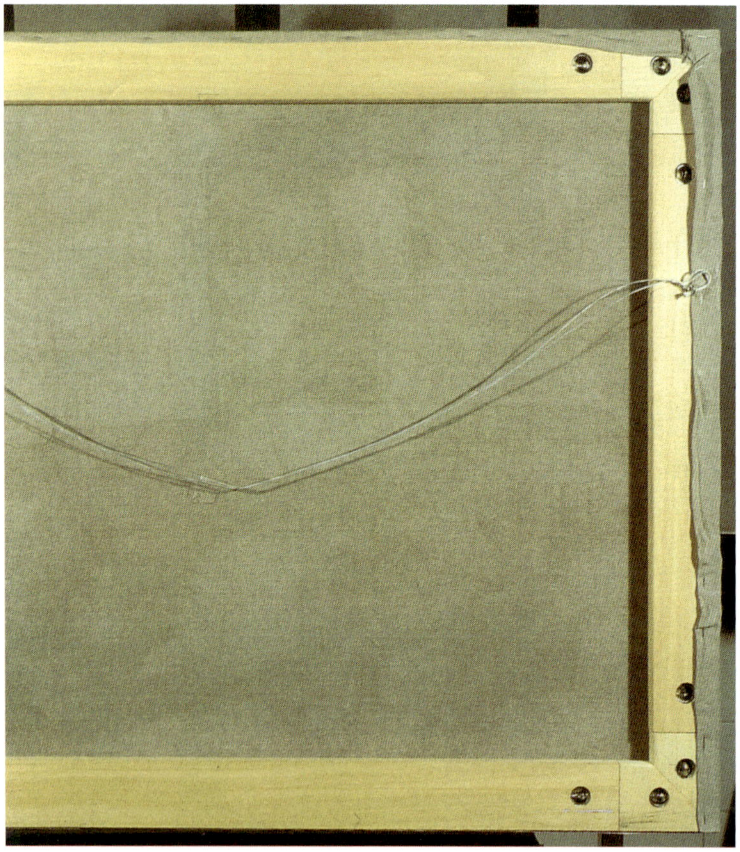

螺杆式内框（亦见148页上对149页插图的说明注释）

关系到修复工作时，织物或纺织品支撑体必须绷起来。可以用可通过角部螺杆扩张的专业工作框来实现这一点。

钉子和“U”形钉

绷框时，让画布包住内框的外侧，并用钉子、被弯成弧形的金属丝或“U”形钉固定。自16世纪以来，除了铁钉，人们也使用硬木（竹、橡木等）制作的钉子。为了能将其插入，需要在内框条上钻孔。与铁钉相比，它们的优点是不会在木材内生锈，也不会促进画布的氧化。

为了抵消铁钉带来的这些缺点，早在17世纪，人们就曾尝试在铁钉下垫皮革的垫圈（现在则使用纸板或毡垫圈）。

20世纪，人们用防锈材料或带有防锈涂层的材料来制作钉子，它们包括铜钉和包锡或电镀钉。

用“U”形钉将绘画固定在活榫式内框上的想法源自美国和意大利[126]。“U”形钉是用所谓的“钉枪”钉入画布和内框条的（右下图），既有手压式的钉枪，也有电动和气动的钉枪。

一幅布面绘画被重新绷装，钉子通常是用锤子敲进活榫式内框中的（上图）。然而，为了减少这一过程中引起绘画细微损害的震动（我们现在已知），钉子是用专门的钳子推入内框的（左图）。

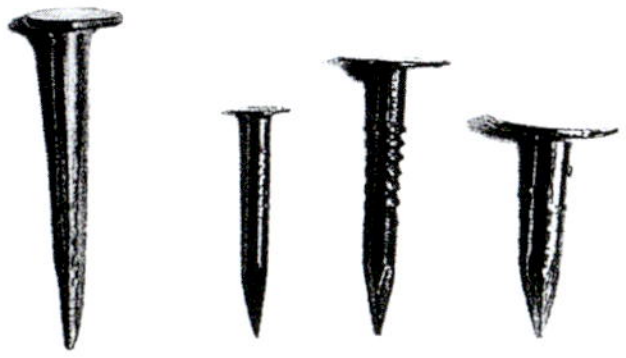

过去用来绷画布的钉子是用铁和木材制成的（上图），现代的钉子是用铜和铁制成的（右图）。

用“U”形钉把画固定在活榫式内框上。

注

1 见 S. Hackney, J. Townsend, et al., Studies on the deacidification of canvas supports with magnesium methoxy methl carbonate, in: ICOM, 11th Triennial Meeting. Edingburg 1996, pp. 271-274

2 F. C. du Pont, Movement of wood and canvas for paintings in response to high and low R. H. cyles, in: Studies in Conservation ,12, 2(1967), pp. 76-80

3 G. A. Berger and W. H. Russel, An evalution of the preparation of canvas paintings using stress measurements, in: Studies in Conservation, 33(1988), pp. 187-204

4 同上 , p.189

5 Pettenkofer, writing more than a century ago, pointed out that in the paintings he had examined the picture layer was better preserved above where paper labels had been stuck on the back. See M. von Pettenkofer, Uber Olfarbe und Conservierung der Gemalde-Gallerien durch das Regenerationsvefahren. Brunswick 1870, p. 19

6 F. G. H. Lucanus, Gründliche und vollständiger Anleitung zur Erhaltung, Reinigung und Wiederherstellung der Gemälde. Halberstadt 1832

7 F. Welsch, Vollständige Anweisung zur Restauration der Gemälde in Öl-, Wachs-, Tempera-, Waeer-, Miniaturund Pastellfarben. Quedingburg-Leipzig 1834

8 T. von Frimmel, Handbuch der Gemäldekunde, Leipzig 1896

9 M. Koller, Barocke Altarbilde in Mitteleuropa: Technik, Schaden, Konservierung, in: Der Altar des 18. Jahrhunderts. Das Kunstwerk in seiner Bedeutung und als denkmalpflegerische Aufgabe. Forschungen und Berichte der Bau- und Denkmalpflege in Baden-Werttemberg, Vol. 5, Munich-Berlin 1976, pp. 173-222

10 P. B.Boissonnas/W. Percival-Presscott, Removal of varnish and glue from painted serfaces, using microfriction, in: ICOM, 8th Triennial Meeting. Sydney 1987

11 G. Ognibeni/A. Klöpfer, Strahlmittel und Druckluft in der Gemälde- und Skulpturenrestaurierung, in Restauro, 6(1991), pp. 398-402

12 B. Landgrebe, Möglichkeiten zur Abnahme von Wachs-Harzdoublierungen, in: Zeitschrift für Kunsttechnologie und Konservierung, 2(1988), pp. 297-304

13 F. Makes, Enzymatic consolidation of paintings. University of Göteborg, Department of History of Art and Architecture, Göteborg 1979-idem., Enzymatic removal of lining paste from paintings, in: ICOM, 7th Triennial Meeting. Gopenhagen 1984, 84/2/26

14 F. G. H. Lucanus, op. cit. (see note 6), p.97

15 Louis Hacquin, after: J.R. GettenslM. PeaselG.L. Stout, The problem of mould-growth in paintings, in: Technical Studies in the Field of the Fine Arts, 10 (1942!, pp. 161-172

16 R.H. Petersohn, Die Restaurierung eines Tafelgemäldes aus der Werkstatt des Hans Leonhard Schäufelein, in: Restauro, I (1989), pp. 14-22 - I. HartlieblK. MessnerlH. Riedl, Wachstum von Schimmelpilzen in Malgründen und ihre Bekämpfung, in: Maltechnik/Restauro, 3 (1982), pp. 189-197 - G. Weirich, Wachstum yon Schimmelpilzen und Bakterien auf verschiedenen Malgründen, in: Zeitschrift for Kunsttechnologie und Konservierung, 2 (1988), pp.305-314 - W.F. Hirthe/I. Glatha et al., Untersuchungen zum Schutz yon Gemälden vor Befall mit Pilzen, in: Zentralblatt Mikrobiologie, 142 (1987), pp. 369-377- W.F. Hirthe/I. Glatha et al., Gemäldezerstörung dutch Pilze, in: Zentralblatt Mikrobiologie, 142 (1987), pp. 271-282

17 B. Hallström, Consideration on pictures on canvas: Remarks on relining. Kungl. Konsthoegskolan, Stockholm 1972

18 I. Sandner/B. Bünsche et al., Konservierung von Gemälden und Holzskulpturen. Berlin 1990, p. 112

19 同上 , p. 110

20 F. G. H. Lucanus, op. cit. (see note 6), p.97

21 W. Heiber, Die Rissverklebung, in: Zeitschrift for Kunsttechnologie und Konservierung, 10 (1996), pp. 117 ff.

22 A.-S. Roux, Traitment des déchirures de support toile. Dissertation. Kunstgewerbeschule, Bern, 1993

23 E.W. Kudrjawzew, Die Technik des Gemälderestaurerens. Leipzig 1945, pp. 46-47

24 W. Gabler, Eine Möglichkert der Restaurierung von Rissen in Leinwandgemälden ohne Doublierung, dargestellt am Beispiel des Gemäldes "Die Nacht" von Ferdinand Hodler, in: Mitteilungen des Deutschen Restauratorenverbandes (DRV), 1980/81, pp. 22ff.

25 W. Heiber, op. cit. (see note 21)

26 把 Paraloid B72 或 Mowilith 30 放在小金属容器内加热，直至其变粘。然后用针蘸容器内粘稠物，拉出一条细丝，这条细丝会很快冷却并硬化。

27 K. Beltinger, Die Vernähung eines Risses in einem Leinvandgemälde, in: Zeitschrift für Kunsttechnologie und Konservierung, 6 (1992), pp. 253-359

28 包边的作用是将纺织品支撑体连附在内框上。通常包边会沿着内框边缘向下折，并用钉子固定在内框上。

29 A. Ketnath, Die Verwendung von Acrylharzen und der Heiss-Siegelmethode zur Konservierung von Leinwandbildern, in: Maltechnik/Restauro, 83 (1977), pp. 99-105

30 M. Koller, op. tit. (见注 9)

31 De Mayerne (manuscript p. 5), in: E. Berger, Bieträge zur Entwicklungsgeschichte der Maltechnik. Vol. $, Munich 1901, p. 105

32 A. P. Laurie, cited in: A. Eibner, Malmaterialkunde. Berlin 1909, p.105

33 C. Wolters, The care of paintings: Fabric paint support, in: Museum, 13, 3(1960), pp. 135ff.

34 H. P. Marty, Moderne Doubliermethoden. Seminar paper. Akademie der Bildenden Künste, Vienna, 1978

35 V. Schaible, Der Weg der Doublierungstechniken, in: Beiträge zur Konservierung textile Bildträger. Paper delivered to the Second Training Conference, Kunstgewerbeschule, Bern, 1983

36 Le Brun, cited in: V. Shcaible, op. cit., p. 88

37 A. J. Pernety, Dictionnarire portatif de peinture, sculpture, et gravure. Paris 1757

38 B. Hacke, cited in: K.-H. Bergmeier, Ein Unterdrucktisch. Entwicklung, Konstruction, Bau. Dissertation. Staatliche Akademie der Bildenden Künste, Institut fur Technologie der Malerei, Stuttgart, 1987

39 R. Chittenden/G. Lewis/W. Percival-Perscott, Prestretched low pressure lining methods (including vacuum envelope), in: Conference on Comparative Lining Techniques. Greenwich 1974

40 V. R. Mehra, Nap-bond cold lining on a low-pressure table, in: Maltechnik/Restauro, 2(1975), pp. 87-95

41 W. Heiber, Die Doublierung mit Gewerberasterhaftung, in: Zeitschrft für Kunsttechnologie und Konservierung, 1(1987), pp. 72-76

42 G. A. Berger, Heat-seal lining of a torn painting with Beva 371, in: Studies in Conservation, 20, 3 (1975), pp. 126-151, esp. p. 128

43 1n/m² = 10dyn/cm² = 0.00001bar; 1bar=0.987atm=1.02at=750.06 torr. 这些单位中有一些（如 atm= 物理大气压）从 1978 年 1 月 1 日起停止使用。

44 G.A. Berger, op. cit. (见注 42), p. 138

45 G. A. Berger, Weave interference in vacuum lining of pictures, Studies in Conservation, 11 (1966), pp. 170-180

46 G. A. Berger, op. cit. (见注 42), p. 131

47 R. Dossie, The Handmaid to the Arts. 2 vols., London 1758

48 B. P. Le Brun, Réflexions sur le Musée National. Paris 1794

49 C. Cennini, Das Buch von der Kunst oder Traktat der Malerei des Cennino Cennini da Colle di Valdelsa. Translated (into the German) and elucidated by A. Ilg. Quelleschriften zur Kunstgeschichte, 1, Vienna 1888

50 F.-X. de Burtin, Traité théorique et pratique des connaissances qui sont nécessaires à tout amateur de tableaux… Pairs 1808

51 G. A. Berger/H. I. Zeliger, Effects of consolidation measures on fibrous materials, in: IIC Bulletin of the American Group, 14, 1(1973), pp. 43-65

52 G. Hedley, The stiffness of lining fabrics: theoretical and practical considerations, in: ICOM, 6th Triennial Meeting. Ottawa 1981, 81/2/2

53 M. F. Mecklenburg, Some aspects to the mechanical behavior of fabric-supported paintings, in: Report to the Smithsonian Institution, Washington D. C., Smithsonian Press 1982

54 H. Merz, Die Verwendung wasserhaltige Klebemittel auf dem Heiz-/Vakuum Tisch, in: Studies in Conservation, 19, 1 (1974), pp. 51-53

55 L. Yashkina, Adhesive methods of consolidating oil paintings with cuppings and hard craquelure, in: Conference on Comparative Lining Techniques. Greenwich 1974

56 M. A. De Wild, Méthodes de restauration et conservation des peintures des Écoles Hollandaise et Flamnde, in: Mouseion, 15 (1931), p. 43

57 K. S. North, Old Masters-Their scientific preservation, in: International Studies, 96 (1930), p. 43

58 F. Schmidt-Degener, Wax relining of picture canvases, in: Mouseion, 32 (1932), pp. 86-87

59 A. P. Laurie, The Painter's Methods and Materials. Philadelphia 1926, pp. 235-236

60 G. L. Stout/R. J. Gettens, The problem of lining adhesives for paintings, in: Technical Studies in the Field of Fine Arts, 2 (1933), pp. 81-104 – H. J. Plenderleith/S. Kursiter, The problem of lining adhesives for paintings-wax adhesives, in: Technical Studies in the Field of Fine Arts, 6, 3 (1934), pp. 90-113 – S. Kursiter/M. A. De Wild, Picture relining, in: Technical Studies in the Field of Fine Arts, 3 (1938), pp. 174-179 – idem, Picture relining, in: Technical Studies in the Field of Fine Arts, 7, 4 (1939), pp. 191-195.

61 K. Wehlte, Werkstoffe und Techiken der Malerei. Ravensburg 1960, p. 432

62 A. G. Boissonas, Relining with glass-fiber fabric, in: Studies in Conservation, 6, 1 (1961), pp. 26-30

63 A. Hückel, Bemerkungen Über den Heiztisch, in: Maltechnik/Restauro, Vol. 81 (1975), pp. 35-40, eps. P. 38

64 S. Rees-Jones sr./P. F. J. M. Hermesdorf, The adhesive strength of whiting-wax-resin-cements, in: Studies in Conservation, 4, 1 (1959), pp. 5-12

65 M. Graf, Heißwasser-Doublierung für großformatige Bilder, in: Maltechnik/Restauro, Vol. 81 (1975), pp. 45-46

66 V. R. Mehra, 见注 40

67 同上

68 根据贝格迈尔（Bergmeier）的口述，着胶点会从画的正面显露出来。

69 严格来说，蜡树脂覆背也是一种热封法。但术语“热封”并不能用于这种方法。

70 J. E. Leene, Restoration and preservation of ancient textiles and natural science, in: G. Thomson (ed.), Recent advances in conservation, London 1963, pp. 190-191

71 G. Messens, Note on the relining of a permeke on the vacuum

hot table, in Institut Royal Patrimoine Artistique (IRPA) Bulletin, 9 (1966), pp. 181-186
72 J. Lodewiiks, Heat-sealing useful for relining of paintings, in: Preliminary Report to ICOM, Committee for the Care of Paintings, Brussels, September 1967
73 G.A Berger, The testing of adhesives for the consolidation of paintings, in: IIC Bulletin of the American Group, 1968-70, p. 67
74 B. Rabin, A polyvinylacetate heat-seal adhesive for lining, in: Coservation and Restoration of Pictorial Art. London 1976, pp. 165-168
75 Rohm & Haas, Philadelphia/USA
76 W. Heiber, 见注 41
77 U. Schießl, Das Leinwandgemälde auf der strarrn Platte, in: Beiträge zur Konservierung textile Träger. Berne 1983, p. 59
78 R. E. Straub/ S. Rees-Jones, Marouflage relining and treatment of cupping with atmospheric pressure, in: Studies in Conservation, 2, 2 (1955), pp. 55-63
79 M. A. De Wild, Wiederbefestigung von Leinwand und Bildschicht, in: Maltechnik, 4 (1964), pp. 97-111
80 R. E. Straub. Spannvorriichtungen für das Leinwandbild, in: Nachrichtenblatt der Denkmalpflege Baden- Württemberg, 8, 3 (1965), pp. 75-77
81 C. Wales, Lining torn paintings on aluminium panel, in: IIC Bulletin of the American Group, 8, 2 (1969), p. 15
82 M.F. Mecklenburg / J.E. Webster, Aluminium honeycomb supports: Their fabrication and use in painting conservation, in: Studies in Conservation, 22 (1977), pp. 177-189. (The material in question is two aluminum sheets with a honeycomb grid sandwiched between them. The torsion-resistant material is used in plane construction, for example.)R. D. Buck / R. Merrill, Honeycomb core construction for supporting panel, in: Bulletin of the American Institute for Conservation of Historic and Artistic Work, 12, 2 (1972), pp. 62-65
83 U. Schiessl, 见注 77, p. 240
84 V. Schaible, Die Gemäldeübertragung, in: Maltechnik/Restauro, 2 (1983), pp. 96-129
85 P. Beissonnas, Transfer eines Gemäldes von Otto Morach, in: Maltechnik/ Restauro, Vol. 85(1979), pp.48-51
86 P. L. Bouvier, Manuel des jeunes artistes et amateurs en peinture. Paris-Strasbourg 1827
87 H. Hiler, Notes on the technique of painting. London 1957
88 此信息由杜塞尔多夫史明克公司（Schimincke）提供。
89 G. Hedly/ C. Villers, Polyester sailcloth fabric: A highstiffness lining support, in: Preprints of the Contributions to the Washington Congress, Washington 1982, pp. 154-158
90 R. Mayer, The artist' s handbook of materials and techniques. New York 1963
91 A.G. Boissonnas, 见注 62
92 G.A. Berger, Transparent lining of paintings, in: ICOM, 11th Triennial Meeting. Edinburgh 1996, pp. 239-244
93 H. Ruhemann, Neuer Apparat zur Behandlung von Blasen an Gemälden, in Berliner Museen, Berichte aus den Preußischen Kunstsammlungen Berlin, 51 (1930), p. 147
94 F. Weihs, Ein neuer elecktrischer Heizspachtel, in: Maltechnik, Vol. 62, 2 (1956), pp. 40-42
95 F. G. H. Lucanus, 见注 6, p. 107
96 G. Messens, Hand lining with wax-resin using an iron, in: Gonference on Comparative Lining Techniques. Greenwich 1974
97 G. L. Stout, An iron for relining, in: Technical Studies in the Field of Fine Arts, 4, 2 (1935), pp. 113-118
98 A. Hückel, 见注 63
99 参看注 98, p. 36
100 R. E. Straub, Nachteile des Doublerens auf dem Vacuum-Heiztisch und Wege zu ihrer Behebung, in: Maltechnik, Vol. 71 (1965), pp. 97-102
101 A. G. Boissonnas, The treatment of fire-blistered oil paintings, in: Studies in Conservation, 8, 2 (1963), pp.55-66 /K. – P. Schmid, Brandschaden-Restaurierung, in: Maltechnikm 2 (1968), pp. 35-40 /A. Ketnath, The treatment of fire damaged picture painted on a mosonite board, in: Studies in Conservation, 23, 4 (1978), pp. 168-173
102 H. Brammer, Vacuum-Packung für Bildtafeln, in: Maltechnik, Vol. 71, 4 (1965), pp. 102-104 /G. A. Berger, A vacuum envelope for treating panel paintings, in: Studies in Conservation, 10, 1 (1965), pp. 18-23
103 G. Röttger, Doublieren übergroßer Leinwandbilder auf kleineren Heiztischen, in: Maltechnik, 3 (1967), pp. 72-74
104 B. Hacke, En utraditionel metode til rentoilering af tempere maleri pa laerred, in Meddelser om Konservering, 1964
105 K. -F. Bergmeier, Ein Unterdrucktish. Entweicklung – Konstruktion – Bau. Diploma thesis. Staatliche Akademie der Bildenden Künste, Institut für Technologie der Malerei, Stuttgart, 1987
106 G. I. Lewis, Preparatory treatment of paintings for lining. II: A vacuum envelope lining method as developed by W. Percival-Prescott and R. Chittenden in the Restoration Department of the National Maritime Museum, in: ICOM, Committee for Conservation, 4th Triennial Meeting, Venice, November 1975 (R. Chittenden / G. I. Lewis / W. Percival-Prescott, Prestretched low pressure lining methods (including vacuum envelope), in: Conference on Comparative Lining Techniques. Greewich 1974
107 M. Koller, 见注 9 (for ‘atü’ 见注 43)
108 K. Wehlte, Infrarot-Strahler, in: Maltechnik, 3 (1960), pp. 75-81
109 H. Déon, De la conservation et la restauration des tableaux. Paris 1851
110 G. Secco-Suardo, Il restauratore dei dipinti. Milan 1866
111 G.A.Berger, Wachsimprägnierungen von Leinwandbildern, ein unwiderruflicher Eingriff, in: Maltechnik/ Restauro, Vol. 81 (1975), pp. 41-44
112 梅克斯（Makes）和哈尔斯特龙（查尔斯特龙）也曾提到过这一点。F. Makes/ B. Hallström, Remarks on relining. Royal Academy Art School, Institute of Technology. Stockholm 1972
113 Kühn and Mühlethaler, after: H. P. Marty, Natürliche und symthetische Materialien und ihre Anwendung bei der Doublierung von Leinwandbildern und der Festigung ihrer Malschichten; in : Mitteilungen des Deutschen Restauratorenverbandes (DRV), 1981/82, p. 10
114 Lyon, after: R. J. Gettens, Polymerized vinyl acetate and related compounds in the restoration of objects of art, in: Technical Studies in the Field of Fine Arts, 4 (1935), p. 23
115 J. Lodewiks, 见注 72
116 覆背黏合剂也可以使用 Plextol D360。使用时必须加入 2.5% 的 Rohagit SD15（丙烯酸树脂分散剂的增稠剂，主剂为聚甲基丙烯酸）增稠。
117 I. Sandner / B. Bünsche et al., 见注 18, p.53
118 G. A. Berger, 见注 73, p. 67
119 K. Wehlte, Lammfellroller in der Hand des Künstlers, in: Maltechnik, 1 (1965), pp. 4-7
120 K. and A. Raft, Beva 371, ein neues Klebemittel für Restauratoren, 1 (1973), pp. 31-38
121 G.A. Berger, Moderne Konservierung zeitgenÖssischer Kunst, in: Maltechnik, 1 (1980), pp. 50-66
122 T. Brachert, Historische Keilrahmensysteme, in: Maltechnik/ Restauro, 4 (1973), pp. 234-238
123 A.J. Pernety, 见注 37
124 M.A. De Wild, Redwood, eine ausgezeichnete Holzart für Restaurierungen, in: Maltechnik/Restauro, Vol. 65, 1 (1959), pp. 49-50
125 W.Stühler, Schwingungseinwirkungen auf Ausstellungsobjekte beim Transport und bei der Ausstellung - Ursachen, Auswirkungen, Abhilfemaß-nahmen, Bewahren und Ausstellen. ICOM, Symposium 1982, Lindau. Munich 1984
126 R.E. Straub, 见注 80

几个世纪过后，一些颜色会失去原本的强度。有时在绘画边缘被装饰性外框覆盖的区域能够看到色彩原本的强度。

透明度增加

透明度增加的原因在于油画颜料层折射率的改变。在所有会与油发生化合的颜料，比如铅白、铅锡黄、铅丹等之中，这一过程会更为严重。在这些颜料中发生的不仅是折射率的变化，油和颜料也会形成铅的脂肪酸盐。于是就发生了所谓的铅皂化。铅白或混有铅白的颜料的透明度增加尤为明显。举例来说：铅白的折射率是2，而新鲜亚麻油折射率是1.48。因此折射率差为（2–1.48 =0.52）。两年后，由于干燥，亚麻油的折射率会增加到1.52。折射率差现在就降至0.48，而色层也就变得更透明了。

铅皂化

透明度增加的效果取决于色层的厚度。如果颜料层原本只是将将盖住底色层或素描色层，两年后，原本不可见的颜色或形状（素描）就会开始影响绘画的外观。如果覆盖的色层更厚一些，还有足够的覆盖力，绘画的外观就不会受到影响。

如果下层有彩色的色层，随着时间推移，表面的色层就容易暗化。油溶颜料从下层向上层的迁移可能会加重这种后期的暗化（见160页插图）。油溶的颗粒可能有褐色、赭色和熟赭等颜料。

在16至18世纪的意大利、德国和荷兰的一些有色底料绘画中，这些变化尤为明显。画中原本为白色或蓝白的天空不再是原本的色彩，而变成底料的那种红棕色或暗棕色。在极端的情况下，盖得住底料的天空本色只剩下零零星星的一点。人们一般将这一过程描述为“透出土红底”（不过严格来说这一描述并不准确）。

尽管通常来说，画在暗色底料上的暗色不会像白色那样表现出明显的色调改变，但它们常会变得非常暗，以至于原有的细节再也无法分辨，或者顶多只能勉强分辨。

促干剂的添加

可在19世纪绘画中观察到的暗化，可能是由于画家越来越多地使用促干剂（siccative）所致。促干剂本身带有颜色，且可溶于油，比如画家为加速颜料干燥而添加在颜料中的黑棕色铅干燥剂。然而所有的油溶颜料（比如当时非常流行的沥青）都有渗透上方色层并使其变色的能力。

罩染层的浑浊

亚麻油折射率的增加并不总是导致透明度的增加，它也会导致罩染层的浑浊。罩染层的光学效果可以说与彩色玻璃相同；理论上它们的折射率差为零。罩染层中一种成分折射率的变化会使这个光学同质体系变成非同质体系。于是罩染色层就易于变得浑浊且略显不透明。浅色罩染层会变得微微发白，而暗色罩染层会变浅和浑浊[5]。

背景和天空的蓝色（上图和下图）褪色如此严重，除了被装饰性外框遮住的边缘部分，整个色块几乎都呈现为灰色了。

对页：
尽管干燥裂隙最常见于18世纪和19世纪的作品中，但在16世纪和17世纪的意大利绘画中也发现过一些例子。据推测是不正确使用核桃油所致。（意大利，《戴羽毛贝雷帽的年轻女孩》［*Young Girl with Feather Beret*］)［局部］，17世纪，不伦瑞克安东-乌里希公爵博物馆。）

左图：作过全色或复绘的陈旧色层区域常可凭借该处的干燥裂隙来加以辨识。

页插图）。

栅格裂隙

栅格裂隙是典型的干燥裂隙。主裂隙与支裂隙大多呈直角分布。下层的底料越光滑、笔触越明显（在色层断面中），栅格裂隙就越明显。主裂隙常沿着笔触方向分布，位于毛笔在色层上留下的槽纹中。只有 19 世纪和 20 世纪的绘画才有明显的栅格裂隙。

如果在涂下一个色层前，将前一个色层磨平，就可以避免干燥裂隙。在使用那些常引起大面积干燥裂隙的颜色和底料时，这种方法也同样有效。

尽管干燥裂隙主要出现在 18 世纪和 19 世纪的绘画中，却绝非这一时期绘画的典型特征。虽然没有那么频繁，但它们也存在于某些特定的颜料（比如红漆）中，甚至也出现于中欧和北欧的中世纪木板绘画。在 15 世纪的一些荷兰绘画中，也可以辨识出干燥裂隙的典型特征。而 16 世纪和 17 世纪的作品中，可以看到这类龟裂的个别实例主要是在意大利绘画，是因为画家使用核桃油所致（见 170 页插图）。

对绘画研究的重要性

干燥裂隙在绘画研究中很重要。它们常出现在复绘区域，因此便可以将它们与原作色层区域分别开来。修改部位（pentimento）也常以明显的干燥裂隙为标志。与较早的原作相比，较晚的摹本也常发生更明显的干燥裂隙。总而言之，可以说虽然这类龟裂的发生并不能证明一幅画是否有复绘层、是原作还是赝品，但却可提供初步的线索，作为更进一步、更专门研究的起点（见 171 页及 172 页插图）。

“鳄鱼皮”纹的形成

“鳄鱼皮”纹这一术语指的是被宽的干燥裂隙所包围的带有粗糙的痂状或树皮状表面的孤立颜料块（见 173 页上图）。

这种现象可以在早至 15 世纪和 16 世纪的德国绘画中观察到，偶尔也可见于 16 世纪和 17 世纪的意大利绘画。然而，它与 19 世纪的绘画关系尤为密切，也见于让 - 奥古斯特 - 多米尼克 · 安格 尔（Jean-Auguste-Dominique Ingres）（1780—1867 年）及其同代人的重要作品之中。它是“在底料或下层色层只是表面干燥，而实际上并未干透的情况下，覆盖上去的色层在干燥过程中所产生的巨大张力所导致的”。

这幅人体手臂和骨盆部位的不同类型的干燥裂隙说明，艺术家曾做过修改，即改变过人物的形体。

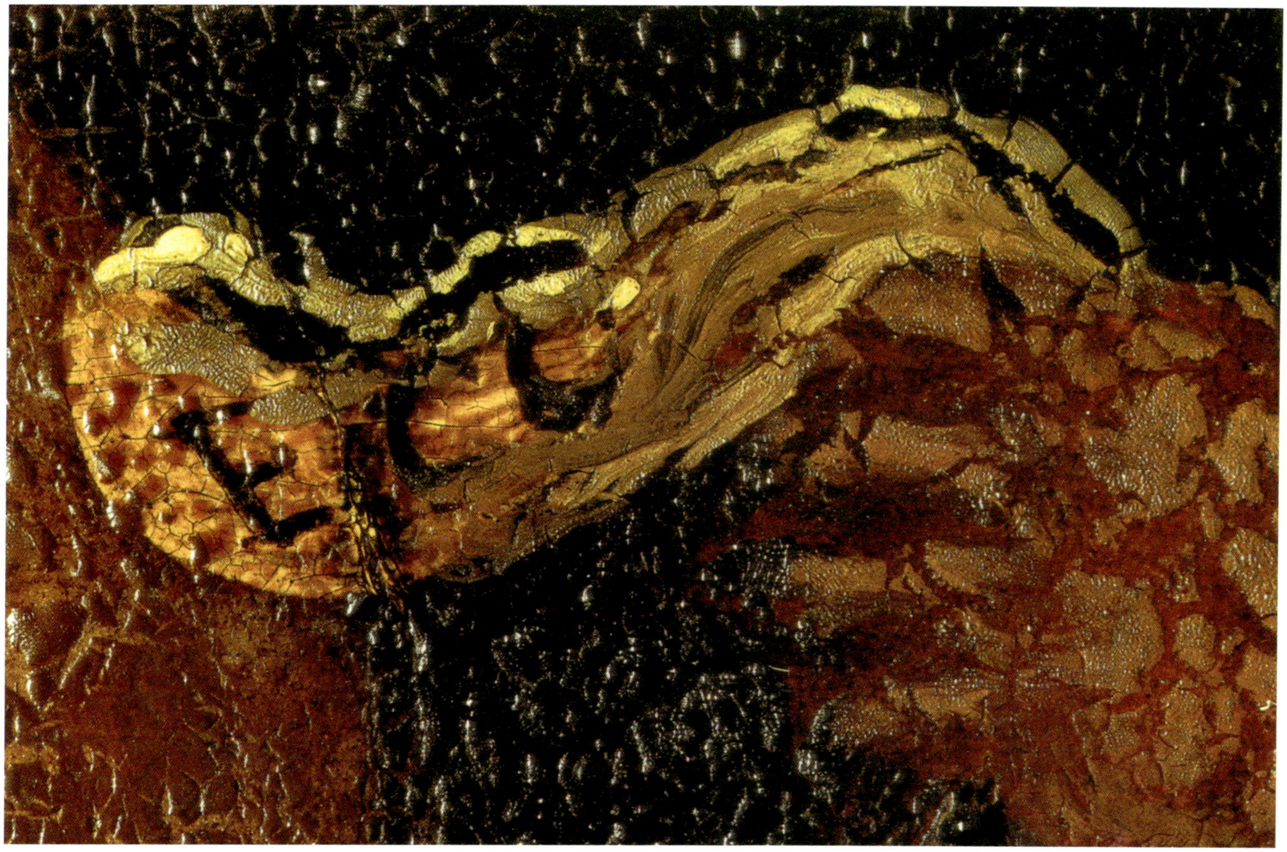

由于“干燥”过程中光油层的光滑表面所产生的张力，复绘层收缩成了“鳄鱼皮”纹。

随着时间推移，颜料层变得极脆，绘画支撑体最轻微的活动也足以造成裂隙——这就是老化裂隙发生的原因。

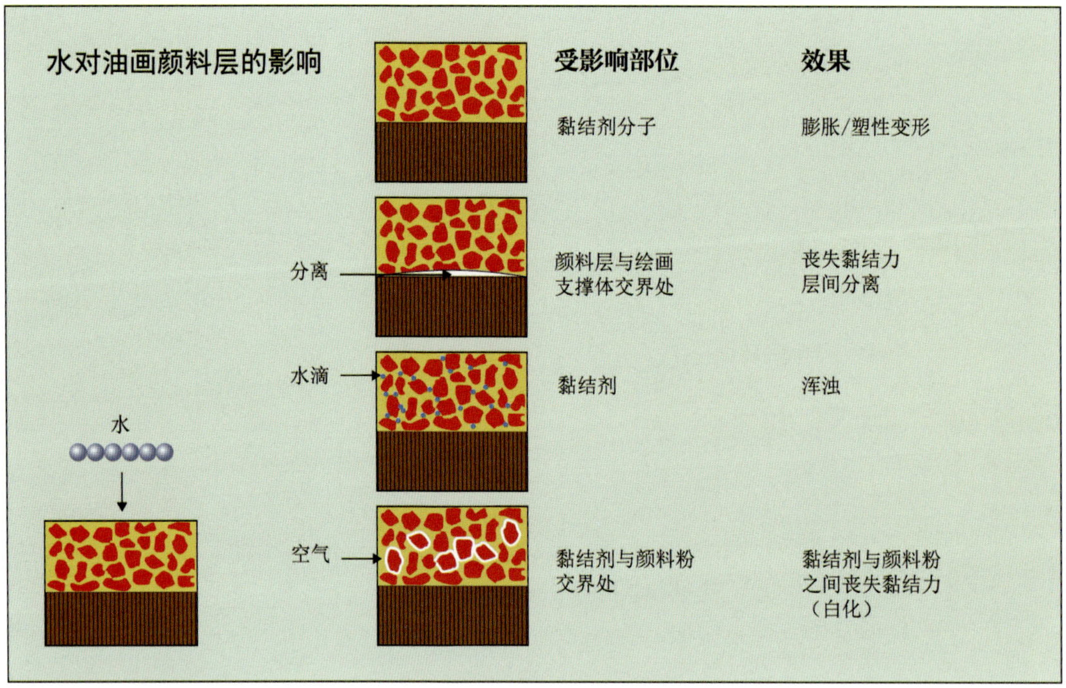

水蒸气和水可以引起色层中所有类型的病害。

老化裂隙

与老化相关的裂隙会以不同的程度出现在所有较为古老的绘画中。这些裂隙从绘画支撑体开始，会穿透绘画的所有层次。通常，它们会以细密的网状细纹形式出现，有着直线或微呈曲线形的窄裂口（见 173 页下图）。

机械应力

木板或画布上的颜料层容易受到机械应力，尤其是不断变化的空气相对湿度造成的机械应力影响。所有的绘画支撑体和颜料层对这些变化的反应都不相同，它们或是膨胀或是收缩——换句话说，支撑体上的颜料层会受到压力和拉力的影响。

绘画层中不同的材料，所产生的反应取决于叫作弹性模量（E 模量或杨氏模量）的常数。其次它也取决于将绘画层连接在一起的结合力。另一方面，结合力又取决于黏结剂与绘画层的老化程度。

绘画层的变形

较新的绘画比古代大师的画作有着更高的弹性模量。相反，陈旧、干透或氧化、聚合的绘画层的机械性能，则可以形容为脆性的或缺乏弹性且易于折断的。

理想情况下，在压力与张力终止后，变形的绘画层应当恢复原形。但即便是较新的画，也只有部分情况下能够恢复，因为此时发生的主要反应也是一种会导致不可逆变形的三维形变。

在布面绘画中，厚底料的画上的老化裂隙通常比在薄底料的画上的老化裂隙网格更大。

有些情况下，老化裂隙的形状可能会显示出纺织品支撑体的编织纹理。

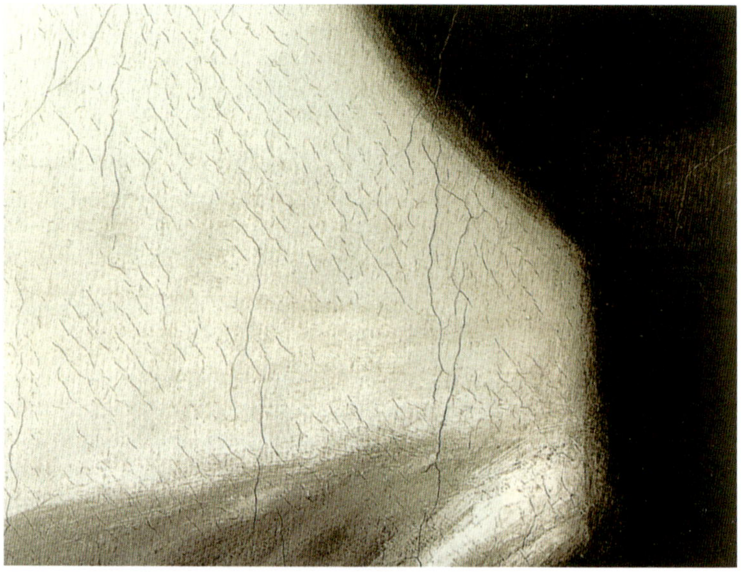

上左图与下图：
在粗纹画布上的画可能带有与编织密度相符的栅格状裂隙（上左图纺织品支撑体局部见下图）。

上右图：
斜纹纺织品支撑体在绘画层中引发了斜向的老化裂隙。

活动和震动在绘画支撑体内造成的这些运动虽然微小，却会不断发生，也会传递到色层中。大多数情况下，即便是在画作完成多年后，色层仍会保持足够的弹性，可以耐受住这些运动而不产生裂隙。

绘画层老化

在油画颜料层中仍存在活性成分（例如可与氧气反应的）时，色层中的微细裂纹便会随着老化渐渐增加。化学反应会使分子变大，于是色层便会变硬，因此也会更耐磨损、耐撕裂，同时也会膨胀。然而，微细裂纹的增加意味着随着时间推移它也会变得更脆。即便是绘画支撑体最细微的运动也足以折断色层——结果便会造成老化裂隙。在裂隙实际发生之前，调和剂与颜料之间的黏结已开始断裂。据估计，老化裂隙发生在画作完成大约 50 年或 60 年后。

微孔
显微裂纹

还有一点必须记住，即便是在绘画过程中，微孔和显微裂纹同样也很可能出现。这些薄弱区域便是老化裂隙形成的起点。蒸汽分子便是通过这些孔隙扩散进入绘画层内部的。大分子的黏聚力会松动，促进裂隙的形成。其他物质也会与蒸汽一起进入绘画层。这就意味着，除了水分子引起的物理作用（扩散、膨胀），绘画层内部也会发生化学反应。

张力和压力引起的应力

绘画会承受张力和压力引起的应力。这些应力不会均匀分布在整个绘画层，而是集中于一些特定区域。一些区域承受的拉力高于平均水平，而其他区域承受的则是平均拉力或更小的拉力。例如：在带有表面裂纹（干燥裂隙）和笔触肌理深槽纹（笔触纹裂隙）的区域就可能发生应力集中状态。这种效果在干燥裂隙的底部尤为强烈。在干燥裂隙极细的情况下，其底部发生的拉伸应力可达平均值的 10 至 100 倍。

在老化过程中，绘画层的体积会在热的影响和膨胀的作用下增加。而绘画层体积的损失则是因为化学反应释放出低分子物质、热学收缩、收缩以及离子交换。

此外，还必须要考虑到绘画层内部或层间渗透的作用和现象。渗透力（使浓度均匀的作用）会发生在绘画层异质的情况下，比如绘画层内含有水溶度有限的成分。沿绘画层外边界区域发生物质吸附时，会产生边界效应，例如丧失黏合力。如果影响到了内边界区域（通过微孔或缝隙），这些力就会影响老化裂隙的形成，也会造成脱层。温湿度的波动、光、侵害性物质和生物侵蚀都会促进绘画层的老化。

这种类型的栅格裂隙是 16 世纪荷兰橡木板绘画作品的特征（不伦瑞克画家，此人仅有画押字签名为人所知［16 世纪下半页活跃于尼德兰］，《集市归来》［*Away from the Fair*］［局部］，不伦瑞克安东 - 乌尔里希公爵博物馆。）

这幅画遭受到了网状老化裂隙的侵害（在之前产生网状干燥裂隙的部位，尤其是天空右上部分），也受到了干燥裂隙侵害（如棕色树叶部位）。

老化裂隙的形成取决于一系列因素，最重要的是绘画支撑体、绘画层、机械运动和干燥裂隙的存在。

在布面绘画中，裂隙网纹的密度常取决于底料的厚度，可能也取决于色层的厚度。因此在布面绘画作品中，比起底料较薄的画，底料较厚的画上，龟裂网纹的网格常常更大一些（见 175 页插图）。

干燥裂隙看起来常显浅淡，特别是在 19 世纪的绘画中。相反，也可以通过颜色常常较深的细线来辨识老化裂隙。对于训练有素的眼睛，老化裂隙可以提供大量的信息。因此专家可以仅凭对龟裂的类型的研究就区分出布面绘画和木板绘画。不同的木材类型和接口也会产生特定的龟裂类型。

楔子和内框裂隙沿着内框的内边缘形成了一条“线”。这是由气候原因引发的。

上述所有类型与绘画层关联的龟裂都可能受到绘画技法的影响，导致人们有时将它们的特征混淆于其他的现象，使它们变得很难辨识，甚至完全无法辨识。

这类由技法决定的因素可包括较厚的底料、较厚的颜料层，不同类型的黏结剂和干燥裂隙的发育。在老化裂隙中，有画布裂隙和木板裂隙之分，它们又都可以再作相应的细分。

绘画技法的影响

布面绘画的裂隙

广义而言，这一术语指的是可能发生于纺织

螺旋裂隙主要出现在布面绘画上（左上图）。偶尔也见于木板绘画（见180页插图左上图），木板绘画上的螺旋裂隙要细微得多。侧光照片（右上图）证明螺旋裂隙是由施加在画作正面的局部压力引起的。

品支撑体上的绘画层（即颜料层和底料层）的所有类型的龟裂，如老化裂隙、楔子与内框裂隙、牵拉裂隙。在更严格的意义上，它也适用于那些特别与画布支撑体相关的龟裂。因此，不同类型的画布会发展出不同类型的龟裂也就不足为怪。

17世纪流行于意大利南部的以大网眼画布为支撑体的绘画上展现出一种类型鲜明的老化龟裂，这种龟裂的纹理与画布的编织纹理完全相符。斜纹亚麻布也偶尔会造成具有自己特征的龟裂，产生斜向的裂隙（见176页插图）。

栅格裂隙

在所有陈旧的绘画层中，通常都能看到栅格裂隙或网纹裂隙（见177页插图）。栅格裂隙是机械力作用于不再具有弹性的绘画层的结果。它们是由较长较平直的主裂隙和大致与主裂隙成直角的支裂隙构成的。主裂隙和支裂隙会共同形成栅格状的结构。

栅格裂隙发生在木板绘画和布面绘画的绘画层以及光油层中（见332页）。布面绘画上较细的栅格裂隙说明这幅画的底料较薄。

网纹裂隙

网纹裂隙是机械力作用于不再具有弹性的绘画层所导致的（见178页插图左图）。它与栅格裂隙的区别在于不规则的网状外观。

在网纹裂隙中，通常很难区分出主裂隙和支裂隙。栅格裂隙与网纹裂隙的界限是模糊的。网纹裂隙既可能出现在纺织品支撑的绘画中，也可能出现在木板绘画中。

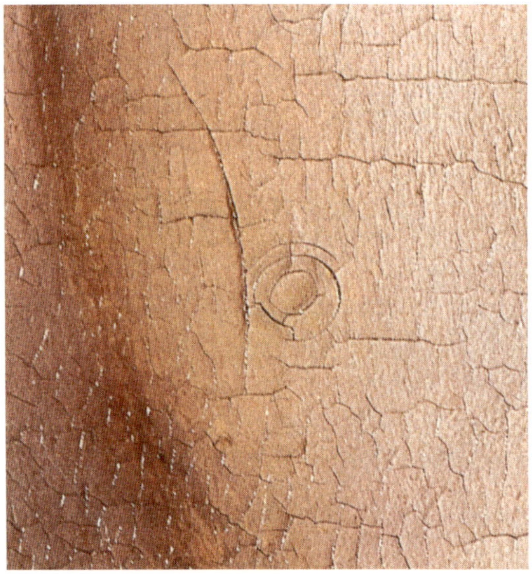

左上：
木板支撑体绘画上的螺旋裂隙明显小于布面绘画上的，因此常得不到正确的辨识。

右上及左下：
玉米穗形裂隙主要发生在布面绘画中。玉米穗形裂隙在木板绘画中比较少见，也更细微（右下图）。“圆头”的玉米穗形裂隙是施加在画作正面的滑动压力造成的（右上图），“尖头”玉米穗形裂隙是施加在画作背面的滑动压力造成的（左下图）。

楔子与内框裂隙

楔子与内框裂隙是由布面绘画的内框引起的各类型绘画层龟裂（见178页插图右图）。仔细观察就会发现，大多数纺织品支撑体上的绘画层都带有这种类型的裂隙。它是一道龟裂——也有时是几道——位于距外边缘一定距离的部位，与绘画外边缘平行，每道龟裂均由一条或多条靠近的细裂缝构成。与其说这种龟裂线条是松懈的画布与内框内边缘接触、留痕造成的，不如说是气候因素导致的不同张力在画上造成的。内框对一窄条纺织品支撑体形成了一定程度的背面保护，而其余部分的画布仍会受到气候影响，比如挂画的墙壁温湿度变化带来的影响。

这种龟裂线条常可以帮助人们确定一幅画的内框是否是原装的。如果内框条的宽度与绘画边缘到楔子与内框裂隙的距离相符，就可能是原装内框。另一方面，这个距离也能提供原装内框框条尺寸的信息。通过这类检查，在有些情况下会发现，同一幅画曾经绷过至少三个框条宽度不一的内框。

楔子与内框裂隙也可用作判断一幅画是否曾被裁切的证据。如果画上只有三边或两边的楔子内框裂隙与边缘之间的距离相同，或只有一边有楔子内框裂隙，就说明这幅画曾被裁切过。广义而言，楔子与内框裂隙也包括对角线形裂隙和环状裂隙。

施加在布面绘画正面、背面或长边侧面的所有较强压力或拉力都可能导致绘画层形成局部龟裂，这种龟裂被称作牵拉裂隙，属于与老化相关的裂隙类型。人们常可以从形状判断出引发裂隙的拉力或压力类型。

牵拉裂隙包括辐条状、环状、螺旋和玉米穗形裂隙。它们仅见于布面绘画，而木板绘画的绘画层中出现的与压力相关的龟裂则归为压力裂隙。

在辐条状裂隙中，大量放射的辐条状裂隙纹从一个中心点发出。有些情况下，辐条状裂隙的中心部位会表现出轻微的绘画层损坏。辐条状裂隙是在布面绘画背面施加的强局部压力所致（见右上图）。

环状裂隙是发生在布面绘画边缘区域的一类小弧线形龟裂（见181页右下图和183页上图）。环状裂隙只见于布面绘画，似乎是在初次绷装画布，或敲击楔子或张紧画布的过程中形成的。

对角线形裂隙是在布面绘画的绘画层角部沿对角线方向形成的（见右侧插图中图）。它们通常是一些彼此平行的裂隙。对角线形裂隙是气候变化在纺织品支撑体内产生的张力所引起的，据推测，过紧地用楔子撑开内框也会引起这种裂隙。它是布面绘画的一类典型龟裂，但由于尚未明了的原因，对角线裂隙在极少数情况下也会出现在一些木板绘画的角部。

螺旋裂隙有同心圆或螺旋形的纹理，实际上是在绘画正面的孤立一点施加强压力的结果。这类裂隙主要出现在布面绘画中，但偶尔也以非常细微的形式出现在木板绘画的绘画层中（见179页插图和180页左上图）。

玉米穗形裂隙，是一类形如玉米穗的牵拉裂隙，是在布面绘画的正面或背面施加较强的滑动压力所致。

玉米穗形裂隙分为两种类型。施加在画作正面和背面的压力，会分别形成“圆头”和“尖头”的玉米穗形裂隙（见180页插图）。圆头玉米穗形裂隙是施加在画作正面的滑动压力所致，而尖头玉米穗形裂隙是施加在画作背面的滑动压力所致。

辐条状裂隙是由施加在画作背面的局部强压力造成的。

对角线形裂隙是在布面绘画角部沿对角线方向形成的。

在布面绘画边缘，孤立的环状裂隙会发生在钉有钉子的区域。据推测这类龟裂是在绷框子或撑紧框子时发生的。

绘画上部的环形裂隙表明，这幅画原本比现在更小，曾被绷过内框，后来又添加了另一块画布，使其变大。

木板绘画的裂隙

木板裂隙这一术语囊括了可能发生在木板绘画绘画层中的所有类型龟裂。在纺织品支撑体绘画的绘画层中，龟裂的类型也与之相同，只有几个例外（楔子和内框裂隙、环状裂隙，有保留地说，也包括对角线形裂隙）。木板绘画中，各种类型的龟裂通常没有明显的区别，这要归因于刚性支撑体弹性较小。

此外，在木板绘画的绘画层上，龟裂周边的部位也比布面绘画同类龟裂的相应部位更为平滑。后者的边缘多是微微向上隆起，但又不足以称之为杯形起翘。

在极少的情况下，环形干燥裂隙的沟槽中偶尔可见环形老化裂隙。

在这类在木板绘画上发育程度轻微的龟裂中，典型的例子是螺旋裂隙和玉米穗形裂隙，它们都是压力导致的结果。当这些裂隙发生在木板绘画的绘画层时，常常很不显眼，使人忽视它们的存在（见 180 页插图）。

14 世纪到 15 世纪早期，画在杨木板上的意大利坦培拉绘画上有一种独特的网状裂纹，通常由几条独立裂隙组成，这些裂隙相当长，与木纹垂直。此外，这些木板绘画往往还带有细微的龟裂网纹，裸眼常无法看到，并且可能因颜色不同而异（见插图右中图）。

橡木板上的绘画与杨木板上的不同，它们的裂隙主要方向常与木纹平行（见 183 页插图下图）。这种情况在 15 世纪到 16 世纪的尼德兰橡木板绘画中可以清晰地观察到，而在 17 世纪的尼德兰与荷兰绘画中就没有那么常见了。

早期的画在杨木上的意大利木板绘画常带有明显的老化裂隙，与木纹垂直。

将绘画层从木板转移到织物支撑体上，可能会对龟裂的典型特点造成最大的影响。木板的龟裂特征可能会在很大程度上转变为画布龟裂的特征——以致让人几乎无法辨认究竟是哪种裂隙——甚至于完全丧失木板绘画龟裂的特征。

不同于早期意大利绘画，15 世纪和 16 世纪荷兰橡木板绘画上的主裂隙的方向通常与木纹平行。

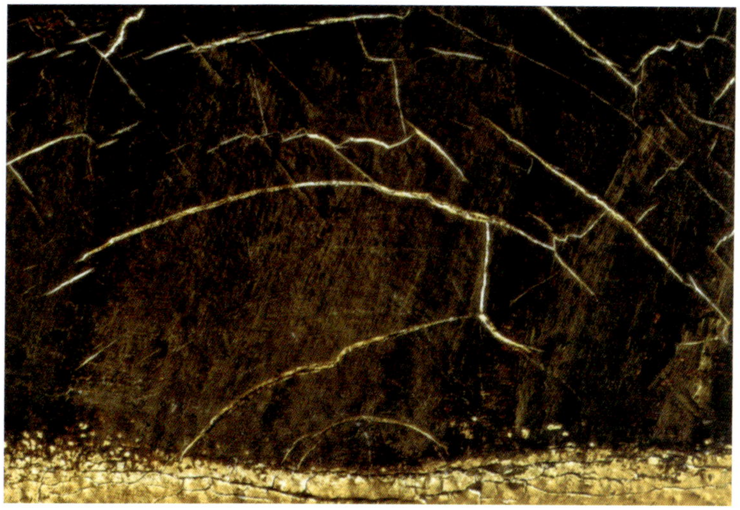

白化

白化（blanching）这个术语指的是绘画层中出现细小的显微裂隙，以致画面的局部或整体变成灰色[17]。白化会导致绘画部分或完全地丧失原本的色彩和构图（见左侧插图和对页插图）。在绘画修复中，可以将白化分为两类：色层白化和光油层白化（银纹）。二者的起因相同（银纹见332页）。

成因

颜料层变灰或白化可能是空气湿度很高，或颜料层直接接触水（冷凝水等）或酸造成的。这种变色的成因是颜料粉颗粒与黏结剂之间发生脱离，导致颜料层折射率发生变化。

测试

银纹和白化的外观有时会非常相似，以至于偶尔难以区分开来。一滴溶剂（乙醇）则可以给出答案。如果涂有溶剂的部位发灰现象消失，问题就出在光油层的银纹上。而颜料层白化通常却不能靠这种处置来解决。

偶尔，也可以凭借变色按某一个特定色块形状分布的现象来认定色层白化，比如变色区域局限于一棵树的叶子或礼服的衣褶。而光油层银纹通常则不是这样，它会遍布整个光油层或部分涂有光油的表面。只有在液体泼溅在光油层部分区域时才会出现清晰的边界。

白化现象在某些颜料中更为常见，比如土绿、大青和群青。

群青病

所谓的群青病是一种非常复杂的现象，至今仍未得到详细的研究。它会引起群青色层失去光泽并变成一种灰白色。

人们认为，绘画表面湿度的极端变化或冷凝水会引起油性黏结剂中的颜料粉颗粒发生活动。这会导致颜料粉与黏结剂之间的黏结失效。在颜料粉颗粒周围就会出现细微的显微裂隙。这会改变色层的折射率，产生白化或变灰的效果。

酸性气体

人们还认为作用于未受保护的颜料层的酸性气体会加强这种变化，并使其变得不可逆。不过，至少有一些绘画中，蓝色区域的群青病侵害并不是酸性气体的不可逆损害造成的——这种变化只是白化的结果。

早在19世纪60年代，卫生学家马克斯·冯·佩滕科费尔（Max von Pettenkofer）（1810—1901年）就曾证明，白化的这种反应是可逆的，当时，他在慕尼黑的古画陈列馆里对杨·葛沙尔特（Jan Gossaert）（约1470—1532年）的一幅画做了干预，将画中“达娜厄”身上的蓝色礼服上一小块蓝色

左图及对页：
潮湿会引起颜料层和光油层变灰，即颜料粉与调和剂之间丧失紧密的黏结，于是原本的色彩就显得发灰。大青和土绿尤其容易发生这种现象，这就意味着画面上常常只有特定的一些区域或形状会发生白化。

上图：
老化裂隙的边缘便是遭受白化的起点。

下图：
白化发生在了树叶的绿色区域，据推测它是由大青和一种黄色颜料混合而成。

与水接触反应最强烈的主要是19世纪的预涂画布，常会引起严重的绘画层起甲。用水性黏结剂进行贴画法时的不当操作引起了这幅画大面积的损毁。之后又不正确地进行了全色并涂刷了马蒂树脂（左图）。直到绘画被重新修复后才重现了它原本的面貌（右图）。

广泛和严重程度则取决于其他一些因素，比如绘画支撑体的类型和年龄、绘画层的保存状态（粘聚力）、各层与其下层的附着力以及绘画支撑体在内框上的紧张程度。

19世纪的预涂纺织品绘画支撑体最常在潮湿的情况下发生大面积严重的绘画层起甲。为此它们在英语中被称作“收缩机”（shrinkers）或“神经质”（nervous）（见上图）。这种大面积的病害起因是机纺线的捻度较强，且布料的厚度较大。因此底料就无法填入编织物的缝隙，而只是停留在表面，于是也就无法防止或减少纺织品的收缩。油性底料的反应也不同，它只会对潮湿发生缓慢的反应，也就是只会渐渐变软和变得有塑性。在16世纪和17世纪的布面绘画中，一般来说并不会发生这种强烈的反应。

起甲区域复位

不进行恰当的预处理，在纺织品支撑体绘画上产生的严重屋脊状起甲是无法压回原位的。由于绘画支撑体的收缩，隆起的区域下方的空隙已经变得比原来小了。绘画层常常很缺乏弹性，在推回原位时便可能断裂。

为了重新获得可供起甲区域复位的必要空间，并增加绘画层的塑性，必须将绘画支撑体绷起来，并将绘画层“软化”（各种方法见221页起）。

杯形起翘

在修复类文献中并没有对杯形起翘（cupping）这一术语的清晰定义。它现在被用于描述各种中央凹陷，边缘起翘的绘画层小块。杯形起翘有两种形式：

- 绘画层小块的边缘拱起，并带起了支撑体，呈现出小茶杯的形状。这种类型的杯形起翘主要发生在棕色的表面区域，而相邻区域则不呈现绘画层的小块变形（见196页左图）。
- 绘画层小块边缘拱起并与绘画支撑体脱离，这种情况既可发生在木质支撑体上，也可发生在纺织品支撑体上，可分布在整个绘画表面，拱起的小块形状各异。

因为绘画层所形成的是一种膜——与其表面积相比，总质量很小——所有的气候变化都会造成它相对迅速的反应。热和光的影响还会加强这些反应。

平衡含水率

所有绘画层都有自己特有的平衡含水率。这取决于绘画所处环境的空气相对湿度和颜料层的成分。当空气湿度升高时，它会吸水（吸着），而湿度下降时则释放水分（解吸）。

水分扩散

如果绘画正面和背面水分压力不同，就会发生水分扩散。这就意味着水分子会透过整个绘画结构迁移，在带有龟裂的古画中，会透过老化裂隙迁移（见对页图表）。这些过程被称作渗透（permeation），会触发绘画层和支撑体的机械运动，而这些运动则可能导致绘画层或绘画支撑体的变形。

1942 年，罗林斯（Rawlins）[20] 最早观察并描述了这些过程，后来的凯克（Keck）[21] 与梅克伦堡 [22] 也对它们作了观察和描述。伯杰与与拉塞尔 [23] 在 1984 年测量并记录了气候波动对纺织品支撑体造成的力，1987 年，沙伊布勒 [24] 开始进行对布面绘画杯形起翘发育的综合研究。

水分

水是所有形式杯形起翘形成的主导原因。它不仅会引起纺织品支撑体膨胀和收缩，也会引起绘画层膨胀和收缩。水既可以通过毛细凝结形成，也可以通过绘画层的微孔渗透积聚。在这些小腔隙中，饱和压力会降低，因此即便是空气相对湿度只有 60%，在直径约 3 nm 的孔隙内还是会充满水。

膨胀

绘画层的膨胀取决于它的性质、强度、受水的时长和温度。

在膨胀的过程中，绘画层的聚合物分子会均匀地吸收水分。与此同时玻璃化转变温度降低，绘画层塑化。

吸着

在吸着阶段开始时（即吸附阶段），水分子积聚在绘画层最上面的色层中。此时发生的体积增加会受到尚未膨胀的下层阻碍。这种不稳定的差异造成的张力会渐渐发生变化，直到达到平衡含水率为止。

解吸

在解吸的过程中，绘画层会从表面向周围的空气中释放水分。仍然饱和的下层的蒸发过程会延迟。随后产生的张力会导致裂隙和杯形起翘的形成。据沙伊布勒的观点，解吸所产生的张力常比水分吸收过程中所产生的更大。

渗透过程

因为与绘画层毗邻的区域含有水溶性物质，也可能发生渗透过程（导向浓度均衡的变化）。

暗背景的色层剥离已经在边缘处鼓起，形成了碗形，并将绘画支撑体带了起来——发生了杯形起翘（右图），而相邻的浅色、肉色区域就没有发生变形。

块状咬底 就我的观点而言，真正的块状咬底（lifting of flakes）似乎主要发生在棕色的绘画层（见198页插图上图）。其他颜色的表面，即便是直接与棕色色块相邻，通常也不会呈现出任何变形。块状咬底是绘画层收缩与膨胀的变形过程所致。这种现象发生在绘画层结实地黏结在纺织品支撑体上，而纺织品支撑体绷得不紧的情况下。这样一来，纺织品支撑体就会因绘画层而变形。导致这种杯形起翘的其他原因还有较高的黏结剂含量以及棕色颜料粉的吸湿特性。从没有覆背的绘画背面就可以看到这种力有多强。绘画层小块将绷得不够紧的绘画支撑体带了起来，并在画作正面形成了凹陷的杯形（见对页插图）。

“伪”杯形起翘 在某些黏结剂发生反应，且绘画层和支撑体之间的附着力不足的情况下，就会在绘画层和支撑体之间发生局部的杯形脱层。与前边描述的那种杯形起翘相比，这种情况下，翘起的绘画层小片只有中部仍附着在支撑体上，而边缘会发生脱离。在木板绘画和纺织品支撑体绘画中都能见到这种形式的起甲。它也被归为杯形起翘（见198页图表）。

杯形起翘对绘画的外观具有显著的破坏效果。由于边缘的起翘，颜料层的反光性能会发生改变，常常使画面暗部的原始形象变得几乎完全无法辨识。

黏结剂失效 黏结剂失效（粉化）偶尔也会发生在布面绘画的底料层/颜料层中。其原因和外观与木质支撑体绘画中的同类病害相同（见192页）。

空鼓 同样，空鼓也会偶尔发生在纺织品支撑体上的绘画中。它们的起因与木质支撑体绘画的相同（见192页往后）。在布面绘画中，空鼓既可能出现在原始绘画支撑体和覆背画布之间（见198页右下图），也可能出现在原始绘画支撑体和刚性辅助支撑体之间（贴画法）。

布面绘画的空鼓有可能会被混淆于纺织品支撑体变形。有一个区分它们的好办法：如果存在空鼓，便只有绘画的正面或背面会呈现出鼓包，而另一面是平的。

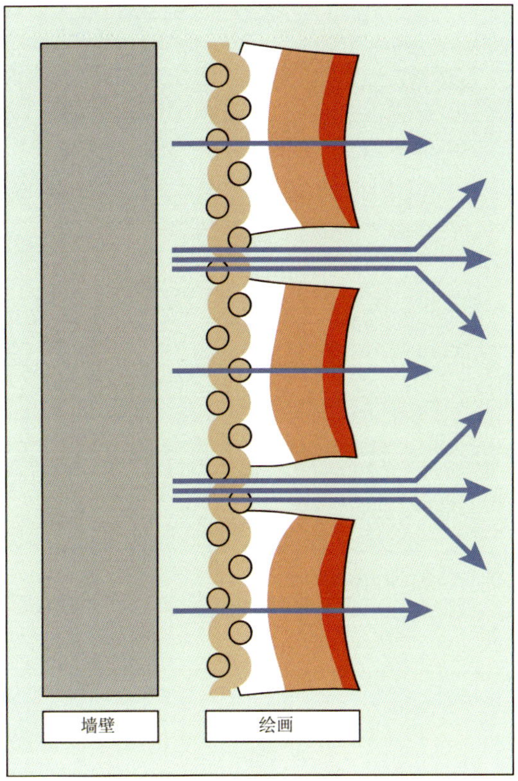

如果绘画正面和背面的湿气压力不同，水分就会发生扩散。在这个过程中水分子会通过整个绘画结构迁移。

右图：
树干部位棕色色层产生的力使绷得不够紧的纺织品支撑体变了形。

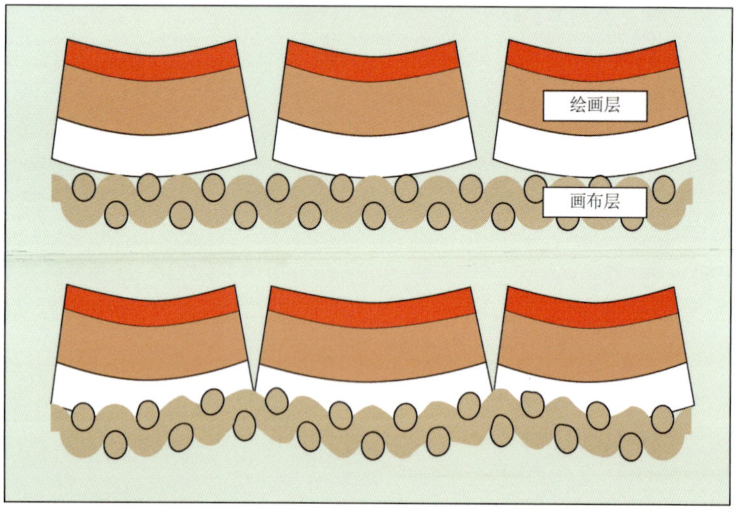

在布面绘画支撑体上可以观察到两种形式的杯形起翘：第一幅图中色层小块已经与纺织品支撑体脱离（上图）；而第二幅图中它们将绘画支撑体咬起（下图）。

纺织品支撑体和覆背画布之间形成了空鼓。

金属绘画支撑体

铜板

16世纪下半叶前后，欧洲突然出现了一种画在铜板上的小画。保存在良好条件下的铜版画拥有较长的预期寿命，因为铜板画有着稳固的支撑体，且铜板对大部分气候条件都有相对较好的耐受力。然而在不那么适宜的条件下，它们也会发生严重的损害（见本页插图）：机械因素和腐蚀导致了绘画层劣化，造成了色层的剥离。

脱层

一般而言，在标准的木质支撑体和画布支撑体中，导致脱层的主要原因是引发绘画支撑体活动的湿度变化与机械应力相结合。然而铜板的表现不同，它并不会对空气相对湿度的波动产生反应。人们有时认为脱层可能是铜板的热效应所导致的。然而这一点还未得到证实，而且似乎也并非如此，因为铜受热时膨胀得相对并不显著。此外，令人惊讶的是，与木板或纺织品支撑体上的绘画层相比，铜板上的绘画层从来不会出现明显的老化裂隙。严重的老化裂隙主要是绘画支撑体明显活动的表征。

弹性变形

可以想象，在尺寸较大的薄铜板上会发生弹性变形导致的脱层。而另一方面，较厚实的铜板就较为脆硬，因此风险也就小些。

在某些条件下，用铜制作的或在铜底（铜胎）上制作的作品会发生腐蚀。

腐蚀

人们已在考古领域对铜的腐蚀做了许多研究。然而一般来说，铜板绘画并不容易受到水分和氧气的侵害。无论如何，铜并不会像人们有时认为的那样容易腐蚀。在正常的干燥条件下，空气中的氧气和铜的表面发生反应会形成一层红色的氧化铜（CuO），防止进一步的腐蚀。只有在空气相对湿度较高的条件下，铜表面的水膜会与空气中的二氧化硫和二氧化碳结合并引起铜板正面和背面的腐蚀。如果在画的正面出现暗斑或硬结物，就会出现问题，这些斑可能会随机分布在整块板的表面。因此，对铜板绘画来说，精心调控空气

暗斑
硬结物

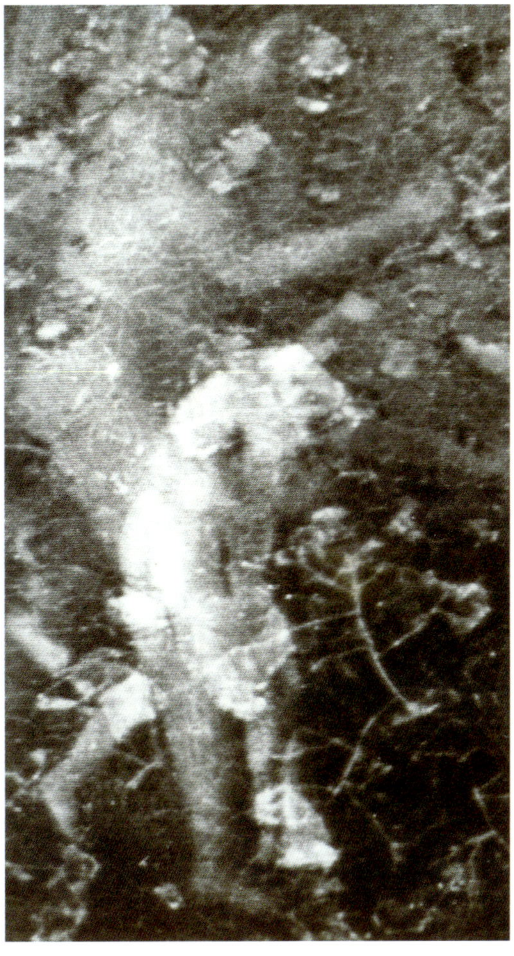

如果铜板上的绘画被保存在不适宜的气候条件下，或创作技法不正确，也会显现出严重的色层剥落。一般来说，缺损区域用马蒂树脂填充和全色（左左图）。借助红外照相便可看出（左图）。

相对湿度是很重要的。

铁板

早在14世纪末，切尼诺·切尼尼[25]就在他的论文中提到，铁质绘画支撑体——或更准确地说是用铁片制成的支撑体——并不适用于绘画。氧气和水分会导致绘画层下方的铁质绘画支撑体生锈（腐蚀）。随后铁锈会将色层顶起，因为腐蚀产物的体积比铁金属本身的大。接下来画上就会出现坑状变形和绘画层局部缺损。

切尼尼提到的铁板绘画[26]都没有留存下来。现存的最早的铁板绘画是18世纪以后的苦路画和还愿画等。这些作品的绘画层常为铁锈损坏。

铁锈发育

铁锈若要发育，必须要有空气中的氧气和液态的水。只有空气相对湿度达到70%——水吸附成膜的必要湿度——以上，或艺术品温度比周围空气低且达到露点时才会形成铁锈。生锈所需的水分会渗透老化裂隙和受损区域，深达绘画支撑体（见下图）。

腐蚀会给材料造成可观的改变，并可能导致损坏。生锈会导致氧化铁和氢氧化铁的形成。新生的铁锈会大大增加其体积，呈浅黄色到浅棕色，还含有大量的水。相反，陈旧的铁锈体积较小，呈灰色到黑色，含水极少。

热疱疹

热疱疹可由绘画表面过热（温度高于158 ℉［75℃］）造成的绘画层变形（见对页插图）。它们的外观取决于形成温度和形成过程的长度，以及绘画层的性质与年龄。引起热疱疹的原因可能有火焰（蜡烛等）、对画面的照明、重覆背，或使用热刮刀、熨斗操作等。

破坏过程

如果一幅画的表面受热过强，绘画材料的温度就会向着热源的温度升高。经过一段时间的加热后，光油层和颜料层会发生热软化。如果温度超过了软化点，就会开始热裂解。在这个过程中，黏结剂的高分子成分（植物胶和动物胶、干性油和树脂）会分裂成低分子成分，并形成略带挥发性的气体——水蒸气、二氧化碳和一些未界定但可预期的裂解产物，比如有机酸。进一步加热将导致劣化继续，最终使色层完全炭化（见202页及203页图表）。

氧化反应

与这一破坏过程平行发生的还有氧化反应，

铁质绘画支撑体中已经形成了铁锈，并毁坏了上边的绘画层。

对页：
由于绘画表面过度受热（明火），在绘画层形成了火疱。

它会导致聚合成分的互联，并加速色层的老化与黄化。

绘画层中由于高温而产生的化合物也以气态形式存在，并会对周围软化的色层形成相当大的膨胀推力，引发起鼓。在比较“年轻”的绘画，也就是还含有较高比例未交联黏结剂的绘画中，分解的气体产物会通过起鼓表面形成的细微裂隙逸出。因为黏结剂中仍含有充足的高分子成分——这是对颜料层弹性必不可少的成分——起鼓还会缩回去。暂时变形的色层会在很大程度上恢复原形。如果继续受热，黏结剂中低分子成分继续丧失，色层便会失去弹性。这幅画便会像色层已经氧化和聚合了几百年的严重老化的画作一样，发生与后者类似的反应。

现在，随着色层变得越来越脆，它也越来越抗拒气体裂解产物的膨胀压力和气体逸出后色层自然还原的倾向。于是会发展成起鼓或坑洞，它们的大小、敏感度和类型取决于温度，受热持续时间，绘画层的厚度，颜料层的类型和厚度，黏结剂、颜料层的年龄以及光油层。

在干性油已经完成氧化和聚合过程的老旧油画中，可能不经过热裂解就会直接发生炭化。深颜色比浅色反射的热射线要少，因此会更快变热。一般来说，暗色颜料中所含的黏结剂也比亮色颜料多，因此暗色区域受热时可能会更快地发生临界反应。

颜料层上的光油层在一定程度上起到保护颜料层免受热侵害的作用。光油能吸收或反射一部分热射线，因此会延缓温度的升高。它也会在短时间内防止色层变脆和热疱疹形成，不过光油本身同时也会受到同种类型的损害。如果受热不是非常强，就有可能只有光油层发生变化。下层的颜料层多多少少会受到保护，只需将光油层清除就能让绘画恢复原貌。在加热到 536 ℉（280℃）之前，使用水性黏结剂的绘画反应比油性颜料小，而丙烯酸树脂颜料即便加热到这个温度，色层也不会出现变化。过热引发的病害包括形成微孔，也包括痘状起鼓或坑洞。受热时，坦培拉绘画的颜料层会变浅，而油画颜料会变棕。个别颜料，比如铅白、土黄、氧化铁黄和熟赭，也会发生不可逆的变色（变红或变棕）。

受热会导致干性油分解，造成油画颜料变棕或变黑。在这一过程中，色层中的碳成分会增加（见 204 页插图左图）。一种颜色的棕化与它对黏结剂的需求密切相关。坦培拉颜料变色的原因还有待

左图及对页插图：热对绘画表面的影响。

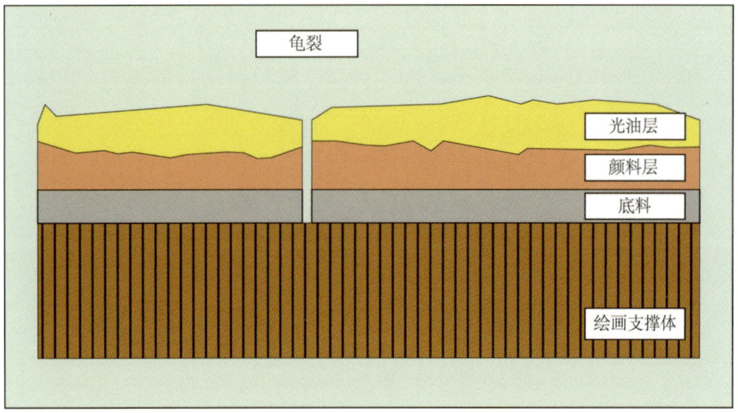

绘画受热前的构造。

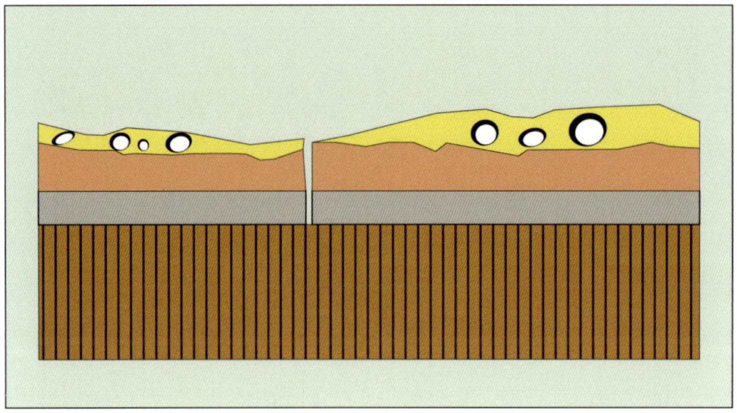

受热的结果是光油层收缩。生成的气体导致了起鼓。

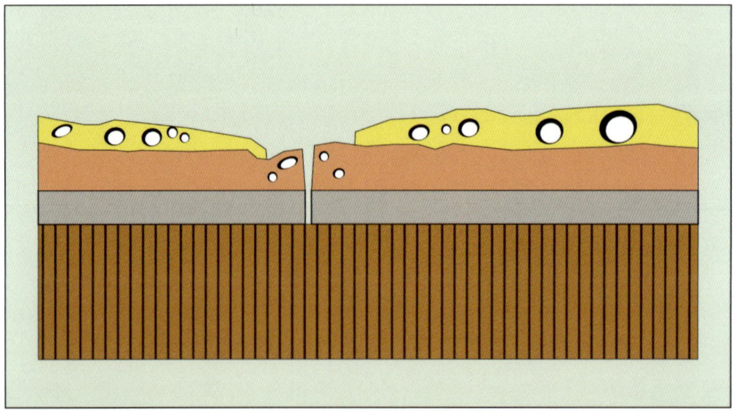

颜料层不再受到光油层的保护。龟裂边缘出现了小起鼓。

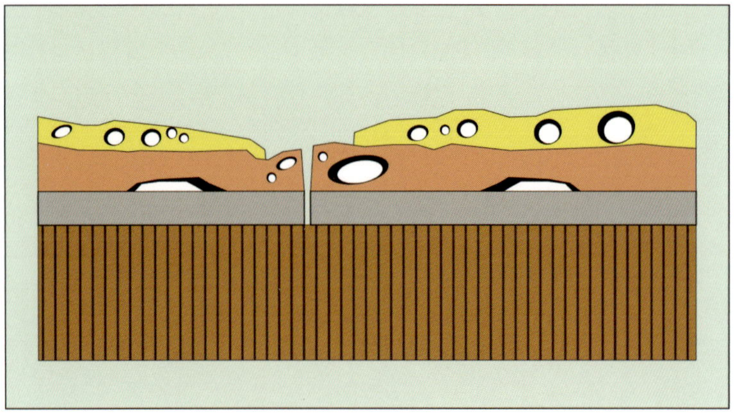

热被传导到了下一层。这导致了颜料层从底料层上起甲，并在颜料层内起鼓。

详细研究。黑克曼（Heckermann）认为，是发生了减薄过程，从而导致了“白化”。

酸和剥色剂引发的病害（恶意破坏）

酸和剥色剂属于最强的溶剂。用这些物质进行恶意破坏，可以在几秒钟内将绘画毁掉（见204页插图右图）。近几十年里曾有人用剥色剂和硫酸来破坏绘画，许多重要的画作都被人以这种方式严重损坏，包括克拉纳赫、鲁本斯、伦勃朗和丢勒的作品。

在硫酸接触绘画表面时，绘画层会分解成暗色、恶臭、膨胀的糖浆状物质。受损区域的边界通常轮廓分明。损坏的程度取决于绘画的构造和喷溅在表面的酸的量。

拥有白垩底料和薄色层的绘画所表现出的损坏最为明显。颜料层上肉眼可见的强烈发泡是白垩（$CaCO_3$）与硫酸（H_2SO_4）反应造成的。反应会生成碳酸和石膏（$CaCO_3+H_2SO_4=H_2CO_3+CaSO_4$），而碳酸会分解为水和二氧化碳。在反应非常强烈的情况下，会在色层上的反应物中生成泡沫，部分色层也会受损。

例如卡塞尔的那幅伦勃朗的《雅各的保佑》（*The Blessing of Jacob*），使用了油性底料，设色也很厚，受到的损害看起来就不像那些白垩底料的画那么严重。

伯迈斯特（Burmeister）和科勒[27]研究了慕尼黑古画陈列馆中受到酸破坏的绘画，他们的研究表明，在这种情况下，绘画的所有成分——光油、色层和底料层——都发生了化学变化，连看起来完好的区域通常也已经发生了化学变化。干性油会变成水溶的强酸性硫酸酯。这种情况非常危险，因为它们在接触潮湿空气时是不稳定的，还会持续释放出少量的硫酸。在所有的清洗过程中，这都会成为严重的问题，实际上所有的溶剂都会将可溶性很高的硫酸酯冲到未受损的区域。不仅黏结剂会发生变化，颜料粉也会变化。

对绘画的攻击

也有人用剥色剂来破坏绘画（见205页插图），例如1964年，有人曾在慕尼黑的古画陈列馆用溶剂膏对鲁本斯的《最后审判》进行过破坏。因为溶剂膏是一种比较透明的物质，直到色层已经膨胀，损害已经造成之后，人们才发现这一破坏。

溶剂膏与硫酸所造成的损害非常不同。在溶剂膏破坏的情况下，溶剂挥发后就不会再引起更多的损坏。而硫酸则相反，它会一直起作用，也很难中和，特别是在木板绘画上。当空气相对湿度升高时，未中和的酸就会再次活跃，并继续破坏。

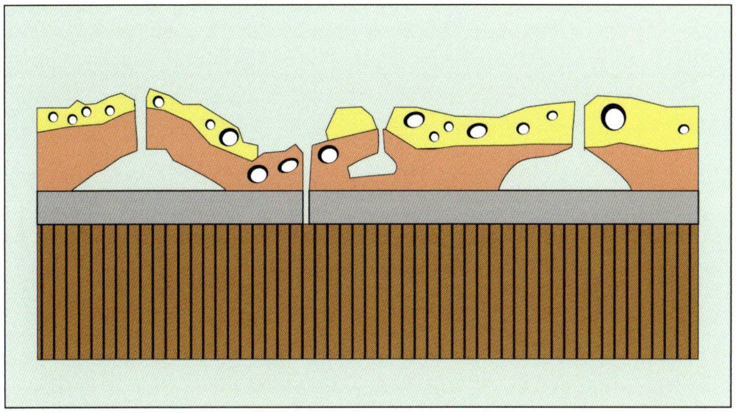

鼓泡胀大。气态裂解产物通过细小的裂隙逸出。

富含黏结剂的颜料层中，裂隙变成了大开口。

起鼓爆裂。色层回缩。这造成了深达底料层的大坑洞。

热效应已引起颜料层未受保护的部分变棕。

这幅画受到了硫酸的大面积破坏。（巴特尔·布鲁因［Barthel Bruyn］[1493—1555]，《供养人肖像》［*Portrait of a Donor*］，汉诺威下萨克森州立博物馆。）

微生物损害

微生物是最小的动植物生命体。如前所述（见192页），它们会引起黏结剂失效、粉化（垩化）、变色和脱层（见206页插图）。

养料

一般来说，绘画上只会出现真菌或细菌。判定绘画所受侵害的性质和微生物种类时，有几个重要的因素：存在的养料类型、温度、湿度水平以及一些微生物生产阻碍其他微生物生长的物质的能力。

最重要的养料就是黏结剂。最易受微生物侵害的是皮骨胶和酪素坦培拉，其次是蛋坦培拉、乳液坦培拉和油，以及达玛树脂、马蒂树脂、松脂和合成树脂。

温度

湿度

霉菌生长的理想温度是59—77℉（15—25℃），而细菌生长的理想温度是68—86℉（20—30℃）。曲霉和青霉菌等霉菌可以在相对湿度为85%—90%时发育。酵母菌发育需要的相对湿度更高，而细菌需要的湿度将近100%（如冷凝水）。

凝结水

在教堂、古建筑和私人收藏场所之类通风不良的室内，譬如，在房间通风换气时，凝结水便会在绘画和雕塑上聚集。暖空气在接触到艺术品的凉表面时就会冷却。在达到露点时，艺术品表面上就会形成一层薄薄的水膜。如果室内温度骤降，冷却的空气无法再容纳它所包含的水分时，也会发生类似的现象，空气中的水分会沉积在艺术品上，形成一薄层水膜。在所有绘画的表面，都富集着微生物的群落，它们是随灰尘一起沉降的。其中有些微生物可以在绘画上生长。如果这些微生物所需的养料、温度和湿度都得到满足，菌丝就会从孢子中长出来，形成菌丝体。随后就会形成侵害绘画某些部分的酶。

酶

微生物几乎不需要什么养料就有很高的产酶能力。所有的真菌都有好几个品种，每种又有的外酶型，使它只损害绘画中的某种材料（外酶是存在与细胞之外的酶）。这也就解释了为何霉菌会以不同的方式侵害绘画。酶的存在意味着损害可能会超出可见的真菌的范围。

布面绘画的生物病害

在布面绘画中，微生物侵害通常从背面开始。它们会从这里开始渗透到各个层。湿度高时，画布中的皮骨胶会开始膨胀，形成某些真菌生存的理想环境。微生物在发育时会侵害绘画层，破坏黏结剂（见上文），并使各层变得疏松。在真菌侵害的过程中，绘画会吸引越来越多的灰尘。灰尘颗粒会滋养菌丝，使它们定居下来。一些真菌

剥色剂破坏对绘画层造成的损害。（彼得·保罗·鲁本斯，《小幅最后审判》(*the Small Last Judgment*)，[约1620年]。巴伐利国立绘画收藏馆，慕尼黑，古画陈列馆。）

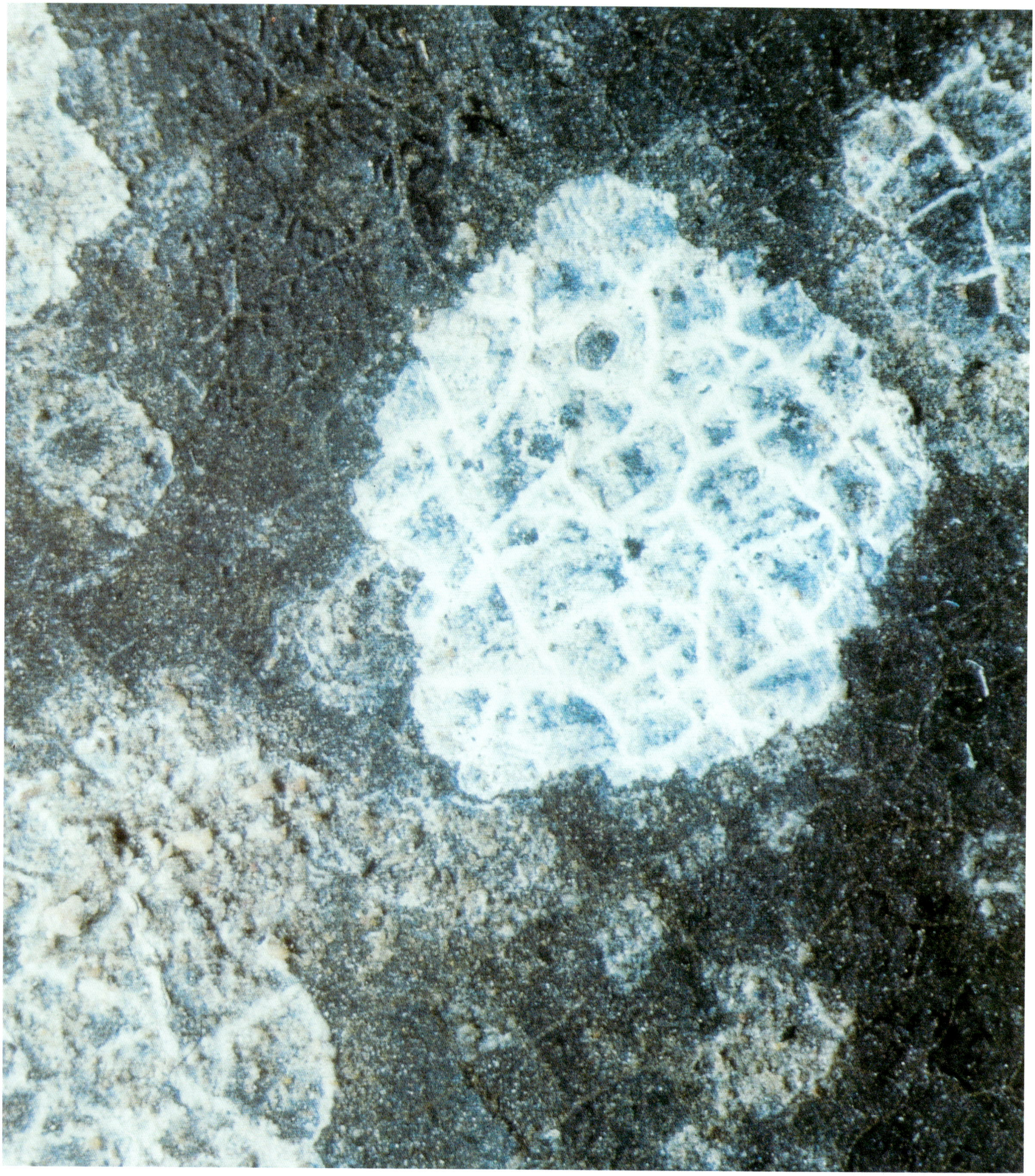

菌落在发育中有时会被生长得更缓慢的微生物取代。相应的，一些真菌也会产生防止其他生物生成的物质。受到侵害的层次会变得多孔或粉化，弹性更低，也更易受相对湿度波动影响（导致脱层）。它们还会变色。保存在空气相对湿度很高的房间里的画上，也可能从正面开始发生生物侵害。厚涂法绘画上容易沉积污染物和灰尘，所面临的风险最大。污染物与灰尘也会增加表面湿度并滋养微生物。

厚涂法的绘画

对页：
艺术品保存在漏雨的阁楼上，由于湿度高，微生物已经形成了霉斑。

脱层的回贴与加固

如果一幅画上可以看到开裂的迹象，就需要用黏结剂对脱层进行加固（见208、209页插图，及210页上图、中图）。由于绘画结构的差异，绘画层或支撑体对不同的黏结剂可能会产生不同的反应。

测试绘画层
测试支撑体

为确定哪种黏结剂最适于加固开裂，需要对色层——如果色层上边有光油层，也包括光油层——进行色彩以及它们对热、压力和溶剂敏感度的测试。此外也必须测试纺织品支撑体对水分的敏感度。

变色测试

未上光的颜料层在回贴过程中可能会变色。已经干透的黏结剂，一旦被渗透，折射率就会改变，使色彩看起来更暗更深。渗透部位的边缘处也可能出现水渍。

色层是否会变色可以借助高挥发性溶剂检测出来，比如用一滴白精油。如果白精油引起了变色，那大部分天然或合成黏结剂都不适合用来回贴这处色层。事实证明，在这种情况下，使用含纤维素和醚基的黏结剂（如Klucel E）是可靠的。

对热与压力敏感度的测试

可以用加热的方法来制备或软化加固颜料层用的黏结剂。较新的画——特别是那些黏结剂中树脂含量高的——会对热敏感。如果对这样的绘画层加热施压，就会把表面的局部压坏，或把临时支撑体（覆面或转移贴片）的结构性材料熨入颜料层（见210页插图下图）。在用加热的方法涂覆黏结剂之前，应该先用电热刮刀在画的旁边部位测试色层对热的敏感度。通常只需测试一种暗色就足够了。暗色所含的黏结剂比例最高，因此反应也最快。

在回贴和加固开裂的过程中，绘画层上待加固的区域会被黏结剂彻底弄湿。在处置过程中和处置过后，必须清除所有液态或固化的残余黏结剂。因此，在加固之前必须测试绘画层对水的敏感度。纺织品支撑体会对水分发生反应。如果有可能，应对其表面进行小面积测试，观察其反应程度，同时也要观察画在上边的绘画层的反应。

覆面
（转移贴片）

在运输或处置前，应该为受到脱层或起甲威胁的绘画进行覆面缚固（见211页插图）。我们所说的覆面（或转移贴片）指的是将原画部分或完整地转移到一个临时支撑体上。这个临时支撑

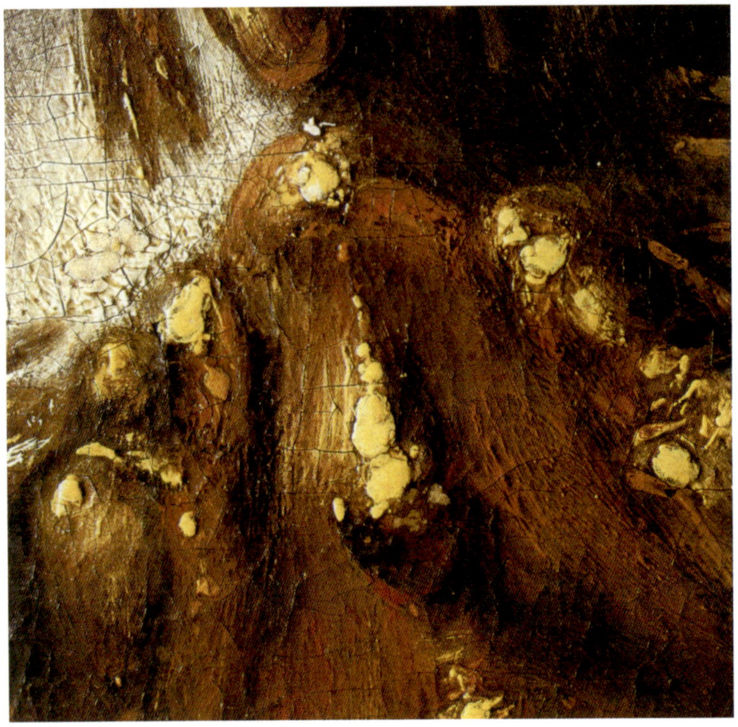

体是用来缚固绘画层的，在处置过后还要将其清除。典型的临时支撑体——或覆面——有纤维纸、日本纸、无纺布（例如聚酰胺无纺布）或精纺的天然或合成材料（即埃及棉、人造绸）纺织品。一般来说，人们更喜欢使用日本纸或无纺布。

208、209页，及左上图：颜料层本身已经与底料层脱离，龟裂边缘部位也已起甲。用一只毛笔涂刷黏结剂（208页）。用一把带“硅酮帽”的小电热刮刀将色层复位（210页左上图；209页展示了开裂加固后的绘画）。

黏合剂

举例来说，适用于非水溶性绘画的黏合剂有鱼胶、乙基纤维素黏合剂（如麸质、Klugel G）、稀释的淀粉糨糊、合成树脂（聚丙烯酸树脂）、蜡树脂混合物、Beva 371 或挥发性黏结剂。在进行覆面时，黏结剂会渗透绘画表面——渗透的深度因原画保存的完好程度而异——因此所选的黏合剂不应引起变色，也不应影响或阻碍下一步的工作。

操作步骤

覆面的操作步骤为：把日本纸或无纺布一块挨着一块地放在色层上，边缘部位稍稍相叠，再涂上黏结剂。使用厚涂法或损坏严重的画作上，有时无法将临时支撑体贴平。在这种情况下，应将日本纸或无纺布撕成大小适当的小片，再进行固定。撕比切要好些，因为撕出来的边缘比较柔和也比较不规则，这样在棘手的情况下，就不会在光油层上留下清晰的痕迹（译者注：此处指的是用溶于溶剂的胶为颜料层或绘画层损坏严重的局部作加固的案例，当加固剂中的溶剂接触到贴片与颜料层之间的光油层时，有可能将光油溶解，在清除贴片后，此处的光油也会被洗掉，如果贴片边缘整齐，就会在光油层上留下边缘清晰齐整的痕迹，故建议用手撕的贴片来为损坏严重的颜料层局部作覆面）。伯杰[28]建议用稍微加热的5%的 Beva 溶液来进行覆面。他建议用编织稀疏的织物盖在绘画层上，然后把 Beva 371 喷在上边。

黏合剂就位后，用重物压覆绘画层，直到黏合剂干燥。

清除黏结剂

黏结剂对绘画层的附着力各自不同。在最好的情况下，用 Klucel G 粘贴的覆面可以在处置结束后“干着”揭掉。不过，用其他黏结剂粘贴的覆面，清除前则需要用蒸馏水或溶剂稍稍软化；应根据需要采取措施。如果只需要对绘画层进行例行保护——譬如从某处运输到一个工作室——用纤维素醚黏结缚固就足够了。

另一方面，如果需要对绘画的背面进行处置，需要去除覆背或需要清除胶，就应选用聚丙烯酸树脂或 Beva 作为覆面的黏结剂。对于打算用蜡树脂混合物——或已经用蜡树脂混合物——作处置的画作，也可以用蜡－树脂作覆面。

用白精油或甲苯合成树脂作覆面有两个优点：使用这种黏结剂时不会有水分渗入绘画，而且也可以用合成纤维来缚固绘画层。在开裂回贴完成

在色层缚固过程中，这幅画中厚涂色层的“高光”被过度的压力压坏了。

后，可用一种适当的溶剂小心地润湿黏结材料，将临时支撑体揭除，并将残余黏合剂清除（见212页插图上图）。陈旧的蜡－树脂黏合剂常常很难清除。如果用电热刮刀将它们稍稍加热，然后用敷料覆盖在被溶剂润湿的表面，溶剂就会较深地渗入粘贴覆面的蜡－树脂混合物中。过一小段时间，就可以容易得多地将它取下了。最近几年，人们也试验过用环十二烷、薄荷醇和三环樟脑等挥发性材料做“临时”黏结剂[29]。这些材料在室温下是牢固的，但它们蒸汽压很高，会挥发。如果把它们涂在绘画层上，会在可计量的时间内不留痕迹地蒸发[30]。

为了缚固绘画层，有人推荐使用薄荷醇浓溶液（溶于戊烷）。应将这种溶液涂在绘画层上，然后在上边盖上日本纸，再涂一层薄荷醇溶液。此外，也可以先把日本纸浸泡在薄荷醇中，然后用电热刮刀把它熨在绘画层上。

在对脊状起甲部位施加压力之前，应先用覆面缚固，以防绘画层可能发生的任何剥落。

在回平开裂时，绘画层未进行缚固（覆面），结果一些剥落的绘画层发生了位移，叠压。

在这块绘画层大面积起甲的区域，在回平时未进行覆面，因此加固得并不成功。

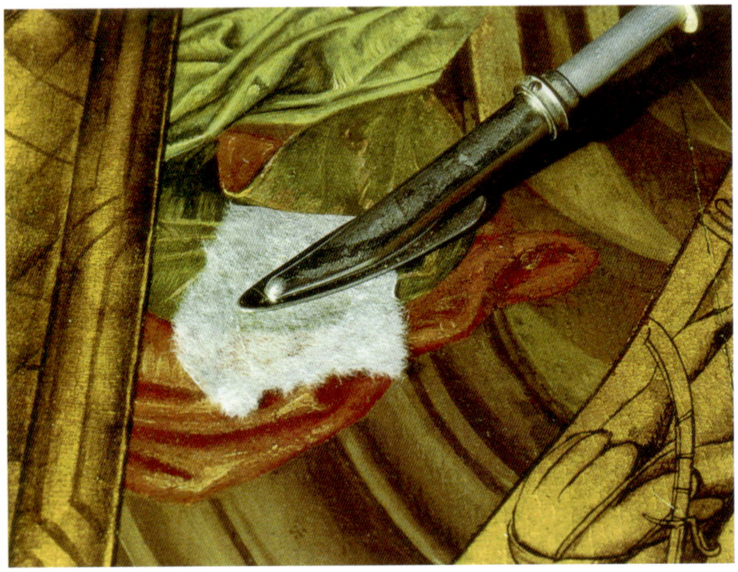

木质绘画支撑体

回贴

要回贴木质支撑体上的开裂与起甲，需将黏结剂注入开裂空鼓（见中图及下图）。之后需将松动的层轻轻压下或“熨平”，这样，在黏结剂干燥后它们就能重新粘到一起了。一旦发现脱层，就应尽快处置，以防原始材料遗失。这种处置被称作回贴，根据病害的层位，可分为绘画层回贴、色层回贴和颜料层回贴。在屋脊状起甲的情况下，破损区域的面积会比隆起的层小（见对页插图）。要将脊状起甲的层压回破损区域并进行加固，就不可能不发生层的叠压或压缩。因此，在将起甲层回平和回贴之前，就必须对木质支撑体进行气候调节，使破损区域面积增大。一些情况下，有可能还需要将脊状起甲部位软化。

回贴后，应用合适的溶剂将黏合剂软化，并将覆面揭去。

气候调节

气候调节是在增加了空气相对湿度（介于65%—70%）的房间或气候调节帐内实施的。气候调节过程的总体时长因木质支撑体和绘画层的厚度而异，也要看是否还需要对木板背面作直接保护。

增塑是靠加热和加湿（空气相对湿度高于90%）共同实现的，有时也会使用溶剂[31]。因温度、黏结剂、颜料粉[37]和绘画层或颜料层的相对厚度不同，软化过程可持续5至60分钟[32]。在待软化区域的表面，放置一片尺寸大约为2.5 × 2.5 × 0.5英寸（6 × 6 × 1 cm）的泡沫橡胶，上边再放一块尺寸相同的吸水纸，但不要太湿，再在上边整个盖一块稍大些的聚酯薄膜，这样就形成了一个微型的气候调节帐。应用便携电吹风机、“卤素”灯或红外射线将其稍稍加热（至86—104 ℉［30—40℃］）。待到用指尖轻轻施压就能将绘画层复位时，便达到所需的塑性了。鱼胶是很好的水性黏结材料，溶于溶剂的Plexisol P550也很好用（见“黏结剂”部分）。

可以用小毛笔将黏结剂填入绘画层之间来处置老化裂隙或小孔（中图），再用电热刮刀将脊状起甲回平（下图）。

脊状起甲“不回贴”

木板绘画上的起甲或脊状起甲有时过于严重，即便用了上述方法处置，复位时也无法不造成绘画层的轻微损失。人们在1981/1982年的DRV（德国修复师协会）大会[33]上讨论了这一问题，代表们提出了一种可能性，即应当持续监察作品的色层脊状起甲，但不一定要进行处置。这种方法可能很适合馆藏的木板绘画上某些形式的开裂和脊状起甲（见右图）。但就我的观点而言，对私人收藏或保管研究员护理的艺术作品来说，几乎没有“不回贴”的理由。隆起部位会持续处于危险——例如气候变化带来的危险——之中，原作的色层物质随时有可能损失。

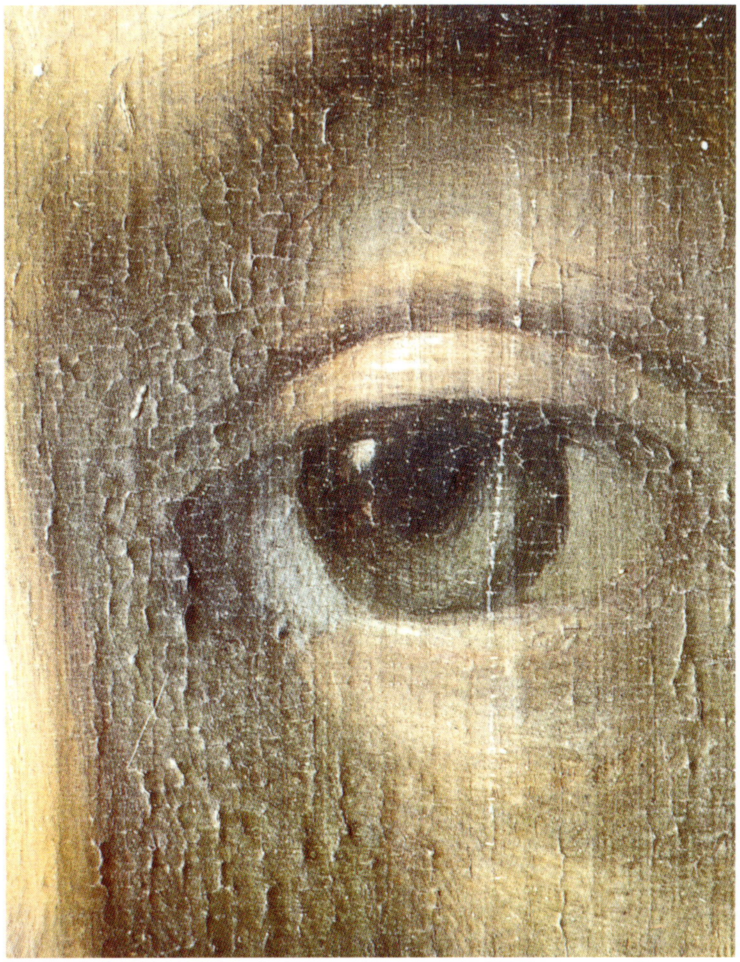

只有先对木质支撑体进行气候调节，使木材膨胀变大，才能在不破坏绘画层的情况下将鼓起的屋脊状起甲回平。

对绘画层进行的所有回平操作都有风险。如果绘画处于馆藏条件下，脊状起甲轻微，且艺术品处于长期监测下，就有理由决定“不回贴”。

背面填充

背面填充是在脊状起甲下方的空鼓内填入有加固作用的填充料（见 214 页插图左图）。迄今为止，尚无一种合适的黏结剂或填充材料可以圆满地完成这一任务。即便能找到合适的填充材料，也很难证明这种操作的合理性。

填充料一旦就位，就无法再去除，即便后来有了能消除脊状起甲的新技术，也不能使用了。如果木质支撑体膨胀，一般情况下就能降低脊状起甲的高度，而此时背面填充就会变成一片楔子，使起甲变得更高。

支撑膜

人们还提出过另一种可能性，是在脊状起甲的绘画层背面直接粘一层膜，起到弹性支撑体的作用。合成树脂分散剂既可以把绘画层黏结起来，也能形成弹性支撑膜，可以在一定程度上将凸起的底料层或色层加固（见 214 页插图右图）。然而我并不认为这是一种长久之计。

在回贴开裂的绘画层之前，向开裂空鼓内注入黏结剂的最古老方法可能是用熨斗把动物胶烫进去。可以趁热把胶倒在绘画层上，也可以用毛笔一点一点涂上去。在胶上盖一层或几层纸，来保护表面，然后透过这几层纸用熨斗烘干。还有一种类似的“表面”操作方法，是布拉赫特[34]在 1955 年首次提出的“海绵渗透法”，但据推测，这种方法此前已经使用了很久了。用皮骨胶和水（2.5 oz 胶兑 30 盎司水，80 g 胶兑 1L 水）做成胶浴，煮得尽可能热，用海绵蘸着胶液挤在疏松的区域，小心地“有节奏地”挤压海绵，将黏结剂压入绘画层。然后隔着 10 到 15 层纤维纸，用熨斗将它们整个熨干。

“海绵渗透法”

渐次输注

早在 1827 年，克斯特（Köster）[35]就曾寻求过先进得多的方法，要让尽可能热和易于流动的胶通过自然形成或人为造成的间隙“滴入”。他想用一根细棍或鱼刺让这种混合物“蔓延”遍布。他用油纸盖住有缺陷的部分，并“将其压实，再熨烫”。这种方法稍加改进（润湿剂）后便一直沿用至今。

醋

1866 年，福尔尼（Forni）[36]在加热的畜皮纸胶或手套皮胶中加入了“上好的白醋”，结果不仅获得了更好的黏合力，还发现皮骨胶更为有效地渗入了松动的绘画层空鼓之中。

蜡－树脂回贴

早在 1757 年，佩尔内提（Pernety）[37] 就曾描述过前文提到的用蜡－树脂作“覆背”的技术，据推测，这也标志着人们开始越来越多地使用蜡－树脂来处置开裂与脊状起甲。然而在 1812 年首次推荐这种方法的是荷兰化学家韦贝尔（Verbert）[38]。多奈尔（Doerner）[39] 曾用蜡和松节油溶液涂覆松动的区域，然后用熨斗使其渗入。总的来说，这种蜡溶液并不足以使绘画结构重新变得牢固。它的黏合力有限，且只能持续到松节油挥发完为止。开裂和脊状起甲只能用纯蜂蜡或蜡－树脂混合物才能回贴住（见对页左图）。

现代回贴技术

如今，修复师使用天然黏结剂（如鱼胶）——有时以润湿剂和合成树脂（即 Plextol 或 Plexisol）做补充——来回贴脱层的绘画层。更多关于黏结剂的信息将在后文中提供。

胶一注入，就用细棉签、调色刀或电热刮刀小心回平松动的部分——回平的工具应根据所有的胶来选择（见对页插图右图）。为将渗出的多余黏结剂吸走，并保护绘画层免受压力，需在绘画层和调色刀之间放一片吸水卡纸，如果有必要，

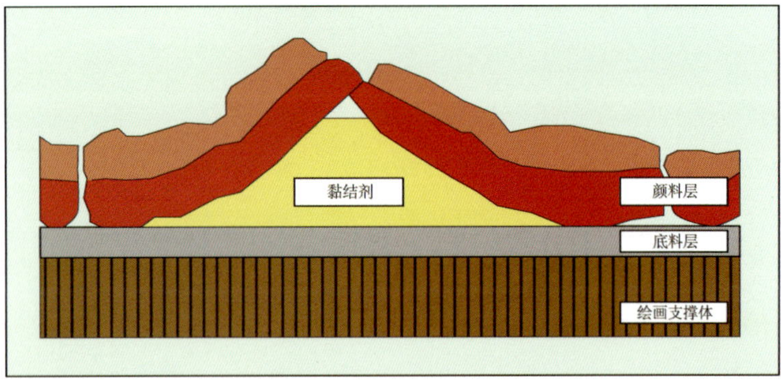

在作背面填充时，并不将脊状起甲回平，而是用黏结剂填充空鼓。

还可以放一层柔软的乳胶薄膜。在木质支撑体上回贴开裂的主要困难在于，很多情况下，除了老化裂隙，其他的开裂口并没有间隙。这些老化裂隙又常常太细或被残留的光油等粘在一起，使得黏结剂无法渗透得足够深入。为了促进黏结剂的渗透，人们已经发明了好几种技术，比如穿孔法、合页法、浸透法和漏斗法。

穿孔法

针
手术刀

在使用穿孔法时，需用细针或手术刀尖在绘画层上刺孔（见 216 页插图左图）。穿孔应在老化裂隙的交叉部位垂直刺入绘画，以便将破坏和可见度降至最低。据推测，穿孔法是最古老的提升黏结剂渗透能力的技术。18 世纪以来的修复类书籍中频频提到这种方法。因为较陈旧的绘画层发脆，容易在切入点的周边发生劈裂——有时会完全碎裂。为防止这种情况，有人建议先用少量白精油将颜料层软化，或将针加热再刺入。起初人们是在火焰上加热针的。后来，一些修复师对小型电烙铁做了改造，把烙铁头变尖，成为可加热的细针。

即便修复师只是将老化裂隙或裂隙交叉部位的孔洞“扩大”，通常还是会造成圆形的穿孔，也就会在绘画层造成明显而难看的损坏。因此，如今不得不在松动的层间制造间隙的时候，修复师会尝试把磨平的针插入老化裂隙的缝隙来将其拓宽。

注射

及至 19 世纪，已经有书籍提到了用皮下注射器将黏结剂注入开裂空鼓的方法[40]。书中只推荐在帐篷状起甲较大，且旁边有孔隙的情况下使用这种方法（见 216 页插图右图）。如果需要让黏结剂渗透到没有自然孔隙的平面裂隙中，用皮下注射器的方法就很难实现了。这是因为，一般来说，

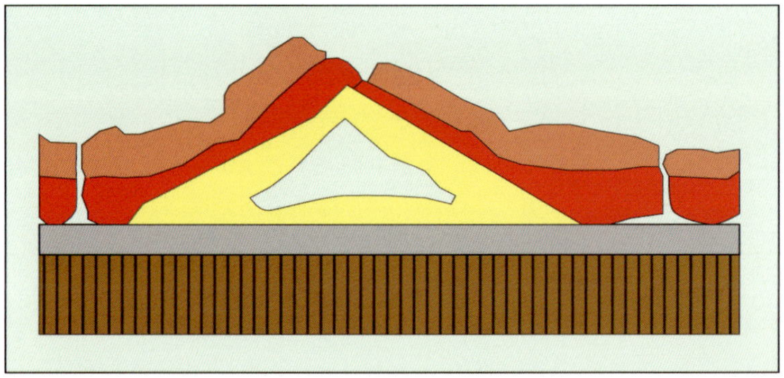

合成蜡－树脂分散剂不仅能帮助稳固绘画层的黏结，也能形成一层弹性的支撑膜。

要直接在绘画层中做切口，是不可能不造成切口周围严重劈裂的。早在 1866 年，塞科－苏阿尔多（Secco-Suardo）[41] 就曾专注地研究过，要在松动区域穿几个孔、穿在什么地方才能让黏结剂有效地渗透进去，并且能将封在空鼓里的空气排走：他提出两个洞就足够了。《国际博物馆绘画保护官方指南》（*The International Museums' Office Manual on the Conservation of Paintings*）[42] 则认为，如果把针插入脊状起甲，只要两个或三个孔就够了。不论采用哪种方法——不论是用毛笔还是用注射器——都不需要专为让空气释出而人为造孔。如果用毛笔送胶，就可以利用毛细作用——换句

用蜡—树脂进行回贴是一种早已成熟的方法，只应用于某些特定的情况，例如绘画层已经用蜡—树脂做过回贴时。

在注入黏结剂后，用棉签将脊状起甲回平。

话说，黏结剂会沿着边缘渗入，而留下足够的空间让空气逸出。注射法也是一样。即使用轻微的压力向人为造成的缝隙中注射，空气一般也可以毫无障碍地逸出。

蜡—树脂回贴

修复类书籍中常会警告，在用蜡或蜡—树脂混合物作回贴的情况下，绘画层一定不要穿孔。书中所说的这种情况只适用于有明显老化裂隙网络的绘画。用电热刮刀熨烫的过程，及熨烫带来的轻微的横向运动会产生一定的“抽吸作用”，黏结剂就能透过老化裂隙渗透下去了。如果要用蜡或蜡—树脂处置没有老化裂隙或类似孔隙的绘画层，还是必须人为造出通气孔来。

合页法

合页法的步骤如下：用局部覆面的方法缚固开裂部位，然后将绘画层揭起，将黏结剂涂布在病害区域，最后再将绘画层整块放回，并微微熨烫。许多修复类书籍都把这种技法列为加固开裂的手段，比如福尔尼[43]、布拉赫特[44]、斯托特（Stout）[45]和阿尔特赫费（Althöfer）[46]的著作。

风险

这种方法会带来巨大的风险。尽管作了覆面，但开裂部位的绘画层还是会发生移位，色层边缘也会崩解或粉碎。如果开裂的绘画层不是处于一个平面，而是处于若干不同的层面，就会发生损失，结果起甲层就无法复位到一个平面上。似乎只有在污染物颗粒或色层小碎片掉入绘画层与支撑体之间的空隙中时，才可建议使用这种方法——也只有将绘画层揭起，才能将空隙中的颗粒或碎片清除。

浸透法

这种方法最初用来加固受损艺术品——主要是雕塑作品——的木质部分和彩绘或绘画层。最有名的方法是蜡浸法，这种方法一直用到了 20 世纪 60 年代[47]。在可加热的不锈钢浴槽中注满蜡—树脂黏结剂材料，不论被昆虫啃噬的木板绘画和雕塑是否带有要剥落的彩绘层，都将其浸入浴槽中。这样受损的木板和彩绘或绘画层就能得到一定程度的加固。

蜡浸法

然而，为"挽救"彩绘或绘画层，也可将绘画和雕塑浸入水性黏结剂中，安德烈（André）[48]讲述过一次水性黏结剂的浸透操作，一组弗兰德斯的带翼大型祭坛画被分成几部分，借配重放入了温热的 PVAC 溶液（25 % 黏结剂 + 润湿剂）中，浸泡了几分钟。他写道，在这一过程中"……底料……已经马上就要瓦解成糊了"。

水性黏结剂

左图：
为注入黏结剂，绘画层被针刺得千疮百孔，造成了无法修复的损坏。

右图：
黏结剂被皮下注射器注入了起甲区域。

漏斗法

漏斗法是用真空将黏结剂散布在开裂空鼓中的技术[49]（见对页插图及右图）。

工具

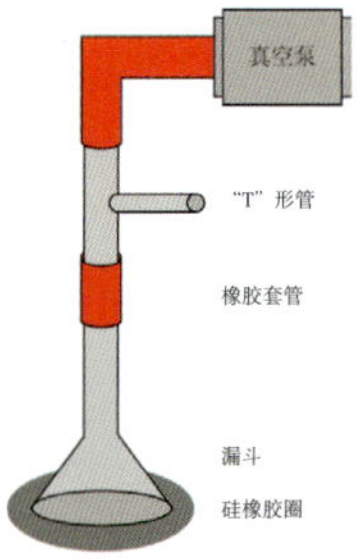

漏斗法器械简要图解。

漏斗法需要使用一支直径为 2 英寸（5 cm）的玻璃漏斗，一根内直径为 1.75 英寸（4.5 cm）、宽 0.4 英寸（1 cm）、厚 0.1 英寸（0.25 cm）的橡胶圈（硅橡胶圈亦可）、一根"T"形玻璃管、一根长橡胶管和一台真空泵。

用一小段橡胶管将漏斗和"T"形管的纵管连起来，横管与纵管垂直。把橡胶圈放在颜料层上

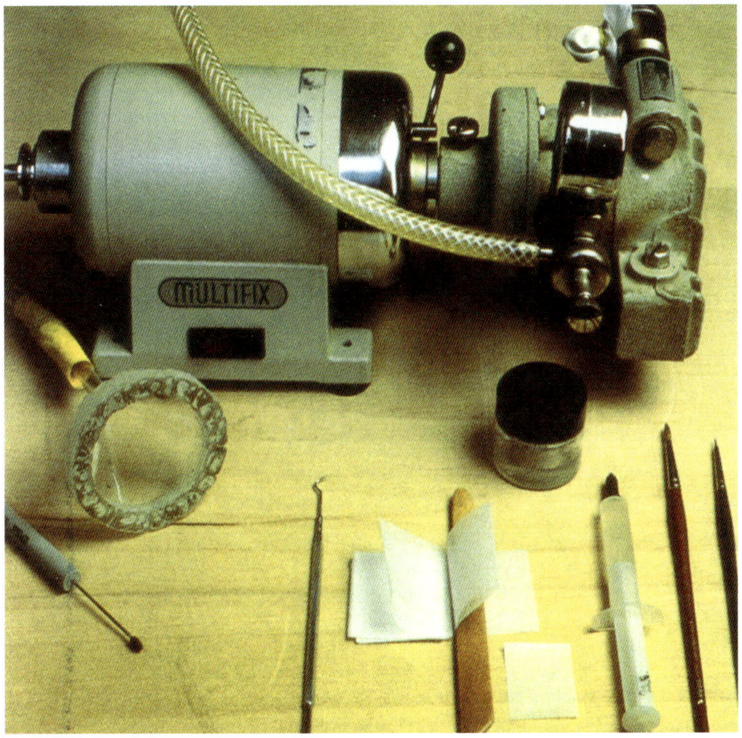

在用漏斗法加固开裂时，真空泵和带有硅酮边的漏斗是最重要的器具。

空气会从画的空鼓中被抽出，因此会在黏合剂中形成小气泡。

待加固的部位，或将待加固部位围起来，用毛笔将黏结剂涂在细微裂隙（龟裂）部位。如果圈内的表面整个都需要处置，就要在橡胶圈内仔细地涂满黏结材料。将玻璃漏斗倒置于橡胶圈上，并用手指堵住“T”形管的右臂，然后用真空泵抽出空气。看到黏结剂中出现小气泡，就可以判断空气已从裂隙中抽出，真空已形成。如果移开堵着“T”形管右臂的手指，裂隙内的真空就会将黏结剂吸入开裂空鼓。

最后，应将龟裂部位熨平。这种方法尤其适于裂隙很少，或很细微的绘画层开裂。

严重损坏的支撑体上的绘画层回贴

伪开裂

如果木质支撑体被昆虫严重蛀蚀，支撑体上的绘画层就成了搭在充满粪粒和蛀屑的空腔上的“桥”，我们称这种损害为伪开裂（见218页及219页插图）。

即便是只对支撑体进行细微的操作，或造成轻微的震动，也会导致绘画层“塌陷”。必须将陷入支撑体的绘画层碎片取出，并重建支撑体，并将颜料层碎片复位。是否有可能这么做，则只能就每个案例单独判定。如果支撑体被严重蛀蚀，很可能就需要考虑对画作实施整体覆面。

粉化或垩化色层的处置

加固粉化或垩化的色层是最复杂的修复任务之一。在木板绘画中，只能透过表面——即透过色层本身——进行加固。若要成功地加固，黏结剂就必须尽可能深入和均匀地渗入，并被所有与颜料粉接触的部位吸收。为了避免眩光、变色或斑痕，需要小心地避免结膜。

黏结剂渗透

黏结剂主要是靠扩散与毛细作用渗透到粉化层中的。渗透会受到颜料粉与渗透黏结材料之间的邻接表面力阻碍。为了将这种邻接力降至最低，应先用“运载”溶剂润湿或蒸湿（即毛细凝结）待处置的层，以赋予它适当的极性。注入黏结剂的最佳时机是在未渗入粉化层的溶剂已从空鼓中蒸发出来时，此时注入的溶剂就会只包住一粒一粒的颜料粉颗粒了。

全浸

顶光（散射光）会使被胶结的色层显示出亚光效果。与在油画颜料中不同，颜料颗粒并不是被完全包裹，而仅仅是靠许多“胶桥”搭接在一起的（见220页插图左上图）。被胶黏结的色层会形成一种“断续膜”[50]，在加固后应该还保持这种效果。如果黏结剂用得太多或黏度太高，颜料粉颗粒也会完全嵌入其中。这会消除胶性色层的散光效果，看起来光也会射入色层更深的部位。这种情况称作“全浸”（见220页插图右上图）。

然而，令人不快的全浸并不总会出现在整个色层的所有深度。全浸可能出现在任何层位（见220页插图下图）。它出现的层位取决于几个因素：黏结剂可以渗透到什么深度、颜料粉颗粒的大小、色层的厚度。

结痂

在黏结剂干燥后，如果粉化的色层并未得到完全加固，而只是在一个层面上被加固，我们就称之为结痂（crusting）。颜料层强度越大，颜料颗粒越细，就越容易发生结痂。结痂会导致颜料层扭曲变形。

重组

在所有加固过程中的湿润阶段，颜料层和污染物颗粒都容易发生移动。干燥后，这些小颗粒便会留在它们的新位置上。颗粒移动的程度取决于黏结剂的量和挥发性。黏结剂的挥发性越小，颗粒活动越多。挥发性较强的黏结剂可使色层的显微表面保持得更为完好。水性黏结剂会在粉化的色层中造成更强的“富集”和“趋平”效果，而使用溶于溶剂的黏结剂，造成的这种效果就比较弱。

石青色层

所有原本用水性黏结剂黏结的色层都特别容易粉化，例如用皮骨胶黏结剂黏结的石青色层以及白垩或石膏底料。早在1620年，迈厄尼就提到过石青色层会垩化[51]。他提出了一种着实非同寻常的“修复方法”：为了“保护”粉化的石青区域，在上边涂上用油调和的铅白底料，然后在表面撒上了新的石青粉末。加固粉化的底料是个尤为棘手的问题。用明胶或蜡这样的传统黏结材料通常是无法实现的。在发明出用于绘画修复的合成树脂之前，面对这种情况的最后手段就是整体覆面。除了涂白色油画颜料然后撒石青粉的方法——这种方法简直无法称之为修复——从19世纪和20世纪开始，人们也试过用干性油、蜡或水性黏结剂来固定粉化的石青色层。干性油和蜡并不适用于此，因为它们会形成致密的膜，并改变色层的折射率。折射率的变化会使含有矿物成分的石青颜料丧失原本的色彩特征。这种处置会使原本亚光的蓝色色层变成某种介于深蓝和发亮的黑色之间的效果。

液态尼龙

为了实现粉化色层的加固，有些作者曾在20世纪60年代至70年代建议使用calaton——一种液态的尼龙[52]。不过，实践证明，它终归并不适用于修复的目的，因为不久之后它就会“开片”，出现细微的裂纹。

黏结剂

人们用来处置这类病害的既有传统黏结剂，也有现代黏结剂：稀释的酪素溶液、明胶溶液（5%）、甲基纤维素（两种用法：第二种用法中加入1%—5%的聚醋酸乙烯酯分散剂［10%］）、聚乙烯醇+3%—5%聚醋酸乙烯酯分散剂（10%）、纤维素胶（羧甲基纤维素）+3%—5%聚醋酸乙烯酯分散剂（10%）、Klucel E（羟丙基甲基纤维素）+3%—10%聚丙烯酸分散剂（10%，即Plextol）。施斯尔[53]的研究发现，黏结材料的浓度大约在0.5%—2%就足够了。

鱼胶

鱼胶就算是很稀（1%—5%），也无法均匀地渗入用胶黏结的颜料层或底料层中。即便水分完全渗透了整个层，固态物质也只会聚集在最细微的空鼓里或颜料碎片周围。不论是添加流化剂还是用真空，都无法明显改变这种状况。不管是哪种情况，最后多余的黏结剂都会聚集在表面上。

丙烯酸树脂溶液

溶于有机溶剂的合成树脂（例如5%—10%的Lascaux丙烯酸树脂P550 40TB溶液）表现与鱼胶类似。尽管一开始，溶解的丙烯酸树脂能够充分渗透，但在溶剂挥发的过程中，一部分树脂又会被重新带回表面。不应尝试将其固定在深处。此外，也无法防止轻度眩光的形成。

丙烯酸酯分散剂

使用丙烯酸分散剂，可使粉化的层得到最好的加固。在加固过程中，黏结剂的粘性非常重要。

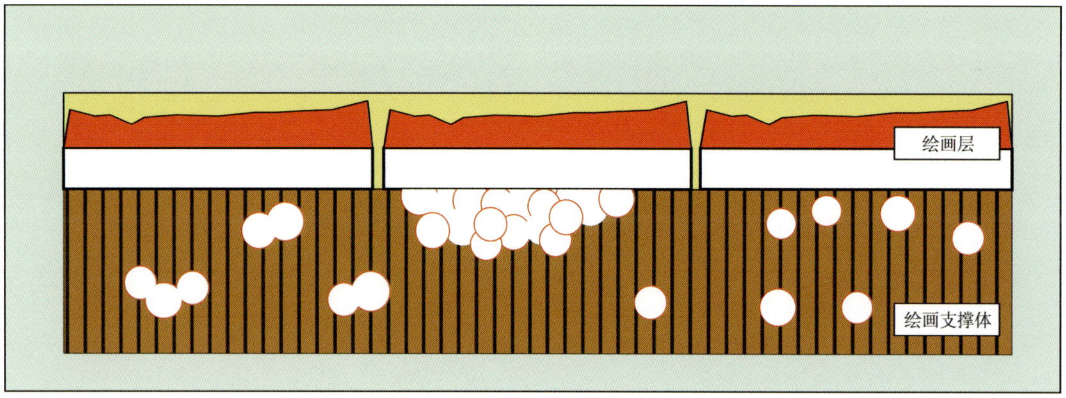

木质支撑体被昆虫幼虫严重瓦解，以至于绘画层在蛀蚀隧道上成了一座“桥”（中部）。这便是伪开裂。

是用溶剂实现软化的方法。

靠水分软化

如今，人们尝试着用一种更为温和的手法来回平绘画层，这种方法用的同样是气候调节或在热 / 真空工作台或负压工作台上进行处置的原则，只是在加热、加压的同时，还要将绘画层润湿。

在这一过程中，修复师利用的是绘画层吸收水蒸汽越多，湿度越大，玻璃化转变的温度（凝固温度）就越低的原理。换句话说，绘画层会变得更具可塑性并更容易重新塑形。

然而必须清楚一点：空气相对湿度对绘画层的影响没有对纺织品支撑体的影响大，在某些情况下，纺织品支撑体的反应会更为迅速和强烈。粘在纺织品支撑体上的底料层也比颜料层反应迅速。赫德利与奥德利亚所提出的方法更为温和；

对页：纺织品支撑体上的蜡渍表明，曾有人用蜡或蜡—树脂混合物从背面进行过绘画层加固。

借助蒸气和轻微的加热，只对变形的绘画层进行局部而非整体处置，气候调节帐只覆盖在约 8×8 英寸（20×20 cm）的区域内。

如果杯形起翘使支撑体也发生了变形，通常就必须为画布作覆背，这样绘画层表面才不会再次变形。如果杯形起翘已使绘画层与支撑体分离，而未使支撑体变形，通常绘画层回贴后就无需进行覆背了。

将绘画放置在这台小型负压工作台（左图）上，在画上涂刷温热的鱼胶，并借助这个个工作台来加固开裂（右图）。

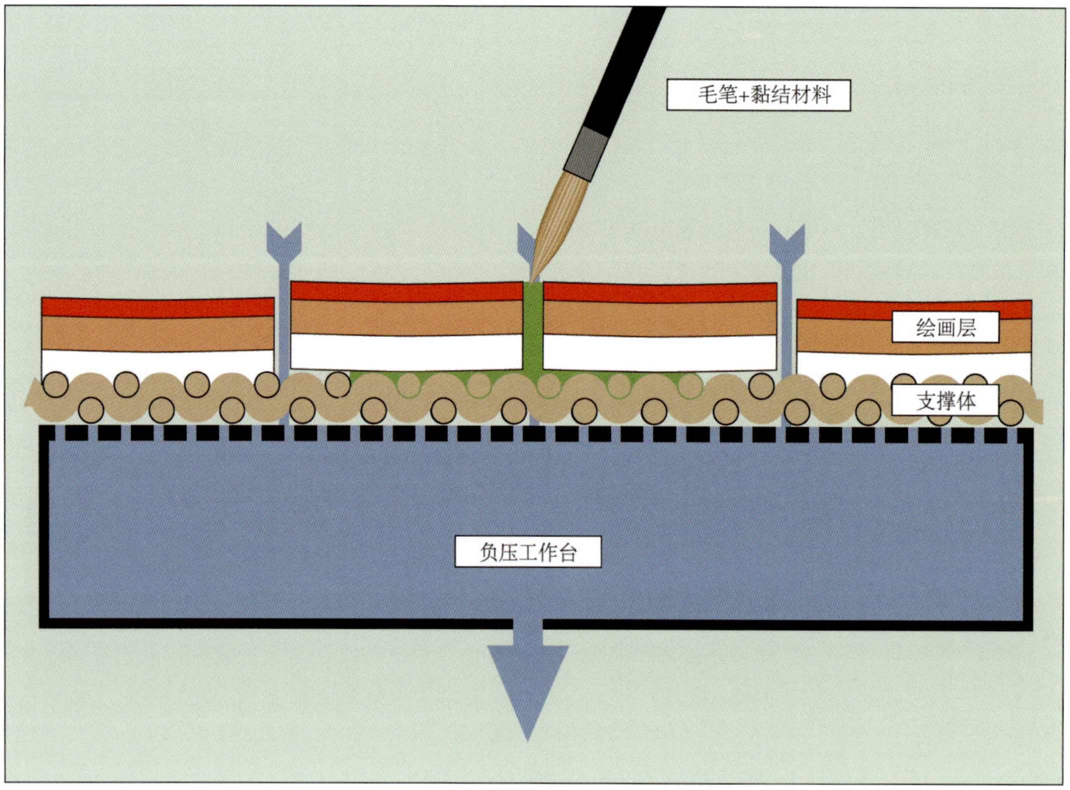

通过负压工作台所产生的真空压，黏结材料被从毛笔上吸入绘画本体的空隙中。

空鼓的处置

与通常需要紧急处置的脊状起甲不同，空鼓并不会危及绘画的存续，因此并不是必须处置的。对于木板绘画的空鼓，如果先把少量加了润湿剂的水（润湿剂可降低水的表面张力）注入空鼓，将皮骨胶的黏性重新激活，有时用电热刮刀轻微加热熨烫就可以消除空鼓。如果原来的胶已经失去了黏性，就必须注入一种黏结材料，比如皮骨胶。严重的空鼓通常只有对绘画进行转移，即去除支撑体，并将画粘到另一个支撑体上才能消除。

金属支撑体

铜板

开裂

在铜板上也可以观察到开裂。这种情况下，开裂似乎是由铜板和绘画层之间的腐蚀导致的。检查表面和观察截面都能佐证这一点。与木质支撑体和纺织品支撑体不同，在回贴开裂之前，必须先处置腐蚀。

处置腐蚀

严重的锈痂应在立体显微镜下用手术刀去除。重要的是，在这一过程中要将金属暴露出来。为使铜稳定，应用防锈剂处置病害区域。对于这一目的，建议使用 1%—3% 的苯并三唑（$C_6H_5N_3$；BTA）甲醇溶液。市售的 BTA 是粉末状的，因为很容易被蹭掉，所以应将其加入黏结材料中使用。比亚恩霍夫（Bjarnhof）[60] 在回贴的黏结剂中加入了 1% 的苯并三唑。

回贴黏结剂

如实验证明，传统的回贴黏合剂，比如皮骨胶和蜡－树脂黏合剂，都不能令人满意地将绘画层回贴到铜板上。皮骨胶只能产生较弱的黏性，而蜂蜡中的酸性成分会使铜板变绿。不过，使用溶于二甲苯的 Paraloid B72（0.5% BTA）、溶于甲苯的 Plexisol P550、Beva 371 和 Mowlith 20（聚醋酸乙烯酯）都取得了成功的效果。

铁板

保护

只有在腐蚀（即锈蚀过程）终止之后才能进行保护。仅把锈层上松脱的绘画层回贴是不够的。为实现长久的保护，也必须解决绘画层下方发生的锈蚀问题。

防锈剂

相应的，为防止绘画层下方的“潜锈蚀”进一步发展，首要的问题是稳定锈蚀。一般来说，在不损坏绘画层的情况下是不可能清除锈蚀的。“转化”的过程是借助“锈转化剂”（rust converter）来实现的。锈转化剂是能将铁锈变成无害的化学成分，从而在金属表面形成保护层的物质，可保护铁，防止它进一步锈蚀。在这个保护层上边，就可以加填充料或开始全色了。1966年，在修复文献中首次提出用单宁做锈转化剂[61]。

单宁

单宁（tannin）（五倍子酸或鞣酸）是从各种植物的虫瘿中取得的鞣料。虫瘿是瘿蜂叮咬引起的病态膨隆。单宁是各种多酚的混合物，成分因来源植物而异，有强烈的抗氧化效果，还会与铁锈间建立稳固的连接。市售的商品名为纯单宁 DAB 7（Tannin Pure DAB 7）。为进行上述处置，应将 0.7 oz（20 g）单宁溶于 3.4 盎司（100 ml）蒸馏水，然后加入 0.5—0.7 盎司（15—20 ml）的乙醇。

处置色层

下一步的处置应取决于绘画的状况。在绘画层完全损毁的区域，可以用一支细钢丝刷小心地去除铁锈。接下来，用乙醇和蒸馏水混合液将待处置区域润湿，最后涂上单宁溶液。在处置过程中，铁板应保持温热。这可以降低单宁溶液的黏稠度，并促进它在绘画层下方的渗透。可以用红外射线加热铁板，也可以把它放在热工作台上加热。必须让处置区域“熟化”24—36 小时。在此期间，会形成深蓝至黑色的鞣酸铁。如果没有发生变色，或变成别的颜色（绿色），则有可能是因为过去的修复工作留下了杂质。

杂质

在较早的时期，人们常用蜂蜡或油脂类材料来处置锈蚀的绘画，这些材料必须用白精油清除。在进行下一步修复之前，应将绘画搁置两三天。

莱曼（Lehmann）[62] 建议使用 Paraloid B72 作回贴。用一支全色用的毛笔涂刷黏结剂，使其渗入松脱的绘画层下方。然后用小木质刮刀或小木棒将剥落的绘画层碎片压在微微干燥的 Paraloid 胶面上。

对被酸和剥色剂损坏的绘画的处置

由于 20 世纪 70 年代发生过一些用硫酸破坏绘画的事件，修复师也必须关注酸对绘画造成的损害。一旦察觉到颜料层上有异物，就应立即将其从墙上摘下，并除去外框。之后应如何存放绘画，应取决于绘画受损的程度，以及发现时颜料层上存在的液体的量。接下来的所有步骤，都应在准确鉴别出画上的泼溅物后才能进行。修复师可以用试纸进行粗略的分析，分析液体是酸性还是碱性，但只有化学家才能作出精确的分析。

硫酸

如果侵害绘画的物质是硫酸，在有可能且无争议的情况下（木质支撑体的绘画是否应如此存放尚有争议）应将受损的艺术品放入一个空气湿度低（大约 35%）的房间。在真正开始修复被酸损害的绘画之前，需要先对受损和被毁坏区域进行中和。必须清除掉已发生不可逆变化的材料和变得不稳定的材料。此外，如果有可能，最好什么溶剂都不用，在迫不得已的情况下，也只能使用有中和作用的溶剂。

吸附
中和

可以通过吸附或中和来清除酸的残留物，在较早的破坏案例中，人们对这两种方法都进行过实验。人们曾尝试用石膏来吸附酸，也试过喷洒钡盐来进行中和（这会和硫酸发生化学变化，变成惰性的硫酸钡）。在这一过程中，会在受损区域形成一层只能用手术刀清除的痂。很难相信用这些手段所作的中和能深入到绘画本体的内部。人们也试验过渗透得更深的湿性化学中和法。然而因为中和物质含水量高且碱性高，这种方法是不应用于受损绘画的。

如果木材上特定的区域——例如画板的横断面——被酸损毁，可以用碱性中和溶液。这种溶液只会渗透到酸所在的区域，也就是说，它会局限在受损区域内。

离子交换

最成功的清除硫酸的方法可能是用离子交换剂来中和。离子交换剂是能用缔合离子交换溶液中其他离子的合成树脂。使用这种方法，不仅被酸浇到的区域会被中和，受损的材料也能得到加固。换句话说，在使用合适的离子交换剂时，硬痂能被软化和中和，受损材料会被加固，而毗邻的未受损区域几乎不会受到影响。

譬如：有种适用的离子交换剂是 Lewasorb A 50[63]。把它研细，用尽量少的水调和，可用于所有受酸侵蚀的区域。一旦离子成功交换，就应待离子交换剂干燥，之后便可用毛笔或真空吸尘器将其清除。被酸毁坏的区域可能已经非常疏松，需要加固。决不能用水性黏结剂进行加固，因为那会重新激活残留的酸性物质。修复类文献建议，用蜡－树脂混合物来作加固。填充材料中也应含有蜡－树脂黏结剂。

剥色剂

如果破坏者使用的是独家品牌的剥色剂，它们通常就是溶剂剥色剂、碱性剥色剂或“复合”剥色剂。溶剂剥色剂常包含甲基氯、甲醇和丙酮之类的有机溶剂混合物；而碱性剥色剂通常包含氢氧化钠溶液、氢氧化钾溶液和氨水的混合物；复合剥色剂则含有两种剥色剂的混合物。

在绘画受到破坏时，一般都是在剥色剂已将绘画层损坏后才会召来修复师。一般来说，只能清除多余的浆料，而不能触及绘画表面。不能清除的残留物应留在原地“晾干”。

在鲁本斯的一幅画受到破坏时（见 205 页插图），修复师用电热刮刀将脱色的蜂蜡和达玛树脂混合物涂覆在受损部位，然后用一把细木质刮刀将多余的蜡树脂糨糊连带干燥的剥色剂浆料残留物一起清除。最后再将表面刮平（见下图及对页插图）。

火疱的处置

在 1963 年首次详细研究火疱的作者是布瓦索纳（Boissonas）[64]。他讲述了借加热再次软化火疱，并借助真空使其回平的可能性。关于这一问题，后来又出现了多种其他著作——比如杜邦（du Pont）（1966 年）[65]、施密德（Schmid）（1968 年）[66]、麦凯（1977 年）[67]、伯杰（1978 年）[68]，和赫克曼（1985 年）[69] 的著作，这些作者都进一步地发展了这种技术。

这种处置方法的基础在于，再度加热时火疱会变软，轻微施压便可将其压回（见 228 页插图）。为实现这一点，并不一定需要加黏结剂。火疱是否能被回平和加固，取决于色层中分子量较大的成分受热诱发的高温分解的程度。如果这些成分几乎已经完全分解了，换句话说，就是已经开始结痂和炭化的过程，通常就无法对它作进一步处置了。

回平

可以用电热刮刀对火疱单个施压并加热来将其回平，也可以在热 / 负压工作台或热 / 真空工作台上对火疱单个或集体加热来将其回平。在单个处置的过程中，应用电热刮刀逐个将火疱加热、软化再回平。在回平的过程中，绘画层也会出现一些继发的粉碎。

负压

有一种方法，是在负压工作台或热 / 真空工作台上，借助塑料薄膜回压火疱，这种方法对绘画表面的结构压力更为柔和。建议使用的两种方法如下：

1. 在工作台上将画加热至色层开始软化的温度。一旦达到预期温度，就在画上铺一层薄膜，然后开启真空，真空（借助或不借助预涂的黏结剂）就会将火疱压回色层。

2. 把画放在热 / 真空工作台上，置于一片弹性材料之下，并施加负压，将画稍微加热到 122 ℉（50℃），用一个热源对火疱逐个进行处理，可能需将热源保持一会儿，就可以用一把轻刮刀将火疱复位了。小型热风机或专用灯具[70] 便是合适的热源（见 228 页插图）。

“软化温度”

火疱的“软化温度”必须凭经验确定，譬如：可以用可调校温度的电热刮刀，这个温度一般介于 158—212 ℉（70—100℃）之间。应当记住，一幅画上可能同时存在比较“软”的和比较“硬”的火疱。为了恰当地回平，较硬的火疱需要用较高的温度和较大的压力。

右图及下一页插图：在破坏时，剥色剂被喷在了绘画层上。用蜡—树脂混合物加固被剥色剂损毁的绘画层表面（右图），全色前用剃须刀片和硬毛刷弄平（对页左图及右图）。（彼得·保罗·鲁本斯，《小幅最后的审判》［*Small Last Judgment*］［约 1620］。巴伐利亚国家收藏，慕尼黑古画陈列馆，亦见 205 页。）

用于颜料层裂隙回贴的传统与现代黏结剂

	水性黏结剂		溶于溶剂的黏结剂	
	使用条件		使用条件	
	冷	热	冷	热
动物胶	鱼胶 牛奶 蛋清 酪素胶	皮骨胶（畜皮胶、皮胶、鱼胶、明胶）		蜂蜡 蜡 / 树脂
植物胶	淀粉 / 胶料			
	糊精 树胶		马蒂树脂（光油） 苦配巴香脂	
半合成胶	纤维素醚 （甲基纤维素、羟丙基纤维素）		纤维素醚 （羟丙基纤维素）	
合成胶	聚醋酸乙烯酯 聚乙烯醇 聚丙烯酸酯		聚醋酸乙烯酯 聚丙烯酸酯 Claton	微晶蜡 Beva 371

摘自 B. 维默斯的学位论文《开裂回贴的传统和现代方法》的表格。斯图加特，1983 年。

不过也有几种其他的制剂适用于开裂回贴。其中包括产品代码为 Mowilith DM 的无软化剂共聚分散剂，比如 Mowilith DM1 或 Mowilith DM5。回贴开裂时，这些黏结剂的用法和天然水性黏结剂一样。应将被选中的 PVAc 分散剂稀释并加入润湿剂，然后通过龟裂或色层孔隙把分散剂填入绘画本体。在脱层处或脊状起甲处小心施压，可以起到轻微的"泵唧作用"，使黏结材料更快渗透。用几片纤维纸或吸水纸吸走多余的黏结材料，再用电热刮刀将被加固的区域熨干。也可以使用溶于溶剂的聚醋酸乙烯酯，比如 Mowilith 30，来加固开裂。

丙烯酸树脂

丙烯酸树脂由丙烯酸和丙烯酸酯聚合而成。用于开裂回贴的有溶于溶剂的丙烯酸树脂和丙烯酸树脂分散剂。其中包括 Paraloid 产品 [85] 既有固态（颗粒状）的，也有溶液。

PARALOID B72

大约从 20 世纪 60 年代开始，Paraloid B72 就被用于修复工作的多种任务。它溶于甲苯、二甲苯、乙酸乙酯，在有限的程度内也溶于乙醇。溶于甲苯的 Paraloid B72 非常适于开裂回贴，在撰写本书时，它被视为回贴铜板绘画绘画层的最佳黏结材料。添加 0.1% 的 P 100 润湿剂可提升溶液的渗透能力 [86]。

PLEXISOL

Plexisol 是个品牌名称，是达姆施塔特的 Röhm 公司制造的一种溶于溶剂的丙烯酸树脂。例如 Plexisol P550，是把甲基丙烯酸丁酯溶于接近沸点（212—284 ℉［100—140℃］）的白精油制成。这种物质对于绘画，比如铜板绘画，开裂回贴的价值已经得到了证实 [87]。

一种与 Plexisol 相当的产品是 Lascaux 丙烯酸树脂 P550-40 TB[88]。据凯特纳斯（Ketnath）[89] 说，用很稀的 Plexisol 来加固亚光的色层是不会引起变色的。而且，低浓度（1%—2%）的 Plexisol 便可以有效地黏结色层。它也有很好的渗透能力，突发的气候变化对它的负面作用也最小。待到大约 12 个小时过后，溶剂完全蒸发，在负压工作台上对绘画施压加热，即可将色层和底料层封住。一旦画被浸透，很可能用水就能将它回平。

LASCAUX 丙烯酸釉

Lascaux 丙烯酸亮光釉 40X 和 Lascaux 丙烯酸亚光釉 40X 也是溶于溶剂的丙烯酸树脂，都适用于开裂回贴。这两种产品都可以用作陈旧色层加固的基础材料，也可以用来黏合“平底”的杯形起翘[90]。

丙烯酸树脂分散剂

20 世纪 50 年代早期，丙烯酸树脂分散剂开始在修复工作中起到了重要的作用[91]。这类分散剂用于开裂回贴的不止一种，比如，其中包括Plextol（达姆施塔特的 Röhm 公司）、Acronal（BASF 巴斯夫公司）、Primal（美国费城的 Rohm & Haas 公司）和 Lascaux Hydro-Grund 750。

人们认为，丙烯酸树脂分散剂没有聚醋酸乙烯分散剂那么容易劣化。Plextol 是甲基丙烯酸丁酯共聚物分散剂。Plextol D360 和 Plextol D498 用于开裂的回贴。Acronal D500 是一种丙烯酸酯、乙酸乙烯酯和氯乙烯的共聚物。譬如，在回贴开裂时，需用水将 Acronal D500 稀释（1:1），并加入润湿剂[92]。

Lascaux Hydro-Grund 750 是一种细颗粒的纯丙烯酸树脂分散剂，平均颗粒直径为 0.06 μm，pH 值为 8。根据制造商提供的信息，这种分散剂可以用来加固粉化的色层、回贴开裂，并处置杯形起翘。可以根据所需的用途和黏结强度对分散剂加以稀释（大致介于 1:1 到 1:6 之间）。稀释后——也可以再添加润湿剂（0.1% Triton DF 12）——再将其注入绘画层内。分散剂干燥后，可使用电热刮刀、吹风机、热 / 真空工作台或负压工作台（温度将近 104 ℉［40℃］）对加固过的表面加热，并进行封固。

合成黏合蜡

将微晶蜡和合成树脂混合可以制成合成黏合蜡。这种材料是为绘画覆背所开发，但也用于开裂的回贴。

最有名的黏合蜡中包括 Lascaux 黏合蜡 443-95。它是微晶蜡和合成聚松节油树脂的混合物，大约在 140 ℉（60℃）开始软化，它的熔点为 154 ℉（68℃）。

纤维素醚

纤维素醚是一类化合物，是纤维素分子的羟基中的氢原子被甲基（甲基纤维素 MC）、乙基（乙基纤维素 EC）、羟丙基（羟丙基纤维素 HPC）、羧甲基（羧甲基纤维素 CMC）或类似的官能团取代而成。

纤维素醚的种类取决于溶于水或有机溶剂的相关醚基的种类和数量。甲基纤维素和羧甲基纤维素（纤维素胶）都用于绘画修复，二者皆溶于水。羟丙基纤维素（Klucel）既溶于水也溶于一些有机溶剂。纤维素醚最初在 20 世纪 50 年代用于绘画修复。

水溶性的甲基纤维素有多种用途，也用作覆面的黏结材料和开裂的回贴。其市售品牌名为 Glutolin（Hoechst 公司）。羟丙基纤维素对于修复和保护工作，是一种极为有用的纤维素衍生物，因为它既可以在 104 ℉（40℃）时溶于水，也可溶于极性溶剂。这意味着纤维素醚现在甚至可以用于对水敏感的绘画的开裂回贴。

市售羟丙基纤维素的品牌名为Klucel（Hercules 公司）。例如，Klucel E 为低黏滞度型号、Klucel G 为中等黏滞度型号、Klucel H 为高黏滞度型号，而 Klucel M 是高粘滞度的亚光制剂。

混合物

可用于回贴开裂的混合物有：羟丙基纤维素 + 水（104 ℉、40℃），羟丙基纤维素 + 酒精，羟丙基纤维素 +9 份丙酮 +1 份水，羟丙基纤维素 +3 份甲苯 +2 份乙醇，羟丙基纤维素 +9 份甲叉二氯 +1 份甲醇伯杰[93]和霍芬克 - 德格拉夫（Hofenk-de Graaff）[94]建议使用溶于乙醇的 2% Klucel J（或 Klucel G）溶液来回贴开裂。

Calaton（液态尼龙）

可溶尼龙（N- 甲氧基甲基尼龙）溶于乙醇或甲醇，市售品牌有 Calaton CA（ICI 集团）。根据屈恩（Kühn）的研究[95]，Calaton 在干燥过程中不会产生拉力，且为亚光，过去曾用于加固粉化的颜料层[96]。现在我们了解到它，并不适用于加固开裂，因为它会变得不可溶，而且随着时间慢慢流逝还会丧失缚固力。

Beva 371

用途

1970 年前后，古斯塔夫 · A. 伯杰[97]在纽约研发了 Beva371，它有多种用途，其中就包括回贴绘画层开裂、消除杯形起翘和黏贴覆面。它是合成树脂和微晶蜡的混合物。以热封法使用 Beva 371，可以有效地处置开裂和脊状起甲（见 129 页起）[98]。应将 Beva 371 稀释成溶液（5-10%，溶于甲苯）涂施。如有必要，应通过加热降低液体的粘滞度，这样做也有助于液体的渗透。待到至少大约一天之后，待溶剂蒸发完，便可对其加热（约 150 ℉ [65℃]），以激活它的黏性。

用于回贴和加固裂隙的合成黏结剂

水性溶液	分散剂	纤维素醚
聚乙烯醇（PVAI）	**聚醋酸乙烯酯（PVAc）**	**聚醋酸乙烯酯（PVAc）**
· Mowiol（Hoeschst） *e.g. Mowiol 4/88* · Polyviol （Wacker） *e.g. Polyviol V03/180*	· Mowilith D.../DM...（Hoechst） *e.g. Mowilith DM5* · 白乳胶（细木工胶） *e.g. Ponal, Caparol*	· Mowilith（Hoechst） *e.g. Mowilith 30* · Vinnaps（Wacker） *e.g. Vinnaps B*
	丙烯酸树脂	**丙烯酸树脂**
	· Primal（Rohm & Haas） *e.g. Primal R253* · Plextol（Rohm） *e.g. Plextol D360* · Lascaux Hydro-Grund 750 · Acronal（BASF） *e.g. Acronal 500D*	· Paraloid（Rohm & Haas） *e.g. Paraloid B72* · Plexisol（Rohm） *e.g. Plexisol P550* · Plexigum（Rohm） *e.g. Plexigum P24*
纤维素酯		**纤维素酯**
· Glutonlin（Hoechst） · Culminal（Henkel） · Tylose（Hoechst） · Klucel（Hercules）		· Klucel（Hercules）
		聚乙烯醇缩丁醛
		· Mowital（Hoechst） *e.g. Mowital B30H*
		尼龙（可溶）
		e.g. Mowital B30H
		溶于溶剂的黏结混合物
		e.g. Beva 371

该表摘自 E. Jägers, Synthetische Materialien für die Malschichtfestlegung, in: Mitteilungen des Deutschen Restauratorenverbandes (DRV), 1981/82, pp. 26-28

润湿剂

润湿剂（表面活性剂）可降低水或其他液体的表面张力。在这里，润湿剂这个术语既用于常在修复工作中用作“润湿剂”的乙醇，也用于真正的润湿剂，即表面活性剂。所有的水性黏结材料都有较强的表面张力。也就是说，在大多数情况下，它们是无法渗入较小的开裂空鼓的。为了有效降低表面张力，并使黏结材料尽可能充分地渗透，应在其中加入润湿剂。润湿剂可分为天然润湿剂和合成润湿剂。在大量可得的表面活性剂中，我们可以利用的只有天然“润湿剂”乙醇和合成润湿剂 Agepon。这两种材料都用于加固开裂。如果要让黏结材料充分散布（即水平方向渗透），它的黏滞度就要尽可能低，也应是尽可能良好的润湿剂。换句话说，它的表面张力必须尽可能小。然而，黏结材料要渗入疏松的绘画层，拥有较高的表面张力是极为重要的。这就意味着，一种良好的黏结材料在绘画层中渗透得应该尽可能深且尽可能广，但表面张力应在必要的情况下尽可能低，而不是无限度地降低。

在回贴或加固开裂的过程中，润湿剂有两种使用方法：预润湿法和结合法。

预润湿法

预润湿法是单独用润湿剂对疏松的绘画层进行预润湿。待蒸发一段时间后（时间长度因润湿剂而异），再注入真正的黏结材料（黏结剂），加固或回贴开裂。

结合法

结合法是将润湿剂加入黏结剂中，一同注入疏松的绘画层中。

乙醇

在修复工作中，乙醇可能是用得最广的“润湿剂”。在回贴或加固开裂时，一般用它作预润湿。乙醇是一种带有轻微挥发性的有机材料，具有挥发后不留痕迹的优点。把乙醇与皮骨胶（如鱼胶）结合使用，加固绘画层尤为有效。

合成润湿剂

合成润湿剂 Agepon 用于冲洗摄影胶片，长期以来也被用于绘画修复。它是离子和非离子表面活性剂的混合物。制造商建议的使用浓度为0.5%。人们将 Agepon 用于开裂的回贴和加固已取得了巨大的成功。

莫斯尔（Mösl）[99] 提出，Surfynol 61 是一种适用于开裂回贴的润湿剂。Surfynol 61 是一种非离子表面活性剂，据制造商介绍，它在蒸发后不留痕迹。

填充

绘画层上可能会出现有损于绘画整体外观的缺损。全色之前，通常必须用填充料对这些缺损区域进行封闭（见236页插图）。我们所说的填充指的是填入填充料，封闭绘画层受损区域，填充体的表面或是磨平的，或带有肌理。填充料可填补缺损区域，并衔接画上不在一个平面上的几部分（形成连贯的平面）。全色则做在填充体的表面上。

表面的外观

每次填入填充料时都必须记住，绘画表面的外观会在肌理、色彩和光亮度方面受到影响。此处需要处理的核心问题，是如何通过填充和相应的肌理构建来重构出绘画表面。也就是说，还必须明白，色彩和光亮度的重构也部分取决于所使用填充料的品质。填充料应尽可能匹配待修补绘画底料层的构造、色彩和弹性。否则，不久后填充料就会像一块“异物”般从绘画层中凸现出来，或与绘画本体脱离，这样缺损区域就会再次显现（见237页插图）。应根据填充材料和缺损区域的深度，做成单层或多层的填充体。填充体的性能取决于它的结构、色彩、吸收性、弹性和它与下层表面的结合程度。

对缺损区域的预处理

填充前，必须对缺损区域进行预处理。需要哪种预处理取决于缺损区域的陈旧程度和性质、原作的支撑体和绘画层、是否存在旧填充料的残留物，还取决于新填充的腻子的种类。

清洗
回贴

预处理应从对缺损区域的清洗开始。应使用恰当的工具和溶剂清除尘垢、旧填充体或旧填充料残留物。用适当的黏结剂回贴疏松的底料或颜料层碎屑（见207页起），或在必要的情况下清除这些碎屑。接下来应将缺损区域隔离。修复师使用的技术术语隔离（isolation）并不能正确地指示清洗之后、填入填充料之前的操作步骤。隔离的意思是分离、隔离、孤立。然而在这里，隔离的过程却应取得与此截然相反的结果。隔离或隔离材料应该确保缺损区域与填充体尽可能紧密地黏结，换句话说——就是确保“密合接触”。能确保强密合接触的物质被称作密合剂。是否需要使用密合剂应取决于缺损区域和要用的填充材料的种类。适合用作密合剂的物质包括润湿剂、含润湿剂或不含润湿

用于修复工作的各种润湿剂。

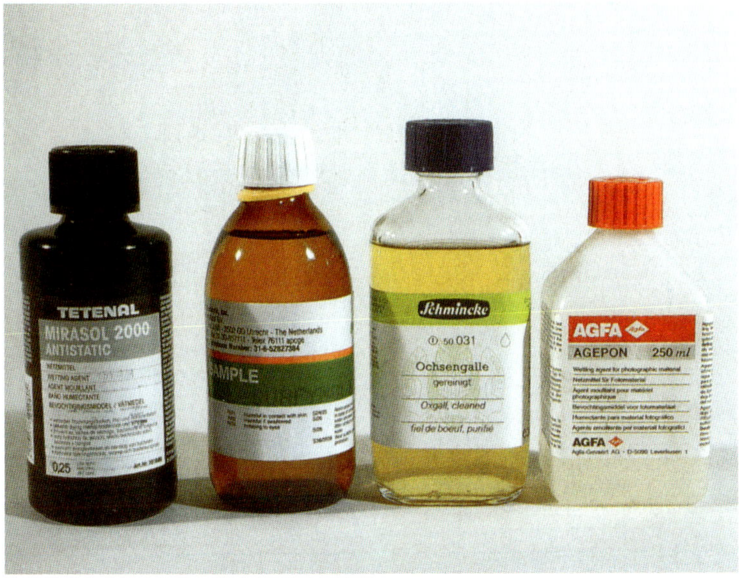

剂的皮骨胶以及虫胶。用水调和的填充腻子一般都需要密合剂。应将密合剂涂满缺损区域的表面，待其干燥后再使用填充腻子。

填充腻子

填充料应该用可流动、可加工或热塑性的浆状物填充腻子来制作，它是用黏结剂调和一种或多种填充物质或颜料粉制成的。填充料的种类因不同的支撑体、绘画层和拟使用的全色技术种类而异，它应当易于加工，干燥后应几乎不发生体积变化。填充体应易于磨平或做出肌理，它对全色颜料调和剂的吸收性也应可以控制。它应对润湿有良好的反应，还应耐久。此外，它还得不变色，并易于在不损坏绘画层的情况下清除掉。与此同时，它必须充分地与底料层密合，对绘画存放环境的气候变化反应也应与底料层相似（见 238 页插图）。

要求

一般来说，修复师可以用现在可得的黏结材料和填充材料制成满足这些要求的填充料。也就是说，应该记住，没有一种填充材料可以用在所有的地方。木板绘画所需的填充材料就可能与铜板或纺织品支撑体绘画所需的不同。每修复一幅画，都应重新审查填充材料是否适用。修复工作的档案记录中应包含所用填充腻子的准确成分，例如注明配方名，也可以只列出所含的物质，来指明一种填充腻子。换句话说，所有对填充料的描述都必须包含对黏结材料和填充材料或颜料粉的详细说明，例如皮骨胶－白垩填充材料。仅标明填充材料或黏结材料一项（例如白垩填充料或蜡填充料）是不够的。譬如“白垩填充料”就没有指明填充腻子中所含的黏结剂。实际上，可以根据不同的填充料所用的黏结剂来对它们进行分类。

填充料

现在使用的填充料有以下几种：胶填充料（即皮骨胶－白垩填充料、皮骨胶－白垩－生赭填充料），乳液填充料（即皮胶、亚麻油－白垩填充料），油填充料（即亚麻油－生赭填充料），蜡－树脂填充料（即蜂蜡－达玛树脂－白垩填充料），Beva 371 －白垩（石膏）填充料，合成树脂填充料（即 PVAC －白垩填充料）。

根据准备施用填充剂的方法以及施用的紧迫性，可用黏结剂、填充物质或颜料粉制成流体状、糊状或硬质（热塑性）的填充腻子。

对页：
用一把金属刮刀将皮骨胶和白垩做成的填充料填入缺损区域。

使用天然黏结剂的填充料

胶填充料

胶填充料是由天然水性黏结剂和填充材料构成的。可加入颜料粉使其着色，也可加入添加剂改变其性质。胶填充料和油填充料是历史上最古老的填充材料，如今它们仍用于绘画修复。

黏结剂

除了少有的例外，胶填充料使用的黏结剂都是皮骨胶。如前文所解释的，不同材料制成的皮骨胶有着不同的性质。用弹性较强的皮骨胶，比如鱼胶、皮胶和羊皮胶做成的胶填充料尤其有效。历史文献中曾将阿拉伯胶和糨糊引为填充料的黏结剂，其中也提到过作为补充材料的蜂蜜，说用它可获得更强的黏性、弹性和内聚力[100]。

这块填充体既没有肌理也没有龟裂，看起来就像是原作绘画层中的一块异物。

填充材料颜料粉

用白垩（或更准确地说，是香槟白垩［Champagne chalk］）和石膏（或更准确地说，是博洛尼亚石膏［Bolognese chalk］）[101] 都可以做成良好的填充材料——也可以添加彩色的颜料粉。添加的彩色颜料粉通常为土色系。每种填充料中粉质材料的最佳剂量都需要通过试验摸索。如果加入过多的粉质，填充材料中的小颗粒就无法充分地黏结在一起（内聚力不足），它们也无法足够有力地与绘画本体黏合（黏合力不足）：填充材料在干燥后或会粉化，或会剥落。此外，如果填充料中调和剂不足，就需要在填充体表面作更强力的隔离，否则它们就会吸收全色材料中的黏结剂。

制备

要制作一份填充腻子，应把皮骨胶加入水中，大致比例为 2.5 oz（70 g）胶兑 34 盎司（1 L）水。因为所用的胶的种类，应将其静置一夜，待胶膨胀，然后在双层套锅中加热。如此做成的胶液能够与填充材料混合，达到所需的浓度（见对页插图）。重要的是，要确保黏结剂不要太强——譬如水分蒸发导致浓度过高。黏结过紧的填充料容易开裂或发生杯形起翘。最坏的情况下，黏结过紧的填充料会破坏周围原作的颜料层。可根据需要在填充腻子中添加颜料粉、亚麻油、定立油或少量熔化的蜡－树脂混合物。“纯”胶填充料与古代大师的白垩底料相似。据人们所知，用水调和的有色填充腻子会在干燥和隔离的过程中变色。

乳液填充料或半白垩填充料

如果向胶填充料中加入较大量的干性油，它就会变成乳液填充料或半白垩填充料（即皮骨胶－亚麻油－白垩填充料）。

体积损失

应当用适当的工具将流体状或浆糊状的填充料置入缺损区域。除了热塑性填充料，其他的填充材料都会随着溶剂的蒸发或氧化或聚合而硬化。在这个过程中，体积会发生一定的损失。损失的程度取决于所用黏结剂的种类、填充物质在填充腻子中的含量，以及填充料涂施的厚度。填充腻子中含有的填充物质越多、涂得越薄，填充料在干燥过程中收缩的风险越小。一般来说，在涂施填充材料之前，应在缺损区域涂一层密合剂（见前页）。可用的密合剂包括各种润湿剂或皮骨胶与润湿剂的混合物。在绘画或缺损区域经受过蜡－树脂处置的情况下，应使用虫胶溶液做润湿剂。

密合

视填充腻子的黏稠度和缺损区域的大小与深度，可用毛笔或刮刀一次性或分多层涂施填充腻子（见 240 页插图）。要待前一层基本干燥后才能涂施下一层。一般来说，调和恰当的胶填充料能做到充分密合。

然而，在将胶填充料涂在蜡－树脂残留物上的情况下，必须考虑到，即便涂过密合剂，填充料还是有可能剥落。修复文献建议，为了降低这种风险，在干燥、打磨、塑形阶段结束之后，应当用熨斗把最后润饰用的胶填充料连同一份蜡－树脂混合物熨烫进去。在用分散剂为基础的胶处置过的缺损区域，胶填充料也会密合不良。

清除填充料残留物

只有非常精确的操作才能将填充料“准确无误”地填入缺损区域。一般来说，填充料多少会

填充材料凸显出来，不仅是因为不良的肌理，也因为它的龟裂与原作绘画层的龟裂不同。

漫出缺损区域的边缘。清除这些填充料残留物的难易程度因原画表面的情况而异，有的比较容易，有的非常困难。对于上过光的平滑表面上，可在将填充料抹平或制造完肌理后，用棉签（头部包棉花的小棒）、布片或手术刀清除残留。但在亚光或带有纹理的表面上就无法这样做，因为在隆起部位之间会留下少量胶的残痕——会造成灰色的浑浊效果。在这种情况下，在涂施填充料时就要尽可能不遮盖原画（见 241 页插图）。

油填充料

油填充料是由干性油、颜料粉或填充材料构成的。如前所述，它和胶填充料都是最早的填充材料。如今在绘画修复中几乎已经不再使用纯油填充料了。

黏结剂 油填充料可以用任何一种干性油作为黏结剂——比如亚麻油、坚果油和罂粟油——也可以用定立油和亚麻油光油做黏结剂。

填充材料 加在油填充料中的填充材料为铅白和有色颜料粉，有色的土、白垩或石膏也常用作填充材料。修复文献中还提到过淀粉、牡蛎壳和黏土[102]。

制备 应采用以下步骤制备油填充料：每次将一滴干性油（通常为亚麻油）糅进香槟白垩或博洛尼亚石膏中，直到填充材料达到所需的粘稠度。油填充料（也叫作填充颜料）可以新做，也可以用从调色板上刮下来的废颜料制作。

多奈尔[103]提到过一种透明无色的油填充料，是用新沉淀的氢氧化铝[104]混合稠厚的油和上光油制成的。对于油填充料来说，也应当能从对它的描述中清楚地看出它的成分。比如：用亚麻油和白垩制成，用赭着色的油填充料，应被描述为亚麻油－白垩－赭填充料。

铅白填充料 铅白填充料是另外一种油填充料。这种填充料在过去的几百年间也偶有使用，如今已经给修复师带来了极大的问题。铅白与干性油的化学反应使得这种填充腻子比其他油填充料更快硬化，并变得更坚硬。在抹平或构建肌理之后，可用棉签将色层表面的油填充料清除——也可用棉签蘸白精油清除。

黄化 含油量高的填充料会变得很硬，还会变黄。陈旧的填充料很难从缺损区域或颜料层表面（填充出界的填充料）清除。

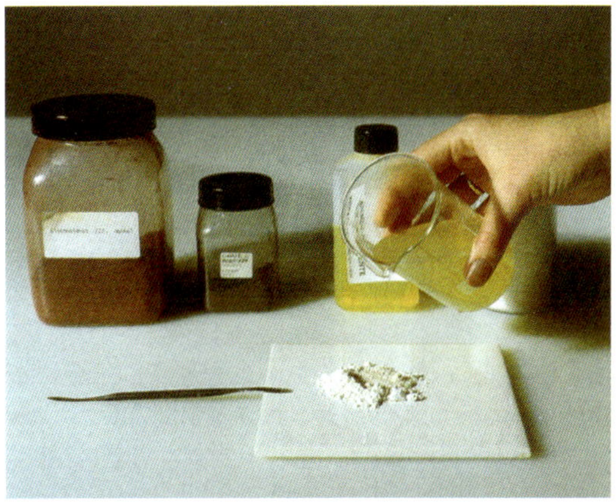

制备皮骨胶—白垩填充料。

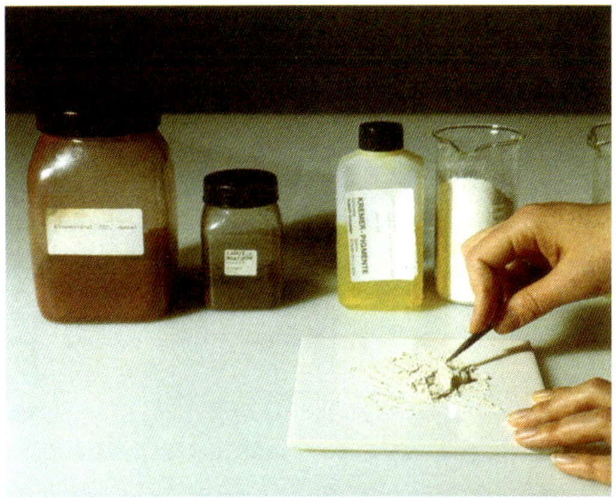

皮骨胶与白垩被混合在一起（上图及左图）。

填充腻子应用颜料粉着色，然后再加入几滴亚麻油（左图）。做完后应将其储存在一个塑料袋里（下图）。

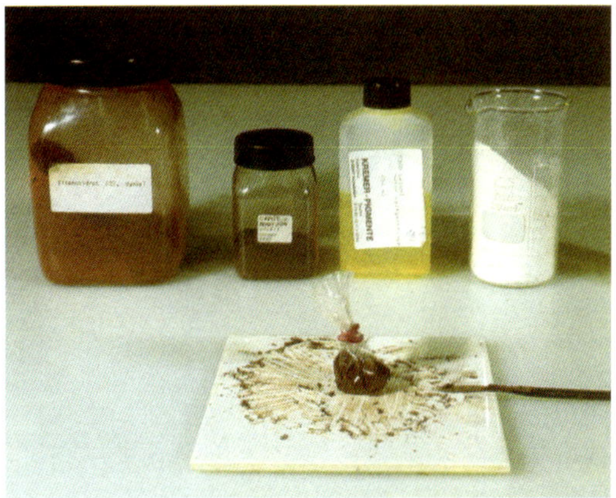

蜡填充料

蜡填充料是由蜂蜡、填充材料或颜料粉构成的。在很多情况下还会加入树脂（见242页插图左下图）。蜡填充料是18世纪人们在研究蜡彩画的同时研发的。佩尔内提[105]在1757年提出过蜡填充料。1828年，普兰格（Prange）[106]曾用蜡膏填充过严重的龟裂，1853年，德翁（Déon）[107]也提到过蜡与蜡－树脂填充料。

黏结剂 蜡填充料的黏结剂是蜂蜡，常混以松脂或达玛树脂。它的填充材料是香槟白垩或博洛尼亚石膏——也可以添加彩色颜料粉。人们偶尔也只在黏结剂中加颜料粉做填充材料。

填充材料 要制备填充料，应把少量的蜡放在金属板上加热（如添加树脂也一同加热），直到变成液态。然后用一把刮刀调入所需用量的填充材料/颜料粉。当填充料达到所需的浓度时，把它塑成小条晾凉（见242页插图右图）。

浓度 蜡填充料有软有硬，它的硬度因填充物质的含量而异——换句话说，可以做出各种浓度的填充料。举例来说，在全色阶段，便应使用较软的填充腻子来填补总体填充过程中被忽视的较小缺损区域。在需要使用加热的模具塑造肌理的部位，也应用较软的蜡填充料来填补。还有那些排列密集、容易填补出界的的小缺损区域——比如受到剥色剂糨糊、酸或热的损害的部位——也应用较软的蜡填充料来填补（见243页插图上图）。

填充腻子 一般的填充则应使用较硬的填充腻子（见243页插图，中图及下图）。常用的混合物有：蜂蜡+白垩（+颜料粉），蜂蜡+颜料粉，3份蜂蜡+1份达玛树脂+白垩，3份蜂蜡+1份松脂+1份威尼斯松节油+白垩。

在这种情况下，对填充腻子的描述也应能指示它的成分。含有蜂蜡、达玛树脂、白垩和赭（上色用）的蜡填充料应描述为蜂蜡－达玛－白垩－赭填充料。

前边提到的软填充腻子可以在手指间加热，

用金属刮刀将皮骨胶—白垩填充料填涂于缺损区域。

湿棉签或手术刀清除残留在原作绘画层上的填充料。

待到它变得易于加工时，便可用手术刀尖将其摁入缺损区域。较硬的蜡－树脂腻子则应用金属刮刀[108]或电热刮刀加热，待到它成为膏状时再使用。

先把填充腻子放在一个小金属容器内的金属板上加热，再用金属刮刀（形如牙医调刀）涂施就会变得更容易、更快（用湿棉签或手术刀清除留在原作绘画层表面的残余填充料）。在使用蜡－树脂填充料时，填涂一次就能填补很深的缺损。这种填充料不含溶剂，因此在冷却阶段体积损失很小，可以忽略不计。蜡－树脂填充料在冷却时会自动固化。

特性

在室温下，含填充材料和颜料粉较多的蜡－树脂填充料会变得坚固、硬脆。在纺织品支撑体发生强烈活动的情况下，填充料会容易发生位移和断裂，这甚至会导致颜料剥落。蜡－树脂－白垩填充料有时会形成浅浅的隆起，从画的背面也能看到。如果不事先对缺损区域进行隔离，且涂施时填充腻子过热，有时会导致纺织品支撑体显现出深色的变色。

蜡填充料不适合填充表面亚光的颜料层，也不适合填充纺织品支撑体上缺损面积较大的绘画层。在某些情况下，填充料也不得不遮盖部分原作绘画层。例如绘画层火疱、色层受到酸或剥色剂严重损坏，或木板绘画的绘画层受到尖锐压迫的情况下。

透明填充料

在所有这些情况下，人们既希望通过涂施填充料使绘画表面恢复平整，又不愿让不透明的填充腻子遮盖原作的画面。对于这种填充——透明遮盖——有两种适用的填充料：用白蜂蜡和达玛树脂制成的蜡填充料，和微晶蜡与合成树脂制成的填充料（如 Lascaux 黏合蜡 443—95）。在将填充料的表面抹平或做出肌理之后，应当用蘸了白精油的棉签清除以蜡为主的填充料残留物，在画面对溶剂敏感的情况下，也可用一块干尼龙布清除残留（见 244 页插图左图）。

含合成黏结剂的填充料

Beva 填充料

最初制作和试用 Beva 填充料——或者更准确地说，Beva—白垩填充料——的是阿尔特赫费[109]及其助手。这种填充料由 Beva 黏结剂和一种填充物质构成。如果有必要，也可以加入颜料粉着色。

黏结剂 这种填充腻子的黏结剂——Beva 371——是一种溶于甲苯和白精油的合成树脂与石蜡混合物。广义而言，Beva 填充料属于一种蜡－树脂填充料。可用白垩（香槟白垩）或石膏（博洛尼亚石膏）

填充材料 做它的填充材料，如果有必要，还可以添加颜料粉为它着色。

成分 制备 Beva 填充料是将黏结剂与填充物质混合在一起制成的。在缺损区域涂施时，既可以把它调成浆料，也可以调成硬腻子。调成浆料的填充料，应当用刮刀一次性或分多层涂施，直到填充料表面与颜料层齐平，再用刮刀找平。若在填充料表面放一块硅油聚酯薄膜，就会使找平的过程变得更容易。

不带手柄的日本刮刀更容易在这种填充料上滑动而不会造成损伤色层的风险。Beva 填充料在干燥后很难找平，所以在涂施的过程中，重要的是要尽可能将填充料表面做平。

因为填充材料的性质，这种腻子的可操作时间大约为 20 分钟。之后，它会变成凝胶状，大约 8 小时后干燥。如果缺损区域面积相当大，就必须快速操作。人们曾试过用 1 份 Beva371 加 2 份香槟白垩做成的混合物。

使用硬腻子可以取得更好的效果。制作这种腻子，应把新制备的 Beva 填充料塑成粗细与小拇指差不多的小条，将其晾干。腻子干燥后，用电热刮刀将其加热，并填入缺损区域，再用热刮刀找平，如果有必要，也可以用热刮刀在填充体表面构建肌理。

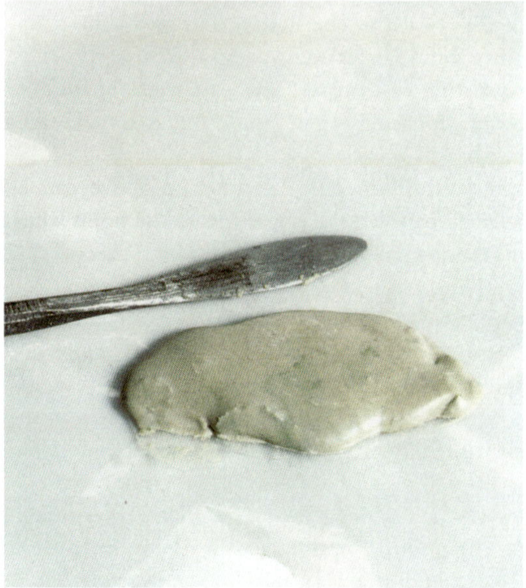

蜡填充料的制备：在预先加热的金属板上，把蜡放在一小堆粉末状的白垩中，使其熔化（上图）。然后将白垩和黏结剂混合在一起（中图）。冷却后，蜡填充料就可以使用了（下图）。

有色蜡填充料

聚乙烯醇填充料

聚乙烯醇填充料是由聚乙烯醇（PVAl）和填充物质构成的。可用颜料粉为其着色。法尔维（Falvey）[110]是最早试验并宣传这种填充腻子的人。市售品牌名为 Mowiol（Hoechst 公司）的聚乙烯醇是适用于填充料制作的产品之一。法尔维极为成功地试用了 Mowiol 04-M1。香槟白垩或博洛尼亚石膏都是良好的填充材料，必要时还可以添加有色颜料粉。

要制备和使用聚乙烯醇填充料，应先把合成树脂黏结材料变成浆状（像胶填充料那样），或直接与填充材料混合，而不加任何添加材料。

法尔维发现，他试用的物质，Mowiol 04-M1

因木质支撑体黏结时没有对齐，接口两侧的木板表面不在一个高度上。为了消除差异，部分原作画面被越界的填充料遮盖了。

干性油

在制备填充料的黏结材料中，干性油的重要性仅次于皮骨胶。干性油通过吸收酸（氧化）和聚合而干燥。到了这一阶段，它们就只会膨胀而再也不能溶解了。因此，只能用手术刀才能清除陈旧的亚麻油—颜料填充料或亚麻油含量高的皮骨胶—白垩填充料。

蜂蜡

蜂蜡是最耐久的有机材料之一，因此它也被用作填充料。用来制作填充腻子的蜂蜡应该是未经脱色的。

微晶蜡

微晶蜡是结晶颗粒尺寸只有 0.2—1 μm 的石蜡。可将微晶蜡与合成树脂混合来制作绘画修复用的合成黏结蜡。如果在这种黏结蜡中加入白垩或石膏之类的填充物质，便可以制成与普通蜡—树脂填充腻子相当的填充腻子。

松脂

松脂（松香）是从松香脂中提取松节油时产生的一种天然树脂沉淀物。它以前常被加入制作蜡－树脂－白垩填充料用的蜡—树脂之中。

达玛树脂

达玛树脂是一种无色至浅黄色的树脂，取自东南亚的龙脑香科树木。在蜡—树脂—白垩填充料中，达玛树脂是一种优于松脂的黏合材料。

聚醋酸乙烯酯

聚醋酸乙烯酯（PVAC）是乙酸乙烯树脂的聚合产物。制作填充料时，必须在 PVAC 分散剂中添加一种填充物质。之后可根据要用的填充方法做成流体状或腻子状的填充料。

聚乙烯醇（PVAl）是聚醋酸乙烯酯完全聚合产生的水溶性合成树脂。法尔维[143]建议用 PVAl 来制作填充料。丙烯酸树脂是丙烯酸与丙烯酸酯聚合而成。溶于溶剂的丙烯酸树脂和丙烯酸树脂分散剂都可用来制作填充料。

BEVA 371

Beva 371 是伯杰[144]为覆背、回贴开裂、处置杯形起翘和覆面等操作而开发的。可在 Beva 371 中加入填充物质做成填充料。

防护剂

在有害的气候条件下，含有水性黏结材料的填充腻子或其他形式的填充料可能会受到真菌和细菌的侵害，它们会毁坏黏结材料。这种病害可能在真正进行填充之前就已经发生了（在容器中），或者如果艺术品没有正确地悬挂或储藏，也可能发生在画面上。是否需为预防病害而在填充物质中加入防护剂则应针对具体情况而定。

全色

每幅画作都同时担负着美学和历史的职责。此二者共同构成了一个不可分割的整体。施行全色时必须保证二者中任何一者都不能削弱它者而占据主导地位。

切萨雷·布兰迪（Cesare Brandi）[145]

我们所说的全色指的是为一幅画的缺损区域上色。全色是在（可能的）最终上光之前的最后一道修复工序。全色成功与否对一幅画的总体外观有着巨大的影响。在过去，从来没有任何其他问题引发过像如何全补缺损区域一样激烈的争辩。

不过，20 世纪先后出现了关于光油清洗的争论和关于覆背的争论，使得关于全色的正确形式的讨论变得不那么突出了。发人深省的是，理论性的方案从来就不曾与修复实践完全一致过。早在 19 世纪，就有修复师建议，全补应限制在缺损区域内。人们也提出过一些其他的建议，比如“标出”缺损区域——这是最符合现代规范的。然而，与此同时，还是有无数画作被复绘而非全色。换句话说，在绘画修复中，理论方案与修复实践——或理想与现实——不相称的情况实在是很常见。

绘画本身会让我们看出从前的全色或全补的风格、方法和范围。过去的全色很少止步于使缺损区域与原画融为一体。在全色的过程中，会根据当时的品味将绘画“完善”或“美化”。在这一过程中，会毫不尊重原作地对画上大片重要部分进行复绘（见下图）[146]。整合缺损区域和清除光油都是绘画修复师所面临的重大问题。几个世纪里，关于最佳的进行方式，人们展开了激烈的争论，却始终看不到解决的希望。即便是在今天，尽管欧美各个修复中心在座谈会或研讨会上积极交换了意见，但它们关于成功的全色技术和程序还是存在分歧。所有的修复师都会受到他们所处时代和老师的风格与态度的影响[147]，就此而言，没有一个人可以不偏不倚地对待一幅绘画。

全色的形式

在全色时应区分颜色的全补、形的全补，以及二者相结合的全补。如果一幅画上只有天空或背景部位有小面积缺损需要整合，就称作原色全补（见 260 页插图），但如果画上有较重要的形需要补全，就称之为造型全色。

绘画的病害

借助全色，可以缓解、整合或消除绘画层的多种病害。这些病害可归类如下：

全色并不总是只与“全补”缺损区域相关。人们也曾以“全色”的名义修改绘画，使它满足特定时期的品味（左图）。在清楚大面积的全色／复绘后，绘画的原貌才得以重见天日（右图）。圣像画，私人收藏。

下 2 页：
在这幅花卉画上，颜料层最表面的纺织纹理在清洗过程中被破坏了。由此导致的许多细小缺损都必须全补（局部：260 页）。

- 罩染层过度清洗
- 颜料层过度清洗
- 可按原状修复的缺损区域
- 不可按原状修复的缺损区域

全色的品质在很大程度上取决于它所依托的填充体。填充体的表面肌理必须与相邻的色层相同。否则不论全色的色彩与造型完成得多好，都会因反光方式不同而被立刻看出。

减色法

全色时既可以用减色法也可以用加色法。在使用减色法时，色层被一层一层地覆盖上去，直到获得正确的色彩效果。一般来说，要先涂一层不透明的“冷色”，最后再进行“暖色”罩染（见对页插图）。

加色法

在使用加色法时，修复师应尽力在调色板上调出合适的色调。调好后将其一次涂在填充体上。这种方法只有在缺损区域较小、原作是艺术家用“加色法”画成、且绘画较新、表面没有“包浆”时才能获得令人满意的效果。

所有的全色都是“审美奢侈品”。它完全起不到保护绘画的作用。相反，如果实施不当，全色还会破坏甚或危害色层。

可清除性

所有的全色都应随时可用恰当的溶剂清除掉，这样一来，在绘画必须被完全清洗的情况下，原作就不必承担不必要的复杂清洗或损害。在一幅受损严重的绘画进行全色之后，它的审美品质和历史品质给观众带来的印象应与原作相同。做到这一点对修复师来说是个艰巨的任务。

全色技术

在全色时，重要的是要分清全色技术和补全方法。全色技术（retouching technique）是一个包含技术构建的表达，而补全方法（completion method）则是涵盖美学方面的术语。全色颜料总是包含颜料粉和黏结材料。在全色的过程中，为将绘画的缺损区域在视觉上整合于原画，修复师通常需要使用多种颜料粉，但一般每层只用一种黏结材料。因此可以通过黏结材料来区分全色技术：水彩全色、水粉全色、坦培拉全色、油全色、油一树脂全色以及天然树脂全色与合成树脂全色。

构建全色

有些基本原则适用于全色的构建，也略带限制地适用于所有的全色技术。全色应比相邻的原作色层看起来略冷略亮，而总要限于缺损区域内。它应随时易于清除。

变化

在这里，理想与现实也常常难以协调。随着时间推移，所有的全色都会发生变化。它们一般会变得越来越暗且越来越“暖”，不过也可能会变“冷”变亮（见262页插图）。如果全色一开始比后来更亮更“冷”，那做所有的全色时就都

背景被预先调好的颜料一点一点地补全——加色法（亦见258及259页插图）。

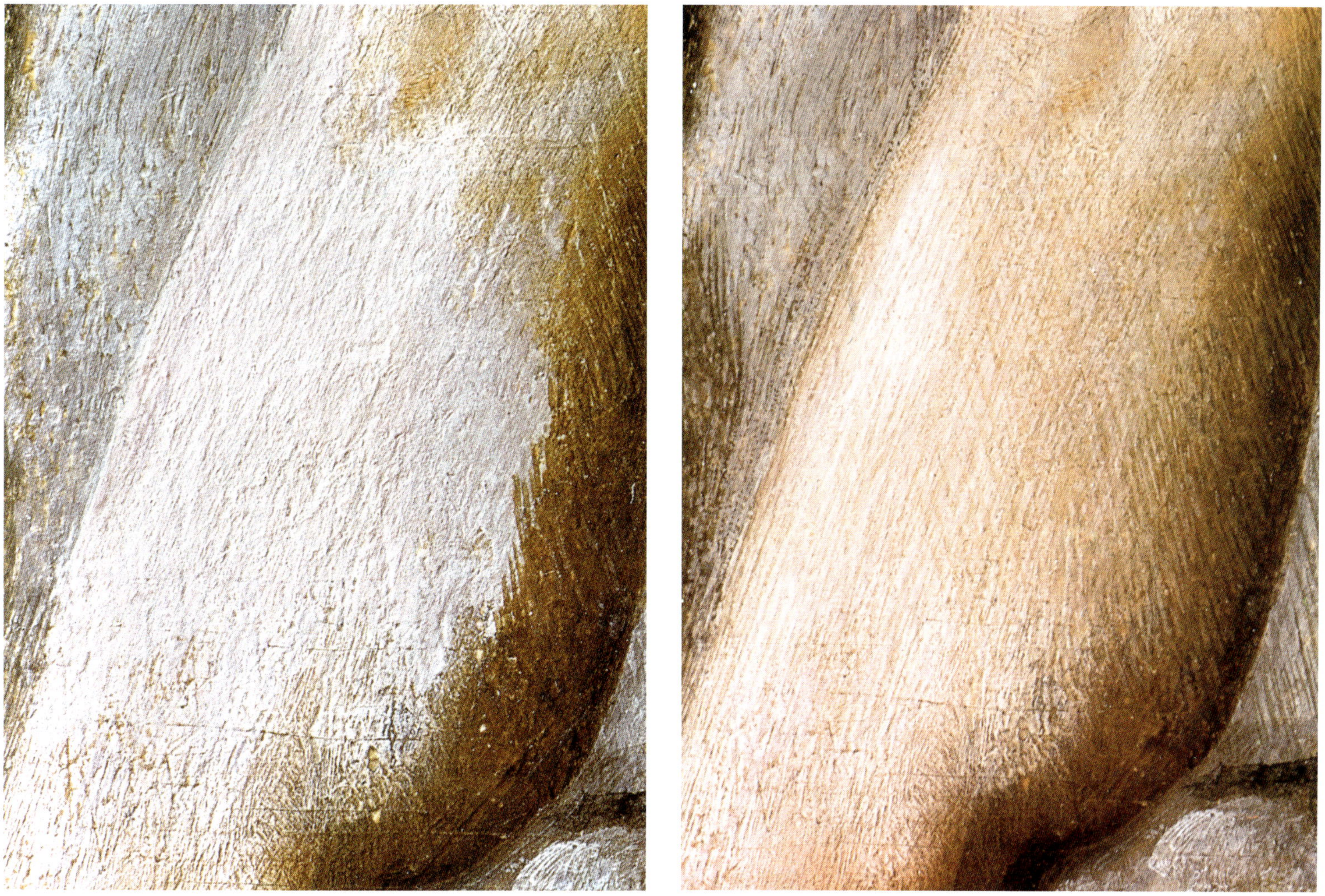

用薄色层和色块一层一层地构建全色（减色法）。

必须考虑到这一点。也就是说，这种要求只有在个别情况下才能得到满足，因为收藏家或画商是不会满足于这样的全色的。

限制

就连所有全色都必须限制在缺损区域内的合理要求常常也不可能得到满足。在某些情况下，原作色层区域也会被纳入全色范围。采取这种“复绘”的理由有几种：在原作颜料层边缘处留下了过去复绘的痕迹或填充料残留物；原作色层发生了局部变色；病害区域颜料层纹理内有污染物或光油残留；陈旧的复绘层无法从原作颜料层上安全清除。甚至伦理或审美的因素也会成为“复绘”的理由——比如缺乏充足的资金来清除光油或进行完全的修复，或者缺少充分的时间，比如需要在时间紧张的情况下准备展览。在绘画被过度清洗的情况下，也不得不对原作色层加以复绘。

变色的边缘

在陈旧的缺损区域被反复填充并多次全色的情况下，与之相邻的原作色层边缘常常会变色（见263页插图左图）。这种现象的首要原因是陈旧的全色残留物无法溶解，次要原因是初期黄化。这些变色无法轻易地消除。必须对这些部位加以“复绘”，这样新做的全色才不会因颜色差异造成“边框效应”而立刻显现出来。

历经数百年，表面肌理强烈的陈旧绘画上的“沟槽”里会塞满污垢、颜料和光油的残留物（见263页插图右图）。这些残留物会影响绘画的整体外观，但却无法在不伤及颜料层的情况下清除掉。为了再次改善绘画的外观，修复师常会用精细的全色把这些残留物“压回去”。修复师有时会建议不清除黄化的光油区域，理由是清除光油会带来破坏原作罩染层或颜料层的风险或是希望能保留颜料层表面的包浆。

黄化的光油

通常，画上成片出现的黄化光油也是全色变色的证据——在某些情况下——甚至是复绘变色的证据。如果不清除黄化的光油，是无法消除全

经过几十年，即便是好的全色也会变色并变得可见。

色或复绘区域的黄化的。如果它们影响了绘画的总体外观，可以通过矫正复绘加以“改善”。发生这种情况的原因常常是待修复绘画的所有人或保管人无法提供足够的资金进行完整修复，因此需要对其进行局部的复绘（“改善”）。也就是说，每次旧的全色被“压回”，都会不可避免地导致在原作颜料层上做更多的复绘。此外，为了让黄化的全色区域边缘与原作颜料层相符，也必须对原作进行小面积复绘。

全色的构造

理想而言，全色应与周边的色层的构造相符。但在大部分情况下——特别对于较陈旧的绘画来说——这都是不可能的。影响颜料层总体外观的不仅是颜料层的原始构造，还有“时间的啃噬”[148]以及支撑体对过去的修复工作的反应。全色无法逐层地遵循原作的构造——它必须以总体外观来重现绘画层的表面。

全色匹配

若要在缺损区域有效地重建色层，必须做到以下几点：以技术构造重建颜料层、龟裂以及其他老化痕迹，“重塑”底料层肌理，加工出之前的修复引起的颜料层的变化。

老化色层

在准备重建颜料层时，应当通过立体显微镜检查原作颜料层构造，并尽可能辨识颜料粉，分辨色层是如何构建的。对缺损区域“断面”的检查尤为重要，这里通常是最容易辨识出不同层次的地方。

“老化”全色

好的全色能够“整合”出已经老化的颜料层。这样它才能与周边的原画颜料层相匹配，老化的痕迹也必须在全色色层中重现和加工出来。（亦见299 页的“龟裂”和 299 页起的“包浆”）

在大部分情况下，待全色的色层已完成了大部分的老化过程，而与原作颜色相匹配的全色是没有经过老化的。因此全色在老化时应尽可能少发生变化，颜料粉和黏结材料必须精心挑选，相应地，全色层的构建也要精心实施。

原作色层的边缘发生了不可逆的变色，因此会使全色区域出现“边框”。

色层“沟槽”中的污垢、颜料粉和黄化的光油残留物会影响绘画的整体外观。

颜料粉

全色始于探寻最合适的颜料粉混合物。正如全色的构造应仿照原作颜料层的构造，全色用颜料粉的选择也应与创作待修复作品的古代大师所用的相匹配——或至少是接近。这便是修复文献中所要求的。而理论与实践在这里还是不能完全地相符。

全色必须与周围的原作色彩和老化相符，并尽可能完美地与其融为一体。最合适的显然是那些与历史颜料颗粒度和成分一致的颜料粉（见264页插图）。然而事实证明这种理想是不可实现的。在绘画全色时，总有些东西需要遮盖或仿效。就此而言，老颜料粉可能会太粗，或无法有效地抗褪色，它们也可能需要过多的黏结材料，或缺乏必要的覆盖力。

在使用粗颗粒颜料粉的情况下，只能涂覆多层才能将缺损区域覆盖住。换句话说，使用与原作颜料粉颗粒度相同的颜料粉，会使全色层过于密实，在侧光下一看就非常明显。此外，许多老颜料粉的抗褪色能力不及现代的颜料粉，也有些老颜料粉需要更大量的黏结材料，否则就不容易涂开（全色颜料中的大量黏结材料会导致更为严重的黄化，并会引起全色层提早劣化）。

因此，为了成功地全色，需要完全不透明、抗褪色能力良好且需要黏结剂少的颜料粉。在现代颜料粉或以现代规格生产的颜料中，有几种可以满足这些要求（见272页起）。

颜料粉的选择

不过，在选择全色用的颜料粉时，修复师终归要以自己的经验为基础。

不透明度

在选择一种用于全色的颜料粉时，了解它的不透明度也很重要。对于不同性质和不同部位的全色层，可能会需要不透明颜料粉，也可能会需要透明颜料粉。对于底色来说，通常需要不透明颜料粉，而对于最后一层来说，则需要透明颜料粉。全色颜料的不透明度取决于颜料粉和黏结材料的

近距离查看细节，可以
直接辨别出陈旧绘画中
传统颜料粉的颗粒度。

各种颜料粉和填充物质的折射率

白	钛白	2.50—2.60
	铅白	1.94—2.09
	锌白	2.00
	石膏	1.53—1.62
	白垩	1.50—1.64
	氢氧化铝	1.50—1.56
蓝	天蓝	1.84
	石青	1.73—1.84
	钴蓝	1.74
	普鲁士蓝	1.56
	群青（天然）	1.50
	大青	1.49—1.52
绿	土绿	2.50—2.70
	氧化铬绿	2.50
	钴绿	1.94—2.00
	孔雀石绿	1.65—1.88
黄	雌黄	2.40—3.02
	镉黄	2.35—2.48
	那不勒斯黄	2.01—2.28
	土黄（天然）	2.00—2.40
	赭（生）	1.87—2.17
	印度黄	1.67
红	朱砂	2.81—3.14
	雄黄	2.46—2.61
	铅丹	2.42
	镉红	2.64—2.77
棕	棕褐（生）	1.87—2.17
	凡戴棕	1.62—1.69

表格来源：
H. Kühn et al. Reclams Handbuch der künstlerischen Techniken. Stuttgart 1984

各种黏结剂和稀释剂的折射率

稀释剂	水	1.330
	松节油	1.470
水性黏结剂	阿拉伯胶	1.344
	蛋坦培拉	1.346
	胶溶液（10-%ig）	1.348
油	罂粟油	1.477
	核桃油	1.480
	亚麻油	1.484
树脂	威尼斯松节油	1.530
	松脂	1.525
	柯巴脂（刚果）	1.545
	达玛树脂（巴达维亚）	1.515
	马蒂树脂	1.536
	虫胶	1.516
蜡	蜂蜡（熔化状态，165 ℉，74℃）	1.442

折射率，还有颜料粉的颗粒度及它在颜料中的含量。全色层反射或吸收的光越多，就越不透明。换句话说，全色层的不透明度取决于它在干燥状态下能反射或吸收多少光。

反射率

浅色的全色层不透明的主要原因是较大比例的入射光被它们的表面反射，而深色全色层不透明的主要原因是入射光大部分被吸收。浅色全色层中的颜料粉与黏结材料的折射率差别越大，其反射率——亦即不透明度——越强。通过计算它们的差值，可以预先算出全色层的不透明度将会如何。

折射率

折射率是一种材料的常量。它表示的是一束光线从空气中进入另一种物质中时被折射的程度。每种物质都有自己独有的折射比率，即特有的折射率（见上表）。各种物质的平均折射率如下：空气 1.00，水性黏结材料 1.35，干性油 1.48，树脂 1.53，蜡 1.44，颜料粉 1.5—2.8。

计算不透明度

如果我们计算各种黏结材料与一种给定的颜料粉之间的折射率差，就会看到，同一种颜料粉与水性黏结材料的混合物比它和干性油或树脂的混合物的不透明度更高。例如：如果白垩（折射率 = 1.55）与少量亚麻油彻底混合（折射率 = 1.55—1.48），两者的折射率便只有微小的差异。这就意味着，用白垩做成的油画颜料几乎没有不透明度。

如果少量胶溶液（折射率 = 1.35）同样与白垩混合（1.55 − 1.35 = 0.2），白垩－胶浆料在湿的时候也会有较高的不透明度。但水分蒸发后，它们的不透明度还是会明显提高，因为此时白垩颗粒主要是被空气（折射率 = 1.0）包围着，所以它们的折射率是 1.55 − 1.00 = 0.55。

表面光
深层光

在白垩—胶浆料被涂上之后，待水分蒸发，颜料粉的小颗粒就会变得彼此靠近，并仅靠“胶桥”链接。因此光便几乎无法深入地透入色层，主要从表面反射。因此这种光叫作表面光。而油画颜料在干燥以后，细小的颜料粉颗粒是镶嵌在氧化并聚合的油中的。光可以透入深层，并在那里被部分吸收。这种现象称作深层光。

颜料粉颗粒大小

影响全色层不透明度的不仅是折射率，还有颜料粉颗粒的大小——以及颜料粉的浓度。每种颜料粉都有自己最佳的颗粒尺寸，以保证它作为颜料的最佳效果。在颗粒尺寸为最佳尺寸时，颜料粉的不透明度和着色能力最强。一般来说，古代颜料的颜料粉颗粒更粗，颗粒度也更不均匀（不统一），其颗粒尺寸从 1/50 mm（石青、大青）到大约 1/1000 mm（铅白、朱砂）不等。现代颜料研磨得更细。不同颜料粉的颗粒尺寸从 1/500 mm 到 1/2000 mm 不等（见对页插图）。

最佳尺寸

粗颗粒的颜料粉不透明度很低。颜料粉颗粒越小，不透明度越高，也越接近最佳尺寸。须以这样一种假说为工作的基础，即颜料粉的颜色决定了它达到最佳不透明度所应有的颗粒尺寸。如果一种颜料粉颗粒小于这个最佳尺寸，就无法有效地使入射光线转向。光线不再被颜料层反射，而是透入深层。使用这种颜料粉全色的表面就会是透明的。颜料粉研磨得过细（比 1/2500 mm 更细）之后，就会与光的波长发生关系[149]。

如果用于某处指定全色的颜料粉过于不透明，可以加入少量高岭土来降低不透明度[150]。每种颜料粉都有其特定的颗粒尺寸，通常介于 1/500 mm 和 1/2500 mm 之间，每种颜料粉也有各自的最佳不透明度。颗粒度大于或小于这个尺寸，颜料粉都会损失不透明度。如果颜料颗粒尺寸小于最佳尺寸，只要低至对应色光波长的一半以下，颜料粉就会变成透明的。

透明颜料粉

如果颜料粉的浓度足够大，即便是普通的透明颜料粉——比如茜红或印度黄——都会变得不透明。它们会“吞噬”一定量的光，即只允许部分光线通过色层并把其余光线反射回来。如果色层厚度合适，就会通过吸收光而产生一种不透明的效果。

着色能力

在制备全色用的混合物时，颜料粉的着色能力也很重要。我们说的着色能力指的是一种颜料粉改变同一色域内的另一种颜料粉的颜色的能力。所有颜料粉的着色能力都取决于它的颗粒大小。颜料粉越细，它的着色能力越强。像钛白或茜红和印度黄这样有着高度着色能力的颜料粉，即便只掺入很少的量，也能把调色板上“几乎调好”的全色颜料变得再也无法使用。

白色

在欧洲的架上绘画中，白色是最常用的颜色。它在绘画中起到提亮的作用，也可以与所有需要提亮的其他颜色相混。在 19 世纪之前，艺术家在架上绘画中只使用铅白，但大约从 1840 年起，人们也开始使用起锌白，而大约从 1918 年起，钛白也投入了使用。铅白是 20 世纪之前的架上绘画中最重要的颜料粉。

铅白

在人们发现钛白在全色中的出色表现之前，铅白一直是最重要的白色全色颜料。与干性油结合的铅白被定义为一种化学性质活泼的颜料。它会与油中的酸性成分反应并发生“皂化”。铅“皂”会缩短油画全色颜料的干燥时间，也会使整个体系变得更为牢固。它们会中和老化油膜的酸性分解产物，并增加全色的附着力和膜的坚固程度。

尽管这些特点对于颜料层来说是优点，但作为油画全色颜料，却会给绘画带来极大的危险。几乎所有形式的全色在经过一段时间后都需要清除掉。但如果全色是用铅白做的，一般来说，它们就无法溶于任何不伤及原画的溶剂。因此，旧铅白全色常常只能用手术刀安全清除（见 268 页插图右图）。

正如前边提到过的，如今的全色在使用钛白的同时也会使用铅白和锌白。在所有的白颜料中，钛白是最不透明的。在为大块缺损区域全色时，一层钛白通常就足以将表面整合起来，而第二层则会使它与周边的原作色层相符。

钛白

钛白因颗粒小而具有很强的着色能力。因此，用钛白为全色提亮时，颜色很快就会变得过亮或过于不透明。铅白和锌白的着色能力比它低。

锌白尤其更适用于略带罩染性质的提白——比如全色的最后一层。

钛白存在两种晶体形式——锐钛矿和金红石。在一般的应用中，对光敏感的锐钛矿已被金红石所取代，但某些种类的金红石也表现出对光的敏感。

变灰

在绘画常暴露于日光的情况下，用钛白（金红石）做的表面全色不久后便会变成浅灰色（或褪色的灰色）。多久会变灰则取决于投射在全色部位的光照强度。

除此之外，就我所知，这种变灰的效果有时也会发生在其他两种白色颜料上[151]，而它的原因至今还有待解释[152]。我们已经清楚的是，所有的

由于看不出颜料粉颗粒，近期制作的薄复绘层看起来就像棉花一样（该局部左侧）。另一方面，原作色层（右侧）则清晰地显示出颜料粉的粒状斑点，揭示了它的年代。

科学检测表明，用于此处全色的是铅白和一种水性黏结材料。

此处陈旧的铅白复绘层/填充料只能用手术刀清除。即便如此还是无法将它从老化裂隙的深处去除。

全色都会因老化而发生变化。不过，尽管暗化的全色很少会看起来“不对劲”，但变灰的全色却会像一块突兀的灰白色瘢痕一样让人一眼看出来。

如果变灰的全色颜料为油/树脂调和的钛白，可以借助溶剂蒸气或在光油层上喷溶剂（如双丙酮）使全色变灰的区域复原。这会使全色恢复之前的色彩亮度。但这种复原只能作权宜之计，因为再过一段时间变灰的效果还会显现出来。

蓝色

古代大师使用的蓝色颜料是群青、石青、大青和靛蓝——而从 18 世纪起，艺术家也开始使用普鲁士兰（或柏林蓝）和其他新发现的蓝色。现在又可以在市场上买到群青、石青和大青了，但它们很少被用在全色中。原因在于，它们颗粒度高，而不透明度低。

如果将这些颜料用于全色，就会涂得过厚——因此也会过于显眼。有时会建议使用群青或石青做表面的复绘——比如要给人以天空部分保存良好的印象时；而对于全色来说，通常建议使用的颜料为合成群青、钴蓝、普鲁士兰或天蓝。

绿色

古代大师还无法得到纯净、明亮、同时还不透明的绿色矿石。在 13 世纪至 16 世纪中叶前后的绘画中，有时出现的鲜绿色通常是铜绿（醋酸铜）、铅白和/或铅—锌黄的混合物。也有些证据表明曾存在过石青和赭黄/铅—锡黄的混合物。除了铜绿和土绿，艺术家还使用过孔雀石绿和树脂酸铜（不过表明孔雀石绿曾用于架上绘画的证据很少）。尽管近些年来已经又重新可以买到铅－锡黄和石青，但一般绿色区域全色并不用刚提到的这些传统颜料进行调和。原因在于，石青这样的颜料如果研磨得足够细，就无法不丧失其颜色的强度。然而比较粗的颜料粉不透明度又很低（见上文），因此用它们做全色就会看起来太密实。绿色区域全色应使用亚光的氧化铬绿或添加了适当的其他成分的酞青绿。

黄色

在欧洲架上绘画中，艺术家们曾使用过赭黄、铅－锡黄（黄锡矿）、那不勒斯黄，还有不那么常用的雌黄和黄漆。尽管如今这些颜料在市场上仍有出售，但赭黄以外的其他几种几乎都已不再使用了。

今天用于黄色区域全色的颜色通常是各种调子的镉黄。适当在其中添加其他的颜料，就可以用它们有效地模仿出传统的黄色颜料，比如铅—锡黄或那不勒斯黄。“较冷”的黄调子是用亮赭色完成的。这些颜料粉可以做出不透明的色层，而印度黄却是一种透明颜料。它一般用在最后一层，一般是调和其他颜料时，最后加入印度黄，使颜色看起来显得“更暖”。将大量印度黄与普鲁士兰和茜红混合，可以涂在缺损区域来模仿污染物残留和斑驳的光油效果。（见299页起）。

红色

截至19世纪，用于架上绘画的红色颜料有朱砂、土红，还有不太常用的铅丹。红漆被用作罩染色。20世纪，抗褪色的镉红也成了可用的颜料。

用于红色或偏红的全色的颜料粉有：浅镉红、熟土红（如威尼斯红）、浅熟赭和很深的茜红。可以用镉红适当添加其他颜料来模仿朱砂。如果这种颜色与全色其他部分相比太过鲜艳，可以混入少量翠绿，使之变灰。土红色适用于为较沉着的红色调子区域的全色。茜红常用于最后的罩染。

棕色

直到16世纪以后，棕色调子才开始常见于欧洲的架上绘画，但在17世纪和18世纪的画作中，它们常主导着整幅画面。棕色调子是由自然界存在的土色——比如赭石、熟褐或凡戴棕——构成的。然而在很少的情况下，棕色也可以由黑色、黄色、蓝色和红色颜料混合而成。

棕色的表面缺损区域一般是用前边提到的土色来整合。然而用这些土色颜料有个缺点，就是用它们做的全色会因为黏结材料比例较高而更容易褪色。古画的棕色调子常常有一种使用土色颜料无法达到的深度和光辉。这些调子要用前边提到过的各种颜料混合出来。可以用印度黄、普鲁士蓝——可能还有黑色和很深的茜红——调和出看起来像沥青一样的非常深的调子。

绘画上用钛白全色的表面暴露在强烈的日光下可能变灰。

黑色

在制作黑色时，古代大师主要用取自植物或骨头的黑色，较少的时候也用炭。然而，并不是画面上所有看起来像黑色的地方都含有黑颜料。有时它们是用深蓝色（比如靛蓝）和茜红调成的。用于全色的黑色颜料有象牙黑、藤黑和灯黑。

在深黑色表面的缺损区域全色很困难。特别是在古代大师的绘画要全色时，黑色不能够是“漆黑”的，那会立刻变得很显眼。比起艺术用品供应商所提供的黑色，古代大师画中的黑色常常偏蓝、偏红或更暗。在全色过程中，人们也常会注意到，黑色区域——甚至在结束涂色前——就会因溶剂 / 稀释剂蒸发而产生一种颜料粉的反光。在颜料涂上去片刻之后，全色颜料的表面看起来会比实际上浅一些（见对页插图）。如果据此而对全色做了色彩修正，全色区域在上光后就会显得过暗。因此，如果要对暗色区域进行综合性的全色，应事先调好足够的全色颜料，在实际上色过程中不应对色彩做矫正。如有必要，只有在涂过光油后（见 330 页起插图）才能进行矫正。

如果需要全色的是光油涂得很重的大面积黑色或暗色表面，就连画笔的金属部分（笔箍）或握笔的手的反光也会造成不良的影响（见 272 页插图）。可以通过为金属涂色（比如用虫胶和黑色颜料粉）和戴深色手套来消除这些反光。

在调和黑色时，加一丁点其他颜料粉常常就能调出正确的调子。如果原作的黑色比可用于全色的黑色更暗，加一点普鲁士蓝就常常可以使全色颜料暗下去。在为暗色表面全色时，重要的是要将缺损区域照得尽可能亮（亦见 303 页）。

黏结剂

黏结材料在所有的全色链条中都是薄弱环节。尽管存在适用的全色颜料，却没有一种黏结材料能充分保护全色——使它免受将来环境的损害和免于变色——同时还能溶于适当的溶剂并易于操作。

全色颜料应与干性油、天然树脂和水性黏结材料以及半合成与合成树脂彻底混合后一起使用。每种黏结材料都有自己的优点和缺点。

背景：举例来说，可以用普鲁士蓝、茜红和印度黄混合出“包浆”罩染和“污渍罩染”色。

这些陈旧的全色显示出一种颜料粉的反光，因为颜料粉颗粒并未恰好嵌在黏结材料中。

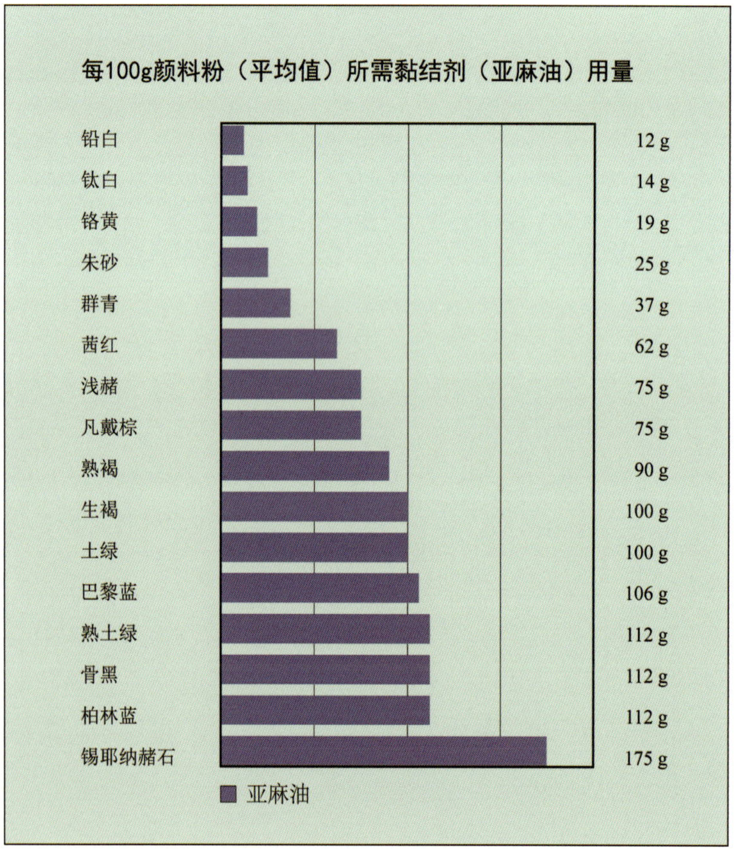

全色颜料

全色用的颜料既可以是买来的现成产品，也可以是修复师通过研磨和充分混合特制的颜料——水彩颜料除外[153]。全色颜料与普通艺术家用颜料的区别仅仅在于，修复师在制作和使用它们的时候，必须特别注意老化和可逆性之类的因素，并采取必要的预防措施。至于是使用现成产品更好还是自己制作全色颜料更好——这个问题尚得不到明确的答案。自己研磨颜料有个显著的优点，就是可以确定究竟需要多少颜料。而缺点在于，通常无法混合得非常充分，也就会产生结膜的问题（会产生龟裂的倾向）。

在为特定的艺术作品寻找适用全色颜料时，修复师有多种选择。可供他们选择的有：购买为艺术家或修复师制作的颜料；用工厂生产的颜料自制全色颜料——比如去除成品颜料中的黏结材料，或在成品颜料中添加黏结材料；或者，他们也可以用颜料粉和黏结材料自制全色颜料。

在涂有上光油的暗色区域，金属笔箍和修复师的手都会产生反光。这些反光会对涂全色颜料的过程造成干扰，因为会使人更难区分原作颜料和全色颜料。

黏结剂需求量

用于绘画或全色的所有颜料都是将颜料与黏结材料充分混合制成的（见左侧表格和对页插图）。要混合出便于涂施的颜料，每种颜料粉中需要加入的黏结剂用量都不相同。它们对黏结剂的需求量取决于待磨制颜料粉的总表面积或者颜料粉的比重。比重大的颜料粉——即表面积较小的颜料粉——比比重小的颜料粉需要的黏结材料要少。

颜料粉对黏结剂的需求量与黏结材料无关，所以，不论是水性、油性或树脂黏结剂——每种颜料粉对黏结材料的需求量总是不变的。

颜料粉充分混合

颜料粉和黏结材料是通过充分混合结合在一起的（见对页插图）。在充分混合的过程中，能够彻底粉碎那些可能发生在储存过程中的继发结块（原颗粒的堆积物）。在许多情况下，充分混合也能消除气泡和水分。

为将颜料充分混合，每种颜料对黏结材料的需求量都不同。
表格来源：
M. von Pettenkofer, Über Ölfarbe und Conservierung der Gemälde-Gallerien durch das Regenerations-Verfahren. Braunschweig 1870; and:
L. Massschelein- Kleiner, Ancient binding media, varnishes and adhesives, in: ICCROM, Rome 1985.

这个过程会使颜料粉与黏结材料之间形成非常紧密的连接，不过颜料粉的原颗粒却不会在充分混合的过程中被弄碎。仔细混合是极为重要的，因为未充分润湿的颜料颗粒会导致全色层形成龟裂。正如前文所解释的，含油或树脂的全色会因所含的黏结材料而更为明显地变黄。相应地，应尽可能用那些对黏结剂需求量很少的颜料粉来制作全色颜料。

不能相混的颜料粉

关于绘画的科学研究类历史文献常常指出某几种颜料不能相混。面对这种情况，艺术材料制造商也只向修复师供应那些可以毫不犹豫地混在一起的颜料。

不过，专业厂商有时也会向修复师供应传统颜料粉，让他们可以用绘画原作中出现的颜料粉来制作全色颜料。因此，我们也应当简明地指出为何某些颜料粉不能相混。

将含铜的颜料粉——比如石青、不莱梅蓝和翠绿——与含铅、镉或硫的颜料相混是不明智的；也不应将天然朱砂与铅白、铬黄、锌黄或柏林蓝相混。这些颜料会相互反应并生成新的化合物。随着时间流逝，这种反应会导致色调发生出乎意料的改变。

油溶性

基于同样的理由，还要指出，油容易与一些颜料粉——比如某些褐色——相溶。这些颜料部分是油溶性或胶溶性的。它们可能在全色表面上游走，也可能从这里渗入相邻的原作颜料层，使其变色。沥青也是油溶性颜料。据韦尔特说[154]，它可以渗透油画颜料和底料层，一直渗到画布的背面。

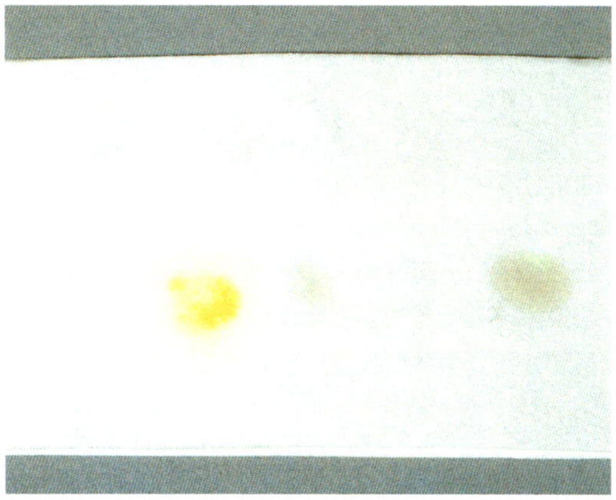

在全色前，将油画颜料放置在吸水纸上（上图），以便去除多余的油（左图），并降低黄化的风险。

用干性油和树脂全色

用油画颜料全色

油画颜料是由颜料粉与干性油构成的。用于油画颜料的干性油为亚麻油、核桃油和罂粟油（见274页插图）。一种油的干燥能力对于全色非常重要，而这种能力取决于其中含有多少不饱和脂肪酸，特别是亚油酸。

用研磨杵充分混合油画颜料。

亚油酸含量

亚麻油含有大约45%的亚油酸，是所有干性油中亚油酸含量最高的，核桃油中仅含有15%—18%的亚油酸，罂粟油中则完全不含亚油酸。尽管核桃油和罂粟油干得没有那么快，人们有时还是喜欢用它们全色，因为用它们可以调出比较浅的颜色，它们黄化的倾向也较弱。

缺点

油画颜料确有某些缺点——比如黄化的倾向，每一层干燥时间相对较长，用罂粟油做的全色还会出现早期起皱[155]。但尽管如此，它们还是常用于全色。

二期黄化

长期从事全色工作的人，尤其会对油画颜料因经年累月的黏结材料黄化作用而产生的变色程度感到震惊。在绘制17世纪荷兰贵族肖像画中常见的那种大白领子时，艺术家常会用纯铅白与一种干性油充分混合。随着油的黄化，绘画会产生

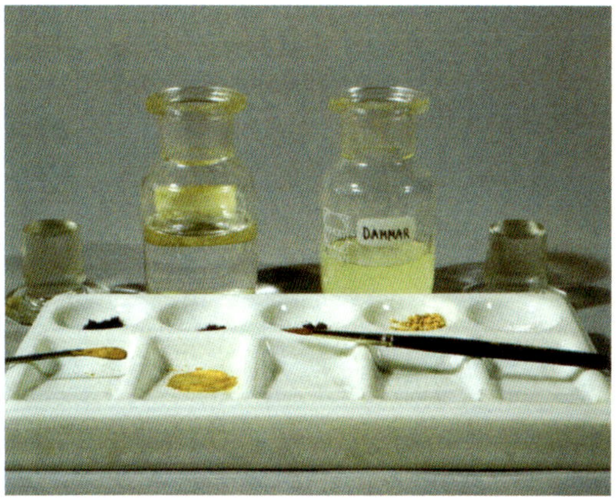

为做树脂全色，在调色板上用毛笔将高质量、颗粒细的颜料与树脂充分混合。

一种叫做二期黄化（见159页起）的发黄的调子（不过在观看画作时这种现象倒不是非常明显）。

如果缺损区域位于这种领子的部位，是不能像原作一样用纯铅白全色的。必须在白颜料中添加赭黄，使其略显“老化”，这样全色才能与原作颜色相符。

同样的情况也会发生在油性全色中。尽管全色颜料起初与原作颜料层颜色相符，但原作的颜料已经经历了黄化的过程，而全色颜料还有待经历这个过程。经过一段时间后，全色区域就会在与原作颜料层交界的部位形成一圈暗色的标记（见对页插图），这取决于全色颜料含有多少油。

黄化过程的起因

这种黄化过程取决于几个因素：包括干性油的性质与成分、与颜料结合的干性油的量、各层全色的厚度和空气的湿度。一般情况下，修复师是不会有机会判定一种给定干性油的性质和成分的。他们依赖于艺术用品供应商所提供的材料——或是纯油，或是混合在颜料粉中的油。

用干性油做的实验性全色在13年“老化之后”（每幅画下半部分）。

用油画颜料做的全色。

用树脂颜料做的全色。

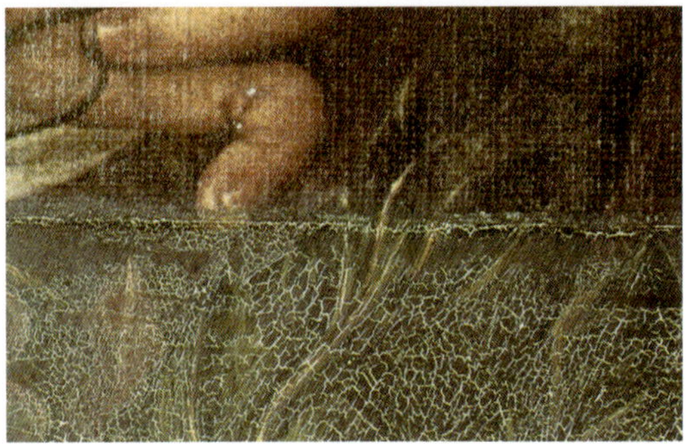

用油性坦培拉做的全色。

降低含油比例

如果不把油画颜料直接挤在调色板上，而是成小堆地挤在吸收性的表面（如吸水纸、纤维质表面等），就可以降低它的含油量。多余的油会被吸走，而剩下的足够让颜料颗粒彼此黏结，也足够将它们与填充料黏结在一起。为了便于操作，应该用松节油或白精油对颜料进行稀释。

松节油

松节油不是黏结材料——换句话说，它对颜料粉没有黏结力。不过它远比白精油之类单纯的稀释剂更有作用。在油全色或油－树脂全色中，它快速吸收酸（形成羟化物）的能力有着积极的效果。松节油会把酸转变成油，因此可以促使全色干得更快。因为松节油在全色颜料中起到的强烈作用，酸转化和干燥的过程是发生在整个全色颜料层中的，而不只是发生在表面。如果只在全色颜料中少量加入松节油，会增加颜料的光泽，不过如果大量加入，全色层表面就会开始显得贫瘠灰暗。

干燥过程

亚麻油全色通常需要分层涂施——因为它干燥缓慢——这样做也很费时。色层干燥时间因厚度而异，至少要过一两天的时间，才能再涂下一个色层。如果动手太早，就会造成这一层与下一层分离并与新色层相混的风险。

用树脂颜料全色

树脂颜料是用天然树脂或合成树脂与颜料粉一起制成的。我们在这里只关注用于全色的天然树脂颜料。树脂颜料全色比用油做的全色干燥更快，天然树脂因具有较高的折射率而更具光泽。人们用它也能快捷地全色。

天然树脂

树脂是树的赘生物，在针叶树上起到封闭树木创口的作用。和树胶（落叶树木上的树脂状物质）不同，树脂只能溶于有机溶剂。天然树脂起初会在溶剂挥发的作用下发生物理干燥。余下的树脂会在大气中氧气的作用下氧化并聚合，并会丧失其微弱的可溶性。树脂会发生不同程度的脆化或黄化。仅有的两种可作为黏结材料用于天然树脂全色的天然树脂是较晚出现的马蒂树脂和达玛树脂。

对页：历经多年，修复师试图用来整合龟裂的全色已经变色，现在变成了宽而深色的线条。

折射率

树脂比干性油和水性黏结材料的折射率都高。如果把它加入颜料粉或油画颜料中，可在一定程度上增加光泽和透明度。并没有现成可用的

根据表面光泽将全色做成亚光或亮光的，这样才能与原作表面相符，而不被肉眼发现（见下图）。如果全色光泽与周围原作画面光泽不符，即便全色的色彩与肌理都很完美，在顶光或侧光下也会立刻被看出来。全色的光泽取决于颜料粉在黏结材料中的嵌入程度。

如果颜料粉没有完全嵌入黏结材料，其不规则的表面就会将光线散射到各个方向，全色看起来就是亚光的。这称之为漫反射。另一方面，如果颜料粉完全被黏结材料覆盖，就会形成镜面反射——换句话说，全色就是亮光的。

反光

在不应或不能上光的亚光画面上，大多数亚光全色在黏结材料干燥后应具有与原作画面相符的光泽。亚光程度通常是不可能事后再调节的。

不过，亮光画面上的全色只要还没有涂上太厚的光油，就可以对它的光泽进行“后期调整”。在全色干燥后，可以对局部或整体涂施光油，将凸出于画面的颜料粉包裹起来，赋予全色必要程度的光泽。在涂色的时候，新画在上过光的画面上的全色会拥有与周围的绘画层相同的光泽。颜料粉被黏结材料完全包裹，会和上过光的画面反射同样多的光。然而，如果存在于黏结剂中的溶剂开始挥发，黏结材料的体积就会减小。在使用某些种黏结材料的全色层中，颜料粉颗粒在溶剂挥发后就无法被完全包裹，它们就会令光线散射。这就会令全色显得亚光。（见 288 页示意图）。

所有包含水性黏结材料的全色层在干燥后都会变得亚光，而含油或树脂黏结材料的色层所固有的亚光程度则取决于颜料粉的颗粒大小和黏结材料的含量。如果颜料粉颗粒不太大，待全色画面上的光油层也不太陈旧，在调色板上混合全色颜料时黏结剂也充足，那么很多情况下就可以把全色做得与原作绘画层光泽一致，而无需进一步上光。

深层光

含有水性黏结材料的全色颜料在刚涂上去时，光线可以通过黏结材料中的水深入穿透全色层。这种深层光会让全色层的颜色看起来又深又鲜艳。随着水的蒸发，颜料颗粒会变得越来越紧凑，光线射入颜料层深处的机会也会变得越来越小。结果颜色就会显得更浅。

表面光

在水分完全蒸发掉之后，颜料粉颗粒就会挨得更为紧凑。此时它们仅被空气包裹，彼此之间由“黏结材料桥”连接在一起。光线再也无法射入深处，它会从全色层表面反射出去。这种表面

该全色没有色裂，因此立刻就会被看出来。

因为全色没有显示出周围原作的老化裂隙，我们可以立刻看出这里存在缺损区域。

全色颜料中的颜料粉没有被黏结材料充分包裹，表面形成了漫反射，因此观者会立刻注意到它。

光会使全色看起来比原来浅，此时，不规则的颜料粉表面对光的散射也会进一步强化这种效果。

上光后的效果

在为这种全色层上光时，部分光油会渗入颜料粉颗粒间的孔隙中，将其填满。光线便能够再次穿透色层，深层光又会使全色变暗。而另一方面它又不会恢复到原有的色彩深度。

光泽表现

与树脂、油或树脂－油黏合剂混合的全色颜料在干燥时只会稍微损失原有的光泽。尽管溶剂或稀释剂也会挥发，但比起用水性黏结材料混合的颜料，在这类颜料中还会留下干性油或树脂，颜料粉还仍旧镶嵌在黏结材料中。相应地，它的表面光泽也会在一定程度上得到保留。

颜色改变

正如前边提过的，用油和树脂调和的全色会显示出轻微的变色。在发生挥发的时候，色层中的颜料粉颗粒也会变得更为紧凑，于是深层光就会发生轻微的变化，结果色彩也会轻微变化。这种现象在使用浅色颜料时特别明显，因为浅色的颜料粉——例如浅赭色——在调和时需要较大量的黏结材料，对于树脂或树脂－油全色来说，这也意味着颜料中会含有较高比例的溶剂或稀释剂。这又会导致黏结材料挥发时颜料层更为明显地下陷。结果深层光还会再次受到严重的改变。

在新鲜光油层上全色

油、树脂或树脂－油全色在干燥后的光泽与原作画面的光泽相符到什么程度——取决于全色层的黏结材料和上边的光油层的光泽。将旧光油层清除后，如果在新光油层上边做全色，只要能在大约一个月之内完成，通常就能做到与原画表面光泽相符。如果要花更长的时间为大面积缺损区域全色，新做的全色就算与不久前做的全色构造一致，也会在干燥后突然变成亚光的（见对页示意图）。这种现象与全色层下方的光油层干燥有关。如果全色是在一个月以内涂上去的，全色颜料中的溶剂或稀释剂会将光油层稍稍溶解，导致全色颜料稍微陷入光油层中。换句话说，小颜料粉颗粒不仅被它们本身的黏结材料包裹，也会被部分软化的光油层包裹。

薄层的马蒂树脂或达玛树脂大约会在一个月后干燥，它们将无法再被全色材料中的溶剂——比如松节油或白精油——所溶解。此时再涂上全色层，其中的颜料粉颗粒已经再也不能嵌入光油层，而是摊在非常平滑的光油层表面上。当溶剂或稀释剂挥发后，个别颜料粉颗粒将不再被黏结材料包裹，便会发生漫反射，于是全色看起来就会变成亚光的。

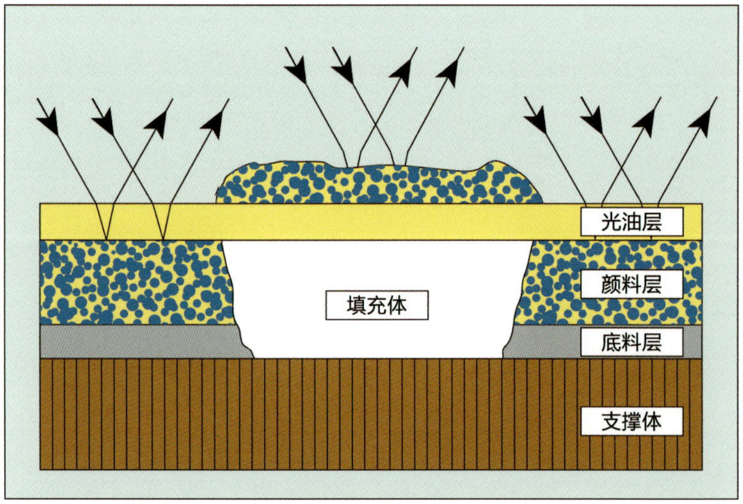

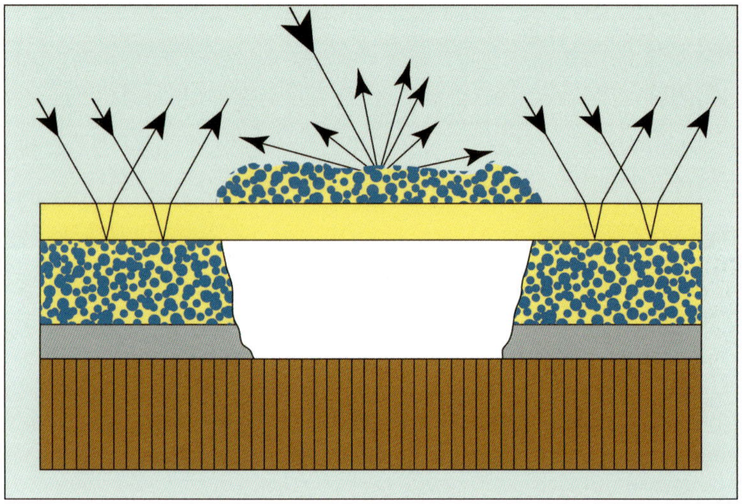

在全色颜料新涂上去时，颜料粉颗粒被黏结材料包裹，它们反光的方式与上过光的绘画表面相仿（上图）。当溶剂挥发后，一些颜料粉颗粒不再被包裹（下图）。全色的反光就成了亚光。

旧光油层上的全色

最难做的有光泽全色之一是在厚而陈旧的绘画光油层上做标准全色或完全全色。在这种情况下，光油层已经形成了光滑闪亮的表面，全色颜料已经没有机会嵌入其中，因为黏结材料已无法部分溶解陈旧光油层了（见对页下图）。在溶剂或稀释剂挥发后或黏结材料干燥后，微小的颜料粉颗粒会像细小的晶体一般摊在光油层表面并反射光线。从光学效果来说，与涂有亮光上光油的画面相比，所有的全色看起来都是亚光的。如果在上边涂几层较厚的光油，有可能减轻这种印象，然而因为较高的黏结材料含量，这处全色会凸出于平滑的光油表面，并显得有点肿。

为了统一这处全色的光泽，必须继续为整个画面上光，直到光油将全色完全包裹。这会造成一层很厚的光油，带来一系列新问题，即黄化和脆化。

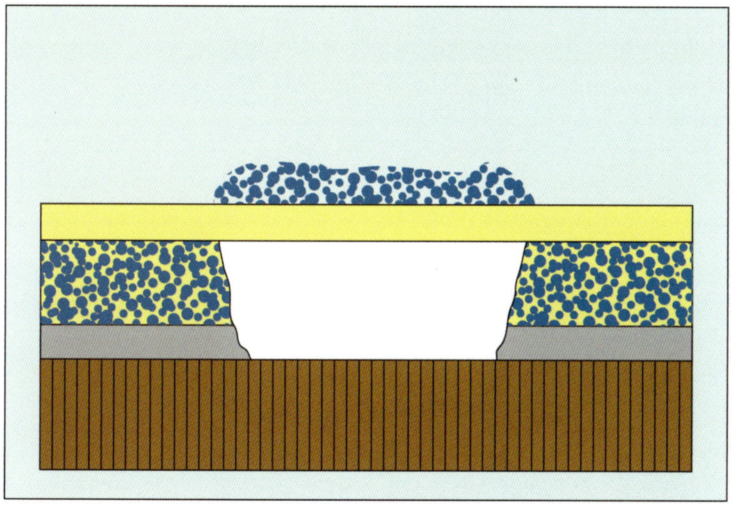

在上光后不久涂施的油、树脂或树脂—油全色会沉入光油之中（上图），并拥有与周围的原作画面相同的光泽。如果全色是在相当长的时间间隔后做的，它的溶剂材料就再也无法部分溶解色层之上的光油层了。光油层上的全色会变干并变成亚光的。

画笔

在用毛笔塑造全色时，应从调色板上将全色颜料移至全色表面（见 290 页插图）。画笔必须能带起充足的全色颜料，还应有可以让修复师按需要作画的构造。在这里，毛笔的种类——不论是毛还是鬃——和全色颜料的种类和品质一样重要。

画笔的种类

适用于全色的画笔是用天然毛、天然鬃或合成纤维制成的。而对于修复工作来说，只建议使用天然毛或合成纤维的毛笔。

红貂

最好且最贵的全色用毛笔是西伯利亚红貂毛笔（科林斯基［Kolinsky］毛笔）。对于这种毛笔来说，产地越“靠北”、越“寒冷”，毛就越好；毛越好，笔就越有弹性且越耐用。笔头微呈锥形，有“鼓肚”（即毛的中段较粗），向头部逐渐尖细。它们富于弹性，如果使用得当，这种画笔的笔尖可以保持很长时间。天然毛较粗糙的微表面可以比合成纤维毛笔聚集更多的全色颜料。

合成纤维

近些年来，已经可以买到聚酰胺纤维（尼龙、贝纶等）做成的毛笔。这种笔的品质因纤维的强度、后来的使用和毛尖的制作方式而异，作为画笔，其品质大致介于毛画笔和鬃画笔之间。用合成纤维制成的毛笔可以用作科林斯基红貂毛笔的代用品。

毛笔的选择取决于全色的形式和全色颜料的成分。不论是标准全色、完全全色还是中性全色，对于水平涂刷的底层颜色来说，使用一只价格适中的毛笔就可以了。而对于包含细小点线的最后一层全色——不论是标准全色还是完全全色，用一只品质最好的（科林斯基红貂毛）精细画笔（比如 2 号）才会使全色工作变得更容易。

背景：
各种可用于全色的天然毛笔。

用一支细毛笔（2 号）全补绘画的层缺损区域。

全补方法

一幅画是否应该全色和如何全色一直会是修复师之间争论的焦点，也一直会受大量不同的因素制约。每次全色，即便是最小的全色，也能对一幅画的总体外观造成决定性影响，因而对作品的艺术价值和物质价值产生决定性的影响。即便不做全色，而是采取纯粹的保护工作，或求助于“中性”全色或影线法（tratteggio）之类的理论性套路，也还是会改变艺术品的总体外观，而且一般也解决不了问题。根据阿尔特赫费[187]的研究，现代修复中所用的各种全色方法可分类为绘画“残片”全色、中性全色、影线法（条纹法［rigatino］）以及标准与完全全色。这些技法之间还存在着过渡形式与结合形式。在损坏严重的绘画中，经常能见到几种全色技法共用的证据。最终选择哪一种技法——或组合技法——取决于修复师的愿望和待全色缺损区域的范围，取决于艺术作品的重要性、价值、功能和存放地点，也取决于修复师的技巧或还有哪些文献（照片、雕版画、摹本等）可以参考。

绘画“残片”全色

如果一幅绘画只剩若干残片，就不应该尝试恢复其原始的状态。应对原作的残片进行保护以确保艺术作品不再发生进一步的劣化。绘画应保存其损坏的状态（见 292 页插图）。应保持缺损区域的支撑体或底料层可见。全色时要“在光学上尽量弱化”那些有碍观瞻的浅色底料区域以及缺损区域与原作颜料层交界处的浅色底料边缘。

裂隙边缘的处置

色层裂隙深达支撑体的绘画比画面完整的画作更易受气候危害。气候因素会对未受保护的区域——尤其是裂隙边缘——造成更为严重的损害。为使这种危险最小化，可用胶—白垩、蜡或蜡—白垩腻子在裂隙边缘处墁出缓坡来加固边缘。那些根据周边的原作画面清晰重构色与形的小缺损区域——通常是可能用标准或完全全色法来加以整合的。只有大面积缺损区域基本保持原状而不加处置。

突出的缺损区域

有时缺损区域暴露的支撑体表面因腐蚀或有色蜡而显得非常突出，乃至发展出了自己“独立的生命”，并以自己独特的形式影响整幅画的总体面貌。

中性全色

在做中性全色时，应赋予缺损区域以一种与周边原作相符的中性色调（见 293 页插图）。中性全色这一术语带有误导性。严格来说，并没有这么一种——与原作相符而不影响它的——全色用中性色彩。所有的中性全色都会改变一幅画的色彩与形。有两种可能的全补方式：

1. 发展一种适用于画中所有缺损区域的中性色调。
2. 针对画中较亮区域和较暗区域各自发展出适合的中性色调。

技法

不同于对绘画残片的处置，在进行中性全色前，应对所有缺损区域进行填充。这意味着在填充时，填充料的表面低于周边的原作绘画层表面，否则就应把填充料表面加工到与周边原作颜料层表面齐平。如果把填充料填低一些——中性全色也会低于原作表面——全色区域就会更容易被辨识出来。

实施

一幅画是否应当采用中性全色，取决于修复师的原则和损害的程度。根据我的经验——或许也符合传统的“教义”——实行和维护中性全色的主要是那些感到标准或完全全色难做的修复师。一般来说，这种全色形式与影线法和对绘画残片的处置一样——只有在原作绘画大面积缺损，无法修补时才会使用。中性全色很少在一幅画中单独使用。更多时候是与其他全色方法结合使用。也就是说，比如可以用标准全色法来整合小块缺损区域，而只在大面积缺损区域使用中性全色。在这样运用中性全色时，它与标准全色和绘画残片修复之间并没有明显的界限。比如，如果在一片中性全色上画出了形的轮廓，或者做出了周边原作颜料层特有的肌理，做出来的就会更像是标准全色。另一方面，如果填充料填得较低，就会使它更接近对绘画残片的处置。

色的篡改

要找到正确的中性色来整合缺损区域是很难的，因此每次中性全色都会篡改绘画的总体效果——既包括色也包括形。根据阿尔特赫费[188]的研究，如果使用灰色调子，与绿调子原作色层相邻的地方在观者眼中就会显得偏红。同理，与绿色调相邻的蓝色调子会显得偏紫——因为对比会“造成”红色。

形的篡改

中性全色也会对一幅画的形造成决定性的影响。所有中性全色都是平面的，还会以本身的形的边缘干扰相邻原作画面的立体形。在完成中性全色时，修复师应尝试确保原作仍然有不受侵犯的完整性。但正如事实证明，这是不可能的。在很多时候，实际情况正好相反：中性全色会比好的标准全色或完全全色更严重地篡改艺术作品的效果。

影线法（条纹法）

修复师可使用影线法（tratteggio）——或意大利人所说的条纹法（rigatino）——用精细的彩色影线来整合填充过的缺损区域，并以此将艺术作品整合起来（见 294 及 295 页插图）。这样绘画就再次变得可“解读”了。和用中性全色一样，人们试图用这种方法来表现对艺术品原有特征的尊重。这种方法和中性全色之间的本质区别在于，影线会使全色表面变得活跃。影线法全色看起来不像中性全色那样没有生气和呆板。影线法可以分为条纹法、色彩抽象法、色彩选择法和黄金选择法。条纹法是在 1945 年至 1950 年之间在罗马中央修复学院的切萨雷・布兰迪指导下开发出来的。以这项工作为起点，佛罗伦萨巴索古堡修复工作室的领导翁贝托・巴尔迪尼（Umberto Baldini）又带头发展出了色彩抽象法、色彩选择法和黄金选择法[189]。

条纹法

条纹法与新印象主义者的点彩风格相似。修复师并排画出一系列竖直或接近竖直的纯色线条，直到将缺损区域整合为止。线条的密度与色彩都与原作相匹配。在上色时，应该从亮至暗，从“冷”至“暖”。

色彩抽象法

巴尔迪尼的色彩抽象法（"astrazione cromatica"）是用四种未经调和的颜色按不同方向以细线画成交叉的网格，一种颜色压着另一种。四色的组合可以包括黄红绿黑、黄红蓝黑，也可以包括黄、橙红、蓝绿、黑。应当保证这种四色组合是借助滤光镜选出来的。

对于不同的绘画，这些颜色也可以略有不同。应当从竖直线条的细网格开始画。然后再用交叉的斜线画出红色、绿色和黑色的线条。这些色彩交织起来会使线条留下一些纯色部分，而其他部分则会被覆盖而呈罩染的效果。观众会感受到一种“色彩的颤动感”，使全色看起来像“流体”，从某种意义上来说甚至有立体感。可以略微改变网格的密度和线条方向，以使全色产生变化。巴尔迪尼的色彩抽象法既不打算像条纹法那样去解释性地将形补全，也不追求与相邻的原作色彩相符，相反要在艺术作品中保持中立，并与原作的残片建立尽可能紧密的联系。

色彩选择法

据巴尔迪尼说，应将色彩选择法（selezione chromatica）用于那些可以根据周围原作画面补全色与形的小面积全色区域。使用这种方法，可以使形和色与原作准确匹配。观众可通过细线立即将全色区域辨识出来。在使用色彩选择法全色时，只能用色彩抽象法中所用的那些颜色组合。色彩选择法与条纹法的区别有二：无需使用竖直的线条，可以让线条方向随原作的形；只能使用有限的色彩种类。

黄金选择法

以有限的色彩种类，用色彩选择法是无法为贴金区域全色的。巴尔迪尼为此发明了黄金选择法（selezione dell'oro），它是色彩选择法的一个变种。贴金表面的缺损区域是用一系列黄色、红色和绿色的细线来整合的。这种技法部分地满足了审美统一性的要求，但仍保留了原作残留部分的文献性特征。

如果从一定距离外观看绘画，彩色线条会共同构成一个表面并重建审美的统一性。然而，如果凑近看画面，又可以注意到细线，从而可以区分出原作和全色区域。

影线法（tratteggio）只适合全补小幅绘画

如果一幅画大面积损坏，似乎最好用“中性法”缓和缺损区域而不是“全补”它。（见绘画“残片”全色）（法国，《费尔顿基督受难像》［*Wehrden Crucifixion*］［局部］，1340年后，科隆瓦尔拉夫—里夏茨博物馆。）

作为中性全色的一种，是用与周边原作色彩相符的中性色调来全补缺损区域的。(乌戈利诺·迪内利奥[Ugolino di Nerio]，《西蒙与撒迪厄斯》[*Simon and Thaddeus*][一组祭坛画的一联]，约1324—1325年，伦敦国家美术馆。)

影线法（或条纹法）全色中，缺损区域大多是用竖直的彩色细线全补的。（P. N. 画师［Master P. N.］，《三博士朝拜》［*Adoration of the Magi*］［局部］，约 1450—1460 年，曾为利普托夫斯卡马拉教堂中的祭坛画，现藏于布达佩斯国家美术馆。）

的缺损区域。小画总是近距离观看的，因为小画不像大画，不离远了看就无法领会画面的整体内容。这就意味着，小画必须用非常细的线条来补全，以至于很容易便会过渡成为标准全色或完全全色。

标准全色

标准全色（standard retouching）是在填充之后，用塑形的细线和点来整合缺损区域，从正常距离观看，颜料层会再次融为一体（见 296 页上图）。而如果更近一些观看，还可以将全色辨识出来。如何组织形与色是由画面的对象决定的。

据阿尔特赫费[190]说，标准全色取决于几个因素：绘画的受损部分、艺术品的重要性、它的规格、悬挂方式和照明方式。通常来说，标准全色是解决艺术品所面对问题的最佳途径。它并不会让绘画“假装”出保存得完好无损的状态。我们也看不到抽象全色系统在实际上所造成的干扰效果。

完全全色

标准全色与完全全色（total retouching）之间的界限是模糊的。当一块完美的标准全色“无瑕”地与周边原作画面融合时，就已经不知不觉地变成了完全全色。即便是专家，也得借助放大镜、立体显微镜等光学仪器和修复档案才能辨识出完全全色。

复绘

如果原作的部分画面或整个画面被若干层不是出自作者手笔的颜料覆盖，这种情况就被称作复绘（overpainting）（见 296 页插图下图）。

有些复绘也可以视为全色，比如全色超出了缺损区域的边界，覆盖到了一部分原作色层，或者虽然全色下方并没有缺损区域，却仍根据当时的品位进行“美化”。在过去的几百年间，人们常打着全色的名义对绘画进行复绘。

源的光谱中得到充分体现，它就不会出现在画面上——换句话说，在全色时也无法将它们辨认出来。若想获得良好的颜色敏感性，光源的光谱要分布均衡。

色温　光的色温以开尔文（K）计量。天然光源的色温大约为 5,500 K。用于全色的人工光源色温应与此近似。

光照度　光照度是光通量与被摄表面积之间的比例关系，以勒克斯（lux）为单位。特定的任务需要特定的照明强度。例如：对于一般的办公室工作，完美的照明强度在 250—500 lux 之间，而用于精细机械工作的则要超过 1,000 lux。对于全色来说，尚无对照明强度的规定，但应该高于 1,000 lux。

热辐射　绘画是怕热的，因此，比起热辐射高的白炽灯之类，热辐射低的灯光更合适。如果白炽灯的亮度不高，它的连续光谱中会显示出比例惊人的红色。

日光照明　修复师可以在市面上买到日光灯（见 304 页插图）。如今的日光灯有多种色彩的灯管[194]，有真光管（True Light Tube）和卤素金属蒸汽灯[195]。它们都适于为绘画照明，而所有的修复师也都有自己喜爱的照明工具[196]。

对于在深棕色、深蓝色，特别是黑色表面的高难度全色来说，人们会发现以上的照明工具仍不足够。可使用小台灯、投影灯或聚光灯来大幅度增强照明。不过最佳的照明形式还是用一面大镜子反射在全色表面上的日光。如果全色是在良好照明下进行的，且与原画高度吻合，一般是无法在正常的天然光源或人造光源下被分辨出来的。

对页：
用“开片”法人为制作的龟裂。

用于全色的工作场所最好用日光灯照明。

注

1 A. Eibner, *Entwicldung und Werkstoffe der Tafelmalerei*. Munich 1928 (Sändig-Reprint 1974), p. 53
2 P. P. Rubens, quoted from: E. Guhl, *Künsderbriefe*. Berlin 1880, p. 190
3 A. Eibner, 见注 1, p. 55
4 Ibid., p. 66
5 Ibid., p. 71
6 Ibid., p. 40
7 Ibid., p. 41
8 T. von Frimmel, *Handbuch der Gemäldekunde*. Leipzig 1896
9 A. Eibner, *Sprung-und Rißbildung an trocknendenÖlfarbanstrichen*. Munich 1920
10 S. Keck, *Mechanical alteration of the paint film*, in:Studies in Conservation, 14 (1969), pp. 9-30
11 K. Nicolaus, *DuMont's Bild-Lexikon zur Gemäldebestimmung*. Cologne 1982
12 I. Sandner/B.Bünsche, et al.: *Konservierung von Gemälden und Holzskulpturen*. Berlin 1990, pp. 79-84
13 S. Bucklow, *The description of craquelure patterns*, in:Studies in Conservation, 42 (1997), pp. 129-140
14 K. Wehlte, *Werkstoffe und Techniken der Malerei*.Ravensburg 1960, p. 660
15 A. Eibner, 见注 1, p. 28
16 Ibid., p. 24
17 M. Wyld/J. Mills/J. Plesters, *Some observations on blanching*, in: National Gallery Technical Bulletin, 4(1980), pp. 49-63
18 M. von Pettenkofer, *Über Ölfarbe und Conservierung der Gemälde-Galleriendurch das Regenerations-Verfahren*. Brunswick 1870, pp. 99-100
19 D. K. McKay, *The treatment of blistered paintings.* M.A. C. Project 1977, International Center for the Study of the Preservation and Restoration of Cultural Property in Rome. Manuscript. Rome 1977
20 E I. G. Rawlins, *The rheology of paintings*, in: Technical Studies in the Field of Fine Arts, 10 (1942), pp. 59-72
21 S. Keck, 见注 10
22 M. F. Mecklenburg, *Some aspects to the mechanical behaviour of fabric-supported paintings*. Report to the Smithsonian Institution, Washington D. C. Smithsonian Press 1982
23 G.A. Berger/W. H. Russel, *The new stress tests on canvas paintings and some of their implications on the preservation of paintings*, in: ICOM, 7th Triennial Meeting. Copenhagen 1984, 84.2.7.-84.2.9
24 V. Schaible, *Neue Überlegungen zur Feuchtigkeit am Leinwandbild*, in: Zeitschrift für Kunsttechnologie und Konservierung, 1 (1987), pp. 75-95
25 C. Cennini, *Das Buch von der Kunst oderTractat der Malerei des Cennino Cennini di Colle di Valdelsa*. Translated (into the German) and elucidated by A. Ilg. *Quellenschriften für Kunstgeschichte*, I, Vienna 1888, ch. 94
26 Ibid., p. 14
27 A. Burmester/J. Koller, *Schadensbeschreibung und Wegezur Konservierung (von säuregeschädigten Gemälden) aus naturwissenschaftlicher Sicht*, in: Jahresbericht der Bayerischen Staatsgemäldesammlungen, München,1987/88, pp. 18-24
28 G. A. Berger, *Consolidation of delaminating paintings*, in: ICOM, 5th Triennial Meeting. Zagreb 1978, 1-19/1/78
29 H. M. Hangleiter/J. Jägers/E.Jägers, *FlQchtige Bindemittel*, in: Zeitschrift für Kunsttechnologie und Konservierung, 9 (1995), pp. 385-392
30 1mm 厚的环十二烷涂层挥发完大约要用 33 天，同样厚度的三环樟脑混合物只需几个小时就会挥发完。
31 M. M. Watherston, *A vacuum table treatment for cupped paint films on canvas using chemicals and water*, in: IIC Bulletin of the American Group, 1968-70, pp. 121-143
32 举例来说，熟褐的油画颜料中黏结剂含量较高，所以熟褐色层会比铅白色层更快变得有延展性，铅白色层软化需要 20 分钟。
33 *Mitteilungen des Deutschen Restauratorenverbandes*(DRV),1981/82, p. 10
34 T. Brachert, *Gemäldepflege*, Ravensburg 1955, p. 39
35 C. Köster, *Über die Restauration alter Ölgemälde*. Vol. 1-3,Heidelberg 1827, 1828, 1830
36 U. Forni, *Manuale del pittore-restauratore*. Florence 1866
37 A.J. Pernety, *Dictionnaire portratif de peinture, sculpture,et gravure*. Paris 1757. German edition: *Des Herrn Pernety Handlexikon der bildenden Künste [...]*Berlin1764
38 C.f.C. Wagner, *Arbeitsweise und Anschauungen in der Gemälderestaurierung um 1800*. Dissertation. Munich1988, p. 43
39 M. Doerner, *Malmaterial und seine Verwendungim Bilde*. Stuttgart 1980, p. 332
40 H. Déon, *Von der Erhaltung und Restaurierung der Gemälde*. Translated and provided with several notes by A. W. Hertel. Weimar 1853 (original edition H. Déon, *De laconservation et la restauration des tableaux*. Paris 1851)-F.Kröh, *Zur Technik der Oelmalerei. Nach denneuesten Grundsätzenunter Berücksichtigung der Konservierung und Restaurierung der Oelgemälde*.Weimar 1886
41 G. Secco-Suardo, *I lrestauratoredei dipinti.* Milan 1866(publ. his sons in 1927)
42 *International Museums Office Manualon the Conservation of Paintings*. Paris 1940
43 U. Forni, 见注 36, p. 64
44 T. Brachert, 见注 34, p. 39
45 G.L. Stout, *The care of pictures*. New York 1948, pp. 58-60
46 H. Althöfer, *Moderne Kunst. Handbuchder Konservierung*.Munich 1980, p. 226
47 D. Rosen, *The preservation of wood sculpture: The wax immersion method*, in: Journal of the Wakers ArtGallery,13/14 (1950/51), pp. 45-71
48 J. M. Andre, *Skulpturen. Kennen, restaurieren und pflegen*. Fribourg 1977
49 R. E. Straub, *Tafel bild*, in: Konservieren und Denkmalpflege, publ. Swiss institute for Art Studies. Zurich 1965
50 油画颜料色层形成的是“致密膜”。
51 Cf. E. Berger, *Quellen für Maltechnikwahrendder Renaissance und deren Folgen (XVI-XVII) inItalien, Spanien, den Niederlanden, Deutschland, Frankreich und England*, Munich 1901. p. 333
52 H. Kühn, *Erhaltung und Pflege von Kunstwerken und Antiquitäten*. Vol. 1, Munich 1974, p. 345 - G. A. Berger, 见注 28
53 U. Schiessl, *Konservierungstechnische Beobachtungenzur Festigung gebundener, kreidender Malschichtenauf Holz*, in: Zeitschrift für Kunsttechnologie und Konservierung, 3 (1989), pp. 293-320
54 B. Wili, *Versuche zur Festigung von Azurit an Gemäldenund Skulpturen*, in: Mitteilungen des Deutschen Restauratoren verbandes (DRV), 1982-83, pp. 12-16
55 就算是修补画布裂隙，有时也需要把纺织品支撑体绷起来（见 pp.105ff.）。
56 M. A. De Wild, *Wiederbefestigung von LeinwandundBildschicht*, in: Maltechnik, 4 (1964), pp. 97-11163L.0
57 Yashkina, *Adhesive methods of consolidating oil paintings with cuppings and hard craquelure*, in: Conference on Comparative Lining Techniques. Greenwich 1974
58 M.M. Watherston, 见注 31
59 G. Hedley/M. Odlyha, *The moisture softening of paintfilms and its implication for the treatment of fabricsupported paintings*, in: Conservation restauration des biensculturels. Traitement des supports travauxinterdisciplinaires. Paris 1989
60 M. Bjarnhof, *Treatment of paintings on copper supports.Some experiments and observations*, in: ICOM, 8thTriennial Meeting, Sydney 1987, pp. 951-955
61 J. B. Pelikán, *Conservation of iron with tannin*, in:Studiesin Conservation, 11 (1966), pp. 109-155
62 J. Lehmann, *Möglichkeiten der Erhaltung von Grabkreuzen*, in: Arbeitsblätter der Restauratoren, 2(Gruppe 1: Eisen), 1983, pp. 181-189
63 A. Burmester/J. Koller/H.Kawinski, *The Munich Dürer Attack: the removal of sulphuric acid and acid compounds by use of a conditioned ion-exchange resin*, in: Cleaning,retouching andcoatings, IIC Congress, Brussels 1990,pp. 177-183 -A. Burmester/J. Koller, 见注 27
64 A. G. Boissonnas, *The treatment of fire-blistered oilpaintings*,in: Studies in Conservation, 8 (1963), pp. 55-66
65 C. F. du Pont, *Further developments in treatment of fire-blisteredoil-paintings*, in: Studies in Conservation, 11(1966), pp. 31-36
66 K. P. Schmid,*Brandschaden-Restaurierung*, in:Maltechnik, 2 (1968), pp. 35-40
67 D.K. McKay, 见注 19
68 G.A. Berger, 见注 28
69 D. Heckermann, *Untersuchungen und Möglichkeitenzur Behandlungbrandgeschädigter Leinwandgemälde*.Diplomarbeit. Vienna 1985
70 *In order to work in a more focused way, the damagedpicture painted on a masonite board*, in: Studies inConservation, 23 (1978), pp. 168-173
71 R.J. Gettens/M Pease/G. L. Stout, *The problem of mold-growthin paintings*, in: Technical Studies in the Field of the Fine Arts, 9 (1941), pp. 127-143
72 G. Weirich, *Wachstum von Schimmelpilzen und Bakterienaufverschiedenen Malgründen*, in: Zeitschriftfür Kunsttechnologie und Konservierung, 2 (1988), pp. 305-314 - I. Hartlieb/K. Messner/H.Riedl,*Wachstum von Schimmelpilzen in Malgründen undihreBekämpfung*, in: Maltechnik/ Restauro, 3 (1982), pp.189-197- W. E.Hirthe/I. Glatha et al. *GemäldezerstörungdurchPilze*, in: Zentralblatt für Mikrobiologie, 142 (1987), pp.271-282 - W. F. Hirthe/I. Glatha et al. *Untersuchungenzum Schutz von Gemäldenvor Befall mitPilzen*, in:Zentralblatt für Mikrobiologie, 142 (1987), pp. 369-377 -D. Montegut/N. Indictor et al. *Fungal deterioration ofcellulose textiles: a literature review*, in: R. J. Koestler,ed. *Biodeterioration of cultural property*. New York 1991
73 A. Tonolo/C. Giacobini, *Importanza dell' umidità per losviluppo di microorganisminei dipinti sutela*, in: Bolletinodell' Instituto Centrale del Restauro, 36 (1958), pp. 191-205
74 A.B. Strzelczyk, *Microbial biodeterioration in paintings and sulptures*, in: Rose, A. H. (Ed.), *Microbial Biodeterioration*. London - New York - Toronto - Sydney- San Francisco 1981
75 I. Sandner/B. Bünsche et al., 见注 12, p. 101
76 F. G. H. Lucanus, *Gründliche und vollständigeAnleitungzurErhalung, Reinigung und Wiederherstellung der Gemälde*. Halberstadt 1832, p. 97
77 S. Kainzlbauer, *Behandlung und Wiederherstellung derÖl-,Tempera-und Fresco-Gemälde*. Vienna 1910.
78 G. A. Berger, *Wachsimpragnierungenvon Leinwandbildern, einunwiderruflicherEingriff*, in: Maltechnik/Restauro, Vol. 81(1975), p. 43. 这份研究的最后一句话很有趣：“这个结果和结论可不一定代表国家艺术基金会的观点”
79 E. Berger, 见注 51, p. 315
80 B. Wiemers, *Historische und moderne Oberlegungenzur Festigungvon Malschichten*. Diplomarbeit (Manuscript).

Staatliche Akademie der BildendenKünste, Institutfür Technologie der Malerei. Stuttgart 1983, p. 98
81 E G. H. Lucanus, 见注 76, p. 47
82 M. von Pettenkofer, 见注 18
83 J. Riederer, *Kunstwerke chemisch betrachtet.* Berlin 1981
84 R. J. Gettens, *Polymerized vinyl acetate and relatedcompounds in the restoration of objects of art*, in:Technical Studies in the Field of the Fine Arts, 4 (1935),pp. 15-27
85 Paraloid 在美国市场上的对应商品名为 acryloid（美国费城 Rohm&Haas）
86 Lascaux-Merkblatt R137/September 1988
87 Lascaux-Merkblatt R127/January 1988
88 根据拉斯科产品简报 R11 记述，它不会褪色且抗老化。
89 A. Ketnath, *Die Verwendung von Acrylharzen und dem Unterdrucktischzur Konservierung von Gemäldenauf Leinwand*, in: Beitragezur Konservierungtextile Bildtrager (lecture texts). Berne 1983, p. 110
90 Lascaux Report R8
91 C.V. Horie, *Materials for conservation*. London1987, p.110
92 W. Gabler, *Eine Möglichkeit der Restaurierung von Rissenin Leinwandgemäldenohne Doublierung,dargestelltam Beispieldes Gemäldes "Die Nacht"("Night") by Ferdinand Hodler*, in: Mitteilungen des Deutschen Restauratorenverbandes (DRV), 1980/81, pp.22ff.
93 G. A. Berger, *Formulating adhesives for the conservation of paintings, in: Conservation of paintings and the graphicarts*, IIC Congress Lisbon. London 1972.
94 J. Hofenk-De Graaff, *Hydroxypropylcellulose, amultipurpose conservation material*, in: ICOM, 6th Triennial Meeting, Ottawa 1981, 14/8/81
95 H. Kühn, 见注 52, p. 345
96 G. A. Berger, 见注 28
97 G. A. Berger, *A new adhesive for the consolidation of paintings, drawings and textiles*, in: IIC Bulletin of theAmerican Group, 11 (1970), p. 36
98 G. A. Berger, 见注 28
99 同上
100 C. Wagner, 见注 38
101 译者注：博洛尼亚石膏是主产于意大利博洛尼亚地区的白色天然矿物，成分为半水合硫酸钙，是意大利画家自古至今制作绘画底料最常用的材料，其功能与用法和白垩相同。这种材料的意大利语命名为“Gesso di Bologna”。“Gesso“这个词在意大利语中意为制作绘画底子的白色粉末，既可指石膏亦可指白垩，还可指二者的混合物。英语中没有对应的词汇，故这个名词在最初进入英语时被误译作了"Bologna chalk“（”chalk“是白垩而非石膏，只是”Gesso“所涵盖的内容之一，且与该物质实际成分相左），且沿用至今。中文里的”博洛尼亚石膏“是根据意大利文名称和物质的实际成分确定的译名，故字面意与英译名不同。
102 C. Wagner, 见注 38, p. 46
103 M. Doerner, 见注 39, p. 233
104 氢氧化铝的制备方法如下：将硫酸铝或明矾以 1:10 的比例溶于水。边慢慢搅动，边向溶液中加入氨水或碳酸钾（水溶液），直到不再有新的聚沉物出现。白色凝胶状沉淀物即氢氧化铝，可将其晾至差不多干燥的状态。可在这些沉淀物完全干燥之前，将其混入近乎凝结的油或非常粘稠的达玛光油，调和成浓稠的填充腻子。这种填充料可用刮刀涂施，它硬化得很快，因此填充后应立刻将边缘清理干净。
105 A.-J. Pernety, 见注 37, pp. 498-499
106 C. F Prange, *Erfahrungen und Grundsatzeüber diegeheimnisvolle Kunst, alte Gemälde wiederherzustellenundzu erhalten*. Zusatz in: P. L. Bouvier, Handbuch der Ölmalerei. Halle 1828, p. 484
107 H. Déon, 见注 40
108 用明火（酒精灯）或水浴锅来加热刮刀。应准备多把相同的金属刮刀以便替换。当正在使用的刮刀冷却时，可从水浴锅中取一把热的来替换，同时把冷却的这把放入水浴锅重新加热。
109 H. Althöfer, 见注 46, p. 111
110 D. M. Falvey, *The advantages of Mowiol (polyvinylalcohol): Comparative studies of organic and syntheticbinding media for fillers for paintings on canvas*, in:ICOM, 6th Triennial Meeting, Ottawa 1981, 6-13/2/81
111 C. Althöfer, 见注 46
112 C. Wagner, 见注 38, p. 48
113 J. W. von Goethe,*ÄltereGemälde-Neuere Restaurierationen in Venedig, betrachtet 1790*, in:Goethes Sämtliche Werke, Jubiläumsausgabe, Vol. 33,Stuttgart - Berlin 1903, pp. 74-84
114 C. Köster, 见注 35, Heft 1, p. 15
115 T. Brachert, 见注 34, pp. 66-67
116 Welvic Paste Batch No. 3740；英国赫特福德郡韦林花园市帝国化学工业公司（ImperialChemical Industries）生产。这种膏应涂在画作背面，涂之前需用蜡膏预隔离，涂好后用红外射线加热使之聚合。
117 要制作“硫磺模”，需将一块硫磺放入金属容器内加热（熔点为 113—119℃），趁铸模材料变硬前，倒入一个框在待翻模表面上的框中，使之成型。这种技术不可能用于绘画表面。
118 T. Brachert, 见注 34, p. 66
119 G. Èmile-Mâle, *Restaurations des peintures de chevalet.* Fribourg 1976. Deutsche Ausgabe: GemäldeaufLeinwand und Holz. (West) Berlin 1976, p. 90
120 E. W. Kudrjawzew, *Die Technik des Gemälderestaurierens*.Leipzig 1955, p. 137
121 M. Graf, *Abformung von Oberflächenstrukturen in Kittstellen*, in: Maltechnik, 2 (1974), p. 109
122 J. Green/J. Seddon, *A study of materials for filling lossesin easel paintings and their receptiveness to casting of textures*, in: ICOM, 6th Triennial Meeting, Ottawa 1981,12/2/81
123 Beide de Trey AG, Zurich
124 Dow Coming International Ltd.
125 Vinatex Ltd., Special Products Division, New Lane,Havant, Hants, England
126 S. Reschke, *Die gekitteteFehlstelleundihreStrukturierung*. Diplomarbeit. FH Cologne, 1990
127 带肌理的镶嵌物是单独做成，干燥后再嵌入缺损区域的。
128 S. Rehbein/K.Temme, *Festigen des Bildträgers-Niveauherstellung, Farbwiederherstellung*, in: H.Althöfer (ed.), *Restaurierung moderner Kunst*, Munich1985, p. 107
129 T. Brachert, 见注 34, p. 66
130 J. Green/J. Seddon, 见注 121
131 H. Althöfer, 见注 46, p. 111
132 Wackersilicone RTV-M 539 and 5 %H~rter T46, Wacker-Chemie, Munich
133 C. V. Horie, 见注 91, p. 161
134 德累斯顿的海贝尔教授口头建议。
135 M. Graf, 见注 120, p. 109
136 CY 221 + Härter HY 2967; Ciba-Geigy Gmbh, Wehr/Baden
137 T. Brachert, 见注 34, p. 67
138 J. Goebel, *Aquapasto-Mitteilungen aus der Fabrikation*,in: Maltechnik/Restauro, 2 (1970), pp. 53-54
139 伦敦温莎 & 牛顿
140 S. Reschke, 见注 125, p. 25
141 A. Kiesewetter/G. Große-Ruyken, *Das Kitten anBildtafeln des Zaascher Altars - Ein Ergebnis der Untersuchung von Methodenund Materialienfür Kittungen am Holztafelbild*. Diplomarbeit. Hochschulefür BildendeKünste, Dresden, 1979
142 C. Wagner, 见注 38, p. 46
143 D. M. Falvey, 见注 109
144 G. A. Berger, 见注 97, p. 36
145 C. Brandi, *ilfondamentoteoreticorestauro*, in: Bollettino dell' Instituto Centrale del Restauro, 1 (1950), pp. 5-12
146 有时，可以在旧活榫内框或画的背面看到文字，说明某位“修复师重画”过这幅画。
147 J. Althöfer, 见注 46, pp. 47-94
148 龟裂、清洗时造成的破坏、褶皱、黄化、脱色、水解。
149 M. Doerner, 见注 39, p. 14
150 H. Ruhemann, *The cleaning of paintings*. London 1958, p.246
151 有幅画呈现出发灰的效果，我推测这是因为钛白变色造成的，于是对样品做了检测。结果发现这种颜料是铅白，它可能是用水性粘结材料调和的。
152 根据颜料化学家克雷默（Kremer）的口头陈述，用某些种类的金红石（二氧化钛）制成的颜料在含有紫外线成分的光照下会发生小片剥落，而其他一些种类的金红石因表面带有“包膜”，所以不会发生这种情况。
153 自制的水彩颜料无法达到市售颜料的标准。
154 K. Wehlte, 见注 14, p. 132
155 在 19 世纪做的罂粟油全色上常可以看到严重的干燥裂隙。
156 G. A. Berger, *In painting using PVA medium*, in: Cleaning,retouching and coatings, IIC Congress, Brussels 1990, p.150
157 H. Ruhemann, 见注 149, p. 246 - H. Lank, *Eggtempera as a retouching medium*, in: Cleaning,retouching and coatings, IIC Congress. Brussels 1990,pp. 156-157
158 H. Ruhemann, 见注 149, p. 246
159 H. Lank, 见注 156, p. 157
160 J. Wolski, *Retouching with acrylic resin paints*, in:Maltechnik/Restauro, 3 (1977), pp. 172-178
161 I. Torfs, *La réintégration par la retouche des peintures monochromes. École Nationale Supérieure des Arts Visuels de la Chambre*. Brussels 1986/87
162 纤维素醚是一类化合物，是纤维素分子羟基的氢原子被甲基（甲基纤维素，MC）、乙基（乙基纤维素，EC）、羟丙基（羟丙基纤维素，HPC）、羧甲基（羧甲基纤维素，CMC）或类似官能团替换形成的。纤维素醚是无臭无味的白色粉末，遇水膨胀，溶解后会形成胶体。羟丙基纤维素（KlucelE）可溶于水（加热至 40℃）和多种有机溶剂。
163 S. Troltsch, *Die Gemälde des Gerhard Richter, ihre Maltechnik und die Möglichkeit der Restaurierungmitdem Schwerpunkt Retusche*. Diplomarbeit. FH Cologne,1990
164 J. Wolski, 见注 159；丙烯酸树脂是丙烯酸和丙烯酸酯的聚合产物；丙烯酸树脂是热塑性的。
165 C. V. Horie, 见注 93, p. 106
166 A. Werner, *Plastic aid in conservation of old paintings*, in:British Plastics and Moulded Products Trader, 5 (1952),pp. 363-366
167 G. Thomson, *Some picture varnishes*, in: Studies inConservation, 3 (1957), pp. 64-78
168 R. L. Feller, *Identification and analysis of resins and spiritvarnishes*, in: Application of Science in Examination of Works of Art, Museum of Fine Arts, Boston 1959, pp. 51-79
169 ParaloidB72 是甲基丙烯酸酯和甲基丙烯酸乙酯的共聚物。它溶于甲苯、二甲苯、乙酸乙酯，也在有限的程度上溶于乙醇。根据 ICOM 标准，ParaloidB72 是一种优质合成树脂。它的制造商是美国费城的 Rohm&Haas。
170 ParaloidB67 是一种甲基丙烯酸丁酯，溶于白精油，仅在一定条件下抗老化，会变黄并变得不可溶。R. L. 费勒（R. L. Feller,*Relative solvent power needed to remove various aged solvent-type coatings*, in: N. Bromelle/R Smith(eds.), *Conservation and Restoration of Pictorial Art*.London 1976, pp. 158-161）提到，按照 ICOM 标准，ParaloidB67 是一种“劣”质材料——换句话说，这是一种不适用于修复工作的合成树脂。费勒在

1983 年声称，“奇怪的是”，他之前所检测的几种 B67 到此时仍保持着稳定的状态 (R. L. Feller, *Thermoplastic polymers currently in use asprotective coatings and potential directions for further research*, in: *Conservation: The Art, the Craft and theScience*. Brisbane 1983, pp. 5-18)。他猜测 B67 之所以会发生变化，是因为厂家在其中加入了某种不知名的添加剂。由于 ParaloidB67 溶于白精油，常被用于全色。它的制造商是美国费城的 Rohm&Haas。

171 R. J. Gettens/G. L. Stout, *Painting materials. A shortencyclopaedia*. New York 1944

172 G. Thomson, 见注 166

173 W. Clark, H.E. Ives, *Use of polymerized vinyl acetate asan artist's medium*, in: Technical Studies in the Field ofFine Arts, 4 (1935), pp. 36-41

174 G. A. Berger, 见注 155, p. 150

175 聚醋酸乙烯酯溶于溶剂，市售商品名包括：Mowilith (Hoechst)、Vinnapas(Wacker)、Bakelite (Vinylite; Union Carbide)、Gelva (Schwinigan)、Rhodapas (Rhône- Poulenc), Vinavil(Montecatine).

176 H. Kühn, 见注 52, p. 342

177 G. A. Berger, 见注 155, p. 151

178 I. Toffs, 见注 170

179 D. M. Falvey, 见注 109, pp. 1ff.

180 H. Kühn, 见注 52, p. 342

181 A. Werner, 见注 165

182 G. Thomson, 见注 166

183 R. E. Straub, *Retouching with synthetic resin paint*, in:The Museums Journal, 62 (1962), pp. 113-119

184 E. de Witte, *Overzicht van de synthetische hatsen, gebruikt bij het retoucheren, hun eigenschappen en betrouwbaarkeid*, in: Het retoucheren in de restauratie van Kunstwerken. IIC-Symposium Nederland, Jan van Eyck Akademie, Maastricht, 1980, pp. 15-24

185 G. Thomson, *New picture varnishes*, in: G. Thomson (ed.), *Recent advances in conservation*. London 1963, pp. 176-184 - R. L. Feller/M. Curran, *Changes in solubility andremovability of varnish resins with age*, in: Bulletin of the American Institute for Conservation, 15 (1975), pp. 17-26

186 如果绘画表面从不同方向观看或被不同方向的光线照射时，呈现出不同的亮度或不同的画面效果，就会被描述为带有眩光。

187 H. Althöfer, 见注 46, p. 65

188 同上 , p. 78

189 U. Schädler-Saub, *Theorie und Praxis der Restaurierungin Italien*, in: Maltechnik/Rastauro, 1 (1986), pp. 25-40

190 H. Althöfer, 见注 46, p. 66

191 G. Busch/L. Bellstedt-Lange, *Ein ungewöhnlicher Restaurierungsfall*, in: Maltechnik, 1958, pp. 35-38

192 T. Brachert, Patina. Munich 1985

193 全色时，如果直接调出暖色调子（加色混合），全色就会显得“脏”且“了无生气”。

194 在进行中等到高亮度照明时，日光灯管散热很少，表面温度可以忽略不计。日光灯管拥有连续的光谱，包含各种单独的谱线和应当滤除的紫外光。

195 卤素金属蒸汽灯辐射的热量相对较少。它的表面温度高。卤素灯拥有连续的光谱，包含各种强度的谱线和比例较高的应当滤除的紫外线。

196 我喜欢用 Meilhaus 灯来做全色。应把灯置于全色者头部上方。由于灯管几乎不发热，所以可以把它放在离画面很近的地方。这种照明可以营造一个近距离作业的空间，让人集中精力地工作。

第四章　光油

导言

前两页：色层被一层厚厚的黄色污染物（中间的深色方块）与黄化光油（包围深色方块的黄色“凹”形区域）覆盖，损害了绘画的色彩效果。除了这里展示的区域，其他部位的污染和光油已经被清除。

下图：颜料层被污一层污染物和黄化的光油覆盖，污染物层使其略微发蓝（左图）。绘画“原有”的色彩强度在清洗后才得以恢复（右图）。（科内利斯·德沃斯［Cornelis de Vos］［1584—1651］，《维多利亚为英雄加冕》［*Crowning of the Hero by Victoria*］［局部］，不伦瑞克安东·乌尔里希公爵博物馆。）

光油是绘画最后的润饰层。光油包括树脂溶液、胶、树胶、蛋清和干性油。光油可赋予色层以“深度”、亮度以及光亮或亚光的外观，并在一定程度上保护它免受机械或环境压力的伤害。截至到20世纪，几乎所有的绘画都会进行上光，只有个别例外。

光油层是画中最敏感的层之一。因为它的成分、大表面积和极小的厚度，光油层易对机械压力、环境影响（例如污染、气候和光照）以及修复活动发生反应，而产生各种不同程度的变化，包括黄化或灰色变色、细裂纹、龟裂和银纹。

表面污染和光油层的变化也会影响绘画的外观。线条和色彩会渐渐“消失”在污染、黄化、光油的龟裂或银纹之下。要恢复绘画“原本”的色彩强度，必须清除表面污染或光油层，换句话说就是清洗绘画（见下图）。

在很长的时间里，污染物的清除（表面清洗）既不被视为一个问题，也不被视为一种对艺术作品的处置，不久之前它在专业文献里都几乎没得到过什么关注。直到更近些时候，开始需要为未上光的当代绘画作污染物清除时，更深入地研究绘画层对表面清洗的反应才成为一个基本的课题。

这些研究现在已开始使人们认清——表面清洗会使绘画层受到可观的附加应变[1]。

基于光油层光学劣化和机械劣化的性质，如果要让颜料层保持“原本”的色彩强度，每隔一段时间就得用溶剂将光油从画面上清除掉，然后再重新涂一次光油。

溶剂在清除光油的过程中所造成的危险在19

对页：绘画遭到了不当溶剂的清洗，导致阴影区域被毁坏（“过度清洗”）。（尼科洛·迪皮耶特罗·杰里尼［Niccolo di Pietro Gerini］［活跃于1368—1415年］，《圣母登极与圣子及天使》［*Madonna Enthroned with Child and Angels*］［局部］，不伦瑞克安东·乌尔里希公爵博物馆。）

上图及对页：
变得很暗的厚光油（左上图）和光油层的突出裂隙（对页）表明，这幅画并不是用通常的软树脂光油做的上光；而是用了含有干性油或促干剂的光油。这样的光油层通常比达玛或马蒂树脂光油更难从色层表面清除。

世纪中叶首次得到了描述[2]。软树脂光油（截至当时最常用的光油）在老化后是无法用松节油或白精油之类的所谓“柔性”（非极性）溶剂清除的；相反，要用比较“烈性”的极性溶剂或溶剂混合物才能成功地将它们清除掉。

直到进入20世纪许久以后，人们在清洗绘画时，还是一直不很重视清洗的工艺（见311页插图）。可在博物馆修复档案中找到的证据表明，差不多每30—50年，就要对重要绘画作品的光油层和表面污染作一次清除。

光油总是位于对溶剂敏感的颜料层上方。油基颜料层的敏感度因老化程度等因素而异。新颜料层对溶剂的反应比较强烈，而已经彻底氧化和聚合的旧颜料层则难以甚或无法用有机溶剂溶解。

1959年，斯托洛（Stolow）[3]首次指出，无论什么样的颜料层，只要溶剂的强度够大，还是存在发生膨胀和浸出的危险。

合成树脂

大约自20世纪30年代起，科学家与修复师就一直在实验合成树脂。据说这类聚合物中有些更为稳定，且较少变色，它们也被推荐用作会变黄的达玛与马蒂软树脂光油的替代品。

不幸的是，最早的长期试验证明，这些光油中有些不仅会发生与达玛和马蒂树脂光油类似的反应，而且还会因分子交联而变得不可溶解。另外一些则会大大丧失弹性，以至于轻轻一碰就会使其从色层上脱离下来。另外，树脂的玻璃化转变温度也非常不合适，以至于光油层会一直又软又黏，致使灰尘在上边沉积成膜；这层污染物只能与合成树脂光油层本身一起被清除。除了上边提到的这些缺点，合成树脂因黏滞度高，也不适合用于许多绘画的表面上光。它们会改造绘画的表面肌理，也无法产生应有的深度和亮度——对于古代大师的作品来说尤其是这样。

在度过了合成光油的潜力一开始带给人们的喜悦之后，现在许多修复师又回归了传统的软树脂光油。不过这一领域的广泛研究还在继续。譬如：为了改进达玛树脂光油在老化时的性质，人们进行了用某些材料来降低它对光的敏感度的实验。烃树脂（Arkon P70/90）和醛树脂也是在未来有研究前途的领域。但不论如何，光油的老化和一次次清除它的需求始终是绘画修复中要面对的主要问题之一。

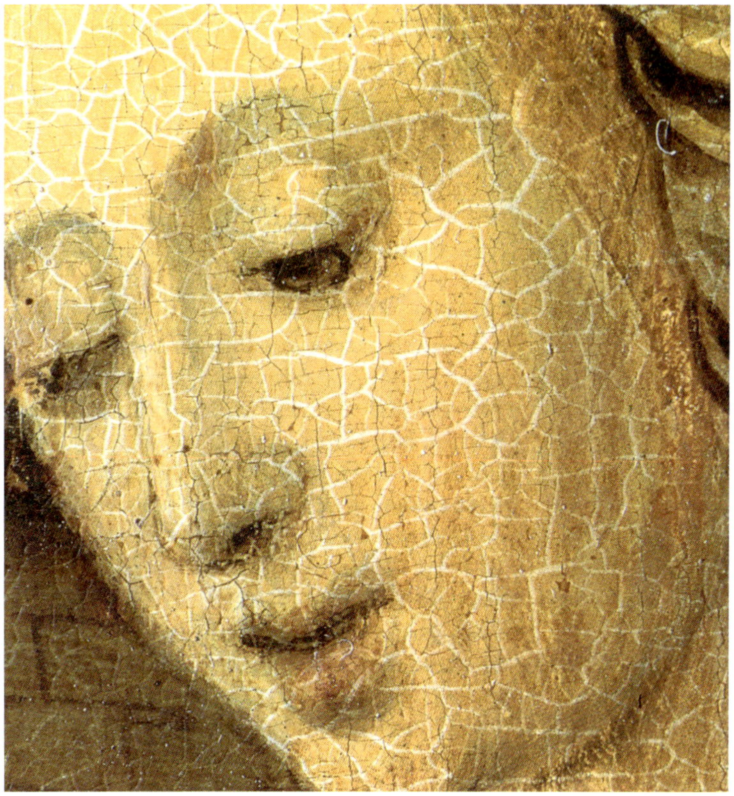

（见对页上图图注）

光油

用于绘画的理想光油应当能够长期保持透明无色，拥有持久而充分的弹性，对色层提供保护，如果有必要，在老化后可以用“柔性”（非极性）的溶剂清除。

直到现在还在生产并使用的光油，可根据成分分为：

- 油性光油 = 干性油或含有干燥剂（促干剂）的干性油；
- 油性树脂光油（油性漆）= 含树脂（且含促干剂）的干性油；
- 蛋清光油 = 用水稀释的蛋清；
- 软树脂光油或树脂精油光油 = 溶于蒸馏油或石油馏分的天然树脂；
- 酒精光油 = 溶于酒精的天然树脂；
- 蜡与蜡树脂光油 = 溶于石油馏分或树脂光油的蜡；
- 合成树脂光油 = 溶于石油馏分或极性溶剂的合成树脂。

除了上边提到的溶剂，过去人们还曾用过薰衣草油、穗花油、威尼斯松节油和斯特拉斯堡松节油。在这些可能使用的溶剂中，如今使用的只有提纯的松节油、各种石油提取物（白精油）、乙醇、甲苯和二甲苯。然而，上边列出的光油中，没有一种能够满足前边提到的理想光油的全部标准。

油性光油

油性光油这一术语是个常常使人误解的表达。用于架上绘画的油性光油可分为三类，根据分类准确地定义为：

- 仅含干性油的油性光油；
- 含有干性油并添加了干燥剂（促干剂）的油性光油；
- 油性树脂光油（见对页插图及上图）。

亚麻油
核桃油

纯油性光油包括亚麻油或核桃油之类的干性油，这种干性油或是未经处置的，或是在阳光下“养”过的。它们不含干燥剂（促干剂）或树脂添加物，是刷和抹在绘画上的。油性光油的干燥时间相对较长，可通过加热或添加干燥剂缩短干燥时间。

干燥剂　铅白或氧化铅等含金属的化合物曾被用作油性光油的干燥剂。如今使用的是金属铅、锰或钴的化合物，它们或含油酸（金属树脂酸盐），或含松香酸（金属松香酸盐）。

现在，含有干燥剂的油性光油只是偶尔才会用在绘画上。但时不时地，还是有不清楚这些光油不良属性的艺术家用它们作最终上光。

清除　因为油性光油很快会变成深棕色，且变得不可溶，所以应该尽早将其清除掉。由于光油层和颜料层的老化，清除陈旧的油性光油是绘画修复中最困难也最复杂的工作之一。

油性树脂光油（油性漆）

油性树脂光油（油性漆）这一术语指的是将干性油与树脂溶在一起做成的光油或漆，可能还添加有干燥剂。

油性树脂光油在欧洲架上绘画中扮演着重要的角色。它们曾被用作光油和有色罩染（如金漆）。文献中常常提到的威尼斯液（Vernice liquida）是一种琥珀或山达脂在油中的溶液。

制备　早在约1100年，提奥菲鲁斯（Theophilus）[4]就曾描述过油性树脂光油：将山达脂、琥珀或马蒂树脂之类的天然树脂溶于加热的油中，继续加热直到光油的体积减少大约三分之一。再加入铅或氧化铅之类的干燥剂使其干燥得更快。

绘画被放置在阳光下上光，用刷子将光油涂在温热的色层上并用手抹开。

性能　油性树脂光油会相对较快地变成棕色并变得不可溶。清除它们的难度与清除油性光油相仿。

蛋清光油

蛋清光油是打过的鸡蛋清，需要把它打到用水稀释后涂上去可以不发“黏”的程度。从切尼诺·切尼尼（Cennino Cennini）[5]时代开始的文字材料中就提到了——或是单独使用，或是与蜂蜜、树胶或糖混合使用的——蛋清光油。添加糖或蜂蜜可能是为了延长其可溶的时间，但也有可能是为了在干燥过程中降低其张力。这种光油通常是用海绵涂上去的。切尼尼将它的用途描述为坦培拉绘画用的临时光油。后来，人们也在真正进行最终上光之前用它做临时性光油，目的是为了防止绘画在干燥过程中被污染，并使画作在被观赏和估价时显得色彩均匀。

用法　在绘画修复中，蛋清光油也用作昂贵的马蒂树脂光油的廉价替代品。譬如：据传说，不伦瑞克的萨尔茨达鲁姆前公爵艺术收藏馆的艺术家－修复师们就曾使用过蛋清光油。

性能　蛋清光油在干燥时，体积收缩造成的拉力足以引起色层形成龟裂。蛋清光油是脆的，暴露在光下还会变得不可溶，很早以前，卢卡努斯（Lucanus）[6]等人就曾描述过这个问题。

树脂光油

在多种产生于自然界的树脂中，活树脂、半化石树脂和化石树脂自古就已为人所用，现在也仍在使用着。活树脂取自活的树木。半化石树脂取自有着成百上千年树龄的活树；其中一些（如柯巴脂）已经在时光和外部影响的作用下发生了巨大的变化，乃至已经很难溶解。琥珀之类的化石树脂则有数十万年的年龄。

制备　关于绘画光油、它们的制备和使用方法的历史文献很多，我们可从中梳理出一条树脂光油——从提奥菲鲁斯提到的油性树脂光油到溶于挥发性油的树脂精油光油——的发展轨迹。

从文艺复兴以来，出现了关于多种树脂精油和酒精光油制作方法的文献，其中所用的方法至今几乎未变。不过在这些文献中提到的诸多天然树脂中，只有溶于松节油、石油分馏物或乙醇的马蒂树脂和达玛树脂至今仍用于制作光油。20世纪，又出现了人工合成制造的聚丙烯酸、聚乙烯和聚环己酮基合成树脂。

现代树脂光油是用天然（活）软树脂或合成树脂制成的，它们分别称作软树脂光油（或树脂精油光油）和合成树脂光油。从20世纪30年代起，合成树脂光油开始用于最终光油层。

软树脂或树脂精油光油

成分　软树脂光油包括山达脂、马蒂脂、威尼斯松节油或松香等溶于松节油或石油分馏物的天然树脂。19世纪，卢克努斯[7]将达玛树脂引入了欧洲架上绘画。在上边提到过的天然树脂中，只有马蒂树脂和达玛树脂现在仍用于最终上光。采用不同的技法来涂施这些光油，可以获得从亚光到高度光亮的一系列效果。

如意大利的文献所示，在16世纪，多种油性光油已经慢慢被软树脂光油所取代，在16世纪和17世纪，软树脂光油也被整个欧洲所采用。可能由于文艺复兴晚期蒸馏法的进步，使人们可以制造出充分蒸馏的油，来溶解软树脂制作绘画光油。

天然树脂是树木用来封闭创口用的分泌物，它们的化学成分是树脂醇、树脂酸、树脂酯、烃和其他化合物。天然树脂只溶于有机溶剂。

软树脂光油起初会随着溶剂挥发而发生物理性干燥。余下的树脂会在空气中的氧气作用下氧化并聚合，失去它的高溶解度，也会黄化。

老化迹象

软树脂光油所表现出的老化效果与油性光油相当。二者的区别在于，软树脂光油没那么容易变黄，且一直可溶于有机溶剂，而老化的油性光油至多只能用有机溶剂溶胀。此外，原本在制作光油时用于溶解树脂的松节油或白精油等非极性的“柔性”有机溶剂，是不足以清除老化的软树脂光油的。氧化的软树脂膜需要用异丙醇、乙醇或丙酮等极性溶剂来清除。

正如我们通过文献和科学研究所知，软树脂也可能作为颜料层中的成分而出现。含有树脂的油画颜料层不仅会被溶剂溶胀和浸出，也会和树脂光油一样一直可被溶剂溶解。它的可溶程度则取决于颜料层中所含树脂的量。

马蒂树脂光油

马蒂树脂光油是由马蒂树脂和一种前边提到的溶剂构成的。马蒂树脂是一种黄连木属的地中海灌木的分泌物，是在树皮上切割小口后取得的，树脂会像“泪珠”一样从切口涌出来。一棵树每年可以取得大约111磅（5 kg）树脂。市场上可以买到小球状的马蒂树脂颗粒，颜色从发白的黄色到很浅的黄色。质量最好的马蒂树脂——琥珀金马蒂树脂（Mastix electum）——产自希俄斯岛，是从树上直接取下的。而从树下捡拾的带有树皮碎片等微小杂质的马蒂树脂就相应比较便宜。因为这两种树脂的质量是一样的，所以不那么纯的树脂也可以用来制作光油，可用纱布包滤出杂质（见316页插图）。

马蒂树脂光油是将马蒂树脂溶于提纯的松节油中制成的。它在各种石油分馏物中的溶解度因溶剂中的芳香成分而异。马蒂树脂光油比达玛树脂光油更硬，起初会更快地变黄。在人们发现达玛树脂之前，它一直是制作软树脂光油用的最重要的树脂。

达玛树脂光油

达玛树脂光油是用达玛树脂和提纯的松节油或白精油（特定沸点的石油溶剂油）制成的。达玛树脂取自生长在东南亚的龙脑香科树木。它提取出来时是一种极为黏稠的液体，随着挥发性成分的挥发会逐渐硬化。

达玛树脂的化学成分非常复杂，人们至今尚未知其详。卢卡努斯在1829年首次描述了达玛树脂的用法和性质，提到达玛树脂已在1827年经由加尔各答和伦敦引进到欧洲。高度氧化的树脂酸和水分会使达玛树脂光油中生成一种略显浑浊的沉淀物，它叫作达玛蜡，是非商业生产达玛树脂光油的典型产物。多奈尔[8]提出，可用双层滤纸将其滤出。

马蒂树脂光油和达玛树脂光油会因自氧化作用而老化；也就是说，它们会因存在于大气中的氧气而变黄，失去其弹性和光泽，变得灰暗并出现细裂网纹。结果每隔一段时间就必须将这些光油从颜料层上清除一次（见“清洗”部分及316页插图左图）。

自氧化反应会被光与热等因素触发，并以链式反应的形式进行。为了防止——或至少限制——这一过程的发生，德拉里（De la Rie）[9]曾试验在达玛树脂光油中加入某些稳定剂。

在经过数年之后，达玛树脂光油和马蒂树脂光油会变得对水分敏感。由于它们在老化时形成了水溶产物，会变得对空气中的湿度和水更为敏感。酸基和其他极性官能团会在光油中造成分子间的强作用力，引起光油膜变脆，并形成自己的龟裂（见317页插图）。

尽管市场上很容易买到现成的光油产品，修复师通常还是会自己制作马蒂树脂光油和达玛树脂光油。

这些光油是根据计算结果，把一定量的树脂包在纱布包中，悬挂在一只有盖的玻璃罐里，再加入一定量的溶剂制成的。树脂应被溶剂浸没，也要悬挂得离罐底足够远，才能更快地溶解（见右图）。用笔刷涂的标准光油溶液是1份达玛树脂（或马蒂树脂）+3份提纯的松节油（重量比）[10]，喷涂用的光油溶液是1份达玛树脂（或马蒂树脂）+6份提纯的松节油。

马蒂树脂光油和达玛树脂光油会变黄并变脆（左图），改变绘画的色彩效果。每20至50年就应把它们从色层上清除一次。黄化的马蒂树脂光油显示出它在27年后的黄化变色程度（右图）。

酒精光油

用途

酒精光油是溶于乙醇的天然树脂。文献中提到过用高浓度酒精作溶剂的马蒂树脂、松脂、山达脂、安息香胶和威尼斯松脂光油。最早用于制作酒精光油的配方可能出现在16世纪早期的《马尔恰纳抄本》（*Marciana Manuscript*）[11]中，提到的是溶于高浓度酒精中的安息香树胶。柯巴脂－酒精光油大约从1700年开始使用。18世纪，科略克（Cröker）[12]也曾提到用精油和前边提到过的其他树脂来制作酒精光油。如今修复师也用马蒂树脂来制作自己的酒精光油。

因为酒精挥发迅速，酒精光油干燥得很快。它们在绘画中既用作中间光油，也用作最终光油，但因为具有脆性而受到争议。

用法

在绘画修复中，酒精光油被用作隔离光油。在被彻底清洗或发生“浸出”的画上，通常无法把光油涂均匀。一些新上光的区域会在短时间内再度变为亚光，而另一些区域还会保持光亮。这称之为光油“反弹”。为使整个画面获得均匀的光泽，在反弹达玛树脂光油层干燥后，应在上边薄薄喷一层酒精光油（1份马蒂树脂+6份乙醇），待它干燥后再涂一层最终达玛树脂光油。

为制作达玛树脂光油或马蒂树脂光油，树脂被置于纱布包中，并悬挂在提纯的松节油中。

蜡光油与蜡树脂光油

蜡光油是用脱色的蜂蜡和提纯的松节油或白精油（特定沸点的石油溶剂油）等石油分馏油制成的。可把一份白蜂蜡放在水浴中熔化，加入二份白精油（特定沸点的石油溶剂油）制成蜡光油。混合物冷却后会生成一种柔软的白色软膏，可以直接涂在颜料层上。在蜡膏中加入巴西棕榈蜡碎屑，可以使它“硬化”[13]。

左图及右下图，右上图：因为老化，软树脂光油会变得很脆，形成自己的龟裂（右下图，右上图），如果很厚，光油甚至会脱落（左图）。因此产生的拉力也会使原作颜料层受到威胁。

右下图：一小滴水落在光油层上，渗入光油层的老化裂隙并使它们的边缘"银纹"。

蜡树脂光油

如果用白精油以 1:4 的比例将蜡膏稀释，便可以用喷枪来喷涂。一种叫作热喷枪的设备可使喷涂材料保持温热，尤其适合喷涂蜡光油或蜡树脂光油。在日常修复工作中，在上光前用暖风机或红外线将常用的普通喷枪加热也就足够了。在溶剂挥发大约 24 小时后，用一块不起毛的拭子擦拭表面，上光的过程便完成了。因为折射光被蜡层散射，被蜡覆盖的颜料层有着亚光的外观。

蜡树脂光油是在软树脂光油（即 1 份达玛树脂光 +6 份松节油）中加入 5%—10% 的蜡膏制成的。将光油加热到 104—122 ℉（40—50℃），与一小块蜡膏一起放在有盖的光油瓶中，震荡瓶子，直到蜡被溶解。

合成树脂光油

在 20 世纪，软树脂光油的缺点促使科学家和修复师——尤其是美国的科学家和修复师——开始寻找适合制作绘画光油的树脂，并以工业生产为目的实验了多种合成树脂。所需的合成树脂光油应具备的特征：涂在颜料层上时产生与天然树脂光油相同的光学效果，面对环境影响表现出更强的稳定性，而且即便是在长期老化后，也仍然可用"柔性"溶剂从颜料层表面溶解并清除，换句话说，就是能用非极性或弱极性溶剂清洗。从科学角度来讲，这意味着光油必须是低分子量[14]、高折射率[15]、弱极性（在老化过程中不会丧失）[16]物质，它的分子结构中不得有官能团[17]。

这项研究一直未有成果，直到 1990 年前后，人们才发现了对于绘画修复具有潜力的烃树脂。

这种合成树脂光油已经变得又硬又没有弹性，已与颜料层脱离。修复中常用的所有普通溶剂都不可能将它溶解，只能用手术刀才能把它铲掉。

而在此之前所用的合成树脂有些已被证明是有缺陷的（见上图及对页插图）。

PVAc 光油

修复师最早在美国试验使用的合成光油是以聚醋酸乙烯酯（PVAc）为基础的，上市于1928年。1930年，在罗马举办的国际博物馆大会上，斯托特[18]描述了一种聚醋酸乙烯酯溶液的性能，并在1937年建议将它用作光油。之后不久，又出现了更多的相关出版物[19]。在德国可以买到Hoeschst公司生产的聚醋酸乙烯酯，商品名为Mowilith 20、Mowilith 30等，在美国可以买到Carbide公司生产的AYAC、AYAA等。

以笔者之见，PVAc光油不适合用作最终光油。早在1935至1936年，格滕斯[20]就曾指出，因为分子量较高，使用PVAc光油会比用软树脂光油使绘画的色彩显得更浅，也没有那么鲜艳。此外，这种树脂的玻璃化转变温度在室温范围内，会导致PVAc膜一直“发黏”。因此，在专业文献中建议在它的表面再涂一层丙烯酸树脂光油[21]。

丙烯酸树脂光油

关于用聚丙烯酸树脂做光油的出版物相对较少。20世纪30年代，哈佛大学的福格艺术博物馆开始进行最早的实验。最早的丙烯酸树脂光油被命名为Lucite 44和Lucite 45（Elvacite 2044和Elvacite 2045）。然而，事实证明，它们在经过一段时间的光照后会变得不可溶。1963年，将Paraloid B72（Acryloid B72）[22]溶于甲苯或二甲苯制成的光油的优越特性得到了认可。用笔涂刷的Paraloid B72光油含有20 %的树脂，而喷涂的光油则含有10 %的树脂。

Paraloid B67尽管并不稳定，但也同样被建议用作最终光油。文献中也提到过用Plexigum P26和Plexigum P28作最终光油[23]。丙烯酸树脂光油比软树脂分子量高，也无法给古代大师的作品带

这种合成树脂光油并未被溶解，只是被泡胀；需要用缠在棒上的棉签用很大的机械力才能将它从色层上擦掉。

来理想的深度和光泽。

酮树脂光油

从20世纪60年代初起，环己酮或甲基环己酮的缩合产物已经越来越多地用于绘画上光。维尔纳[24]和汤姆森[25]都参与了绘画修复用酮树脂光油的研发。这些产品通常被称作酮树脂或聚环己酮树脂。

迄今为止，聚环己酮树脂和烃树脂是仅有的用作最终光油的低分子量树脂。聚环己酮树脂包括AW2（BASF公司）、MS2（Howards of Ilford/Laporte Industries）、MS2A（Howards of Ilford/Laporte Industries）、MS2B（Howards of Ilford/Laporte Industries）、Ketonharz N（BASF公司）和Laropal K 80（BASF公司）。广为人知的AW2和MS2（AW2更受好评）树脂已经停产了。BASF公司以Ketonharz N取代了AW2，几年前又将其更名为Laropal K80，聚环己酮树脂在工业上被用作树脂添加剂和稀释剂，换句话说就是用作颜料和油漆的添加剂。尤其是20世纪60年代和70年代的修复师常用聚环己酮树脂的白精油溶液作最终光油。因为聚环己酮树脂黏滞度低，折射率高，在迄今生产的所有合成树脂中，它们和烃树脂皆为光学性能最佳的树脂。聚环己酮树脂会变硬并变得没有弹性，还需要添加塑化剂（见320页插图）。

因为溶剂会起到临时塑化剂的作用，所以这些缺点只有过一段时间以后才能在光油层中观察到。聚环己酮光油的弹性会大大丧失，以至于只要受到轻微的压力它们就会与颜料层分离。这样，光油层和颜料层之间就会出现薄薄的一层空气，就会使颜料层看起来显得发灰。陈旧的聚环己酮树脂层可用手术刀大片大片地铲掉。

聚环己酮树脂也会变黄，不过在程度上不如

天然树脂。它们会快速氧化，因此只要一小段时间，就只有极性溶剂才能溶解它们了。

马舍莱恩·克莱纳（Masschelein-Kleiner）[26]指出了一个事实，它们的可溶性变化非常之大，在偶然的情况下只能用腐蚀性溶剂才能清除。

烃树脂光油

1990年，德拉里和麦格林奇（McGlinchey）[27]首次提出了不饱和的石油分馏物生产的烃 Arkon P70 和 Arkon P90[28] 在修复中的用途，莱奥纳多（Leonardo）[29] 指导了 Arkon P90 的应用试验。德拉里（1993年）[30] 推荐在修复中使用烃树脂 Regalrez 1094[31]，因为它更为稳定。据报告，烃树

塑化剂被加入了脆化的合成树脂光油。一些年后，它们变成了光油层中的一层细微晶霜。

脂比其他用于修复的低分子量软树脂和酮树脂明显要稳定得多。加入2%的紫外光稳定剂 Tinuvin 292 可增加其稳定性，而加入聚合添加剂 Kraton G 1650 和 Kraton G 1657 可增强它们的成膜特性。

在盖蒂博物馆修复部试验 Arkon P90 的过程中，是用 Shellso 171（其芳香族成分少于2%）来溶解合成树脂的。据记录，用笔涂刷25%甚或35%的光油溶液，以及喷涂25%的光油溶液的实验都获得了成功，所得的色彩饱和度可与马蒂树脂光油的效果媲美。

醛树脂光油

醛树脂是尿素和低分子量的醛的缩合产物。德拉里和麦格林奇[32]在1990年首次推荐了 BASF 公司生产的醛树脂。醛树脂可溶于芳香族成分含量很低的石油分馏物，也可溶于丙酮和乙醇。据说它们比迄今为止用于修复的低分子量树脂都稳定得多。

涂施光油

光油是用拭子、笔刷或喷枪涂施在平放或直立的画上的。

修复师在开始上光时可能遇到的情况有两种：

1. 带有老化光油并需要重新上光的画作。
2. 刚做过清洗和全色、需要进行中间或最终上光的画作。

在为一幅已经上过光的画作涂施光油前，必须先进行表面清洗，还必须确认新的光油是否会溶解旧的光油。如果会，就必须用喷涂的方法涂施新光油；如果不会，就可以使用上述的任何一种方法。如果光油已被清除，那尘垢层应当也已随光油层一起被清除掉了。在这类画作上涂施光油的方法取决于光油的层位和全色所用的技法。在清除旧光油后上的第一层光油可以用拭子、笔刷或喷枪涂施。不过，抹拭和涂刷可将光油稍稍“糅”进颜料层中，能恢复色层的深度和光泽，是更为合适的方法。

涂施技法

在修复过程中和修复后涂施光油的技法需取决于全色的技法。如果全色用的是水性调和剂颜料，在全色干燥后就可以立即上光，而树脂全色的表面则无论如何也不能用笔刷涂光油，油性树脂颜料或油画颜料全色只能在度过“干燥期”（见300页起）之后才能用笔刷上光。更为安全的方法是用喷枪在全色上喷涂光油。

层厚度

应将光油涂得尽可能薄。如果最终光油层较薄，随后的黄化变色或银纹就不会那么显眼，而且再清除光油时的风险也更小（见右图）。此外，霜晕（bloom）一般也只会出现在厚而光亮的光油层中（见330页起）。在需要将光油涂得较厚时，涂若干薄层比涂一厚层更好。再涂下一层光油前，应待上一层干燥，特别是在用笔涂光油的情况下。

光泽

涂施的技法也有助于决定光油的光泽度。比如要得到亚光或半亚光的上光，可薄涂光油并用笔刷扫拭、点蘸实现，或增加喷枪的压力后喷涂，而要取得亮光的效果，则可将光油涂得较厚，并尽量少用笔刷扫拭。

抹拭

抹拭指的是用布卷在绘画表面上涂施光油或蜡膏的方法（见322页插图）。拭子是在一团棉芯外包裹一块不起毛的布——比如合成纤维布——做成的。

方法

用拭子蘸取光油，然后打着小圈将其均匀地涂布在绘画表面，直到表面开始变黏为止。使用这种技法无法一次性地为较大的绘画上光，因为在完成涂施前，光油就会开始干燥并变黏，就无法将其涂布均匀了。因此要将画面分成相互交叠的较小区域；次第为这些区域上光，直到完成整个颜料层的上光。抹拭的技法可将光油层涂得非常薄。因此，不用太多的光油就可使亚光的老化光油表面恢复深度和光泽，也可在清除光油后把第一层薄光油间隔层“糅”进“浸出”的颜料层中。

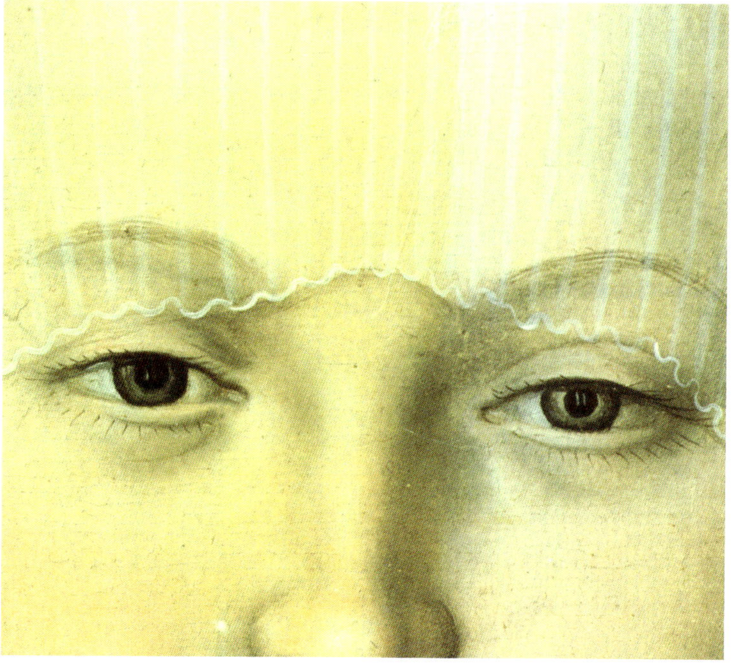

画上只有薄薄一层软树脂光油，人们几乎注意不到随时间推移而出现的黄化变色。

抹拭法不能用在以油基、油性树脂或树脂基颜料“新”做过全色的画上，因为涂抹的过程中会溶解并破坏全色。

涂刷

笔刷在整个欧洲架上绘画史上一直都用于为绘画上光。在涂施光油时，是将光油倒在一个有沿的碟子里使用的。将笔刷蘸到不太深处，然后在碟子的沿上将多余的光油刮去（见上图）。

涂刷技法

光油的涂刷技法不一而足，每幅画适用的技法因画面尺寸等因素而异。为小画上光，是以交叉的笔法将光油涂刷在整个画面上的。大画则必

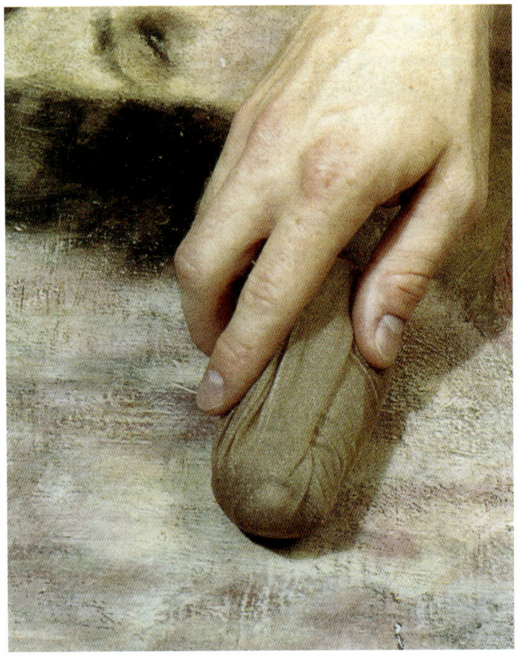

用棉芯和不起毛的布做的拭子涂擦光油。

用笔刷涂光油时，先将光油倒入一只带沿的碟子里。将笔刷蘸入碟子中，不要太深，在颜料层上涂光油之前，在碟子沿上将多余的光油刮去。

须分阶段上光，需将画面分成相互交叠的多个区域。还要用涂光油的笔刷或用獾毛做的特制笔刷扫拭光油。这不仅能将光油涂布开，还能降低新光油表面的光泽度。在光油开始变黏后，再用一支干笔刷“点蘸”，使表面变得不那么光滑，并使反射光分散，赋予表面一种亚光的效果。在上光后，绘画应放置在避灰尘处（画面朝墙，或放在无尘的小橱中）。

在使用笔刷时，涂施在颜料层上的光油较多，会比抹拭或喷涂形成更厚的光油层。

光油刷

光油刷的刷柄形状各异，毛或鬃是用金属夹子或卡子连附在刷柄上的。被称作漆刷工具的通常是用马毛、骆驼毛或人造鬃制成的。这些笔刷是平头的，宽度在 2—4 英寸（5—10 cm）之间。

再大的笔刷通常就不适用于涂刷光油了。它们会将过多的光油带到画上，导致光油在分布均匀前就开始发黏。软毛刷无法将光油涂布均匀，也不适用。

喷涂

喷涂是用喷枪将光油涂施在绘画表面（见对页及 324 页插图）。喷涂的光油层比涂刷的更薄且更均匀。通过调节气压，用同一种光油就可以分别获得亮光和亚光的表面效果。

低压法

光油可分别用低压法或高压法来喷涂。使用低压法时，空气被压入光油罐中，产生比大气压略高的压力，再将光油从喷嘴中推出。低压喷枪的操作压力为 0.2—0.9 巴。它们所用的空气不多，但形成的光油雾通常没有高压法所形成的细。尽管廉价，但以笔者之见，这种方法却并不适用于光油喷涂，因为雾化程度低会导致喷涂的光油过多。

高压法

使用高压法时，是让气流通过喷嘴，造成喷嘴开口处气压降低。在这种负压的作用下，罐中的光油被吸出并从喷嘴喷出。压送式和吸送式喷枪都适用于喷涂光油（见 323 和 324 页插图）。

压送式喷枪

压送式喷枪的光油容器安装在喷枪顶部，光油在重力和负压的作用下进入喷枪的喷嘴。

吸送式喷枪

而吸送式喷枪的光油容器安装在喷枪的下方。它的优点是无需将光油倒入杯中，可以直接将吸管插入光油瓶，随后清洗时也可以直接将吸管插入溶剂瓶。

喷枪的结构和操作

涂料喷嘴可从喷枪中分配出所需用量的物料。喷针位于喷嘴之内。应选择尺寸合适的喷嘴，保证喷嘴的口开度适中时刚好喷出适量的物料。涂料喷嘴的直径介于 0.7 mm（G）到 1.0 mm（F）之间。喷嘴的尺寸是以数字或字母的形式铸在喷嘴和喷针上的，二者号码必须一致。有些喷针可用于不同号码的喷嘴，上边也会有相应的标记。喷枪前边气帽的类型决定了光油喷射流的形状、雾化程度和所用空气的量。

有几种型号的气帽。好的喷枪安装的是所谓的“多喷孔”气帽。这种气帽可以形成更均匀的喷流，也可优化耗气量和气压。因为上光所需的雾化压力一般较低，“多喷孔”气帽在低压下也可确保良好的雾化效果。

可用喷针调节旋钮调节喷嘴的光油流量。可

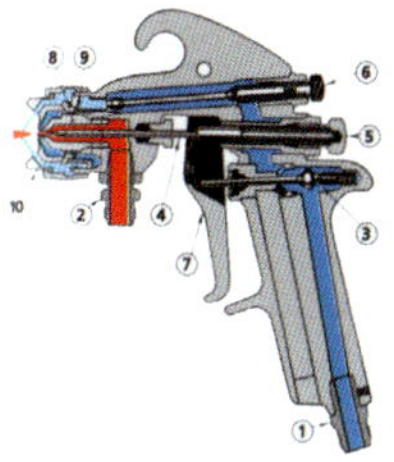

1. 进气口
2. 涂料 / 光油杯吸管
3. 气压调节阀
4. 喷针
5. 喷针调节旋钮
6. 喷流调节阀
7. 扳机
8. 涂料喷嘴
9. 空气分配阀
10. 气帽

喷涂料
空气
调节后的气流

用喷流调节阀选择圆柱形或扇面形的喷雾。气压调节阀控制的是雾化压力；喷涂光油时，通常选择 1—3 巴之间的压力。

在喷涂光油的过程中，喷枪应正对画面，与画面保持 6—8 英寸（15—20 cm）的距离。应将喷枪左右来回移动，把光油喷涂成平直均匀的条带。为防止喷枪折回时光油在转折处淤积，每次都应将喷枪移至画面边缘之外，再向左或向右折回画面内。每道光油应与旁边一道相互交叠约 25%。

可以用压扳机来控制物料向喷嘴的流量。扳机压得越紧，喷流就越强。在为绘画上光时，应一步到位地将扳机压至所需的程度，并按上述方法以连贯动作用喷枪为整个画面一次性上光完毕。

光油通常是按交叉方向喷涂的。在按一个方向一行一行地喷完整幅画后，将方向调转 90°，再重喷一遍。操作的速度取决于喷枪到画面的距离。喷枪离画面越近，须移动越快，以防光油层喷得过厚。如果喷枪离画面太远，就会形成光油雾，光油层也会变得亚光。

上光位置

上光时，既可以将画平放，也可以将它垂直立起（将画作立在画架上或平放在台上）。大画只能垂直上光（见 324 页插图），而小画既可以垂直上光，也可以水平上光。笔者建议将画平放在窗前的台子上上光。这样就可借助侧光更好地监控光油喷涂的性质与范围（见右图）。

为平放的画作喷涂光油时，每次动作都应从近处的边缘开始。若从远处边缘开始喷涂，会导致残留的光油雾落在刚喷过的光油表面，造成亚光的效果。

亚光上光

要获得亚光的表面效果，应分多个薄层来喷涂最终光油层，直到光油表面尽可能均匀，且荧荧有光为止。喷完后应将光油放置两三天，将它晾干。喷涂最终光油应使用 3—4 巴之间的气压。这个压力较高，会使光油中的溶剂在喷往绘画层的途中挥发，光油便会以细“尘”的形式落在画面上。这些小光油颗粒会使投在画面上的光发生散射，造成一种亚光的效果。

这一步骤只能在画面上已有的光油层彻底干燥后才能实施，否则仍存在于光油层中的溶剂残留物会溶解光油的细尘粒，使它们聚在一起形成亮光的光油层。

蜡光油

吸送式喷枪也可以用来喷涂蜡光油。开始喷涂前，先将光油在热水中加热，并用红外线将喷枪加热。再用上述方法喷涂。

用压送式喷枪为一幅放在窗口的画喷光油。侧光投在画面上，使人可以更准确地调控喷涂。

在喷涂光油时，误操作、喷枪故障、不当的光油混合物——或以上问题结合在一起——会在颜料层上造成光油浑浊、“流淌”、“起皱”或“橘皮”效果。

光油浑浊

光油极为浑浊的效果是由于光油太稀、气压太高或喷涂距离太远或太近造成的。在竖直的画面上涂刷或喷光油时，如果光油过分稀释又涂得太厚，或没有进行扫拭，就会使光油发生“流淌”或“起皱”（见 326 页插图）。溶剂使用不当、光油调和不匀，或喷嘴尺码过大都会引起“橘皮”效果；喷涂光油时室内温度过低、画面太凉或者画的表面过于光滑（例如厚的老化的光油层）也可能引发这种现象。必须在“橘皮”出现，光油变黏之前尽快用软笔刷将其扫平（见 326 页左下图）。效果也可能是因为气压或新光油在光滑的老化光油层表面打滑所致。

“流淌”“起皱”

“橘皮”

带有陈旧的厚光油层的绘画很难用喷枪进行上光。为了增强新旧光油层之间的黏结力，在喷光油前，应先抹拭或用细雾喷涂一层薄的预备光油，使陈旧的光油层再生，直到两三个小时之后才能真正开始涂施光油。

清洗喷枪

上光后，应立即清洗喷枪，这样才不会发生

堵塞。可将喷枪的吸管插入溶剂瓶，或将溶剂（如乙醇）注入光油杯中，然后将气帽松两到三圈，在上边放一块布，再按压扳机。

空气可将喷枪中残留的光油从通道和插入溶剂容器的吸管中推出。重复这一过程两到三次。如有必要，还可将气帽取下单独清洗。

清洗压送式喷枪比清洗吸送式喷枪更为复杂。在上光后，必须把光油杯清空并彻底清洗喷枪。即便只残留极少量的光油，也会堵住喷枪，在这种情况下就只能拆开来清洗。与之相比，吸送式喷枪就算是没有正确清洗，残留的光油也不会进入喷枪，而是从吸管中滴出，因此这种类型的喷枪相对就较少发生堵塞。

对页：
用吸送式喷枪向直立的画面上喷涂光油。这种喷枪的优点是比压送式喷枪更容易清洗。（弗朗兹・弗洛里斯・德弗里特［Franz Floris de Vriedt］［早于1527—1570年］，《马尔斯和维纳斯为伏尔甘所惊》[*Mars and Venus Surprised by Vulcan*]，不伦瑞克安东・乌尔里希公爵博物馆。）

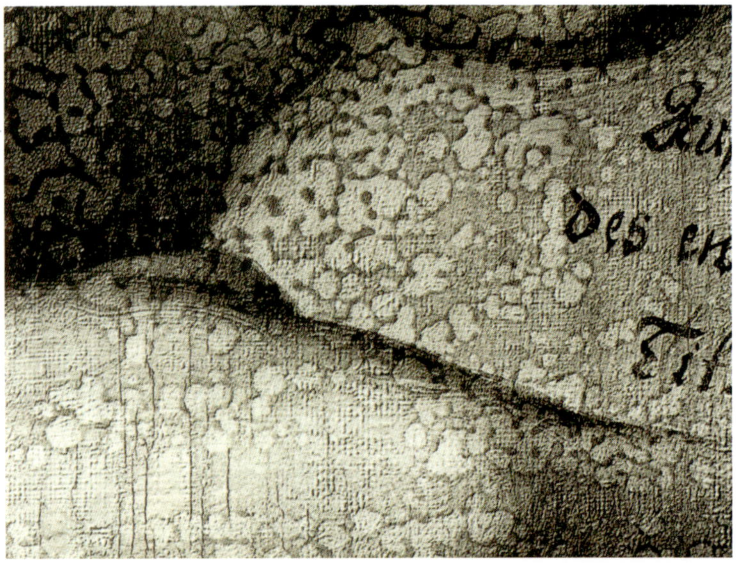

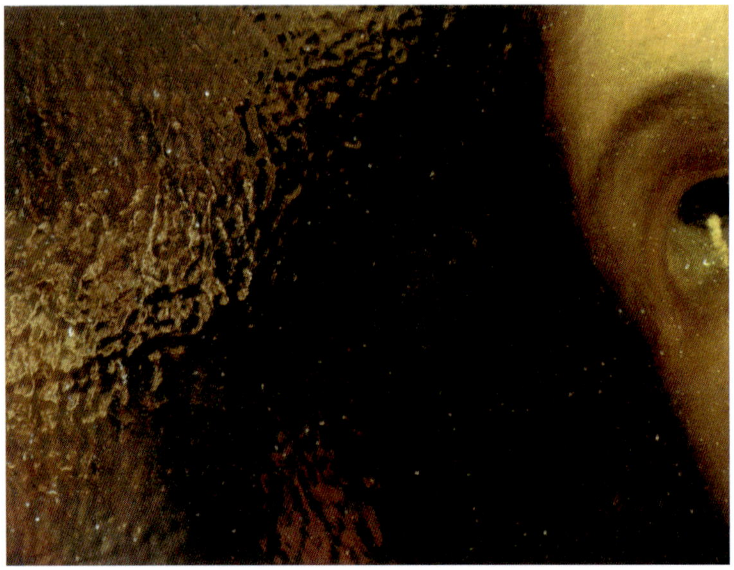

涂施光油时的失误通常只有待光油随着时间推移发生黄化之后才会显现出来：不均匀的上光或“扫拭”不足导致表面形成“流淌”和“起皱”（右上图、右中图、右下图）。涂施过程中，光油未与颜料层黏结，还聚集成滴（造成了“橘皮”效果，左上图）。在涂施过程中，光油层中形成了小气泡并爆开，留下凹坑（左中图）。光油喷得太厚，且没有“扫拭”，导致形成了“橘皮”效果（左下图）。

光油层

光油层是光油中的溶剂挥发后留下的。它是在艺术家完成绘画——或修复师完成修复后——涂施的最终层。上光有双重目的：一是增强绘画的光学效果；二是保护绘画免受气候、污染、尘垢和光的影响。

光学效果

画作的光学效果主要取决于上光的深度和光亮度。不平整的画面会使它们所反射的光分散。如果用光油层盖住凹凸不平的表面，就会减少表面反光的散射，也可使颜料层获得所需的饱和度和深度（见327页插图）。

光亮度

色彩饱和度让人能够辨认出绘画暗色区域内最细微的细节。光亮的程度则取决于光油的类型和光油表面的粗糙程度。即便是最轻微的起伏也会使光油层所反射的光发生散射。颜料层的表面光泽效果因光油层的表面肌理、光油类型、涂施方法和光油层厚度、年龄而异，既可能表现为强烈的反光，也可能表现为极端的散射效果。

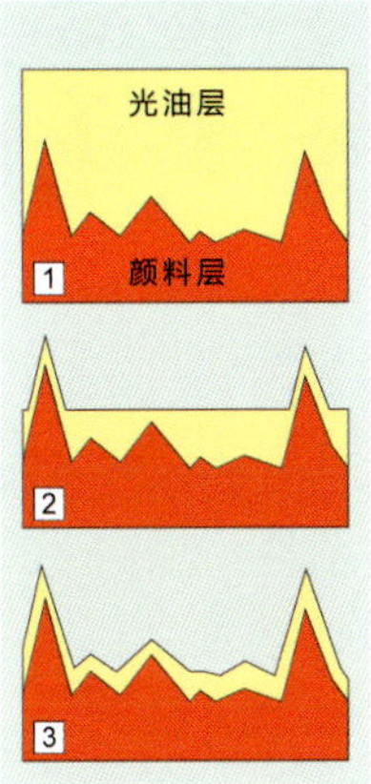

1. 新涂的光油
2. 低黏滞度光油干燥后
3. 高黏滞度光油干燥后

在陈旧的光油层中，影响色彩饱和度的反光也可能发生在光油层与颜料层交界的部位。譬如：聚环己酮树脂光油（如AW2）会随着老化变得非常脆，在轻微压力下就会从颜料层表面脱离。随后就会在两层之间出现一层空气，使光油变得不透明。随时间推移出现在光油层中的细微老化裂隙也会增加折射，以至于使画面丧失深度感，让画中的线条和色彩也变得漫漶不清。光油层的这种现象被称作银纹（crazing）（见328及329页插图）。

低黏滞度与高黏滞度的光油

低黏滞度的软树脂光油层和长分子链的高黏滞度合成树脂光油层有着不同的光学属性。在“粗糙”的颜料层表面涂施光油时，如果光油的浓度足够高，达玛树脂光油和马蒂树脂光油等低黏滞度的树脂以及聚环己酮树脂光油与烃树脂光油会在干燥形成比较平滑、光亮的表面。与此相反，高黏滞度的光油则会“复制”颜料层的粗糙表面。

在画上涂刷和扫拭光油时，使用低黏滞度的光油比使用高黏滞度的光油所需的溶剂更少。在干燥的过程中，当光油达到不再流动的状态，换句话说，就是光油不再向旁边扩散时，短分子链、低黏滞度的软树脂光油中包含溶剂量较少，而长分子链、高黏滞度的合成树脂光油包含溶剂量较多。如果溶剂继续挥发，低黏滞度光油基本会保

如果笔触上覆盖上一层光油（图片左侧），颜料层就会获得色彩的深度和强度。

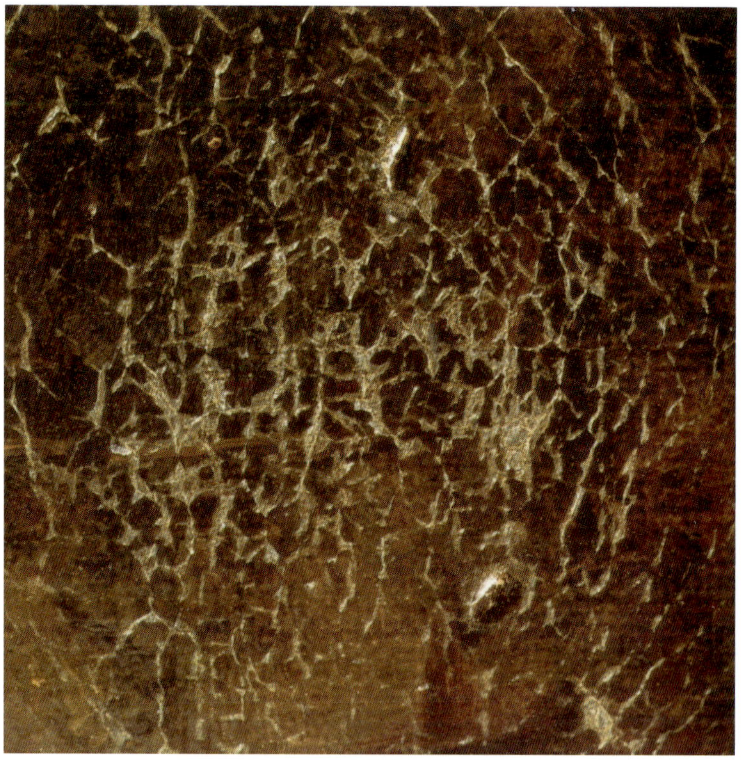

上图及对页插图：
光油在越来越陈旧的过程中会出现老化裂隙。这会增加折射，以致使其丧失深度感，色层的线条与色彩也会部分或完全变得漫漶不清。

左上图：
下半部分的光油层被重涂过，使色层的色彩恢复了统一的强度。

对页：
光油中不仅形成了老化裂隙，裂隙周围的光油也开始从色层上脱离。

持原状。而另一方面，因为高黏滞度的光油中所含溶剂比例较高，加之分子链较长，在溶剂挥发后就会发生“收缩”，无法“流”向旁边，而是“复制”色层的表面肌理。这种“复制”现象的程度与光油在失去“流动”能力时所含溶剂的比例成正比。

光油层和颜料层的不同介质折射率也会影响色彩的深度感（亦见 265 页起）。光线会在折射率不同的两种介质的交界处发生反射。二者折射率差异越大，光线反射量越大。光线在光油和色层之间的界面也会发生折射（亚麻油折射率 ≈1.56）。

研究表明，只要两种介质的折射率差达到 0.06 就可以被看出来。换句话说，光油的折射率低于 1.51 时，就会在色层和光油层之间发生可见的折射。除了聚环己酮树脂和烃树脂光油，所有的合成树脂光油都会发生这种情况[33]。

光油与色层之间的接触对于光油传递出的深度感也很重要。这种接触越“紧密”、光油渗入色层越深，色彩的深度感和鲜活感越强。在固态色层和液态光油层之间需实现最佳的“浸润”。光油的浸润在很大程度上取决于色层与光油之间的表面张力差。表面肌理也会起作用：粗糙不平的色层更易于浸润。

总而言之，可以说光油层的光学特征主要受这些因素的影响，即光油的黏滞度、折射率、浸润性能和涂施方法。

光油层寿命的三个阶段

所有的光油层都会老化，老化会改变它们的外观和性能。费勒（Feller）[34] 将光油层的“寿命”分为三个阶段，而三个阶段的界限是有弹性的。第一个阶段始于用手触碰光油层时不感觉发黏的时候。尽管光油中仍存在一些溶剂，它们还是会在一定时间内挥发掉。溶剂对光油层性质的影响是渐变的，这种变化在初期尤为明显。在树脂光油中大部分溶剂挥发掉之前很久，光油摸上去就是干的了。残留的溶剂会留存相当长一段时间，并在此期间影响光油层的硬度和脆性等特征（换句话说，就是起到塑化剂的作用）。

第二阶段始于溶剂挥发完之后，持续的时间比第一阶段长得多。在此期间已测不到进一步的溶剂损失，也观察不到光油层的任何变化。

在第三阶段，光油开始因氧化和其他反应而发生劣化，气候影响和光线还会强化这些反应。在这一阶段，光油层的化学变化会导致开始发生黄化变色、硬化和脆化。

从一个阶段到另一个阶段的过渡是无法做出清晰界定的。据推断，老化的过程介于 50 年到 100 年之间，这一过程的长度则取决于艺术品是如何保存的。

光油层开裂非常严重，或更准确地说是出现了银纹（左图），几乎已经无法辨认下边的签名了。只有借助强烈的偏振光才能将这个签名显露出来（右图）。

黄化

如果清澈透明的光油随着时间流逝丧失了原本的外观，变成了黄色或棕色，那这种与老化相关的变化就叫作黄化（yellowing）。迄今为止，所有用于绘画和修复的光油都会或多或少地变暗或变黄。黄化的程度因光油的成分而异。可将这一过程与油的黄化变色相提并论。同样含有不饱和成分的天然树脂在吸收氧气后也会形成黄色的氧化产物。

黄化的光油可以严重改变颜料层的色彩和表面肌理。艺术家有意营造的微妙色调和冷暖色互动也会跟着被削弱或丧失殆尽。这种消弭所造成的总体效果就是“单调”，没有重点，也缺少色彩赋予绘画的魅力（见330页插图及331页插图左图）。

“金光”或“画廊色调”

19世纪和20世纪，美术馆的观众大部分并不觉得这种“金光”或“画廊色调”是一种干扰——而是恰好相反。当一些博物馆开始对绘画藏品展开大规模的清洗时，还激起了一些非常公开的争议[35]。争论主要关系到原则的问题——譬如：如果绘画表面的光油出自原作者手笔，到底是否应当清洗；在清洗过程中，修复师是否会损坏原画；还有光油缓慢黄化的效果是否可能出自艺术家在创作时的本意。在每次实施清洗时，都必须针对具体的绘画作品专门考虑这些问题。

然而，基于我们现在关于修复史的知识，我们最起码必须承认，创作于19世纪以前的所有绘画都已经至少被清洗过一次——甚至可能是好几次。而比这更早的画上则无论如何也不可能还有着没被干预过的原作光油层。

在用于修复的两种天然树脂光油——达玛树脂光油和马蒂树脂光油中，后者会比前者更快地变黄。然而两者之间的差异终归会随着时间的推移而消失。

迄今为止用于修复的合成树脂光油，比如较为常用的聚环己酮树脂光油，也会变黄或变灰，不过比天然树脂光油变色的程度要轻。

黄化的光油残留物会削弱绘画的明暗对比。因为不同的颜料粉所需的调和剂用量不同，所以色层表面的变化也并不统一。

随着时间推移，当画面上浅色的部位只是有些发黄时，因深色颜料含有较高比例的调和剂，画上深色部位发生的变化会更为明显。结果会产生一种艺术家不曾料想的明暗对比，因此，在对比丰富的画作中，黄化的光油会使画面效果更为和谐。

保护过滤层

黄化的光油还会起到紫外光过滤层的作用。

不同程度的黄化也会不同程度地过滤掉波长短的光线和紫外光，从而保护色层。

霜晕

霜晕（bloom）这个术语指的是光油上出现的一层膜。最初它的颜色发棕，之后随着它越变越厚，会显得发蓝或变成灰色。通常它会呈块状出现在亮光光油层表面，在暗色颜料层上的最为明显（见331页插图右图）。

涂得厚的亮光光油最容易出现霜晕，其原因至今不甚明了。这种乳状浑浊的膜尤其常见于暴露在城市空气环境中的绘画上。但这种现象通常仅限于“新光油”，常出现在光油层中尚存有溶剂的时候。光会促进霜晕的形成——光越强，霜晕越严重[36]。

形成

有两种关于霜晕形成的流行理论。第一种理论专注于形成于空气中或绘画表面上的硫酸铵（$[NH_4]_2SO_4$）晶体，用显微镜可以在绘画表面上观察到这种物质的存在。由于这种盐吸湿，它的沉积会增加水的凝结量。但还不知道这种晶体中是否还存在其他物质，以及为什么只有某些光油或光油上的某些区域会形成霜晕。第二种理论认为，霜晕是正在干燥的光油层分泌出的物质，比如溶剂成分、光油中的杂质或分解产物。然而，只能靠证明晶体中存在其他物质来证实这种理论。但这一点到现在还没有得到证实。可能空气中的

黄化的光油会改变颜料层的色彩和空间效果；画面的总体效果会变得“单调”，没有重点（左图）。只有清除光油之后才能恢复那些富于绘画造型品质的色彩强度与立体感（右图）。（私人收藏的不明画作）

杂质和光油层的分泌物都是造成光油层表面局部霜晕的原因。已经得到证实的是，含有较高比例的酸官能团的光油更容易出现霜晕。

触摸光油表面或向其哈气可人为造成霜晕。尽管起初的凝结水很快就会消失，但实验已经证明，随后会在相同的地方出现更严重的“天然”霜晕。

脆化

脆化这个术语指的是光油层在外部或内部影响的作用下失去其原有弹性的过程。就我们所知，因为溶剂的挥发和大气的影响，经过一段时间以后，所有软树脂光油和部分合成树脂光油都会丧失弹性并变脆（见333页插图，左上图及右上图）。

光油一被涂上之后，溶剂就立刻开始挥发，光油在这个早期阶段就开始丧失它的弹性了。软树脂光油中溶剂逸出的速度各不相同。马蒂树脂光油中的溶剂会在一个月内挥发掉，比达玛树脂光油中的溶剂挥发快。这可以解释为何在干燥的初始阶段，马蒂树脂光油比达玛树脂光油更脆。

二者的脆性大约在一个月之后就相当了。软树脂光油脆化程度的一个指标是光油龟裂（亦见165页起）。

严重的脆化迹象在老化的AW2树脂光油（聚

从图片中间清洗过的区域可以清楚地看到，嵌在画面纹理深处的黄化光油会使色层肌理显得比艺术家原本要做的更为突出。

在光油层上覆有一层发棕、发蓝或灰色（乳状）的膜，称作霜晕。

环己酮光油）中尤为明显，绘画表面即便受到最轻微的压力，光油也会成片地与色层脱离并剥落。塑化剂可在什么程度上中止或至少是延迟这一过程，还没有得到足够的研究。用定立油（体积比5%）所做的实验已经失败了。

龟裂

光油层有它自己的龟裂，受光油的成分、年龄、颜料层和支撑体的制约。光油层的龟裂有两种形式，即老化裂隙和干燥裂隙。

光油层的老化裂隙

光油层的老化裂隙是没有弹性的厚光油层（亦见上文的“脆化”）在下方颜料层和支撑体活动作用下造成的。

虽然只要满足这些条件，所有的画上都会出现这类的龟裂，但木板绘画上的细网纹裂隙却是最为明显的，在木板绘画上，这些裂隙在最初阶段是彼此平行的。龟裂的严重程度因空气湿度和绘画暴露在潮湿空气中的时间长短而异；在画面靠近装饰外框的地方，龟裂尤为密集，但外框槽口遮蔽的窄条上却很少或从不会出现龟裂（见对页左中图）。

形式

光油层老化裂隙的分布位置取决于绘画的支撑体。在带有明显老化裂隙的布面绘画中，光油层龟裂集中在绘画层上的个别区域，反映的是这些区域存在的内部应力（见对页插图，中右图）。

在木板绘画上，光油层的初期裂隙是平行排列的（与橡木板的纹理垂直），会形成格子（或裂隙网格）。随着时间推移，光油层的老化裂隙会进一步分支为更细的裂隙（见对页插图，下图）。

对色彩的影响

光油层的老化裂隙会影响绘画的色彩效果。细裂纹会改变光线的折射，导致颜料层丧失色彩效果，变得“黯淡”。如果老化裂隙非常密集紧凑的地方，光油层变“蒙”，即变得部分或完全不透明，这种情况称之为光油“银纹”。使用溶剂蒸气可使光油层的老化裂隙“再生”，下文中会描述这一工艺。

光油的干燥裂隙

光油层裂隙的第二种形式干燥裂隙，不是细的线性裂隙，而是较宽的弓形裂隙。光油层的干燥裂隙属于早期收缩所引起的裂隙。这种裂隙可能是由光油中的某些添加物——比如干性油、促干剂等——所引起的。带有这类裂隙的光油常常也带有较严重的黄化变色，大部分也都比较难从颜料层表面清除（见312页插图及334页左上图、右上图）。

银纹

若光油层瓦解成非常紧凑密集的裂隙，这种现象就被称作银纹（见334页中图）。

银纹是一系列细裂纹发育而成，这个术语是意大利人专门用来描述玻璃的碎裂或粉碎的，也可能衍生自拉丁语动词“crepare”——“死亡”。银纹既可能发生在光油层中，也可能发生在颜料层中，可以将它们分为光油层银纹和颜料层银纹（见184页起）。

以物理学观点来看，银纹会导致绘画内聚力的丧失，使其退变为一种灰暗的非均质光学介质。如若使用溶剂润湿或用溶剂蒸气溶胀——换句话说就是让光油层再生——有时能够恢复光油层的透明度。光油会再度变为均质的光学介质，也就是透明介质。在19世纪中期银纹的成因被发现之前，这种病害通常被归为“浑浊”或“霉变”。也被称为光油“变蒙”。人们最初怀疑使画面变灰变浊的是霉菌的侵害。直到与植物学家拉德尔科费尔（Radlkofer）一起工作的慕尼黑卫生学家马克斯·冯佩滕科费尔对施莱斯海姆美术馆的这类损害作了大量研究，才发现了银纹的真正原因，同时还发现这种损害也可能与微生物（霉）的侵害相伴[37]。

形式

银纹通常要过很长时间才会出现，出现得早晚因光油的年龄和艺术作品所处的气候条件而异。它可能会在陈旧的光油层中突然出现，尤其是会在一夜之间出现；它有可能出现在水管子或中央暖气管不慎破裂的时候，也可能出现在不适宜的气候条件下运输的未充分包装的绘画上。为了矫正这种损害，佩滕科费尔[38]发明了以他的姓氏命名的“佩滕科费尔法”（见353页起的“再生”）。

左上图：
随着时间推移，光油层已经变得很脆，光油层与为保护画作而镶的玻璃稍有接触也会引起光油层的局部劈裂。

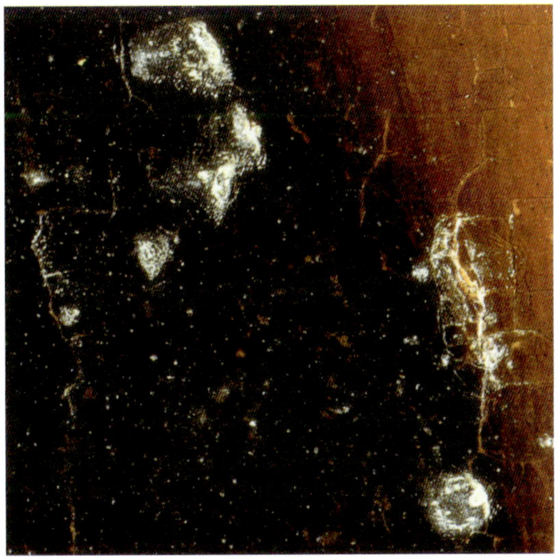

右上图：
刮痕处贝壳状的断裂边缘是光油脆化的证据。

左中图：
光油层上显现出突出的老化裂隙。只有装饰外框槽口遮盖的区域保存状况良好。

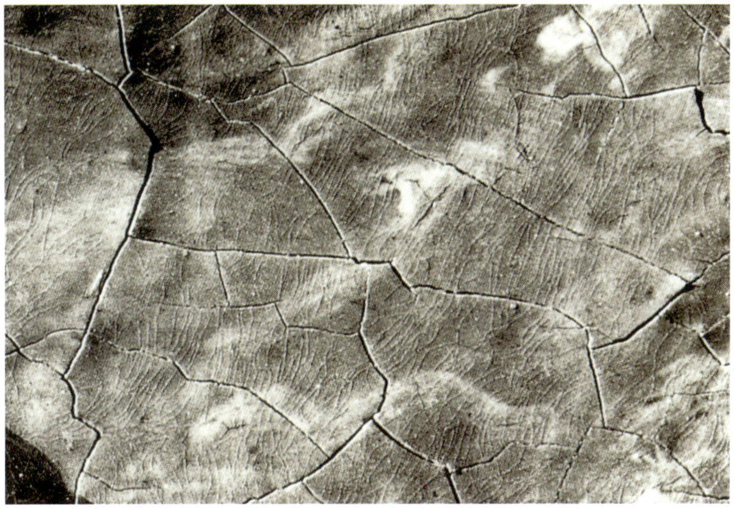

右中图：
在有着明显老化裂隙的布面绘画上，光油层裂隙集中在绘画层的个别区域。它们反映了这些区域的内部应力。

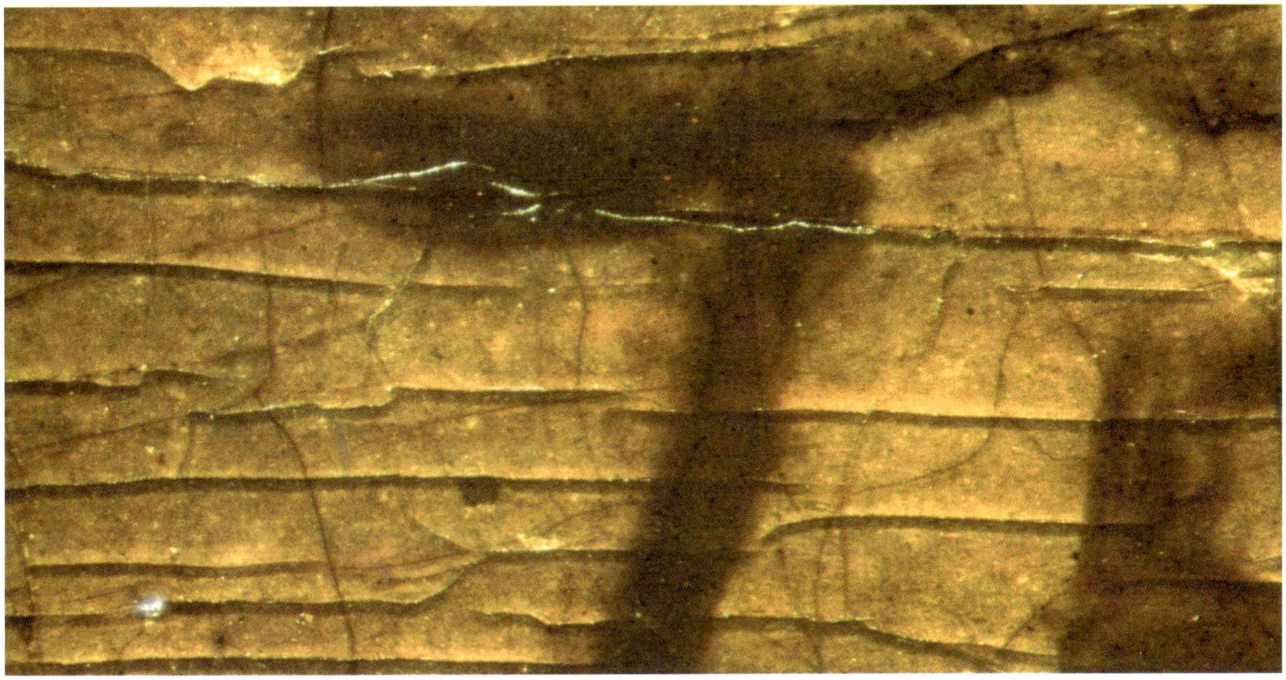

下图：
在木板绘画中，光油层裂隙平行分布，形成网格。与颜料层老化裂隙的不同，光油层裂隙待有亮面（反光）和暗面（阴影）。

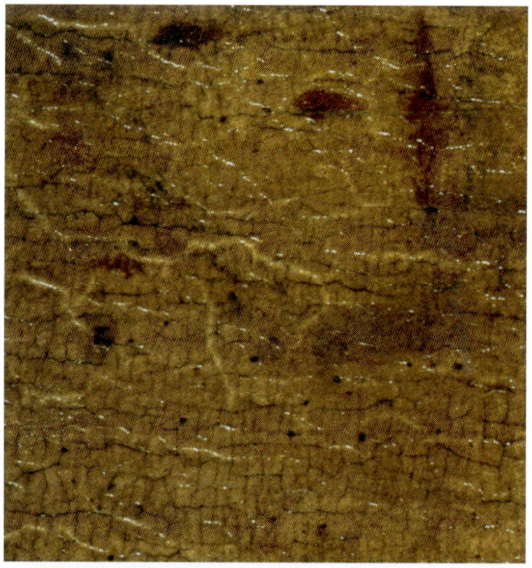

左上图及右上图：
人们认为光油层的干燥裂隙是干性油、促干剂等添加物造成的。带有这类龟裂的光油通常很难从颜料层上清除。

左中图及右中图：
由于水分的作用，部分光油层已经分裂成小碎片；它变成了灰色，或者更精确地说是出现了“银纹”。（左中图：一幅私人收藏的不明画作的局部）

左下图：
上一次修复留下的棉毛纤维嵌在了光油层中。随着时间推移它们变成了清晰可见的白线。

右下图：
色层表面出现了饱和脂肪酸的盐霜，粘住了尘粒。

表面污染

绘画色层或光油层上的沉积物被称作表面污染。除了空气中的灰尘颗粒，这些沉积物中也包含往次修复留下的杂质、绘画内部产生的物质，以及生物活动留下的副产品。

包围绘画的空气中包含着固态、液态和气态物质，它们会沉积在绘画层上形成一层污染物。

往次修复的残留物

往次修复的残留物可能包括嵌在表面的棉毛纤维、溶剂的残留物、外框修复留下的金箔或铜箔残痕和指印（见对页插图左下图）。

盐霜

松脱的颜料粉和其他元素偶尔也会出现在未上光的色层表面。这种“盐霜”是由饱和脂肪酸或颜料层的分解产物构成的。它们也被视为表面污染，在表面清洗的过程中也要被清除（见对页插图，右下图）[39]。

霉

过去的霉侵害留下的物质也会形成表面污染（对霉的辨识与处置见204页起及228页起）。

表面污染会影响绘画的外观。它是否具有视觉破坏性取决于它存在于什么样的绘画层上。人们知道，在光从某种角度照下来时，上过光的平滑颜料层应该显得发亮；如果它变成了亚光的，观察者就会觉得它们需要清洗了。而另一方面，表面带有细纹理的亚光色层，可能已经比前者脏得多了却还不是很明显。

表面污染在绘画上的存在形式包括孤立的斑块或均匀的灰色或发黄的层，发黄的污染层很难区分于绘画光油的黄化（见308—309页插图）。悬挂在私人或公共空间内的画上，偶尔也会出现干燥的液体痕迹，它们可能是在庆典或装修过程中不小心喷溅上去的饮料或滴状涂料干燥后留下的。

尘粒

仅凭附着力粘在画上的尘粒会被空气包围，光线投在它们所在之处会被它们分散；反射光发生散射，这些灰尘就会像一层灰纱一样罩在曾经光亮的光油层表面上（见336页及337页插图中图）。当尘粒或污染物嵌入某种介质——例如烟草焦油、油脂颗粒沉积物或发黏的光油层时，它们对光的反应就和油性黏结材料中的颜料颗粒一样，会产生一种从黄到棕的色彩效果（见337页插图左图）。

昆虫排泄物

表面污染物中也包括昆虫的排泄物，被称作苍蝇屎。它们包含的除了昆虫“最后的晚餐”之外，还有氨、尿素、尿酸、磷酸盐和硫酸盐[40]。在这些讨厌的物质中，有一些会导致这些排泄物非常牢固地黏附在绘画层上，使它们变得难以清除（见337页插图右图）。

如果表面污染物和色层之间没有清晰的屏障（即光油层），经常很难区分表面污染物与艺术家意欲用来创作艺术作品的材料。如同前边提到的，过去的人们——尤其是19世纪的艺术家们——用过一些“光油”，故意给绘画造成一种老化的面貌，现在看来就像是表面污染，这层物质是可以用清洗剂清除的。在20世纪的绘画中，区分污染物和原作的材料还要更加复杂，因为艺术家们会故意使用一些效果或技法，使修复师难以区分表面污染和有意为之的效果。

空气污染

空气污染被理解为固态、液态或气态物质（灰尘、烟和燃气）对空气造成的污染。不同大小的尘粒被称为气溶胶。

原因

空气污染是工业、能量生产、房屋火灾和交通造成的。风、大气湿度和热对流会分散和稀释污染物，分散与稀释的情况因颗粒大小等因素而异。气溶胶会接触绘画层，固着在那里并成为表面污染的一部分。这类污染既会破坏绘画层的外观，其中的酸性或碱性成分也会引起损害。

尘粒也会“产生”或流通于展览场所内；它们不仅包括灰尘——或者更准确地说是磨损产物——丝线、毛发、皮肤碎屑、硅胶粉尘[41]——也包含焦油、烟灰和烹饪油烟。

植物的蒸馏油、花粉或孢子也会“污染”空气。此外它们还会吸引昆虫，如前所述，昆虫又会促进污染物在绘画表面的沉积。

室内清洁

毛刷、掸子和其他室内清洁工具通常会把已经沉积的气溶胶再次搅动起来并使其重新散布开。因此应当使用能捕捉灰尘的材料和设备来清洁展陈空间，最好是专门设计的真空吸尘器。

参观者

私人或公共展室所处的位置和使用的技术设备不同，其空气污染程度也不同。室外空气中的污染物会由于通风和公共参观者的进入而被带入室内。较少通风、安装良好的湿度控制系统或带有适当过滤设备的空调系统有助于减少进入建筑物的污染物的量，也能减少绘画层上沉积物的量。

沉积与附着物

随着时间推移，沉积物积聚在绘画表面会形成一层污染物，多多少少会牢固地黏附在上边。气溶胶在绘画上会沉积和附着到何等程度取决于环境条件，比如空气污染、相对湿度、温度和气流的性质与速度。此外气溶胶本身的化学成分、颗粒大小 / 形状、弹性 / 塑形和物理性质也起到一定的作用，绘画表面的粗糙程度、塑性和电导率及热导率也影响着气溶胶的沉积与附着。

附着过程

颗粒是通过附着的过程发生沉积的。气溶胶

如同灰纱的尘粒沉积在绘画表面（头盔左侧）。将其清除后，（紧邻的）黄化光油露了出来。将黄化的光油清除后，色彩便恢复了原本的强度，但损坏也变得明显。

通过黏附作用沉积并黏附在绘画层上。黏附力的大小取决于颗粒大小和绘画层的表面肌理。它们也会因以下各种作用而加强——“掸灰”过程中的机械摩擦、使尘粒相互吸引并将其吸附到绘画表面的起黏结剂作用的水（如凝结水）、光油层或色层中尘粒的“迁移”或“镶嵌”，以及各式各样的生物与化学过程。

颗粒大小

宏观颗粒与微观颗粒之间可以划分出一条界线。宏观颗粒通常肉眼可见，大于 100 μm。其中大部分只是轻轻黏附在绘画表面上，很容易清除（见对页插图中图）。微观颗粒大小介于 0.01—100 μm 之间。因为它们的附着力比宏观颗粒要大许多倍，所以更难从绘画表面清除[42]。气溶胶是通过扩散、热迁移、电磁场扩散和空气流动等过程被带到绘画表面的。

气溶胶的运动

在没有气流和热与电磁作用的情况下，气溶胶是靠扩散在空气中运动的。换句话说，尘粒是从较高浓度的区域被吸引到较低浓度区域的。与气溶胶的其他运载模式相比，扩散起到的是次要的作用。它的作用在靠近绘画表面的地方最强。气溶胶沉降在绘画表面上以后，就会造成一个低浓度的区域，而尘粒就会从浓度更高的地方迁移过来。

热迁移

在热迁移中，气溶胶会从温度较高的区域迁移到温度较低的区域。广义而言，可将这一过程与扩散相比。

在温暖的脏空气接触到冷的绘画层时就会发生热迁移。绘画表面和周围空气之间的温差决定

同一幅画（局部）在清洗和全色后新涂了一层达玛树脂光油。（科内利斯・德沃斯［Cornelis de Vos］［1584—1651］，《维多利亚为英雄加冕》［*Crowning of the Hero by Victoria*］［局部］，不伦瑞克安东・乌尔里希公爵博物馆。）

了颗粒沉积的程度。仅仅 1.8 ℉（1℃）的温差就足以造成大气微粒沉积的严重增加。如果绘画表面比室内空气温度高，气溶胶就会通过相同的过程从绘画表面被运走。

气流

气流会提升沉积的水平。气溶胶会在气流的动量或引力作用下被带到绘画表面。颗粒的“惰性”或惯性是决定特定的颗粒沉积在何处的因素之一。如果绘画外框或绘画表面迫使气流改变了流动方向，重力就会阻止绝大多数的较大颗粒跟随气流改变方向。它们会落在气流改变方向的位置附近的绘画表面上。中等大小的颗粒会跟随改变方向的气流再运动一段，但也同样会被迫着陆在绘画表面上。然而小的气溶胶颗粒会继续随气流运动，它们只有在过于靠近绘画表面并受到其他力的吸引时才会沉积上去。

撞击绘画表面的气溶胶微粒是附着上去还是反弹取决于它们的大小 / 形状、弹性 / 塑形及其一

般特征（比如它们是否黏或湿），也取决于绘画层的属性和宏观结构以及气流强度。如果颗粒没有从绘画表面弹开并被弹回气流之中，那么它们和绘画层都必须要经受塑形变形才能降低冲击的能量（就像车辆“溃缩区”的情形）。气溶胶在绘画表面的黏附是通过静电力、毛细力或分子力等因素来实现的。

静电力

色层和光油层是有着特定绝缘能力的半导体，它们可以通过摩擦或剥离而带上静电。静电力对于气溶胶的黏附只能造成比较次要的影响。它们的主要作用是从周围的空气中吸引颗粒。只有在空气相对湿度较低的情况下，电荷才具有足够吸引颗粒的力量。

毛细力

当气溶胶与绘画表面之间存在水时便会产生毛细力。据推算，毛细凝结开始于空气相对湿度达到 50%—65% 的时候，当相对湿度达到 65% 以上时开始明显加强。在毛细凝结时，颗粒表面和绘画表面被润湿，气溶胶会因黏附力而与之黏结。毛细凝结是所有附着力中最强有力的。

分子间作用会受到颗粒和绘画表面的极性影响。它们的润湿能力差别越大，黏附力越弱。因此含水的颗粒对憎水（疏水）的绘画表面黏附力相对较弱。在绘画表面吸附气溶胶的过程中，极性作用力可能扮演着最重要的角色。

可以认为，确保物质内部聚合的分子力——比如色散力、极性偶极力和氢键等——也会影响气溶胶对绘画表面的黏附。这三种力中，色散力在将颗粒黏着于绘画表面方面起着最重要的作用。

上述各种黏附力的强度与颗粒大小、形状和绘画表面肌理有着密切的关系。

黏附

附着的强度是由接触表面决定的。一个颗粒与绘画表面靠得越近，它便黏附得越紧密。最佳黏附力是在颗粒的形状、大小与绘画表面微结构最吻合时实现的。

尘粒的变形

如果尘粒接触到绘画表面，变形既可能发生在颗粒表面与绘画接触的部位，也可能发生在绘画表面与颗粒接触的部位，或者二者都会变形。

左图：
如果尘垢细颗粒黏结在油脂之类的介质中，它们就会形成发黄或棕色的有色层（图片左半部分），它们容易被误认为黄化的光油层。

中图：
落在绘画层表面的是仅仅轻微黏附的宏观颗粒（图片左半部分），它们易于清除（或“撢掉”）。

右图：
色层表面的棕色小点是昆虫排泄物，它们很难从色层或光油层表面清除。

接触部位的变形会增强黏附着。变形的程度因弹性和塑形而异。随着空气湿度的升高，亲水的颗粒会变得更具塑形；它们撞击绘画表面时的变形也越严重，所产生的接触面也越大。

在尚未干燥或不会干燥的画面上会积聚更多的灰尘。原因之一就在于，颗粒撞击时造成柔软的绘画表面发生了变形；绘画层发生变形，颗粒便会嵌入其中。当绘画表面硬化后，沉积的灰尘就较少。

绘画表明接触到脂性 / 油性材料或含有油脂的灰尘时，其中触及绘画表面的油脂或油性成分会产生一种“发黏”的效果。发黏表明了绘画表面塑性的增加。脂性或油性绘画表面发黏会促进灰尘的积累；即便是最薄的脂膜或油膜也会引起绘画表面上灰尘沉积可观的增加。

焦油沉积物

抽烟会使高分子量的烃在绘画表面形成一层

发黏的沉积物。这些沥青般的沉积物也会增强黏附力，并促进尘粒的沉积。

保护绘画表面

因为空气污染的加剧，保护绘画层免受气溶胶的侵害就变得越来越重要。可以通过不断仔细清洁绘画的周边环境、用过滤器等设备净化空气、涂一层光油或安装玻璃罩来实现这种保护。

必须频繁地定期清除展览和存放空间内的灰尘颗粒。然而，因为每次清洁工作都会使堆积的尘粒再次扬到空气中，只能使用可捕捉小到 0.6 μm 的颗粒的特制真空吸尘器。一般在市场上可以买到的真空吸尘器只能捕捉大于 5 μm 的尘粒；所有小于这个尺寸的尘粒都会再次通过尘袋被吹到空气中。可以用加湿器进行净化，或者更好的是安装内置空调。这些设备是借助适当的过滤器来循环并清洁空气的。

安装玻璃罩

安装玻璃罩是对气溶胶的最佳预防。对于不同尺幅的画作，一般可采用 0.1—0.3 英寸（3—8 mm）厚的带抗反射涂层的钢化玻璃。抗反射涂层带有气相沉积干扰层，可将直射到上边的光线反射降低到 1% 以下[43]。

平板玻璃沉重而且易破碎。因此人们用丙烯酸玻璃或聚碳酸酯玻璃等有机材料进行了实验。它们的缺点是容易被刮花，还会因静电荷而吸引灰尘。有机玻璃通常只用于绘画运输的过程中；换句话说，就是在绘画送展的途中，用不易摔碎的有机玻璃代替抗反射玻璃来保护绘画。

对于当代艺术家创作的大尺幅绘画的未经上光的脆弱表面，只能对保存画作的房间内的空气进行定期清洁和过滤来进行保护。鉴于可得的无反射玻璃重量颇大，尺寸又较小，所以也没有其他的保护手段可用。

上一层光油也能对表面提供保护。不过如前所述，不是所有的绘画都可以或应该涂施光油。

清洗

清洗这一术语有三重含义，即对以下三类物质的清除：

1. 表面尘垢（表面清洗）

2. 光油（光油清除）

3. 全色层和复绘层（见下图）

从关于修复的历史文献中，我们得知了在过去的几个世纪中人们曾用过什么材料来清洗绘画，但我们对于采取这一清洗步骤的频率却知之甚少。美术馆的修复文献中保存的笔记证明，较为重要的绘画每隔30到40年修复一次，这就意味着它们一般同时也要进行清洗。针对尘垢、光油或全色或复绘层的不同性质，可以使用“干”清洗剂（含或不含黏结剂）、溶剂（含或不含黏结剂）、酶凝胶、树脂皂来进行清洗，在某些情况下也可使用碱、酸、手术刀或微摩擦技术。更晚些时候，人们还尝试过用酶凝胶、树脂皂、溶剂凝胶或溶剂乳液进行清洗。用粉末清洗光油层只是一种历史技术，如今已不再适用。

溶剂

溶剂是可以溶解其他物质，而不使它们本身或溶质发生化学变化的挥发性有机液体。酸和碱并不被归为溶剂，因为它们并不是溶解固体，而是破坏它们。修复师用溶剂来溶解树脂、稀释光油、清除光油并溶解全色或复绘层。

溶剂会促进被溶解物质的分散。有个简单的

通过清除没有肌理且单调的复绘层，恢复了绘画的“原”形（见画面左三分之一）。（私人收藏的不明画作的局部）

左图及对页：
清除掉使反射光发生分散的表面尘垢和黄化光油（左图）后，色层恢复了从前的色彩深度和强度（对页）。（科内利斯·德沃斯［Cornelis de Vos］［1584—1651］，《维多利亚为英雄加冕》［*Crowning of the Hero by Victoria*］［局部］，不伦瑞克安东·乌尔里希公爵博物馆。）

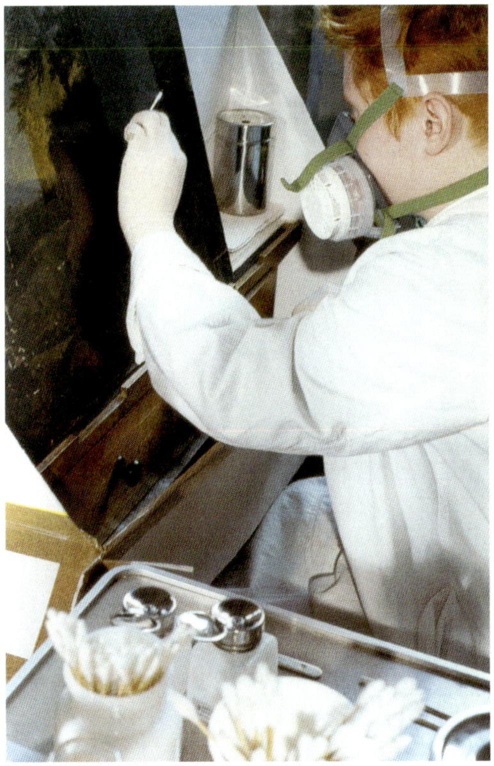

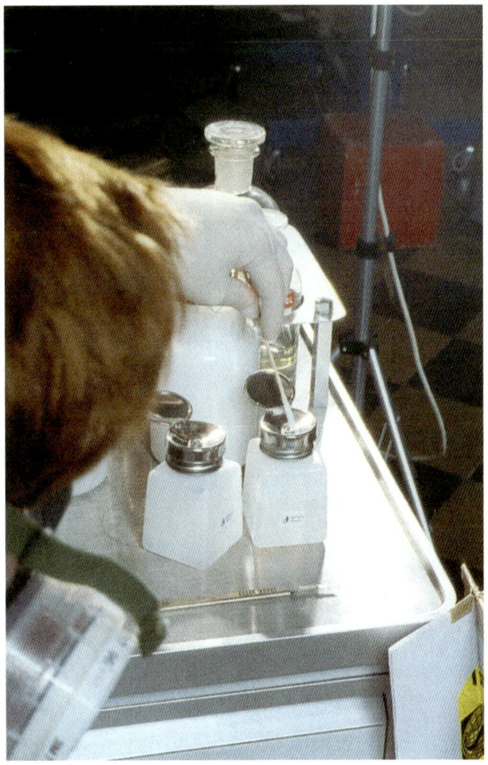

清除光油的过程中，是借助适当的呼吸装备、罩衫、手套和使用棉签实现个人防护的。

防护措施

集中防护和个人防护

在使用溶剂工作时，修复师必须采取集中防护或个人防护的措施来保护自己。集中防护措施包括正确储存、标记溶剂以及控制工作场所的溶剂浓度、抽排溶剂气雾和处理溶剂废液。个人防护包括使用适当的呼吸装置、罩衫、手套以及使用棉签以免直接接触溶剂（见左上图）。

在修复师的工作室中，常忽视溶剂的正确储存。在关于有害物质的处置规章中，对有害物质进行了分类（包括用于修复的溶剂），并逐类规定了它们的运输条件、储存条件和处理方法。很多国家都制定了必须严格遵守的规章，对溶剂的储存——尤其是储存量——做出了规定。

溶剂补给品应储存在装有下沉的地板和抽排装置的防火室内，一定不可超过总许可存储量。工作室内应配备一个溶剂柜，以满足日常需求（见对页插图）。在进一步的规章中还规定，工作场合内，易燃液体容器的容量不应超过最大许可值500 ml（17 盎司）。

溶剂在遇热、遇光、遇空气或与其他溶剂混合时，可能分解并形成剧毒的气体。可通过正确的储存避免这种分解。工作场所使用的溶剂应储存在有磨砂玻璃塞的棕色玻璃瓶中。

应当尽可能少量地制作溶剂混合物，也应尽快将其用完。如果对混合物进行储存，混合物中的各种溶剂可能会相互发生反应，挥发性成分也可能更易于挥发。

尽管要耗费更多的组织精力和财力，还是应将溶剂分装入尽可能小的容器之中（17.5 或 35 盎司；500 ml 或 1 L）。这样做的优点是容器中的液体可以更快地用完，也不会出现上边提到的外部影响造成的危险。此外，这样做也符合关于溶剂储存的规章。

标注

在德国，有《工作场所有害物质管理条例》（Arbeitsstoffverordnung，缩写为 ArbStoffV）来管理对溶剂的标注。其他国家当然也有自己的规章，在当地工作时，也必须找到并遵守规章。必须对装溶剂或溶剂混合物的瓶子和容器进行精确的标注：不严谨的描述（“稀酸”等）、缩写，甚至是数字——这些只有工作室主管才能理解的方式——是不允许使用的。可用国际通用的危害标志对这种不够明确的标识加以补充：

危险标志

1. 骷髅（T+）= 剧毒
2. 骷髅（T）= 毒
3. 圣安德鲁十字（Xn）= 弱毒
4. 圣安德鲁十字（Xi）= 刺激性

中图：
用于清除光油的溶剂保存在一个分配器中。这会使其表面积最小，也就只有少量的溶剂能够挥发。可用棉签按压金属截门，将溶剂通过一个小孔泵入凹陷的金属盖中，以获取所需量的溶剂。

右图：
在清除光油的过程中，溶剂悬浮颗粒“落”入一个纸板箱中，并通过它被内置排气扇吸走并排到室外。纸板箱的大小与绘画的尺寸相符。

可移动抽气装置并不会将被污染的空气排走，而是借助活性炭过滤器将其净化。

5. 2 个滴出液体的试管 = 腐蚀性

6. 火圈（O）= 可爆燃

7. 火焰（F）= 弱可燃性

8. 火焰（F+）= 强可燃性

为防止溶剂蒸气与工作人员吸入的空气混合，可以直接或间接抽走被污染的空气，也可以减小溶剂容器和废弃棉签罐的表面积，以防止溶剂从其中蒸发（见 347 页插图中图及右图，以及对页插图）。

抽气装置

在市场上既可以买到固定式排气装置，也可以买到可移动抽气设备。活动设备并不是将污气排走，而是将其吸入，并通过一个活性炭过滤器清除其中的毒气和其他颗粒，然后将干净的空气吹回室内。所有的修复工作室都应装有清除溶剂蒸气、光油粉尘或其他灰尘的抽排装置。因为溶剂气雾比空气重，所以抽排装置的吸气口应当设于设备底部，而新鲜空气的出口应设在顶部（见上图）。

喷涂区域

在喷涂光油时，溶剂会与空气混合形成易爆混合物。因此应在一个装有抽气设备的喷涂室内喷涂光油，抽气设备的设计应保证，在给大画喷涂光油的过程中，不会发生通风压力的下降，保证可以不间断地将多余的喷涂材料吸走。应定期检查抽气装置，以确保其工作正常。可以用适当的设备（称作探测管）来监控空气的循环。

溶剂废弃物的处理

每次清除光油都会留下溶剂废液和吸收了溶剂的废棉花，必须按规章将这些东西处理掉。在这个语境中，处理的意思是以一种不损害环境的方式清除有害物质。关于残留物的处理有详细的规章。譬如在德国，每个镇或区都有一个用特殊方法处理有害物质的部门，可以根据需要提供关

棉球被丢进一个有盖的容器中，以防残留溶剂进一步蒸发到周围的空气中。

于最近的特殊废物库的建议和详细资料。在进行最终的处理之前，溶剂废液应储存在不会破碎的容器中，氯代烃、不含氯的烃或可与水混合的溶剂应与其他物质隔离。

需要采取的个人防护措施包括皮肤防护和呼吸道防护。在使用溶剂工作时，保护双手有着绝对的重要性。

如前所述，有些溶剂可通过一种叫作溶蚀的过程渗入皮肤。在阈限值清单中，这些试剂标有“H”字样，表示与皮肤接触有致命危险。这些物质中大部分都可以溶解脂肪。它们会通过皮肤进入血液循环，并由此进入组织和器官，随后就可能发生有毒物质的集聚和对健康的损害。应当根本杜绝与溶剂的接触：棉签、镊子、隔离霜、手套和工作服都能提供防护。

在清除光油时，通常会把棉花在棒上缠成小球做成棉签，然后把它浸入溶剂，并在待清除的光油层表面滚动，直到它被溶解的光油浸透。应用一个合适的工具将脏棉球刮掉，或用镊子将其摘下并装入一个有盖的容器（见 349 页插图）。

隔离霜

另一种防护措施是涂隔离霜。不过这种方法时效短暂，且并非没有问题。重要的是要使用专用的隔离霜而不是普通护肤霜[56]。要做到有效防护，皮肤保护霜必须以硅油为基础，因为这是唯一一种可以在溶剂和皮肤之间形成屏障的物质。

防护手套

防护手套是一种重要的防护用品。虽然有很多种不同材料制成的手套，但不幸的是，市场上流行的手套中没有一种既可以做到对有机溶剂的长期防护，同时还能保证清除光油时应有的弹性和手感。如果防护手套有了破洞，溶剂常常就会在不经意间渗入，造成对皮肤的集中损害。应当使用合适的一次性手套，同时遵守前文所述的各

OModersohn 33

种安全措施。

许多职业病都是因吸入有损于健康的溶剂蒸气和灰尘（气溶胶）而引起的。在进行清除光油、涂施光油、使用微摩擦设备、清除微生物（例如霉）等工作，使工作室内的空气变得有害时，修复师始终要使用呼吸装备，以免大量吸入有毒物质。

呼吸装备

呼吸装备既可以与周围环境中的空气连通，也可以独立运作。前者是一个带有过滤片的防毒面具，过滤片可净化吸入的空气。每个在修复工作室工作的人都应拥有一个这样的防毒面具。

独立型的呼吸装备带有胶皮管和气罐，用的是氧气罐中的氧气。迄今为止，这种呼吸装备只在个别情况下用于修复工作。

与绘画修复有关的有害物质分为三个不同的类别——清除光油时产生的溶剂蒸气（气体）、在上光过程中产生的气体和悬浮颗粒物的混合物，以及微摩擦和除霉过程中产生的有害悬浮颗粒物。这三组有害物质可分别用三种专门设计的过滤片来清除。

过滤片

过滤片是装在密封包装内出售的，一旦打开包装，就只能在规定的时间内使用。

对页：
在图片的左半部分，在绘画表面积聚了48年的表面尘垢被清除掉了。

表面清洗

表面清洗是用清洗剂清除一段时间内积聚在色层上的表面尘垢（见对页插图）。

在很长一段时间里，人们并不认为表面清洗会对艺术作品带来问题或造成威胁，直到不久之前，这一点在专业文献中几乎都没有得到过关注。直到开始出现从未上光的画上清除表面尘垢的需要后，人们才开始研究色层对清洗剂的反应。研究显示，表面清洗会对绘画层造成明显的刺激[57]。如果在尘垢被清除后用高倍放大镜检视绘画层，就有可能看到“刻”或“蚀”进表面的垄沟，它们是曾经沉积在表面上的颗粒留下的痕迹，这些颗粒会刮擦绘画层表面并陷入凹陷的部位[58]。

干洗

针对不同性质的待除尘垢层，可采用“干洗”或“湿洗”的方法对表面进行处置。干洗是通过擦拭对尘垢进行机械清除。可用不起毛的软布或软毛刷掸掉与绘画层表面轻微附着的尘粒，也可用抽吸装置把它们吸走，或用橡皮把它们擦掉。新鲜面包是传统的干洗材料，现在有时还在使用。然而面包留下的残留物会造成相当严重的问题：因为它们是食品，会吸引昆虫，昆虫会留下粪便并形成一个吸灰尘的层。附着得更为牢固的尘垢可以用所谓的干洗海绵、用塑料制成的软橡皮和擦笔或粉末来清除（见352页插图左图）。随后还应用抽吸装置清除掉所有这些工具留下的残留物。

湿洗

液态清洗剂是由水和降低表面张力的其他物质构成的。在很长时间里，人类的唾液和肥皂一直是表面清洗用的“经典”水性清洗剂。唾液是一种复杂的混合物，除了水和酶，还含有大量极为不同的物质。它作为清洗剂的效用有可能归功于其中所含的酶。在20世纪之前，肥皂是唯一一种可用于大面积清除绘画表面尘垢的表面活性剂。直到石油化工工业发展起来，发现并研发出了更为廉价的油之后，人们才能够制作出其他的表面活性剂。

表面活性剂

表面活性剂和洗涤剂有着复杂的化学成分。理论上它们可能有无数种结构，实际上的产品种类也是数以万计。它们有无数种不同的作用方式，修复师当然也就不可能熟悉所有这些产品。

为工业用途研发的清除尘垢用表面活性剂含有憎水的碳氢链和亲水的基团。在表面清洗过程中，表面活性剂会让自己附着在固态、结成壳或黏的、油腻的尘垢层上，其亲水基团会朝向水，而憎水链朝向尘垢。这会导致表面张力下降，使水可以更容易地润湿尘垢层。于是粘在绘画层上的尘粒便会松动，可以用棉签把它们从绘画表面清除掉。

清洗剂的滞留

清洗剂的作用不会仅限于绘画的表面，它也会渗透到绘画层中，渗透得深度因绘画的结构、年龄和保存状况而异。尽管在专业文献中尚未专门提到，但表面清洗的确会造成一定程度的清洗剂残留：与溶剂不同，一些清洗剂残留物（盐）会在水分蒸发后留在绘画结构中。在选择清洗剂时，也要考虑到色层是“年轻的”还是“老的”、有没有涂施过光油以及尘垢的性质。

pH 值

pH 值是所有清洗剂的关键因素。确定了它的大小，才可能对清洗剂的有效性作出谨慎的判断。清洗剂的 pH 值应限于 6—8 的范围内。当 pH 值超出这个界限时，会增加色层的风险。然而，pH 值并非完全可靠的指标，其他因素有时会更具影响力。譬如，在使用 pH 值为 11 的氢氧化铵（NH_4OH）时，氨的挥发会降低它给颜料层造成的损害风险，使之与 pH 值为 9 的碳酸氢铵（NH_4HCO_3）所造成的风险相当。通过细微调整清洗剂的 pH 值，也可以“微调”清洗的效果。

在德国，常用的清洗剂是以 Agepon 为表面活性剂的脂族醇磺酸酯。最近，在尝试从色层上清除污斑的过程中，人们偶然发现柠檬酸三铵和柠檬酸氢二铵都是尤其适用于表面清洗的物质[59]。

清洗剂可以调成液态或膏状使用，也可以贴敷使用。清洗膏或敷料会锁住清洗剂中的水分，起到减少水分渗入绘画层的作用。清洗膏的缺点在于，只能用相当大的机械力才能将其清除，这会对颜料层造成更大的压力。涂清洗膏之前，先在色层上铺一层日本纸，就可以避免这个问题。这样清洗膏就会（透过日本纸）起到敷料的作用，在产生效果后，可以和日本纸一起清除掉。软化的尘垢则可以用棉签或海贝尔发明的抽吸装置来清除（见对页插图右图）。

苍蝇的排泄物通常是无法用清洗剂清除掉的；只能使用手术刀来清除它们。

用软塑料橡皮“干”清洗来清除表面尘垢。

用抽吸装置清除松脱的表面尘垢。这种设备由德累斯顿的 W. 海贝尔（W. Heiber）发明，由一个真空泵和一条末端带硬海绵的胶皮管构成。设备的另一头连接着一个玻璃容器，收集从海绵里吸出来的灰尘。

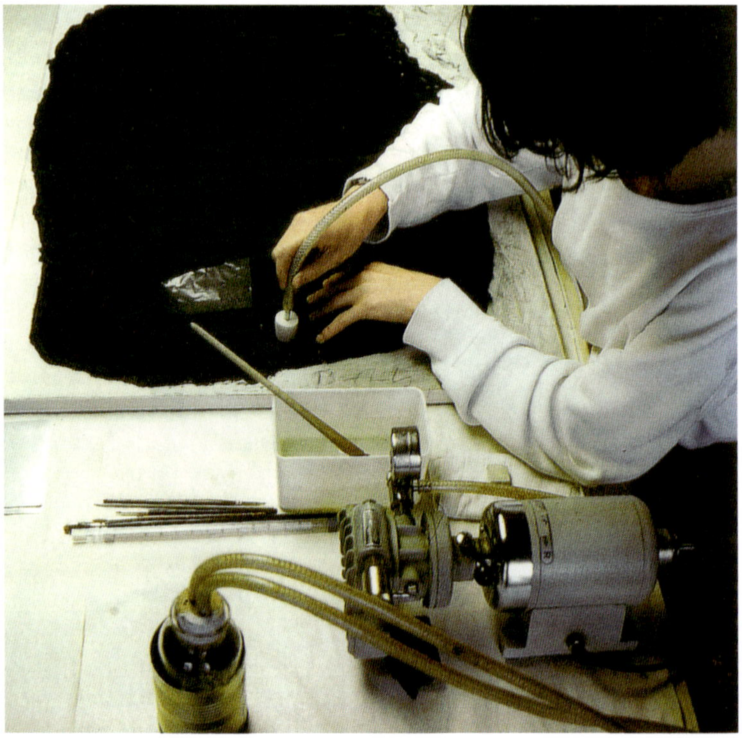

光油层的局部银纹（左图）再生后（右图），色层恢复了“原本”的色彩强度。

再生

再生是用溶剂蒸气将产生银纹的光油层或颜料层溶解，直到形成均质的透明层或色层的过程（见上图；光油银纹亦见 332 页起）。

脆化的和带有银纹的光油层与色层都可以用溶剂蒸气使之再生。根据发明人——慕尼黑卫生学家马克斯·冯佩腾科费尔[60]——的姓氏，历史文献中将这种方法命名为“佩滕科费尔法”（Pettenkofer process）。在 1870 年佩腾科费尔发表他的方法和这种方法广为人知以前，人们曾使用油脂或干性油、蒸馏油、碱（作为添加剂）、树脂和苦配巴香脂等物质来处置当时还被称为“浑浊”或“霉变”的银纹。这些试剂或是单独使用，或是与其他物质混合使用。人们把它们涂刷在画上，保留一段时间以使之发生作用，如有需要，也用加热的方法来增强作用。发生作用后，还要将试剂清除，这一过程可根据需要反复进行。

佩滕科费尔法发表之后，很快便被收入修复类的文献之中。除了少数的异议之外，这种方法获得的是普遍的认可。然而，1928 年埃布纳[61]发表了非常客观的批评，表达了他的保留意见，这一评论是令人信服的，尽管有此波折，多奈尔学院[62]还是在 1936 年颁布了这一方法。

在再生的过程中，一个封闭盒子里的酒精蒸气会软化带有银纹的光油层（见下图），使光油颗粒再度熔合并形成均质的透明层（见右图）。使用这种方法有一个危险，就是色层也会被软化。

还有一种操作方法——也不是没有风险的——是在一个特殊的容器内加热乙醇，并将带有银纹的光油层暴露在容器中冒出来的蒸气中（见下下图）。

再生的效果并不持久。如研究表明，只有光油层最表面的一层会得到重塑。一段时间之后，绘画还会恢复到再生前的外观。唯一能够永久清除光油层银纹的方法就是使用清除光油。

最先详细描述再生所引起的颜料层损伤的是布拉默（Brammer）[63]和施米特（Schmitt）[64]。他们的研究表明，用酒精或苦配巴香脂所做的再生不仅会引发所需的溶胀，并暂时修复光油层或颜料层，还会引起颜料层中的颗粒发生不可控的迁移。在对绘画进行再生的过程中，软化的光油层会“陷”入老化裂隙之中。这就是光油层龟裂原本锐利的边角变得圆滑的原因。凭借经验便可以看出一幅画是否经历过再生（见354页插图上图）。

下图：
两个曾用于再生的小盒子。用酒精润湿盒底，然后将其放置在产生银纹的光油或色层上。

下下图：
在这个容器中将酒精加热，再将绘画暴露在从容器里冒出来的蒸汽中，来再生带有银纹的光油。

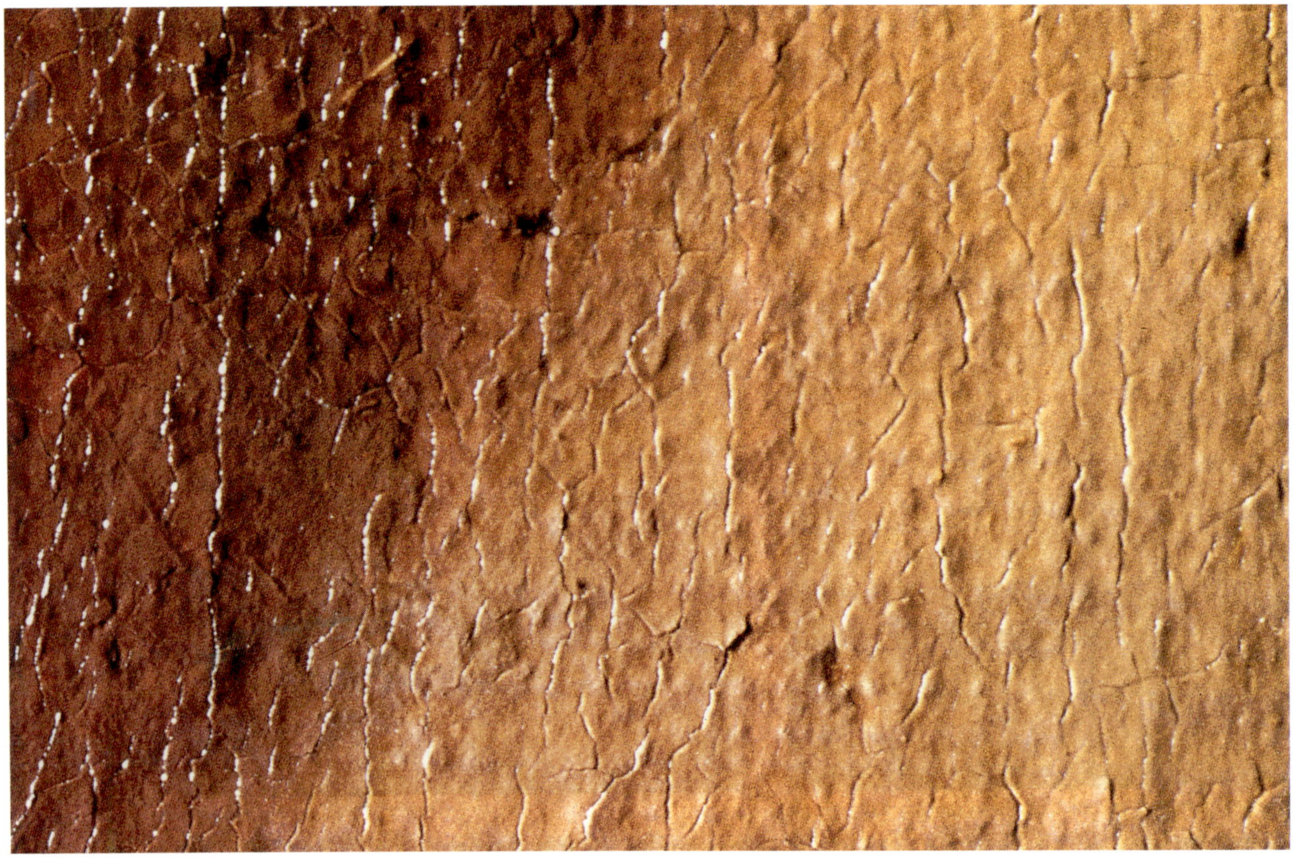

光油层不是沿着老化裂隙的边缘干脆地断裂，而是模糊地流进了裂隙之中。这表明光油层曾被再生。

对左上角蓝色葡萄的分片清洗实验证明，光油完全清除后，葡萄又恢复了原有的形状和色彩强度。

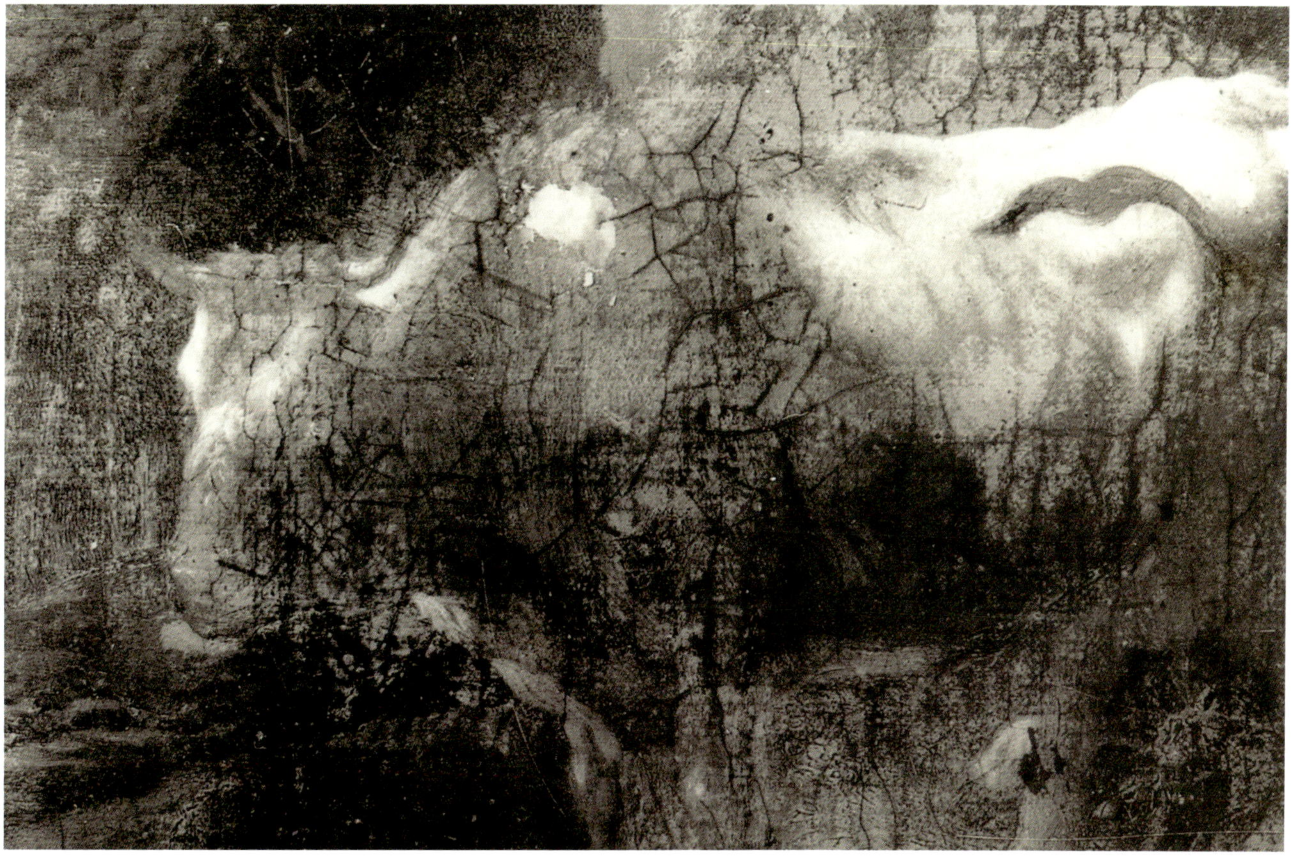

借助紫外荧光照相，从光油荧光反应的差异，可以看出这幅画只是得到了部分清洗，或者说清洗并不均匀。

光油层龟裂的差异说明浅色区域（天空）在某一阶段比深色区域（树）经受过更完全的清洗。这表明光油是局部清除的。

光油清除

光油清除可理解为从画作上清除一层或多层几乎完全黄化的光油。完全清除光油层并露出色层、局部清除光油层和减薄光油层是有区别的。局部清除光油层只是将绘画层不敏感区域的光油清除掉，而减薄光油层是在清除将完成未完成时终止清除，在色层上留下薄薄一层光油（见355页插图下图）。

对颜料层的风险

光油清除是最困难也最富争议的修复操作之一，它会使色层承担风险并改变绘画的外观。即便只用乙醇或丙酮短暂地润湿光油层，也会引起油基颜料层的溶胀。在“擦掉”被溶解的光油时，极有可能会连色层也“擦掉”，这种现象被修复师称作过度清洗（见左图及对页插图）。

干燥的油的反应

与溶剂相关的危险在将近18世纪末的时候得到了最初的描述，描述者是瓦坦（Watin）[66]和后来的德翁[67]等人。1952年，斯托洛[68]开始了一个研究项目，广泛地研究了干燥的油——特别是亚麻油——对溶剂处置的反应。他证明溶剂会通过扩散渗入干燥的油膜，并引起溶胀，溶胀的程度因所用的溶剂而异。这些研究结果在费勒、斯托洛和琼斯（1959年）[69]的全面工作中又得到了详细的考察，他们的工作构建出了光油清除所需的基础知识。

溶剂三角式

1968年，蒂斯（Teas）[70]发表了所谓的溶剂三角式。它在光油清除工作中被用作溶剂选择的辅助工具，特别是，借助溶剂三角式还可以预测溶剂混合物的效果。直到1984年——拜巴尼克（Banik）和克里斯特（Krist）[71]所赐——它才在德国的绘画修复领域得到广泛接受（见364页图表）。

新清洗体系

1984年前后，在美国特拉华温特图尔博物馆工作的生化学家兼修复师沃尔伯斯（Wolbers）[72]开始研发清除表面尘垢和光油层的新体系。要使用他的清洗体系，需掌握与绘画结构相关的最详细的信息——借助横断面获得的从底料层到最表层的信息。这种检查是用紫外荧光显微镜实施的。由于样品成分所固有的荧光属性，即便是在未经处置的样品中也可以做出某种大致的层次划分。还可以用一种叫作荧光染料的物质为横断面染色，来对个别层次进行更细致的辨识。这样就可以通过检验来确定颜料层中所用的黏结材料，在某些情况下，还可以藉此来辨识光油层。在这些研究的基础上，就可以选择作用最为恰当的清洗方法。沃尔伯斯在清洗过程中，会不断提取新的横断面

上图：
在一次清洗试验中，颜料层凸起的区域已被破坏，露出了下边的浅色底料。

下图：
使用的溶剂过强；它损伤了色层，在上边留下了“破坏的痕迹”。

清除光油时使用了过强的溶剂。溶剂深深地渗入了龟裂，从这里破坏了色层（“过度清洗”）。

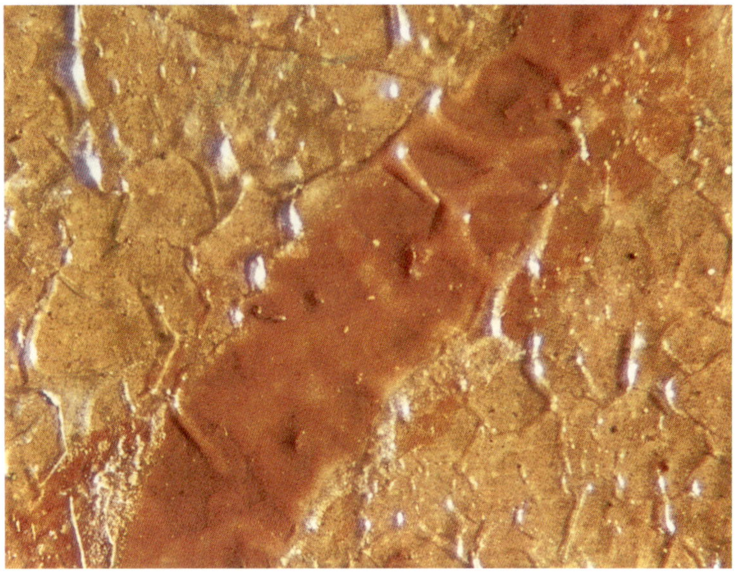

样品，以便了解光油清除进行到了什么地步。

沃尔伯斯研发的这种清洗体系是以清洗膏的形式施行的。与一般的溶剂使用方法相比，这种方法会大大降低清洗剂的渗透和扩散能力，也能降低它挥发的速度。清洗剂在绘画结构中会渗透得比较浅，也可以准确地将它们限制在绘画表面上某些特定的区域内，这使它们比液态溶剂更易于控制。沃尔伯斯的清洗凝胶是水系的，可通过改变（转换）凝胶的 pH 值来用它们作酸性清洗或碱性清洗。这种灵活性使它们适合于广泛多样的应用。由于水分子的极性，含有足够极性基团的有机物质可被这种凝胶溶胀、软化或溶解。

通过棉签的滚动或摩擦动作和棉花的毛细作用来清除溶解的软树脂光油。

沃尔贝斯发明了三种不同体系的清洗膏——酶凝胶、树脂皂以及溶剂凝胶或溶剂乳液。这些创新的清洗体系所开启的可能性是迷人的。然而索撒尔（Southall）[73]、科勒[74]、伯恩斯托克（Burnstock）和怀特[75]，以及翁德里希（Wunderlich）和韦泽（Weser）[76]所作的研究表明，有必要在实际修复工作中延迟采用这种方法。它们对于修复师来说过于复杂——需要做繁重的实验室工作，还要在没有化学家指导的情况下对黏结剂作定性和定量分析。

尽管有着上述风险，还是有必要每隔一段时间就对光油层作一次清除，因为光油会变黄，使颜料层丧失它的空间效果和色彩效果。发生这种情况时，就应毫不迟疑地进行清除；光油越陈旧就越难清除，给颜料层带来的风险也就越大。清除光油的方法有很多种，可以使用有机溶剂、溶剂膏、手术刀、粉末，或用微摩擦辅助清除，如

画中用来做伪造签名（细部）的黏结剂是一种合成树脂。在清除合成树脂光油的时候，它就像一层薄皮一样溶解了。

在清除复绘层后，露出了这幅画天空部位精美的笔触肌理（左部）。

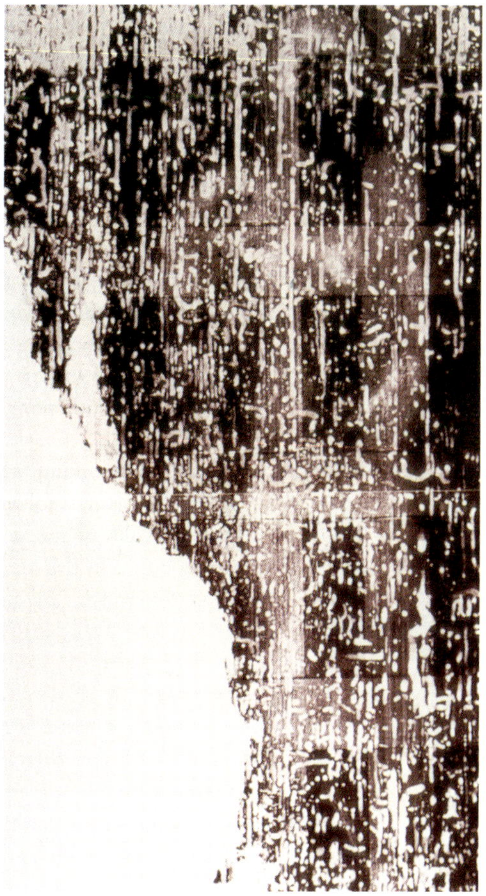

凭借紫外荧光检测并不总能确切地预知光油层或复绘层下方的绘画状况。对这幅画进行的紫外荧光检测只揭示出了少量的全色，这些部位在荧光反应强烈的光油层中显示为暗色的斑点（中图）。只有X光照相能够揭示出这幅木板绘画的险恶状况（右图）。（老卢卡斯·克拉纳赫［1472—1533］，《维纳斯》［*Venus*］，不伦瑞克安东·乌尔里希公爵博物馆。）

果有恰当的科学指导，也可以用树脂皂和酶来进行清洗。

清除全色和复绘层

有时在黄化的光油层下会存在全色和复绘层，它们会进一步改变绘画的外观，必须清除。全色和复绘层中可能含有各种各样的黏结材料（见对页插图中图及下图）。当做得不好的全色超出实际需要修复的区域，叠压在原作色层上时，就会发生复绘；在“修饰”、篡改和造伪的情况下也会发生复绘。

如果原作颜料层和复绘层之间有一层光油，那光油层一清除掉，复绘层常常也就被分解掉了。但如果复绘直接画在颜料层上，通常就不得不冒着相当大的损坏风险，用极性溶剂、溶剂膏或手术刀将其清除。

凭借科学检测的方法并不总能确切地预知复绘层下面的绘画状况。因为在复绘层被清除掉时，可能露出严重受损的色层，也可能发现原作色层根本就没有必要复绘，因此既可能发生不快，也可能获得惊喜（见上图）。

以我的经验来看，在大多数情况下，清除都是值得一做的。即便是露出的色层已经严重受损，在经过娴熟的全色后几乎总会获得比之前的复绘层更好的效果。

用有机溶剂清除光油

有机溶剂是清除油画表面光油层的“经典”清洗剂。溶剂是用棉签转着圈涂在画上的，在此过程中，软树脂光油就被溶解了。这便会产生浓度很高的树脂溶液，在棉签的滚动和摩擦以及棉花的毛细作用下就会被“拔起”（见 358 页插图上图）。有机溶剂只能将分子量相当高的合成树脂光油溶胀，然后要像清除一层层薄“皮”般逐渐将它们清除掉（见 362 及 363 页插图）。

溶剂作用

形象地来说，在光油被溶解时所发生的，是溶剂分子挤进光油层的分子之间，使它们强力的结合变得松动。溶剂以这种方式渗入光油层，起初先将光油的表层溶胀，如果溶剂充足，时间也足够，溶剂还会将整个光油层连同下边的色层都一起溶胀。如果溶剂没能松动光油层分子间的结合，就只能将光油溶胀，而无法将其溶解。

浸出

用有机溶剂清除光油时，难免会使颜料层发生不可逆的变化，它会开启溶胀和浸出（leaching）的过程，将色层中起塑化剂作用的饱和脂肪酸释放出来。浸出的程度各有不同，因所用的溶剂、暴露在溶剂中的时间长短、膜的厚度、绘画层的性质而异。

溶剂参数

在清除光油时，必须考虑到溶胀作用、扩散程度和溶剂起效所需的时间。溶胀作用可以借助一个叫作溶剂参数的指标来确定，扩散程度则可以根据黏滞度来计算。溶剂起效所需的时间则取决于溶剂的沸点。如果一种溶剂沸点低（例如丙酮），就会挥发得比较快，因此丙酮只能对光油或色层发挥很短时间的作用。沸点高的溶剂（例如二丙酮醇）作用时间就长得多。因此，丙酮虽然被视为软树脂层的“强”溶剂，但在某些情况下，它对颜料层的作用也会比理论上的弱溶剂二丙酮醇“更为柔和”。因为二丙酮醇挥发时间较长，它不仅会溶解光油层，还会深入渗透到绘画层的结构中，并在那里持续发挥作用[77]。

溶剂渗透

绘画是多孔的结构，每次清洗操作时，溶剂都会进入（或渗透）其中。溶剂渗透的程度各自不同，因绘画的结构、年龄和保存状况、绘画层的毛细作用、绘画表面的湿润性、溶剂的表面张力、流动性（黏滞度）和沸点而异。

已经进入绘画结构的溶剂需要花一定的时间才能挥发掉。挥发所需的时间取决于溶剂的沸点和溶剂滞留性，即颜料层对溶剂释放造成的阻力。

溶剂滞留性

溶剂的滞留性有高有中也有低。乙烯乙二醇、丁胺、松节油、环己酮、乙酸和甲酸都是滞留性非常高的溶剂。二丙酮醇、二甲基甲酰胺和四氢呋喃是高滞留性的溶剂。中等滞留性的溶剂包括乙醇、二甲苯、氨、水以及多种酮和酯。而二乙醚、苯、甲苯和多种氯代烃都是低滞留性溶剂。

干燥与收缩过程

颜料层的干燥与收缩是从表层开始的，这就意味着渗得较深的溶剂要通过已经干燥的层才能挥发，因此就会延缓表层的“收缩”和硬化。色层越厚，挥发的过程就越长。绘画中会有少量的溶剂残留比较长的时间，因为在溶剂挥发、蒸气压差消除的过程中，颜料层的密度也会增加。

在使用有机溶剂清除光油时，需要颜料层和光油层的年龄与结构尽可能不同。

油基颜料层

通常可以使用溶剂清除陈旧油基颜料层表面的光油。至关重要的一点是所选的溶剂应在尽可能短的时间内溶解光油层，然后尽快挥发掉。

在几种情况下，很难——甚至不可能——用溶剂来清除光油，这些情况包括艺术家在作画时使用了树脂；艺术家做罩染时在颜料中使用了较大比例的调和剂；绘画较“新”，其中的干性油还未完成氧化和聚合。

光油的表现

含油的光油、软树脂的光油、分子量高或分子量低的合成树脂光油都有可能出现在颜料层上。前文已经指出了用有机溶剂溶解含油光油的困难。在结构相似的颜料层上，软树脂光油相对比较容易清除，而分子量高和分子量低的合成树脂光油常常更难清除。马舍莱恩 - 克莱纳[78]指出，低分子量的聚环己酮树脂光油对溶剂的反应千差万别，偶而只能借助腐蚀性溶剂才能清除。

高分子量的光油层和使用同种调和剂的复绘层一样，与溶剂接触后只会溶胀，形成类似于皮肤的“光油泡”，只能用相当大的机械力来清除（见 362 页及 363 页插图）。

若要做到监测溶剂的反应，应在绘画的边缘进行测试。

在清洗过程中，要确定光油清除到了什么程度是个非常困难的任务。在颜料层的浅色区域（例如天空或肤色）还有可能确定表面是否仍留有光油，但在暗色区域就无法查证了。

在监控光油清除程度的过程中，紫外荧光技术只有有限的效用，因为不只有光油残留物有荧光反应，含有光油的罩染层也有。

溶解度参数

溶解度参数是溶剂或聚合物分子间引力的度量。所有溶剂以及所有聚合物，都拥有可计算的溶解度参数。

内聚能密度

为表示各种物质的溶解度，需引入一种称为内聚能密度的量化属性，它代表所有分子间力的总和。内聚能密度的平方根称为溶解度参数（δ）。

干燥的亚麻油颜料层的溶解度参数（9.3—9.5）与对它有最大溶胀作用的溶剂的溶解度参数相当。所有溶解度参数在这一范围内的溶剂都对油基颜料层有强烈的溶胀作用。它们包括氯仿（9.3）、甲叉二氯（9.7）、二氯化乙烯（9.8）、四氢呋喃（9.9）和环己酮（9.9）。而溶解度参数高于或低于这一范围（例如7—8或12—13）的溶剂对它就只有轻微的溶胀作用。

这就意味着，一方面的异辛烷（7.3）和另一方面的乙醇（12.7）或甲醇（14.5）就只对油基颜料层有轻微的溶胀作用。

右表中列出的值是未经调整的溶解度参数。严格来说，应该视溶剂的个别特性——比如溶剂三角式（见364页）中所示的氢键力、极性力等因素——对它们进行调整。不过，对于修复师来说，要了解一种溶剂的溶胀作用，这些值就已经足够精确了。

人们常用溶剂的混合物来清除光油。例如：如果一种混合物中含有两种溶剂，一种的溶解度参数比亚麻油颜料层的高，而另一种的比它低，那这种混合物对颜料层的的溶胀作用便会提升（强于单独使用任何一种溶剂）。如果二者的溶解度参数都比色层高或低，其作用就是线性叠加的，即溶剂混合物的溶解度参数会累加，等于两种溶剂溶解度参数加权平均值[79]。

溶剂混合物

适用于清除光油的溶剂混合物（100 ml = 3.4盎司）：

异辛烷＋异丙醇	50 ＋ 50 ml
甲苯＋异丙醇	50 ＋ 50 ml
异辛烷＋甲醇＋二乙醚	80 ＋ 20 ＋ 10 ml
异辛烷＋甲醇＋二乙醚	55 ＋ 30 ＋ 15 ml

这里给出的溶剂混合物通常并不足以清除陈旧的含油光油，在这种情况下，可以试用甲苯＋二甲基甲酰胺（25+50 ml）的混合物。

适用于清除油基复绘层的溶剂混合物：

异丙醇＋氨＋水	90 ＋ 10 ＋ 10 ml
二甲基甲酰胺＋甲苯	25 ＋ 75 ml
二甲基甲酰胺＋乙酸乙酯	50 ＋ 50 ml

用于清除蛋白质基复绘层的溶剂混合物：

二氯甲烷＋甲酸乙酯＋甲酸	50＋50＋2 ml

某些溶剂和干燥亚麻油颜料层的溶解度参数（δ）

溶剂	δ
异辛烷	7.3
（白精油）	7.6
松节油	8.5
乙苯	8.8
二甲苯	8.8
甲苯	8.9
乙酸乙酯	9.1
苯	9.2
二丙酮醇	9.2
氯仿	9.3
三氯乙烯	9.3
干燥的亚麻油颜料层	9.3—9.5
乙酸甲酯	9.6
甲叉二氯	9.7
二氯化乙烯	9.8
四氢呋喃	9.9
乙二醇单乙醚	9.9
环己酮	9.9
丙酮	10.0
吡啶	10.7
异丙醇	11.5
二甲基甲酰胺	12.1
乙醇	12.7
甲醇	14.5
水	23.2

表格来源：
N. Stotow, Solvent action, in: R. L. Feller/N. Stolow/E. H. Jones. On picture varnishes and their solvents. Oberlin (Ohio) 1959

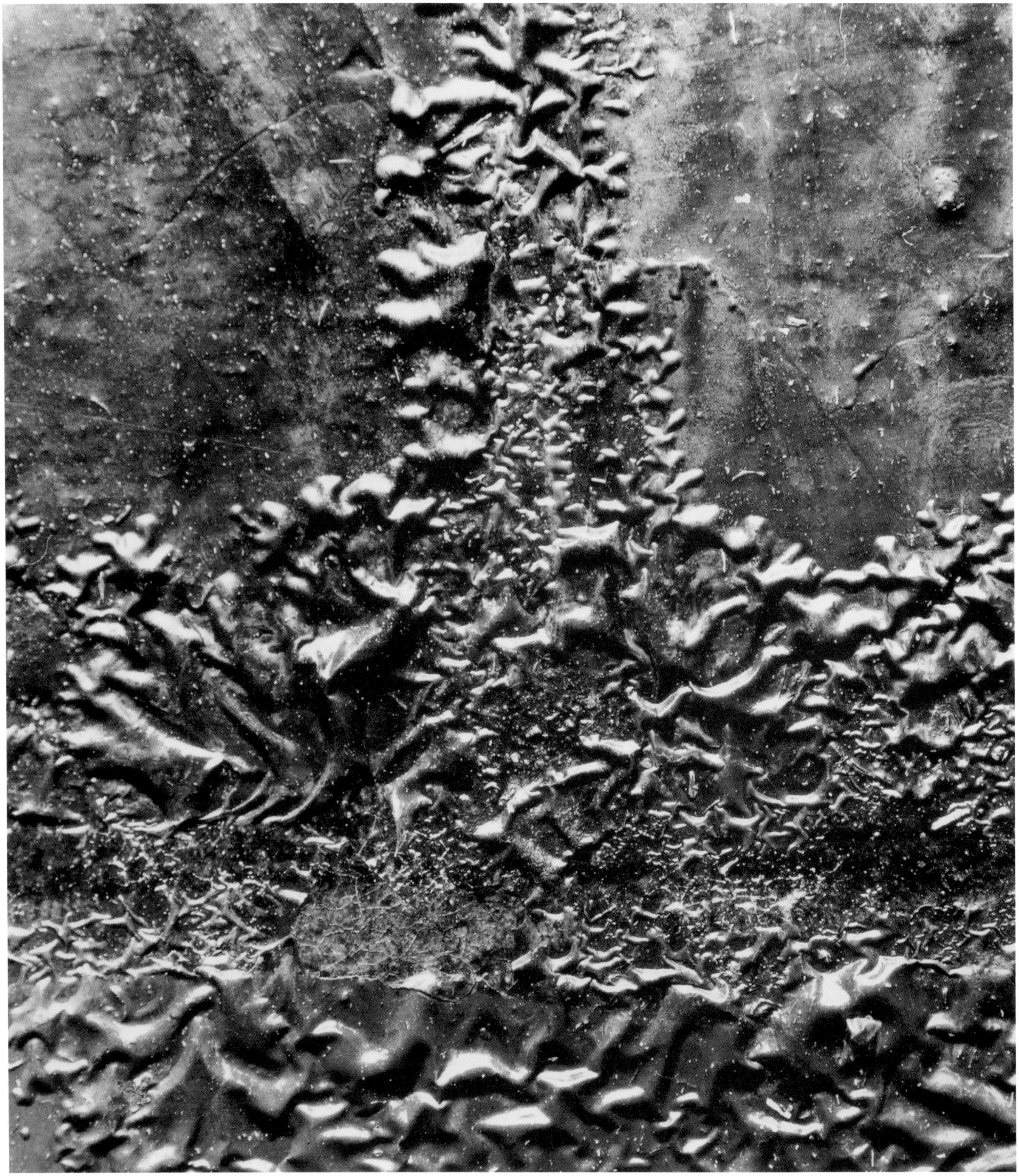

362　光油层

对页及右图：
一些合成树脂光油（右图）和复绘层（对页）会在与溶剂接触后发生溶胀并形成皮肤状的“颜料泡”或“光油泡”。只能用相当大的机械力（用棉花团摩擦）将其清除。

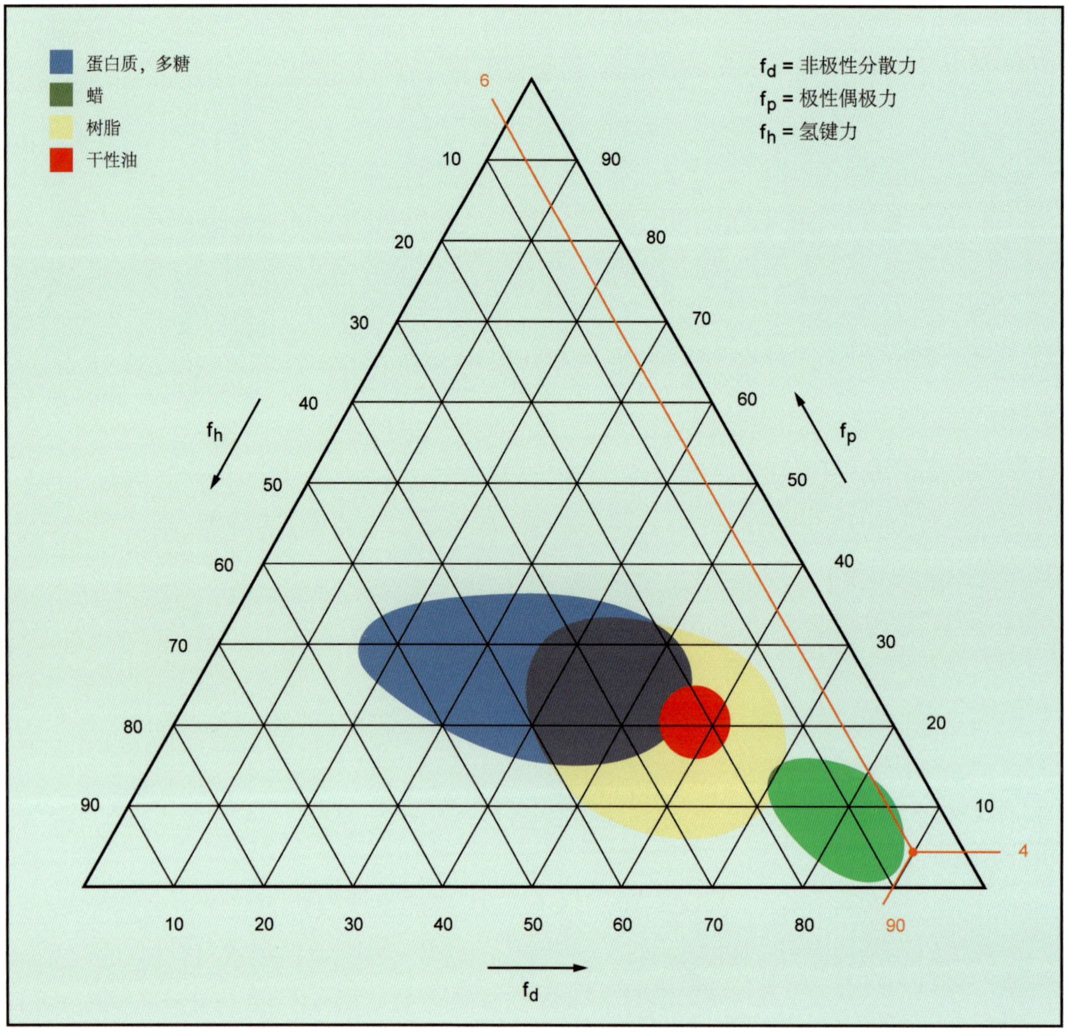

借助溶剂三角式可以确定一种溶剂对一种介质的溶解作用。溶剂与介质越接近，溶剂溶解这种介质的可能性就越大。

橙色点数值 = 白精油的读数

图表大致基于：G. Banik/G. Krist (eds.), Lösungsmittel in der Restaurierung. Vienna 1984

溶剂三角式

使用溶剂三角式，让人能够更为准确地选择用来清除油基颜料层上的光油层或复绘层的溶剂。但在溶剂中含有酸性成分或碱性成分，会引起被溶解的层发生化学变化的情况下，不应使用三角式。

溶解度参数

溶解度参数（δ）代表的是各种分子间引力的总和，其中包括非极性色散力（d）、极性偶极力（p）和氢键力（h）等力。如果将这些跟别的量值考虑在内，就可以从根本上更准确地估计一种溶剂的作用。汉森（Hansen）[80] 为多种溶剂测定了这些力的数值，并用一种三维图表的形式将它们表示了出来。从一种溶剂在这个图表中的位置就可以更准确地了解它的性能。然而这种表示方法不够清晰，也难以理解。蒂斯[81] 发明了一种更易于理解的溶剂三角式（一种三角形图表），引入了三个新的参数（f_d、f_h、f_p），通过这三个参数可标出每

三维图表

溶剂三角式

种溶剂和介质在三角式中的位置（见对页图表）。三角形的每条边代表上边提到的一种力：三角形的底边代表非极性色散力（f_d），左边代表氢键的比例（f_h），右边代表极性偶极力（f_p）。在插图中的溶剂三角式里，不同的彩色区域分别显示了蛋白质（动物胶、蛋清、酪素等）和多糖（淀粉、树胶等）、蜡、树脂和干燥的油的溶解度范围。

使用溶剂三角式可以估量一种溶剂对一种介质（或色层）的溶解效果。溶剂和介质位置越接近，它溶解这种介质的可能性就越大。

混合溶剂的作用

也可以用图表来计算或表示两种或三种溶剂混合物的近似效果。图示法是将（两种溶剂中的）每种溶剂表示为溶剂三角式中的一个点，并在两个点之间连一条直线。代表混合物的点位于连线之上，它的位置更靠近两种溶剂中在混合物里所占百分比更高的一个。当混合物中加入第三种溶剂时，从刚才在第一条连线上定下的点向代表第三种溶剂的点引一条直线。代表这三种溶剂混合物的点在这条新的连线上，它的位置依然会因各成分比例的不同而更接近第一条连线或代表第三种溶剂的点。

为了计算出混合物——比如 50:50 的白精油和异丙醇混合物——的这些参数，从而了解它的溶解作用，只要将每种成分的浓度百分比乘以各自的参数，并将二者相加，便可得出混合物的参数（见右下表）。

改良方法

1959 年，琼斯[82]提出了一种改良方法，以便“更柔和”地清除光油，是在一种难以溶解的老化光油层上喷一种极性溶剂来将其溶胀。这一步处置开始后，等待一段时间——最少一小时，最多一周——再开始用一种更为温和的溶剂开始实际清除光油。

溶胀

老化的软树脂光油层一般只能用极性溶剂来清除。溶剂要花较长的时间才能发挥效用，耗费

特定溶剂的溶解度参数

	f_d	f_p	f_h
白精油	90	4	6
松节油	77	18	5
乙苯	87	3	10
二甲苯	83	5	12
甲苯	80	7	13
乙酸乙酯	51	18	31
苯	78	8	14
二丙酮醇	45	24	31
氯仿	67	11	22
三氯乙烯	68	12	20
甲叉二氯	62	26	12
二氯化乙烯	67	19	14
四氢呋喃	55	19	26
乙二醇单乙醚	42	20	38
环己酮	55	28	17
丙酮	47	32	21
吡啶	56	26	18
异丙醇	41	18	41
二甲基甲酰胺	41	32	27
乙醇	36	18	46
甲醇	30	22	48
水	18	28	54

表格来源：G·巴尼克/G·克里斯特（编）《用于修复的溶剂》(*Lösungsmittel der Restaurierung*)。维也纳，1984 年。

	f_d	f_p	f_h
白精油	90	4	6
异丙醇	41	18	41
白精油（50 %）	90×50/100	4×50/100	6×50/10
异丙醇（50 %）	41×50/100	18×50/100	41×50/100
白精油（50 %）	45	2	3
异丙醇（50 %）	20.5	9	20.5
混合物的参数	**65.5**	**11**	**23.5**

这个范例示范了如何计算一种溶剂混合物的溶解效果。

的时间因光油层老化程度而异。用棉签蘸着溶剂反复擦拭被溶解的光油时，溶剂和棉签都会在颜料层上造成拖拽，直到光油清除结束为止。而琼斯的改良方法通过预先将光油溶胀而减少了这种拖拽。

在此之前，类似的先软化再清除光油层的技术就已经为人所知了，不过它们并没有专门的名称。例如：福尔尼（Forni）[83] 在 1866 年就曾观察到，画上的光油在用酒精蒸气再生之后，会更容易溶解。先为画作上光，稍后再清除光油的做法——也同样说明人们已经认识到，在老化光油上新涂一层光油后会更易于清除。1949 年，布拉德利（Bradley）[84] 也注意到再生过的旧光油更易于清除。他开始实验使用比较温和的溶剂——弱极性或非极性溶剂——来清除光油层（琼斯 [85] 研发的改良方法就是这些实验的结果）。琼斯提出的溶剂混合物包含 4 份乙醇 +1 份二丙酮醇 +1 份乙酸溶纤维（一种醚）。1961 年，这个配方中的乙醇被换成了丙醇。

把这种溶剂混合物均匀地喷在光油层的表面，喷成薄薄一层，直到光油层开始变得微微发黏。喷上之后，混合物会渗透光油层并将它溶胀，增加它的溶解度。一小时后，直到大约一周的时间里，都可以用比较温和的溶剂来清除处置过的光油层。

用酶凝胶清除光油

“锁钥”原理

酶是蛋白质，是氨基酸单位连接在一起构成的大分子。在水性体系中，链状的蛋白质会折叠成几何形与结构非常特殊的紧密单元。每种酶都有一个活性中心，因为它们特殊的几何构造，根据“锁钥”原理，每种酶也只能与几种非常特殊的分子结构或官能团适配。酶可以凭借活性中心起到催化剂的作用，触发、加速和操控某些非常特殊的化学反应 [86]。

缓冲溶液

沃尔伯斯 [87] 是第一个提出用酶来清除老化油性光油的人。他使用脂肪酶和弱碱性缓冲液，以水性凝胶的形式涂施在待清除的油性光油表面。酶凝胶含有两种成分：第一种是 pH 值介于 8.4 和 7.7 之间的 tris/HC1（三羟甲基氨基甲烷盐）缓冲液，用羟甲基丙基纤维素增稠，且含有润湿剂 Triton X-100；第二种是脂肪酶，是在使用之前才加进去的。沃尔伯斯让这种酶凝胶在油膜上反应 5 至 20 分钟，油膜就会变色、变软，然后即可将溶胀的油膜块清除。

翁德里希和韦泽 [88] 研究发现，tris/HC1 缓冲液才是真正的“清洗剂”，即便没有脂肪酶也有同样的作用。而缓冲液中的碱可以透过油膜进入色层，造成严重的损害。

用树脂皂清除光油

树脂皂是用树脂酸做成的溶剂，用于减薄和清除光油。随着渐渐老化，氧化过程会导致软树脂光油以极性方式与溶剂发生反应。沃尔伯斯 [89] 提出用 pH 值呈弱碱性的水性皂体系来清除光油，来替代之前所用的极性有机溶剂。他认为修复师可以用这种体系来清除树脂膜中的极性和弱极性成分。在这个过程中树脂分子不是分裂成更小的组分，而是被整个清除。这样做的优点在于，不会在清除光油的过程中形成发黏的表面，不会粘住棉团的纤维。在光油被完全清除或部分清除后，其表面干净光滑，还有一种带有淡淡光泽的饱和效果。然而研究表明，使用树脂皂会造成意外的后果，因此也就不适合用在修复工作室中 [90]。

用溶剂凝胶溶解并清除光油。

溶剂凝胶或溶剂乳液

沃尔伯斯[91]建议，如果酶体系和树脂皂无法清除油性树脂光油或顽固的覆盖层，可使用以丙烯酸作为凝胶剂的溶剂凝胶。溶剂凝胶可以分为两类——一类是可与水混溶的溶剂；另一类是不能与水混溶，但可用非离子润湿剂乳化形成凝胶的溶剂，如二甲苯（见对页插图）。

制作

可混溶溶剂的增稠剂是药品和化妆品制造业用的增稠剂和凝胶剂——丙烯酸聚合物 Carbopol（羧聚乙烯）。

随后清洗溶剂凝胶用的是二甲苯或白精油。要强调的是，绝不能用水或唾液之类的极性溶剂来清洗溶剂凝胶。它们会导致凝胶剧变为碱性，这对油膜是非常危险的。

有人建议用乙醇－水—二甲苯凝胶来清除油性树脂光油，用丙酮－水凝胶来清除油画颜料（全色、复绘）。只有添加 Triton X － 100 之类的非离子润湿剂，才能让二甲苯与水或白精油与水混溶。

可以用二甲苯－水乳液或白精油－水乳液来清洗金箔之类对水敏感的物质表面的尘垢。可通过添加适当的物质将乳液做成酸性、中性或碱性的。随后可以选用干棉团、水、白精油或二甲苯来清除这种乳液。

用马蒂树脂粉末擦掉光油。

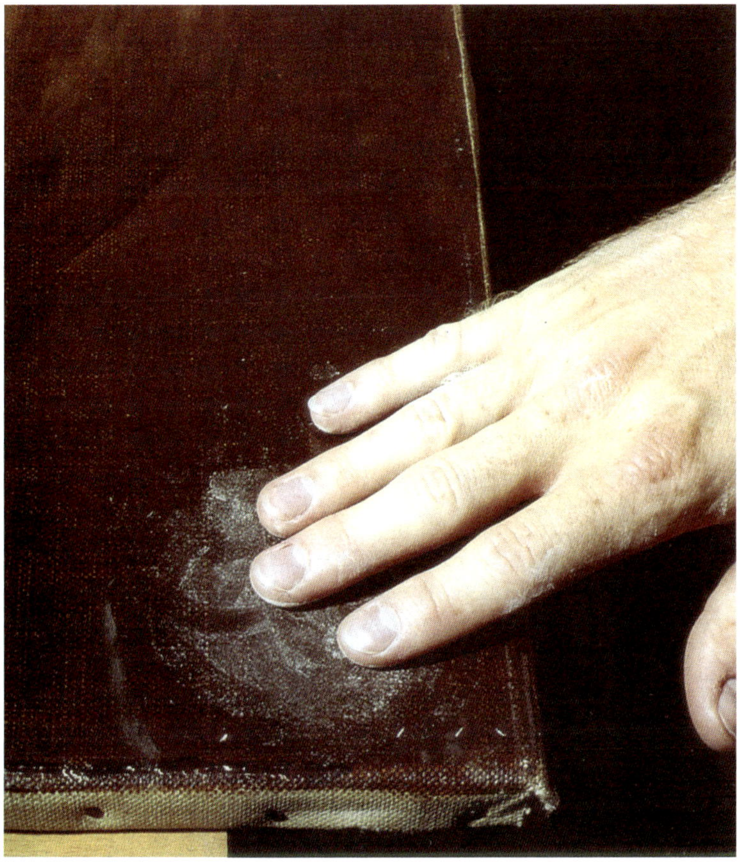

浆糊剥色剂

腐蚀性浆糊（剥色剂）含有一种或多种溶剂或一种苛性溶液，以及一种增稠剂。人们过去曾使用腐蚀剂从画上清除亚麻油光油层或全色和复绘层，现在也偶尔使用。浆糊剥色剂可以在市场上买到，修复师也可以自行制作。浆糊剥色剂是个不精确的术语，因为有溶剂剥色剂、苛性溶液剥色剂，还有复合剥色剂。

溶剂剥色剂

溶液剥色剂中除了含有增稠剂之外，主要的成分是溶剂，比如甲叉二氯和甲醇，再比如甲苯和二甲苯。它们无法溶解老化的油性光油层、油画颜料全色和复绘层，只能通过将干燥的油溶胀来使其软化。可用机械力将溶胀的层摩擦掉，也可以用手术刀将其清除。

苛性溶液剥色剂

苛性溶液剥色剂所含的活性成分是具碱性作用的物质，比如氢氧化钠，氢氧化钾，磷酸三钠，液氨等。苛性剥色剂会通过皂化将氧化的干燥亚麻油层化学分解为低分子量的水溶性物质，使其易于清除。它们通常比溶剂剥色剂更有效，但与此同时也对色层更危险。

复合剥色剂

复合剥色剂既含有溶剂，也含有起碱性作用的成分。

增稠剂的作用是降低溶剂或皂化剂的蒸发速率，延长剥色剂在待清除的层上的作用时间。蜡、石蜡和纤维素醚都可用作增稠剂。将复合剥色剂涂在光油或色层上，涂成厚度各异的覆盖层。需通过试验来确定它们起效所用的时间，必须严格遵守这个时间进行操作。由于商业剥色剂糨糊对色层有危险，它们已为修复师制备的溶剂凝胶或溶剂乳液所取代（见上文）。

溶剂敷料

溶剂敷料是浆糊或凝胶的替代品。滤纸、纤维素、棉花等都可代替增稠剂来承载溶剂。敷料的优点是无需用机械方法清除增稠剂，对色层造成的拖拽也就比较少。

用粉末清除

卢卡努斯[92]在19世纪提到过使用粉末的技术。

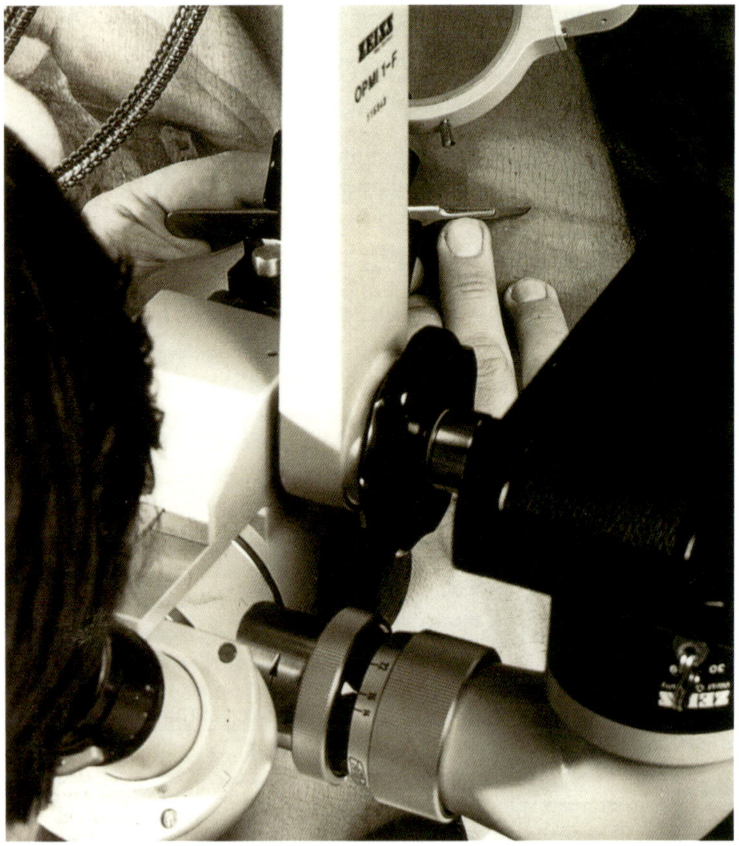

这种方法用的是马蒂树脂清除粉。用指尖蘸马蒂树脂粉末并在光油层上转圈摩擦。指尖上的马蒂树脂粉末会起到细砂纸的作用（见 367 页插图）。

摩擦会使光油层变得不透明，让人无法监测清除的过程。带有厚涂色层的绘画极易受伤，因为形成高浮雕的厚涂色层会在不经意间被磨平。粉末清除法是一种历史方法。

手术刀清洗

在光油、全色、复绘或填充腻子无法被溶解，也无法用上述所有方法清除，或这些方法会对色层造成过大风险的情况下，或许可以用手术刀来做清除。为此，可以先用适当的溶剂将待清除的层溶胀，再用手术刀将其清除，也可以单独用手术刀来进行清除。手术刀清洗通常是在低倍放大或中倍放大的立体显微镜下实施的（见上图及下图）。这种方法极为费时，也因成本过高，并不总是可行。

用手术刀清除复绘层的操作常在立体显微镜下实施，因为只有放得很大后才能精确地分辨原作色层与复绘层的界限。

剧毒粉尘

在“干”清除含铅、含铬、含镉颜料[93]的复绘层时，会产生剧毒的粉尘。修复师必须采取适当的保护措施（见 347 页起）。

微摩擦

微摩擦的工作原理与喷砂法相同。用压力将最细的砂喷到待清洗的绘画表面，不仅能清除尘垢和沉积物，也能清除复绘和光油层。布瓦松纳和珀西瓦尔·普雷斯科特[94]最先在 1987 年举办于悉尼的国际博物馆协会（ICOM）会议上提出了微摩擦法（见对页插图）。

这种方法的成败取决于多种因素，比如喷嘴的大小、气压、所用材料的性质与粗细、喷嘴到画面的距离、色层的状况以及待清除层的硬度。

条件

尤为重要的一点是，绘画表面要保存完好，待清除的尘垢、光油和复绘层要比下边的色层更硬更脆。布瓦松纳和珀西瓦尔·普雷斯科特已经成功地使用了这种方法（更详细的描述见 94 页），例如：用它成功地清洗了法国印象主义者的作品。

如果无法在不危及色层的情况下用溶剂溶解光油或复绘层（左图），或许可用手术刀将其清除。

右图：
著名的瑞士修复师皮埃尔·布瓦松纳(B·Pierre B. Boissonas)用微摩擦法清洗一幅莫里斯·郁特里洛(Maurice Utrillo)[1883—1955]的画作。

下图：
用微摩擦法清除了破坏者喷在这幅肖像上的车漆。（瓦尔林[Varlin]—别名威利·古根海姆[Willy Guggenheim]；1900—1977,《范科尼教授像》[*Portrait of Professor Fanconi*][局部]，私人收藏。）

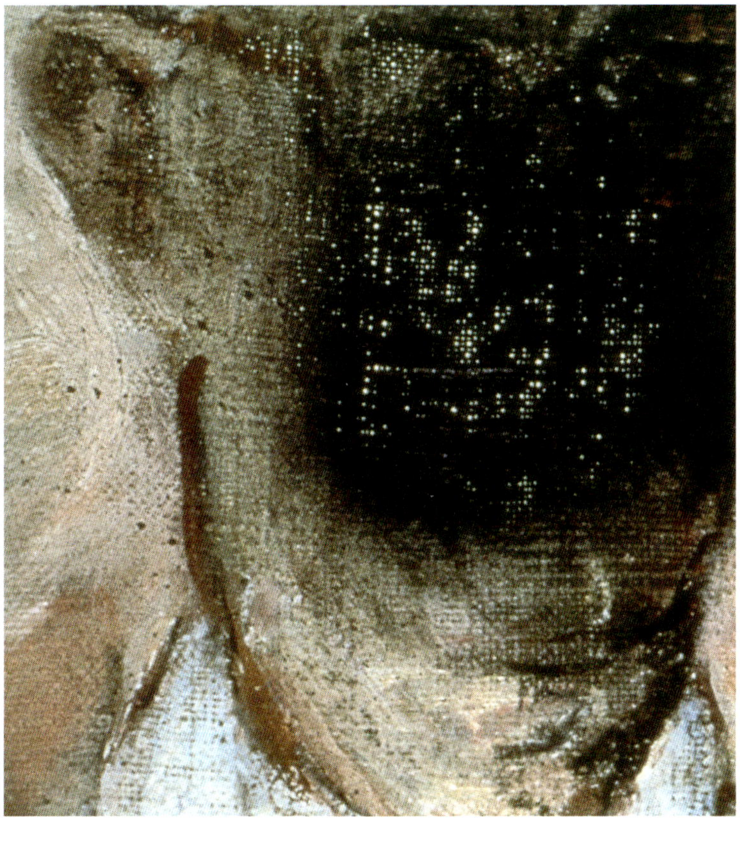

注

1 1 S. Hackney/J. Townsend/N. Eastaugh (eds.), Dirt and pictures separated. London 1990

2 H. Déon, De la conservation et la restauration des tableaux. Paris 1851

3 N. Stolow, Solvent action, in: R. L. Feller/N. Stolow/E. H. Jones, On picture varnishes and their solvents. Oberlin (Ohio) 1959, p. 54

4 Theophilus Presbyter, Schedula diversarum artium. Revised text, translation and appendix by A. IIg. Quellenschriften für Kunstgeschichte, I, Vienna 1888, p. 46

5 C. Cennini, Das Buch von der Kunst oder Tractat der Malerei des Cennino Cennini da Colle di Valdelsa. Translated with a commentary by A. IIg. Quellenschriften für Kunstgeschichte, I, Vienna 1888, pp. 103-104

6 F. G. H. Lucanus, Gründliche und vollständige Anleitung zur Erhaltung, Reinigung und Wiederherstellung der Gemälde. Halberstadt 1832, p. 144

7 同上 , p. 150-151

8 M. Doerner, Malmaterial und seine Verwendung im Bilde. Stuttgart 1980, p. 58

9 E.R. de la Rie/C. W. McGlinchey, Stabilized dammar picture varnish, in: Studies in Conservation, 34 (1987), pp. 1-13

10 光油配方中给出的通常是树脂与溶剂的重量比，比如：达玛树脂与松节油重量比 1:3；意思是将 1 份达玛树脂加入 2 份松节油中。这样制成的达玛光油浓度就约等于 33.3%。制作光油时，将 1L 溶剂视为 1kg（34 盎司 =2.2 lb）就足够精确了。

11 Marciana Manuscript (between 1513 and 1527), in: M. P. Merrifield, Original treatises on the arts of painting. 2 vols., New York 1967, here vol. 2, p. 628

12 J. M. Cröker, Der wohlanführende Maler. Jena 1729, p. 201ff.

13 1 份漂白的蜂蜡 +2 份白精油（重量比），再加 10-30% 的棕榈蜡 (recipe from: K. Wehlte, Werkstoffe und Techniken der Malerei. Ravensburg 1960, p. 629

14 分子量会影响树脂的黏性。分子量低的树脂溶液（如达玛光油和酮树脂光油）涂在绘画表面回形成较为光滑的表面和较小的折射差。换句话说，光会穿透绘画结构到达深处(深层光），产生更有深度，饱和度更高的颜色。

15 材料的折射率是物理常数。要使颜料层和光油层交界面的折射差降到最低，颜料黏结剂的折射率就应当尽可能接近光油层的折射率。

16 弱极性树脂也可以溶于弱极性溶剂，比如白精油。这种溶剂对颜料层的威胁较小。

17 分子结构中不带光化学活性官能团的树脂不会因自然氧化而分解。

18 G. L Stout/H. F. Cross, Properties of surface films, in: Technical Studies in the Field of Fine Arts, 5 (1937), pp. 241-249

19 R.L. Feller/N. Stolow/E. H. Jones, 见注 3, p. 125

20 R. J. Gettens, Polymerized vinyl acetate and related compounds in the restoration of works of art, in: Technical Studies in the Field of Fine Arts, 4 (1935/36), p.19

21 R.L. Feller, Thermoplastic polymers currently in use as protective coatings and potential directions for further research, in: Conservation - The Art, the Craft and the Science, AICCM, Brisbane 1983, pp. 5-18

22 由美国费城 Rohm & Haas 公司生产；是甲基丙烯酸甲酯和丙烯酸乙酯的共聚物。

23 P. H. Brauer, Moderne Lackkunstharze in der Praxis des Malers und Restaurators, in: MaltechnildRestuaro, 2 (1975), pp. 96ff.

24 A. Werner, Plastics aid in conservation of old paintings, in: British Plastics and Moulded Products Trader, 25 (1952), pp. 363-366

25 G. Thomson, Some picture varnishes, in: Studies in Conservation, 3, 2 (1957), pp. 64-79

26 L. Masschelein-Kleiner, Die Lösungsmittel, in: G. Banik/G. Krist (eds.), Lösungsmittel in der Restaurierung. Vienna 1984, p. 142

27 E.R. de la Rie/C. W. McGlinchey, New synthetic resins for picture varnishes, in: J. S. Mills/R Smith (eds.), Cleaning, retouching and coatings, in: IIC Preprints, Brussels Congress. London 1990, p. 172

28 Arakawa Chemical Industries (Japan)

29 M. Leonard, Some observations on the use and appearance of two new synthetic resins for picture varnishes, in: J. S. Mills/R Smith (eds.), 见注 28, pp. 174-176

30 E. R. de la Rie, Polymer additives for synthetic lowmolecular weight varnishes, in: ICOM, 10th Triennial Meeting. Washington 1993, pp. 566-573

31 Hercules, Resin Group, Veraartlaan 8, 2288 GM Rijswijk, Netherlands

32 E. R. de la Rie/C. W. McGlinchey, 见注 28, p. 172

33 E.R. de la Rie, Stable varnishes for old master paintings. Dissertation. Amsterdam 1988, pp. 13-14

34 R.L. Feller/N Stolow/E. H. Jones, 见注 3, pp. 3-6

35 B. Wechsler, Cleaning controversy. Zur Diskussion der Gemäldereinigung in England 1946-1963, in: Zeitschrift für Kunsttechnologie und Konservierun~]; 1, 2 (1987), pp. 89-132

36 G. Thomson, 见注 25

37 S. Schmitt, Das Pettenkofersche Regenerationsverfahren, - Eine Studie zur Geschichte einer Methode und ihren Auswirkungen, in: Zeitschrift für Kunsttechnologie und Konservierung, 4 (1990), p. 37

38 M. yon Pettenkofer, Übet Ölfarbe und Conservierung der Gemälde-Gallerien dutch das Regenerations-Verfahren. Brunswick 1870

39 R. Perry, Problems of dirt accumulation and its removal from unvarnished paintings: A practical review, in: S. Hackney/J. Townsend/N. Eastaugh (eds.), 见注 1, pp. 3-6

40 同上 , p.4

41 因为吸湿，硅胶粉尘会在绘画表面形成微小的水滴，并增加气溶胶在绘画表面的附着力。

42 A. Phenix/A. Burnstock, The deposition of dirt: A review of the literature, with scanning electron microscope studies of dirt on selected paintings, in: S. Hackney/J. Townsend/N. Eastaugh (eds.), 见注 1, pp. 11-18

43 G.S. Hilbert, Sammlungsgut in Sicherheit, Tell 1, Berlin 1981, p. 41 -Manufacturer: Deutsche Uhrenglasfabrik GmbH, Grünenplan

44 Leonardo da Vinci, Trattato della pittura. Florence 1492, from: T. Brachert, Historische Klarlacke und Möbelpolituren, Tell tl, in: Maltechnik/Restauro, vol. 84 (1978), p. 120

45 Marciana Manuscript, from: T. Brachert, 见注 44

46 R. Borghini, Il Riposo. Florence 1584, from: T. Brachert, 见注 44

47 G. B. Armenini, De veri precetti della pittura. Ravenna 1587, from: T. Brachert, 见注 44

48 48 T. Brachert, 见注 44

49 苯曾是 Dullfixm 之类的溶剂膏中常用的溶剂，因为毒性高，现在已经不再使用了。

50 J. Koller, Terpentinöe für Malzwecke, in: Restauro, 2 (1988), pp. 131-138

51 同上 , p. 136

52 H. Kühn, Erhaltung und Pflege von Kunstwerken und Antiquitäten. Munich 1974, p. 411

53 The German MAK values are equivalent to American TLV values (threshold limit values).

54 阈限值是针对 20℃和 760 torr 气压的条件制定的，表示为 cm^3/m^3（cm^3 纯蒸汽 /m^3 空气，对应于美国单位 ppm）或 mg/m^3。

55 MAK-Werte-Liste der DFG. Harald Boldt Verlag, Boppard

56 护肤霜在皮肤表面留下的油脂膜会在油脂溶剂和皮肤之间形成桥梁，使有害物质更容易渗入。

57 S. Hackney/J. Townsend/N. Eastaugh (eds.), 见注 1

58 A. Phenix/A. Burnstock, 见注 42, p. 17

59 L. Carlyle/J. Townsend/S. Hackney, Triammonium citrate: An investigation into its application for surface cleaning, in: S. Hackney/J. Townsend/N. Eastaugh (eds.), 见注 1, pp. 44-48

60 M. von Pettenkofer, 见注 38

61 A. Eibner, Entwicklung und Werkstoffe der Tafelmalerei. Munich 1928, pp. 160ff.

62 M. Doerner, Malmaterial und seine Verwendung im Bilde. Stuttgart 1936, from: S. Schmitt, 见注 37, p. 48

63 H. Brammer, Durch Restaurierungsma β nahmen beschädigte Gemäldeobeflähen. Zwei Beispiele aus der Kasseler Gemäldegalerie, in: Zeitschrift für Kunsttechnologie und Konservierung, 1, 1 (1987), pp. 95- 104

64 S. Schmitt, 见注 37, pp. 49-62

65 G. L. Stout, A preliminary test of varnish solubility, in: Technical Studies in the Field of the Fine Arts, 5 (1936), pp. 146-161

66 J. F. Watin, L' art du peintre, doreur, vernisseur. Paris 1753. First German edition: Der Staffirmahler, oder die Kunst anzustreichen, zu vergolden und zu lackieren. Leipzig 1774, p. 299

67 H. Déon, 见注 2

68 N. Stolow, 见注 3

69 R.L. Feller/N. Stolow/E. H. Jones, 见注 3

70 J. P. Teas, Graphic analysis of resin solubility, in: Journal of Paint Technology, 40 (1968), pp. 19-25

71 G. BanilUG. Krist (eds.), 见注 26

72 R. Wolbers, Notes for workshop on new methods in the cleaning of paintings, The Getty Conservation Institute, Malibu 1988

73 A. Southall, Wolbers' Corner, in: Conservation News, July 1989, pp. 11-12

74 J. Koller, Cleaning of a nineteenth century painting with deoxycholate soap: Mechanism and residue studies, in: J. S. Mills/P. Smith (eds.), 见注 28, pp. 106-110

75 A. Burnstock/R. White, The effects of selected solvents and soaps on a simulated canvas painting, in: J. S. Mills/R Smith (eds.), 见注 28, pp. 111-118

76 C.-H. WunderlichlU. Weser, Gemäldereinigung mit Lipasen?, in: Restauro, 1 (1995), pp. 22-27

77 用来描述溶剂的“强”与“弱”是相对性的术语，只能针对某一个待溶解的层来使用。对于水粉颜料来说，水是“强”溶剂，但它却无法溶解油画颜料层。丙酮对于光油层来说是一种“强”溶剂，但却不能溶解水粉颜料。

78 L. Masschelein-Kleiner, 见注 26, p. 142

79 N. Stolow, 见注 3, p. 93

80 C. Hansen, The three dimensional solubility parameter: Key to paint component affinities, in: Journal of Paint Technology, 39 (1967), pp. 104-107

81 J. P. Teas, 见注 70

82 E. H. Jones, The removal of varnish: Investigations on the removal of aged varnish coatings, in: R. L. Feller/N. Stolow/E. H. Jones, 见注 3, pp. 178ff.

83 U. Forni, Manuale del pittore restauratore. Florence 1866

84 M. C. Bradley, The treatment of pictures. Cambridge 1950, from: E. H. Jones, 见注 82, p. 179

85 E. H. Jones, 见注 82

86 B. von Gilsa, Gemäldereinigung mit Enzymen, Harzseifen und Emulsionen, in: Zeitschrift für Kunsttechnologie und Konservierung, 5, 1 (1991), p. 49

87 R. Wolbers, 见注 72
88 C.-H. Wunderlich/U. Weser, 见注 76, p. 23
89 R. Wolbers, 见注 72
90 J. Koller, 见注 74, p. 110- A. Burnstock/R. White, 见注 75, p. 117
91 R. Wolbers, Notes for workshop on new methods in the cleaning of paintings, The Getty Conservation Institute, Malibu 1988, from: B. von Gilsa, 见注 86, p. 53
92 F. G. H. Lucanus, 见注 6, p. 41
93 这些颜料粉是致癌物质。
94 P.B. Boissonas/W. Percival-Prescott, Removal of varnish and glue from painted surfaces using micro-friction, in: ICOM, 8th Triennial Meeting. Sydney 1987, pp. 137-144

鸣谢

我特别感谢我在科隆的同事汉斯·波特斯特芬（Hans Portsteffen）、伊丽莎白·雅格斯（Elisabeth Jägers）博士和克丽斯塔·施泰因比歇尔（Christa Steinbüchel）对文本的通读以及他们的批评和建议。

我还想感谢苏黎世的皮埃尔·B·布瓦松纳、科隆瓦尔拉夫-里夏茨博物馆馆长赖纳·布德（Rainer Budde）博士、慕尼黑的麦克·格伦（Maike Grün）、德累斯顿的温弗里德·海贝尔（Winfried Heiber）教授、科隆的延斯·霍夫曼（Jens Hofmann）、科隆的安德烈亚斯·霍普曼（Andreas Hoppmann）、不伦瑞克的贝恩德-彼得·凯泽（Bernd-Peter Keiser）、不伦瑞克的希尔德加德·克劳泽（Hildegard Krause）、不伦瑞克安东·乌尔里希公爵博物馆馆长约亨斯·卢克哈特（Jochen Luckhardt）博士、弗赖堡的克里斯托弗·缪勒（Christoph Müller）、沃尔芬布菲特尔的梅拉妮·施奈德（Melanie Schneider）、科隆的安妮·斯卡利克斯（Anne Skaliks），以及科隆应用科学大学艺术与遗产保护修复系绘画与雕塑部的学生们，感谢他们各种各样的帮助。我也想感谢施韦因富特县勒特莱因的德菲纳尔与约翰公司（Definer & Johann）及其总经理哈拉尔德·约翰（Harald Johann）在修复设备和材料方面的支持。

最后，我最应该感谢的是我的妻子，她以无尽的耐心和伟大的理解支持和陪伴了我的这项工作这么多年。这并不是我理所应得的，我早就应该懂得这一点了。

附录

档案编制

我们所说的档案编制指的是将事实归纳、整理，使其可供检阅，以及记录工作过程。档案编制要以各种可能的形式详细记录日后可能被用作证据的所有细节。档案编制的任务包括记录绘画创作当时存在的技术条件和与修复相关的条件，而在修复档案中还要记录修复过程本身。修复师将档案编制分为专业档案、组织档案和财务档案编制。我们所说的专业档案记录的是作品的实际技术条件和与修复相关的条件，以及检测和修复过程中实行的步骤。记录的结果以文字和图片形式呈现；就插图而言，所有现在可以用到的媒介和检测方法都要用到。收集在专业档案中的这些发现将用于艺术史、艺术技法（如绘画技法）和修复的目的，也用于修复师与艺术史学家的培训。专业档案一方面是一个资料库，是推进绘画技法和修复知识的实用和研究工具；另一方面，对公众和艺术品所有者来说，也是有关所用修复措施的报告。

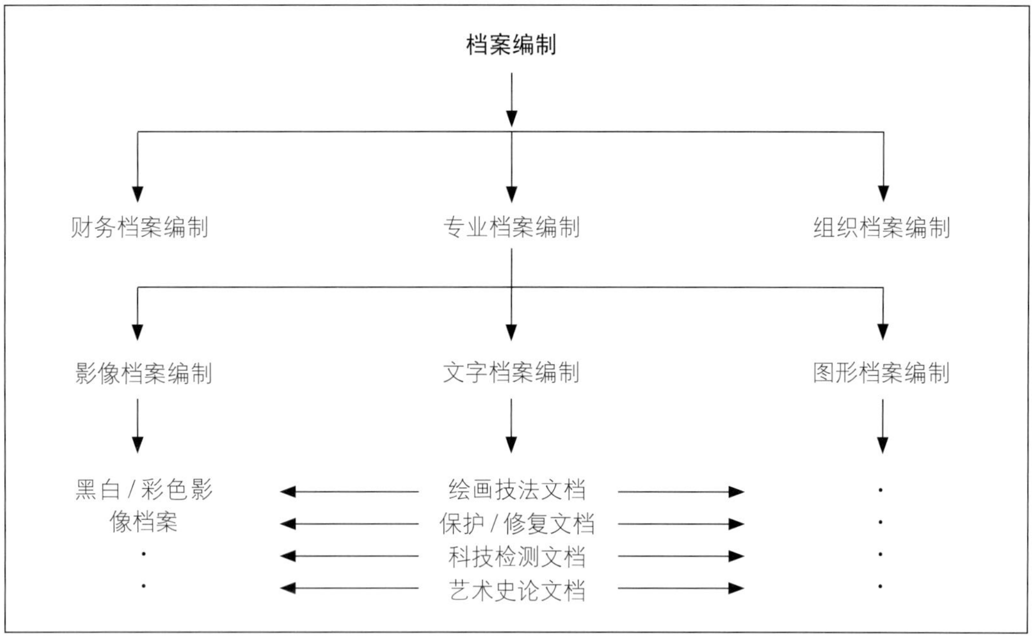

档案编制必须做到能让将来处理它的人复原出原本的状况及修复的过程。在编制技术档案时最好使用核查单（见 376—377、378—379 页）。

组织档案记录的是修复过程中与人工和时间花费相关的细节。

财务档案收集的是所有事后需要向客户报销的花费数据。

技术与修复档案通常是由责任修复师编制的。他要设计文档需要记录的措施、委托所有必要的科学和学术检测及相关活动，并负责所有的修复措施的实施。

原始数据的收集、组织和管理（二级档案）应在工作室、博物馆或官方保护部门进行。

档案编制的理论与实践

实践中的档案编制工作针对的是个别项目。在遗产保护部门、博物馆和私人工作室中，档案编制所遵循的是相同的路线。项目档案编制有着漫长的传统和发展历史。阿尔特赫费[1]在 1963 年首次将其细分为初级档案和二级档案，这一划分一直持续到了 1972 年。

初级档案（Primary documentation）或现场档案（documentation in situ）[2]这一名称，到那时为止指的是所有存在于艺术作品上的文字标记和所有处置的原始证据。文字标记包括存在于有关对象上指示曾发生过修复的各种形式的文字标记，例如外框或活榫式内框边缘或画作本身的背面或正面的字迹。原始证据包括曾被清除的层或未处置的缺损、损坏区域以及后来所做的修改等留下的残迹，例如画面内或（通常在）边缘部位的小方块颜料等，它们也称作“样块”（意大利语“campione”）[3]。举例来说，这种原始证据可以用来确定尘垢的量或黄化的程度，以及已被清除的光油层或复绘层的种类和厚度。

在 1972 年前，二级档案指的是关于保存状况和 / 或修复过程本身的各种形式的报告。

二级档案（secondary documentation）与艺术作品的本体分开保存。它由文字档案和图片档案构成。二级档案可用来记录：

- 技术结构
- 保存现状
- 修复过程
- 最终状态

1972 年签订于巴黎的联合国教科文组织国际公约（《保护世界文化和自然遗产公约》）重新定义了初级档案和二级档案，并添加了三级档案（tertiary documentation）。此后便不再区分与艺术作品在物理上不可分割的证据（换句话说就是此前被指为初级档案的部分）和第一手的“外部”档案（即此前所谓的二级档案）。在联合国教科文组织公约的术语规范中，初级档案这一术语现在指的是所有通过检视（即亲自观察）、测试或处理，直接得自对象或其局部（例如颗粒）而与对象分别保存的第一手（“原始”）信息的记录。这份档案是由为项目工作的专家编制的。这些专家可以包括修复师、艺术史学家或科学家。初级档案应保留在建立它的修复工作室中。它构成后续的科学及学术评估的原始资料。

按照国际公约的术语，二级档案现在指的是一套简短的信息，例如取自书刊、数据库或修复报告中的信息。三级档案保存在一个中心（例如盖蒂保护信息网络）内，这个中心负责在全世界范围内收集和甄选与某个或某些特定领域相关的信息。有兴趣的用户，例如修复师，如果需要就可以迅速地以一种简便易读的形式查阅其工作所需的所有相关的档案。这种甄选机制称为“档案编制的兴趣模式”。

“初级档案”的这些新内容对于修复档案来说过于不精确。因此，科勒[4]提出，应以叫作“原始档案”的第四种档案来作为公约中三种档案的补充。这一类由 1972 年前所说的初级档案构成，即所有艺术作品或遗产对象本体上的文字材料和原始证据（包括文字标记、被清除的层或未处置的缺损、损坏区域，以及后来所做修改留下的残迹）。此外，它还应包括修复师本人在作品上留下的所有与其实施的修复工作相关的标记。

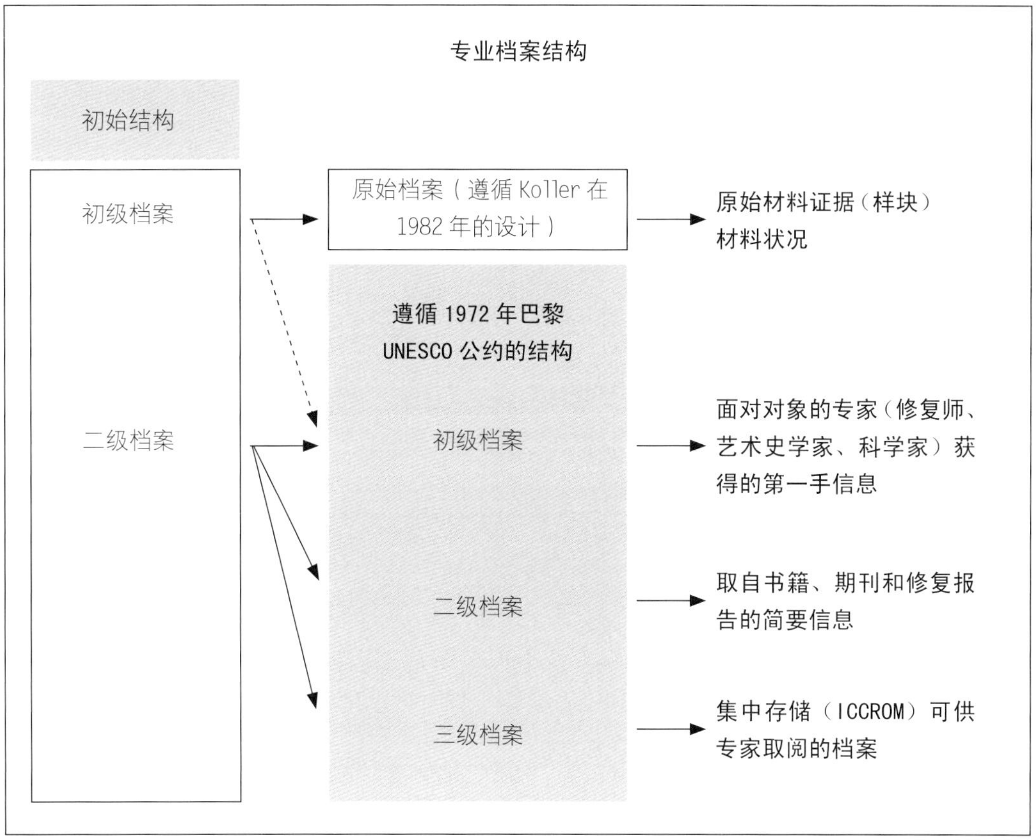

档案编制过程

艺术作品档案编制应按照特定的规程进行。这种规程的早期范例是《默里·皮斯报告》（*Murray Pease Report*）（1964 年）[5] 和《联合国教科文组织国际公约》（*International UNESCO Convention*）（巴黎，1972 年）。

档案编制过程可以划分为：

- 记录作品来源及作品展出、存储的地点。
- 认证、检测并描述原作的物质或构造。
- 检测并描述保存状态（记录检测发现）。
- 描述保护或修复工作的过程。

认证包括艺术作品的所有要素，例如艺术家或作品归属、作品描绘的题材、（外部）年代判定，以及作品本身上所载有的所有日期、签名或其他字迹。

对原作物质或构造的描述包括对作品构成材料的描述及对其结构与技法的描述。

保存状态指的是作品随着时间的推移在内部与外部影响的作用下呈现出的实际状况，它包括对作品放置或保存环境的记录，以及对保存状态的记录、描述和说明。

这些研究的结果构成了编制保护或修复方案的基础和处置的起点。处置过程必须记录在另一份单独的报告中，这份报告应包括如下几部分：

- 对处置过程和所用手法及材料的描述
- 具体步骤与材料的使用理由
- 对工作各阶段成果的描述
- 对最终状况的描述

档案形式

文字档案

文字档案这一名称指的是所有可借助书面文字列出的事实的记录。文字档案应明了、具体且术语准确。只有这样才能在将来重构出原本的状况和修复过程，也才能借助关键词将有关事实存储入数据库和随后检索。除了修复师的技术行话——虽然有，但至今尚极不完整——必须使用工匠、科学家和学者的术语。应避免使用口语和伪科学名词。

档案记录中的所有陈述都必须有证据支撑。因此，只有在明确地（即科学地）证实了艺术家确实只使用了油作为黏结剂，而没有使用比如油－树脂混合物或水性调和剂的情况下才能使用“布面油画”这一称谓。术语“画布”也必须加以审查。它是否真的是亚麻布，还是黄麻、棉或合成织物？如果以上几点都不能被证实，在所有严肃的档案中都必须用“纺织品支撑体上的油状媒介绘画”来代替“布面油画”。

例如：施斯尔[6]使用了术语“白垩底料”。在专业档案中，使用这一术语的前提是，已经通过科学检测证实过这种物质是否确为白垩，以及它是否确为底料。如果二者都不能确定，就只能说是“白色层”。真正有意义的学术性表达应该是有科学支撑的陈述：“以含有蛋白质的黏结剂黏结的白垩底料”。

不准确也会发生在对色彩的描述或认定中。不同的人以不同的方式理解和描述色彩。为了尽可能避免这种不准确，人们曾尝试使用规定的色标卡或对色彩进行物理测量。这里的原则也必须是，如果一个画成蓝色的区域的颜料粉称为“石青”，那么这种陈述必须以科学证据为基础。如果只是根据间接特征推测这种颜料是石青，那这个区域就必须描述为“石青色”或“蓝色，推测为石青”。

艺术作品会呈现出多种多样的表面外观，比如龟裂、起疱、层间分离等，它们也必须记录在档案中。与应用于油画、画布、白垩底料和石青的技术术语不同，对于表面外观还没有公认的术语。确立此类术语的早期尝试可见于《绘画保护与修复指南》（*Manuel de la conservation et de la restauration des peintures*）（1939 年）[7]、马来尼森（Marijnissen）（1967 年）的著作[8]中，也以插图本参考书的形式出现在尼克劳斯（1982 年）的著作[9]中。

辅助工具

档案记录应当着艺术作品的面做在纸面上，

核查单

用于对原作构造的检视报告 *

1. 绘画支撑体

- 构造图
- 详细测量

1.1 木板

1.1.1 木材种类	
1.1.2 框条数	纹理描述：水平／垂直
1.1.3 宽度／厚度	以每块板计
1.1.4 木板的切割方式	径向／弦向；心材？
1.1.5 拼接方法	胶合、暗榫、凹凸榫接、雌雄榫
1.1.6 工具痕迹	斧、凿、锯、刨
1.1.7 边缘	锯、刨、倒角或背面槽口
1.1.8 附加部件	位于内框内
1.1.9 制作者标记	刻、锤或烙烫
1.1.10 背面题记	商标、印章
1.1.11 预处理	对枝材的处置；亚麻布、生皮或短纤维覆面；接口加固；划痕；木材打毛
1.1.12 原始背面保护	颜料、底料

1.2 纺织品，（亚麻布等）

1.2.1 纺织品	亚麻、丝绸、棉、黄麻、混纺、合成纤维、原作画于固定支撑体上
1.2.2 纤维	大麻、亚麻
1.2.3 编织	平纹、斜纹、缎纹
1.2.4 纱线捻度	
1.2.5 纱线粗细	
1.2.6 每 cm² 经／纬线密度	
1.2.7 编织方向	水平／垂直
1.2.8 包边	保存、修剪、四边（？）、缝边、织边、绷装
1.2.9 原始接缝	
1.2.10 背面题记	色彩、纸张、商标、印章、签名
1.2.11 内框	木材类型、制造商、图示
1.2.12 原始背面保护	涂层、底料、表面

1.3 卡纸

	纤维方向、卡纸类型、层（厚度）

1.4 金属／铜板

1.4.1 工具痕迹	锤痕、卷痕
1.4.2 制作者标记	压纹印记、印章等
1.4.3 覆盖层	银、金

1.5 石材

1.5.1 类型	石材类型、人造石

2. 底料

2.1. 胶／油浴	
2.2 填充料	白垩、石膏、颜料粉、其他材料的混合物
2.3 黏结剂	胶、油、合成树脂
2.4 涂施方法	单层、多层、每层的色彩强度、用笔刷涂施、用刮刀涂施、成块涂施、工厂预涂
2.5 其他材料埋嵌	玻璃
2.6 雕塑装饰	石膏装饰
2.7 刻划、裂口	动摇
2.8 起划分作用的刺孔痕	上光点、透视线
2.9 均匀度	

3. 签名

3.1 涂写	
3.2 手法	毛笔、粉笔、铅刻笔等
3.3 透写等	透写、漏印

4. 金属装饰

4.1 光泽	色彩、施用方法、黏结剂
4.2 金属	种类、箔片尺寸、粉末
4.3 技法	胶、油、光泽

* 表单右侧的关键词用于提示；可根据需要添加。在很多情况下需要指示病害的位置和程度——例如使用坐标。

或用口述录音器或录入笔记本电脑，可以使用分条目登记表、档案表或核查表。

因为不借助任何辅助工具常常很难在艺术作品面前将自己的检查结果组织起来，检查过程中出现的一些特殊细节也常常容易遗忘，所以人们开发了分条目登记表。

这类表可按主题细分。它们通常是为一种特定需求而设计的。它们便于系统地将一次检查加以分解，再与一个核查单配合起来就构成了理想的档案编制形式。有用的分条目登记表的实例包括溶剂试验表、溶剂表、层序表和气候表（见380—382页）。层序表已经将分条目登记表与档案表结合在一起了。

档案表是由分条目登记表进一步发展而来，可以在上面勾选某些特定的项目，或将某些检查结果填写进去。它包括一份核查单，可供人对艺术作品逐项进行“质询”，而对预定检查领域所得到的答案则通过打钩、画叉或用少数几个关键词表示出来。一份档案表的质量取决于核查单的详细程度和它可供记录检查结果的范围。档案表的优点是可以让人迅速而系统地记录各种各样的病害。它的缺点在于，通常空间太小，难以详细填写特定的发现。在从事一项深入的检查时，修复师常会感到这种档案表有其局限性，尤其是在汇报原作的物质构成和保存状态方面。不过溶剂试验表、溶剂表和照相档案表作为档案表的价值已得到了证实。

如从档案表的架构中提取出个别的研究指标，就会得到一份系统的分条目核查表，既使用灵活，又能够随时扩展——尤其是在档案编制的过程中——比如发现了过去没有列出过的新指标。

20世纪60年代和70年代，由国际博物馆协会（ICOM）发起，艾格尼丝·巴勒施特雷姆（Agnes Ballestrem）伯爵夫人[10]和菲利波（Philippot）与莫拉（Mora）[11]分别编制了雕塑修复和壁画修复的核查表。随着实践的进展和经验的积累，这种核查表发展成了日益精确的检查问卷和实用工具。借助核查表可以将一个对象的全部特征记录下来，因此它们特别适于制作对原作物质构造和

5. 装饰、纹理仿造	
5.1 冲压痕	纹样
5.2 透写	
5.3 光泽、彩色涂层	
5.4 彩绘纹样	贴金
5.5 仿雕刻装饰技法	
5.6 金箔、施用方法	
6. 底彩 / 印模	
6.1 色彩	
6.2 黏结剂	
6.3 涂施技法	
7. 绘画	
7.1 颜料应用	颜料粉、黏结剂、平滑、糊状、罩染
7.2 结构	底涂层、分层技法
7.3 设色方式	毛笔、刮刀、手指、喷绘技法
7.4 修改、留白	
7.5 签名	高（从底边计算）=....cm 右 / 左（从左 / 右边计算）=....cm
8. 表面涂层	
8.1 表面涂层	未上光、亚光、亮光
8.2 表面涂层材料类型	树脂光油、油性光油、蜡、胶料等
8.3 涂施方法	涂刷、喷涂、厚度、均匀度
9. 装饰外框	
9.1 构造	材料、构件形状、接口
9.2 外框	底料、结构、贴金类型、色彩

可以借助于核查单将一幅画的原始构造逐项记录下来。这样一份档案表的质量取决于详细程度及其可供记录检查结果的范围。

保存状态的检查报告。

电脑

大约从 1970 年起，电脑在艺术史上已经占据了越来越重要的地位，比如在编制目录以及修复工作中[12]。如今许多修复工作室都设有安装了文字处理及图形显示程序以及数据库的电脑。可以想象，不久之后，所有的修复师都将离不开电脑了。

图像档案

好的档案也包括插图，它们可以是照片、图表或素描。这些图片应进行编号和配有详细标题。标题必须说明图片所阐释的内容。文字档案与图像档案应以互补的方式来组织。图像材料可以整合进文本中，也可以在末尾以附录形式出现。此外，文本中的引用应与个别的插图连接起来。

照相

对修复工作单独进行照相记录最早出现在大约 19 世纪中期[13]。在某些从很久以前就规定编制学术档案的博物馆，例如慕尼黑的巴伐利亚国家绘画收藏馆（Bayerische Staatsgemäldesammlungen）和一些与绘画修复和研究相关的出版物中，可以追溯照相档案的发展历程。然而直到 20 世纪中期，随着照相器材的发展和胶片冲洗的简化，照相档案才不可逆转地进入了修复领域。

如今的照相档案包括正常、特写和宏观尺度的照片，也经常包括微观尺度的照片[14]。这些照片在拍照时可以采用顶光也可以采用侧光。图像档案中也包含不可见光照片，换句话说就是紫外、红外和 X 光照片。

正常、特写和宏观尺度的照相档案可以用 36 mm 相机、中片幅的 6cm×6cm 或 6cm×9 cm 相机、或大片幅的 9cm×12cm、13cm×18cm 或 18cm×24 cm 相机。修复师通常使用小相机或中片幅相机。中片幅相机的优点是可以拍出细节更丰富的照片，也可以在不损失清晰度的情况下放得更大。

我们可以设想，用不了几年就可以用数码相机来制作照相档案了。那样，照相就无需“固定”在胶片上，而是存在电子存储媒介中。然后可在电脑上将其处理为任何需要的格式，例如带网格、边框、箭头或文字的，并将其打印出来存档。

修复师可以使用黑白胶片，也可以使用彩色胶片；和选择胶片尺寸一样，对这二者的选择也取决于多个因素。

黑白胶片的优点是可用于所有的光线条件（日光、人工光源、混合光源），修复师可亲自在暗房中冲洗。如果冲洗得当，它的耐久性也会成为它的另一个优点。

对于彩色的图像档案来说，可以选择正片（透明幻灯片）或负片，也可以选择人工光源和天然光源胶片。如果照明得当，就可以将对象的色彩高度保真地还原。用彩色胶片操作比使用黑白胶片更为复杂。用彩色胶片需要单用一种光（人工光源或天然光源）来进行充分照明，通常修复师是无法自己冲印彩色胶片的。此外，在过一些年后色彩容易发生变化，换句话说，现在的着色材料是不耐光照的。

另一种图像档案是用宝丽来照相制作的。宝丽来胶片的优点是可以即时印成照片；它的缺点是无法放大，色彩还原也不够完美，冲印成的照片耐久性也不确定。

核查单

用于保存状况的检测报告

1. 绘画支撑体

1.1 木板

1.1.1 原始尺寸	收缩、拼接
1,1.2 生物病害	虫害、真菌、细菌：过去清除生物病害的尝试
1.1.3 变形	凸出、凹陷、扭曲
1.1.4 托架变形	
1.1.5 作画后的收缩	
1.1.6 裂隙、断裂	开放接口、重新胶合接口、开放裂隙、胶合裂隙
1.1.7 木材的修理	
1.1.8 裂隙加固	小木片、燕尾榫、亚麻布、短纤维
1.1.9 减薄、覆背	
1.1.10 托架	薄层、木条：材料
1,1.11 转移	完全、部分
1.1.12 原始背面保护	木板、涂层

1.2 纺织品（亚麻布等）

1.2.1 原始尺寸	收缩、拼接
1.2.2 表面	紧张、起疱、孔洞、折痕、弯曲、收缩、纤维腻子引起的变形
1.2.3 背面题记	纸张状况、印章等
1.2.4 包边	裁剪、残损、钉孔氧化
1.2.5 纱线氧化	
1.2.6 贮尘袋	
1.2.7 浸透	蜡—树脂、胶、亚麻油 / 光油、天然树脂、合成树脂
1.2.8 压力	正面 / 背面受压、相应的龟裂?
1.2.9 覆背的替代方法	裂口黏合或焊接、纤维腻子、加边
1.2.10 覆背	覆背的类型、贴画法、转移
1.2.1 1 覆背黏合剂	糨糊、胶、蜡—树脂、合成树脂 / 分散剂
1.2.12 微生物	真菌病害、细菌病害
1.2.13 活榫式内框	保存状况
1.2.14 原始背面保护	涂层、磨平、木板

1.3 纸板

1.4 金属 –/ 铜板

1.4 金属 / 铜板	
1.4.1 原始尺寸	锤击、弯卷
1.4.2 变形	凸 / 凹
1.4.3 折痕、疱疹	
1.4.4 加固结构	
1.4.5 锈蚀	

1.5 石材

1.5.1 断裂	开放 / 胶合

2. 底料

2.1 粘聚	脆、粉化
2.2 变色	局部、大范围
2.3 层分离	程度、位置：必要时可调整
2.4 层起甲	程度、位置：必要时可调整
2.5 层剥落	程度、位置：必要时可调整

3. 签名

3.1 渗出	颜色

4. 金属装饰

4.1 剥落	
4.2 损坏	刮、削、磨损
4.3 变色	银、青铜等
4.4 附加物	同种材料、其他技法
4.5 表面处理	未上光、上光、胶料涂覆
4.6 光泽	损坏类型、变化

5. 装饰、纹理模仿

5.1 剥落	
5.2 损坏	

6. 底彩 / 印模

7. 色层

7.1 变色	黄化、褪色

照相档案编制必须系统地进行。重要的是要用数量充足的照片把修复前、修复过程中和修复后的相关“状态”记录下来，照片要包括顶光和侧光下作品的整体和细部。

必须注意可能与病害有联系的现象相关的绘画技法。即便当时只是为了备忘，也应该总是按照随后可纳入档案的方式来拍摄照片。

还应当考虑是否需要记录下档案编制时对象所处的物理环境。

对象的详情、尺寸和时间偶尔也会标注在档案照片上。这些细节可以填写在照片本身上，也可以写在照片边上，在后一种情况下，照片放大后就看不见了。

对象的详情，比如目录编号等，可以方便地写在其他表面上，放在对象旁边，将它们一起拍摄下来。这些信息可以放置在照片里一直能够看到的位置，也可以放在靠近边缘的位置以便在照片放大时将其剪掉。对象详情的主要作用是在冲印胶片时可以准确地辨认它。这些信息只要能在负片上辨认出来就足够了。随后可将这些详情纳入照片标题中。

拍照时间这一细节也可以写在适当的表面上，与对象一起拍照，同样将其放置在胶片放大后就看不到的位置。有些相机和辅助设备可自动将日期时间记录在胶片上，然而在这种情况下这些细节常常过于突出，在观看照片或出版时会显得讨厌。

拍照时可在对象旁边放置适当的比例尺，比如一把尺子，来记录对象的尺寸。比例尺在照片上应一直可见，这样所有看到档案的人都可以立刻对对象的尺寸形成概念。虽然通常从标题便足以辨认出对象和拍照的时间，但大多数人都无法想象出尺寸来。

摄影师将比例分为负片比例和冲印比例。前者是对象尺寸与它在负片上的尺寸之比。而后者是对象尺寸与它在插图上的尺寸之比 。二者很少

7.2 表面肌理	起皱、“鳄鱼皮”纹
7.3 粘聚	粉化
7.4 附着	底料 / 颜料粉 / 颜料 / 绘画层分离
7.5 火疱	
7.6 翘曲	局部、大范围、弱 / 强、形状、纺织品绘画支撑体变形
7.7 釉裂	
7.8 龟裂	干燥裂隙 / 老化裂隙、类型、范围、准确描述
7.9 机械损伤	刮痕、磨损、范围
7.10 压力损伤	
7.11 过度清洗	
7.12 填充	所用物质、颜料粉、黏结剂
7.13 全色	技法、黏结剂
7.14 复绘 / 复绘痕迹	黏结剂

8. 表面涂层

8.1 表面涂层	天然 / 合成树脂光油、蜡
8.2 涂施	不均 / 局部、厚 / 薄
8.3 变色	黄化、散晕、釉裂
8.4 表面污垢	尘土、焦油、昆虫排泄物；在光油上、中、下

9. 装饰性外框

9.1 构造

9.1.1 原始尺寸	收缩、膨胀
9.1.2 生物病害	虫害、真菌、细菌、过去控制生物病害的尝试
9.1.3 变形	凸、凹、扭曲
9.1.4 冠接	开放、重胶合、再加工、再加固

9.2 外框

9.2.1 金属装饰	剥落、刮擦、磨损、摩擦、变色
9.2.2 漆	粉化、层间分离、火疱、釉裂
9.2.3 龟裂	干燥裂隙 / 老化裂隙、类型、范围、精确描述
9.2.4 机械损伤	刮擦、磨损：范围
9.2.5 所用填充物质	颜料粉、黏结剂
9.2.6 全色	技法、黏结剂
9.2.7 重做外框	局部、完全、类型、状况、黏结剂

凭借核查单可将一幅画的保存状况逐点记录下来。

这样一份核查单的好处在于可以随时扩展。

相同。

为了事后可以重复所有的拍照步骤，应记录一些详细信息，如相机与艺术品之间的距离、所使用的相机、相机的位置、所用的照明、曝光时间、光圈和所用的胶片等。当需要在修复的不同阶段拍摄大量档案照片时，这一点就变得尤为必要。有专门用于这一目的的适当的分条目登记表。在扩展的照相记录中还应包括一份房间平面图，显示照片拍摄时的情况。这可以让人在修复工作之后的步骤中以相同的条件重复之前的拍照过程。这幅图中应包括相机与对象的距离、照明（例如闪光灯）及其到对象的距离等细节。

每张照片都需要标题。应提供的信息有：

- 对象或主题
- 是整件作品还是局部
- 拍摄技术（顶光、侧光、紫外、红外）
- 拍照日期（如果照片中没有）
- 比例（如果照片中没有）
- 照片拍摄地点

应以简短的描述性注释对这些细节进行补充。

如果照片中偶尔含有网格、框、箭头、数字、字母、关键词之类的标记或文字，就更容易解读。可以用特殊的防水记号笔或拉突雷塞（Letraset）之类的字母转印膜来制作它们。也可以用电脑来处理照片：将照片扫描，然后用适当的软件在屏幕上编辑，可加上网格、框、箭头、文字等，再将其印出。博物馆与保护机构关于照片档案的制作、编辑和存档可能有不同的标准。在从这些机构接受修复委托时，应询问它们的要求以及相应的标准。

操纵

档案照片有可能受到人为操纵。在修复前、修复过程中和修复后拍摄病害时，有意或无意地使用不同的光线，或是为了拍照而对有关的细部加以特殊“制备”，这些时候尤其容易发生人为操纵。

档案照相通常是在侧光下拍摄的。改变照射受损艺术作品的入射光的角度可在视觉上使病害变得突出或不明显，这取决于拍照时入射光是以“锐角”（即小角度）照射还是直射对象。小角度入射光会造成更长的阴影，它会强调不平的表面，比如层分离、层脱离、孔洞等。相反的，大角度入射光则会使其弱化。例如：如果病害区域在修复前以小角度入射光拍摄，修复后以大角度入射光拍摄，修复的成果就会显得比实际上更为突出。为此必须将一个小圆锥或类似的东西与对象一起拍摄，它的影子会对入射光的角度给出某种指示。

对小块窗口形区域做清洗和暴露原作色层可以展示黄化或复绘的程度，没有特殊必要的原因就不应该这样做。光油被清除或原色层被暴露的局部在与原状区域并置时，因为对比，其差异常会被拍摄得比实际情况更为强烈。

摄影测量

摄影测量的意思是用照相进行测量，换句话说就是精准地确定一个特定对象的形状、尺寸和位置。这种照片是用特殊的相机拍摄的，并用绘图仪将其转换为比例正确的图示。这不仅可以客观地记录一个对象的实际情况，也可以在不干预甚至不碰触对象本体的情况下极为精确地进行测量[15]。

在遗产保护领域，这一方法被应用于建筑立

姓名，公司，博物馆

地址
电话，传真

溶剂试验表 （用于向对象进行溶解度试验）

件号：

艺术家：
作品：
详情：　　　　胶片/照片号：

试验日期：　　　　试验地点：
试验人员：

No.	溶剂（混合物）	f_d	f_p	f_h	% V/V
1	环己烷	94	2.	4	100
2	环己烷/甲苯	90	3	7	75/25
3	环己烷/甲苯	88	5	7	50/50
4	环己烷/甲苯	84	6	10	25/75
5	甲苯	80	7	13	100
6	甲苯/丙酮	76	10	14	87.5/12.5
7	甲苯/丙酮	72	13	15	75/25
8	甲苯/丙酮	68	16	16	62.5/37.5
9	甲苯/丙酮	64	19	17	50/50
10	甲苯/丙酮	55	26	19	25/75
11	丙酮	47	32	21	100
12	甲苯/异丙醇	75	8	17	87.5/12.5
13	甲苯/异丙醇	70	10	20	75/25
14	甲苯/异丙醇	65.5	11	23.5	62.5/37.5
15	甲苯/异丙醇	60.5	12.5	22	50/50
16	甲苯/异丙醇	55	14	31	37.5/62.5
17	异丙醇	41	18	41	100

f_d = 非极性色散力， f_p = 极性偶极力， f_h = 氢键

根据：G. Banik, G. Krist (Hrsg.), *Lösungsmittel in der Restaurierung*. Vienna 1984

姓名，公司，博物馆

地址
电话，传真

溶剂试验表

件号：

艺术家：
作品：
详情：
胶片/照片号：

清洗时间从：　　　　到：
试验人员：

溶剂		位置*	位置	位置	位置

*位置也可用坐标标示

面、壁画、房间和祭坛等对象。摄影测量既耗费人力又耗费财力，因此在绘画与雕塑修复中，只有在特殊情况下才会使用这种技术——比如需要对三联画进行比例正确的记录时。

录影录像

摄影录像是记录运动画面的手段，在修复工作领域，就是用影视记录实际修复工作的各个阶段。摄影和录像通常不是单纯为档案编制的目的而制作的[16]，不过它们也确实有培训或宣传的作用。电影在将来可能会完全被录像取代。录像可以数字化，也可以在电脑上对单帧进行处理（见上文），并为图形档案编制提供有趣的可能性（见下文）。

图形档案编制

图形档案包括用科技制图手段做成的素描、平面图、病害分布图等。

在作为绘画修复档案编制手段的摄影术发明之前，素描是唯一一种对检查结果、变化、保存状态、病害等作永久图像记录的手段。从 20 世纪 30 年代起，影像档案开始占有越来越重要的地位，素描也开始变得仅仅是辅助手段了。只有在遇到技术、实行或经济障碍，或使用照相遭到反对时才会在绘画修复中使用素描。

绘图手段在绘画修复中用于记录——例如——展陈现场平面图、检查结果和复原图以及描摹木板绘画支撑体边缘的木纹。

平面图或立面图通常是对建筑物、发掘现场等局部的合乎比例的再现。如果它构成档案的一部分，平面图还应包含调查结果的细节。它在绘画修复的相关领域中用得相对较少，比如用来显示一座祭坛在教堂中过去或现在的位置。当怀疑一件艺术作品某些方面的病害与环境（即建筑物的结构）有关时，工作时使用建筑平面图就变得重要了。

检查结果素描是在检查时描绘病害的素描。检查结果可以直接画在照片上，也可以画在放在照片上的透明胶片上。不过如果将这些细节画在一张线条素描上，通常会显得更为明晰。这种素描可以徒手绘制，也可以使用直尺。

徒手素描可以作为现场对病害做的初始记

姓名，公司，博物馆

地址
电话，传真

层序试验表

件号：

艺术家：
作品：
详情：
胶片/照片号：

检查位置：
试验人员：

照片/草图

暴露：　□机械　□化学　□无
提取样品：　□颜料　□层

说明：

姓名，公司，博物馆

地址
电话，传真

照相档案表

件号：

艺术家：
作品：
详情：

位置（如为细部，要准确描述，有要求时用坐标：h [自下向上计量] =. cm; r/l [自右/左起计量] =. cm）	顶光	侧光	黑白	彩色负片	彩色幻灯片	大尺度	红外	红外反射	紫外荧光	X射线	胶片号 照片号 DIN/ASA（可能指出保存地点）

录，也可以作为伴随文字记录或测量结果的图解。这种素描并不要求合乎比例。

另一方面，用直尺制作的素描图则要求按正确的比例制作。在绘画修复中，这种素描通常是用照片（例如勾描），或把幻灯片投影在纸面或卡片上做成的。它们的目的是为了以相对于绘画或雕塑正确的比例记录病害。

复原素描表现的是艺术作品或局部在病害发生之前的外观。复原是在研究结果的基础上做成的，描绘的是作品无法重现的理想保存状态。在绘画修复中，用勾描法对病害作比例正确的记录。在勾描时须在绘画上放置一张透明胶片，并用一只恰当的水笔（比如毡头笔）在不施加任何压力的情况下将病害轮廓描下来[17]。可使用照相的方法将勾描图的尺寸缩小，但必须包含对比例的指示。另一种描摹形式是摩拓。是将一张纸放在有肌理的表面上，并用一支尽可能平持的铅笔摩拓表面。无可否认，这种方法只能再现对象的垂直轮廓。除了其他用途，在绘画修复中，它用于以真实尺寸记录木板的年轮。

复原图和检查结果素描在很大程度上都是以照片为基础的。把透明胶片覆盖在照片上，将主要轮廓线描下来。然后将胶片放在一张白纸上，将其一起影印下来。使用装有必要装置的影印设备可将影印的素描放大或缩小。底片和幻灯片也可以用来制作素描，需将它们投射在一个表面上并徒手复制。

绘图技术也用于档案照相、影印件或素描中以网格、符号或色彩等形式标注特定的检查结果。这些元素的含义应在标题中做出注释。尽管在建筑领域已经有了标准的图例表，但绘画修复领域却还没有，不过已有少数探索性的尝试了[18]。

用不了几年，手工的绘图档案可能就会被电脑绘图所取代。即便是在今天，也已经有了绘制平面图和加工照片的软件，可将照片的色彩和灰调子不断减淡，直到剩下单纯的线描。此外，某些在彩色或黑白照片上常常难以分辨和分析的现象——比如由于老化而出现在画上的裂隙——可通过将色彩和灰调子减淡凸显出来，使其成为画面的主导并可供评估。

姓名，公司，博物馆

地址
电话，传真

照相档案表

件号：

艺术家：
作品：
详情：　　　　　　　　　　　　　　胶片/照片号

检查位置：
试验人员：

1. 注尺寸的平面图
（用方位点表明绘画的位置）
2. 窗（玻璃安装型式，玻璃种类，颜色和尺寸：如有可能填入平面图中）？
3. 门（性质和使用频率要填入平面图中）
4. 入射光线（一日内照明变化详情）？
5. 震动？
6. 墙壁的性质，厚度和涂覆（材料）？
7. 近墙处湿度增加？
8. 地面的性质？
9. 艺术品离观察者的距离？
10. 明显的灰尘？

姓名，公司，博物馆

地址
电话，传真

气候表

件号：

艺术家：
作品：
位置：　　　　　　　　　　　　　　测点：

测量日期：　　　　　　　　　　　　测量仪器：
测试人员：　　　　　　　　　　　　（所附）气候曲线编号：

加热系统型式： 供应厂商： 安装日期： 空气容量：　　　m^3 加热功率：　　　kca/h 换气速率：　　　m^3/h	状态设置：

加热操作人员：

温度（概述；附图表）

相对湿度（概述；附图表）

档案安全与保存

一件艺术作品的档案应包含在对作品的检查和修复期间采集的全部文字和图像数据。除了修复师采取的措施，档案中还应包括第三方所做的工作，比如实验室检测结果或艺术史调查和档案资料研究结果。每份档案的编纂时间和编纂人都必须明晰。

各个页面应从头至尾逐一编号，并相当牢固地装订在一起，但在需要时应能将单页取下（比如活页装）。更为永久性的装订须等到档案编制完成后进行。应提供一个封面页，上面以目录形式提供以下信息：

- 作品本身及其认定的细节
- 作品所有者和地址
- 档案内容的结构
- 档案的范围
- 影像和图形档案的范围和类型

应为档案制作若干副本。原本应保存在主要负责修复的工作室内。艺术品的所有者（个人、教堂、博物馆等）应获得一个副本，在适当的情况下，相关的保护主管部门也应得到一份。

制作档案的材料中，有相当比例的东西（纸张、彩色照片等）会受到内部和外部影响的威胁。在制作和存储档案时应牢记这一点。将来，可能会由数字化和CD-ROM存储来提供保存档案的最佳安全措施。

注

1 H. Althöfer, Zur Dokumentation in der Gemälde-restaurierung, in: Österreichische Zeitschrift für Kunst und Denkmalpflege, 17, (1963), pp. 83ff.
2 R.E. Straub, Bildbelege und Dokumentation in situ im Bereich der Denkmalpflege, in: Nachrichtenblatt der Denkmalpflege in Baden-Württemberg, 103, (1967), pp. 58-63
3 U. Schiessl, Untersuchen und Dokumentieren von bemalten Holzdecken und Täfelungen, Berne and Stuttgart, 1991
4 M. Koller, Restaurierungswerkstätten und wissenschaft-liche Dokumentation, in: Maltechnik/Restauro, Vol. 88, (1982), pp. 59-66
5 The Murray Pease Report, in: Studies in Conservation, 9, (1964), pp. 116-121
6 U. Schiessl, op. cit., p. 18
7 Manuel de la conservation et de la restauration des peintures. Office international des Musées. Paris 1939
8 R. H. Marijnissen, Dégradation, conservation et restauration de l'œuvre d'art. Brussels, 1967
9 K. Nikolaus, DuMont's Bild-Lexikon zur Gemälde- bestimmung. Cologne 1982
10 阿格尼丝・巴勒施特雷姆伯爵夫人的私人通信。
11 P. Philippot/R MoralL. Mora, La conservation des peintures murales. Bologna, 1977
12 Anon., Museums and Computers, in: Museum, 23 (1970/71) no. I, pp. 8-10, 11-17, 22-26
13 H. Althöer (ed.), Das 19. Jahrhundert und die Restaurierung. Munich 1987, p. 327
14 为了计算比例，需测量被拍照局部的实际尺寸和它在底片或冲印的照片上的尺寸。如果计算其比值，就会得到插图的比例。例如，如果原始尺寸为 2 cm，在插图上为 8 cm，其比例就是 1:4。（译者按：按制图通例，图形比例指图上量得尺寸与对应实际尺寸之比，那么在上例中比例应是 4:1）
15 G. Klummer, Die Fotogrammetrie und ihre Verwertbarkeit in der Restaurierdokumentation, in: Österreichischer Restauratorenverband, Schweizer Verband für Konservierung und Restaurierung, Deutscher Restauratorenverband (eds.), Dokumentation in der Restaurierung, 1994, pp. 161-163
16 日本电视台制作的罗马西斯廷礼拜堂米开朗琪罗湿壁画修复工作过程的录像就必须被视为例外。
17 胶片会聚集静电，在将其揭起时会带走绘画上松脱的颗粒。
18 I. Bogovicic, Symbols graphiques darts la documentation concernant la restauration, in: ICOM, 6th Triennial Meeting, Ottawa 1981, 81/4/1 - I. Hammer, Sinn und Methodik restauratorischer Befundsicherung. Zur Untersuchung und Dokumentation von Wandmalerei und Architekturoberflächen, in: Restauratorenblätter, 9 (1987/88), pp. 34-58

术语汇编

*= 见术语词条

第一部分 术语

absorption 吸收
1. 一种物质通过毛细作用、渗透作用或溶解作用被另一种物质吸收。2. 颜料层等对光的吸收（随后使其弱化）。辐射能转化为其他形式的能，例如热能。

additive color mixing 加色混合
在调色板上调和颜料，一次性涂色的全色方法。* 减色混合（subtractive color mixing）。

adsorption 吸附
气体或液体分子因化学力或物理力被与之接触的液体或固体表面吸着。

aging cracks 老化裂隙
出现在所有较陈旧画作上的与老化相关的裂隙，它是随着时间推移，由环境、机械和其他应力所引起的。这种裂隙始于绘画支撑体，会遍布画的所有层。老化裂隙通常是由开口狭窄的直线或微弯的曲线组成的细密的网状。它是两种主要的色层裂隙之一；另一种是 * 干燥裂隙（drying cracks）。（见 165 页图表）

aliphatic solvent 脂肪族溶剂
以开放的分子链结构为特征的有机溶剂。修复师使用的最重要的脂肪族溶剂是白精油。

aluminum hydrate 氢氧化铝
用于 * 水粉颜料（gouache）和透明修复腻子的填充料。

anatase 锐钛矿
钛白（二氧化钛）的晶体形式，因不稳定和垩化倾向，已不再用于修复。* 金红石（rutile）。

anisotropic 各向异性
物体性质沿不同的轴向表现出不同测量值的属性。

apse 半圆室
龛形的室内空间，为半圆形或多角形；常位于教堂圣咏席的末端。

aqua dest (illata) 蒸馏水
即化学纯水。

aromatics 芳香族
其特征为分子中至少有一个苯环的有机化合物。因许多该族化合物都有令人愉悦的气味而得名。

autoxidation 自氧化
一种物质在常温下与空气中的氧发生的反应。

azurite 石青
由碱式碳酸铜构成的蓝色颜料，自古已为人所知，在中世纪的木板绘画中专用于绘制圣母的袍服。截至 17 世纪中期，石青一直是最常用的蓝色颜料。

balsa 轻木
产于南美洲中部和北部的一种多孔质的轻质木材，被模型制作师等人广泛使用。

balsam 香脂
取自某些树木的树脂与香精油的天然混合物，过去曾偶尔加入 * 覆背（lining） 黏合剂中。用于修复的香脂包括 * 榄香脂（elemi）、* 苦配巴香脂（copaiva balsam）、* 加拿大香脂（Canada balsam）、斯特拉斯堡松节油和威尼斯松节油。

barium salt 钡盐
钡金属盐，钡是一种暴露在空气中会迅速氧化的柔软银白色金属。

barytes 重晶石
英语中也称为“heavy spar”。多为白色闪亮的矿物（硫酸钡），在修复中用作其他颜料和底料的填充料。

benzoin 安息香胶
取自多种生长在印度尼西亚等东南亚地区的安息香属树木的树脂。

binding agent/material 黏结剂 / 材料
将相似或相异物质黏结在一起的产品的统称。例如，亚麻油会使颜料粉黏结在一起，形成颜料层。在胶合材料或胶粘材料的语境中称作“bonding agent”。

biocide 生物灭杀剂
用于防治动植物或有害真菌造成的生物病害的物质。

blanching 白化
用于颜料层 * 银纹（crazing）：颜料粉颗粒与 * 黏结剂（binding agent）之间失去连接，因此层的折射率发生改变，导致颜色变灰。其成因是长时间存在高水平的 * 空气相对湿度（relative humidity）或绘画表面的凝结水。（译注：正文中白化的定义见第 184 页，所指范围与此处略有差异，亦包括光油层银纹，正文中凡出现白化，皆从第 184 页定义。）

blistering 疱疹
过去曾用于表示 * 脱层（layer separation），它的使用应限于受热造成的分离（火疱）。（译注：正文中亦出现“blister”一词，定义为脱层的一种，译作起鼓，此处所指仅限于热疱疹。）

Brinell hardness 布氏硬度
用瑞典工程师约翰·奥古斯特·布利内尔（Johann August Brinell）（1849—1925 年）设计的系统测得的物质硬度，是通过液压将一个标准钢球压入待测量的材料测得。

buffer solution 缓冲溶液
一种弱酸（如乙酸）与同种酸的中性盐（如乙酸钠）的溶液。如果加入碱或酸，其 *pH 值（pH value）并不会发生明显改变。

cambium　形成层
植物的茎和根内的一个薄层，只有一个细胞的厚度，有分生能力，负责根茎干围的增长。在树干和树枝中，它向内生成木质，向外生成树皮。

campione　样块
意大利语的“样块”是指一幅画上的小矩形区域，通常在边缘部位，是修复师作为证据而按其原始状态保留下来的。

Canada balsam　加拿大香脂
也叫作加拿大松节油。胶枞的树脂，用作透明胶结剂。

capillary　毛细管
直径很细的管，因表面张力的作用，管内会发生毛细作用。这就意味着管内液体的附着力大于自身的内聚力，会更易于流动。

capillary condensation　毛细凝结
水蒸气在多孔物体——如色层——的毛细腔内的凝结。

"Captain's picture"　“船长画”
受船长委托所画的船只画，展现船只的全部细节。

carbolineum　焦油护木剂
木材保护剂的商标名称。煤焦油中杂酚油成分与苯酚的混合物。

carnauba wax　巴西棕榈蜡
取自巴西棕榈的蜡。

catalyst　催化剂
使一种化学反应加速而自身不发生变化的物质（有些情况下实际上就是引发化学反应的物质）。

ceresin　地蜡
一种矿物蜡，用作蜂蜡的代用品。

chemisorption　化学吸着
化学力所引起的 * 吸附（adsorption），通常为气体分子因化学力对固体表面的吸附。

chitinous　几丁质的
形成昆虫外壳的主要成分几丁质（壳多糖）。

cleavage　开裂
* 脱层（Layer separation）。

climatic pocket　气候囊
一个房间内，气候条件（即温度与 * 相对湿度［relative humidity］）异于其余部分的小区域（即画作与墙壁之间的区域）。

climatic tent　气候调节帐
搭在一幅画上的气密性透明帐篷，在其内部造成与室内其他部分相异的气候，* 相对湿度（relative humidity）通常较高。

coletta, coletta method　胶糨，胶糨法
胶糨是用黑麦或小麦面粉、皮骨胶和水等物做成的糨糊，（根据配方）也可加入其他成分，比如树脂、* 香脂（balsam）等。胶糨法可能发明于意大利，是用胶糨为绘画作 * 覆背（lining）的历史技法。

collagen　胶原
产生于皮和骨等动物材料中的蛋白质。在水溶液中会强烈膨胀。

colloid　胶体
以非常细的分散质形式存在于液体或气体中的物质，通过普通光学显微镜已无法辨别。

colophony　松脂
也称作松香（rosin）。通过分馏松节油 得到的天然树脂。过去曾被修复师用作一种廉价的树脂，现在一般用 * 达玛树脂（dammar）或合成树脂取而代之。

computer tomography　CT，计算机断层扫描照相
将被检测对象分成许多薄层，拍成连续的 X 光片的方法。其结果用电脑进行处理后，可以在屏幕上以准三维图像的形式展示。

copaiva balsam　苦配巴香脂
取自豆科属树木的棕色 * 香脂（balsam），有的稀薄，也有的粘稠。

co-polymer　共聚物
共聚产物，即两种或更多的聚合物质共同 * 聚合（polymerized）而成的产物。

copal　柯巴脂
一种取自活树的树脂性分泌物，也可能以化石形式挖掘出土。

copper oleate　油酸铜
用 * 铜绿（verdigris）和 * 干性油（drying oil）制成的罩染颜料，随着老化会变成棕色。

copper resinate　树脂酸铜
用 * 铜绿（verdigris）和威尼斯松节油（* 香脂（balsam））制成的冷调子的蓝绿色亮光颜料。随着老化会变成棕色。

cradle, cradling　托架
作为一种补强手段的条带结构，比如固定在木质绘画支撑体背面的 * 轻木（balsa）托架。

craquelure　龟裂
细裂纹网络。

crazing　银纹
1. 光油层银纹是开裂得非常细的网纹，以至于使光油层变得不透明。2. 颜料层银纹见 * 白化（blanching）。它的成因是长时间存在高水平的 * 相对湿度（relative humidity）或绘画表面的凝结水。

creepage 爬动
如果一种黏结剂的凝固点在室温范围内，会一直发黏，在某些情况下会发生“爬动”。

cross-grained cut 横切
垂直于树干或树枝的轴向切割木材。

cup，cupping 杯形起翘
随时间推移，所有的绘画层都会因＊老化裂隙（aging cracks）的作用而发生剥离。剥离部分的边缘向上卷起形成小“杯”的形状即称作杯形起翘。

dammar 达玛树脂
取自东南亚龙脑香科树木的无色或淡黄色树脂。它和＊马蒂树脂（mastic）同为制作光油用的最重要的天然树脂。

dendrochronology 树木年代学
通过数年轮来确定木材（如绘画支撑体）年龄的方法。

desorption 解吸
将＊吸收（absorption）或＊吸附（adsorption）的材料释放。

detergent 洗涤剂
＊润湿剂（Wetting agent）。

diffusion 扩散
一种物质的粒子（例如水）与另一种物质的粒子混合的过程。扩散发生的速度为扩散系数（μ），就是一种物质的扩散能力与静止空气层（μ = 1）的扩散能力的比值。

dipole forces 偶极力
一种分子间力，与＊色散力（dispersion forces）和＊氢键（hydrogen bonds）共同构成物质的内聚力。

diptych 双联画
由两块画板铰接而成的祭坛画。

dispersion 分散剂
一种物质的颗粒在另一种物质中最细微的分布状态，如＊聚醋酸乙烯酯（PVAC）的水分散剂。

dispersion forces 色散力
也称作范德华力或伦敦力。分子间的非＊极性（polar）力，与＊偶极力（dipole forces）和＊氢键（hydrogen bonds）共同构成物质的内聚力。

downward-pressure table 负压工作台
＊低压工作台（Low-pressure table）。

drying cracks 干燥裂隙
干燥裂隙发生于色层干燥的过程之中，由化学过程或物理影响引起；仅限于色层。干燥裂隙是弯曲的，相对较宽。它是两种主要类型的色层裂隙之一；另一种是＊老化裂隙（aging cracks）。（见165页图表）

drying oils 干性油
用于欧洲架上绘画的油——亚麻油、核桃油和罂粟油——因为受氧气（空气）影响会氧化和＊聚合（polymerize）（“干燥”），所以叫作干性油。

elastomer 高弹体
橡胶状的弹性＊聚合物（polymer）。

elemi 榄香脂
取自橄榄科热带树木的树脂，偶尔用于绘画修复，用作＊覆背（lining）黏合剂的添加物。＊香脂（Balsam）。

encaustic 蜡彩画
在涂色前用热蜡调和颜料的绘画技法。

envelope method 封套法
＊真空封套（Vacuum envelope）。

enzyme 酶
控制生物代谢过程的有机化合物。酶也可以分解细胞或细胞壁（真菌 / 木材）的成分。修复师偶尔用酶来清除＊黏结剂（binding agents）、黏合剂和光油。

ester 酯
醇与酸反应产生的有机化合物。

ethanol 乙醇
英语中也称作“ethyl alcohol”，或简称“alcohol”（酒精）。醇类（alcohols）化合物中的一种。

exo-enzyme pattern 外酶型
外酶是细胞分泌出的＊酶（enzymes）。例如：不同的微生物会分泌特定的酶，即它们有各自的外酶型，使它们能够分解特定的物质作为食物。

facing 覆面
为保护处于危险中的画作，用日本纸把画面的局部或整体贴覆起来。

Fayum mummy portraits 法尤姆木乃伊肖像画
覆盖木乃伊面部的木板，常以蜡彩在表面绘画。

fluorochromes 荧光染料
所有可用于产生次生荧光的荧光颜料统称，例如，用于显微镜切片的荧光染料。

functional groups 官能团
有机化合物中易于发生反应的原子或原子团。

gallotannin 没食子单宁
一种取自多种植物虫瘿的单宁。它有强烈的抗氧化性，与铁锈结合会形成一种稳定的化合物，可防止铁锈剥落和进一步劣化。

geotropic 向地
对重力的反应。例如，树根在重力作用下朝着一个特定的方向生长。

glass transition temperature 玻璃化转变温度

top light　顶光
头顶上的照明，与侧光相对。* 侧光（raking light）。

torus　纹孔塞
* 胞间连丝（plasmodesma）的透镜状加粗。

total retouching　完全全色
“完美的”全色，只有用放大镜才能辨识出。

tow　短麻屑
亚麻或大麻的短纤维，偶尔被木板制作工匠粘在木板胶合口上来进行加固。

tracheid　管胞
木材细胞的基本形式。作用是在针叶树中输送水分和增加机械强度。

tragacanth　黄芪胶
提取自伊朗、叙利亚和土耳其的黄芪属灌木的树胶。在 * 水粉颜料（gouaches）和水彩颜料中用作黏结剂。

transverse cut　横切
与树干轴心垂直的切割，与纤维垂直，这就意味着平行于轴的细胞和细胞群会被割断。* 径切（Radial cut）、* 弦切（tangential cut）。

tratteggio　影线法
一种全色技法，修复师在填充过的缺损区域画满平行的彩色细线条。

tung oil　桐油
也被称作中国木油（China wood oil）。一种从亚洲桐树种子荚中冷榨的油，用作防水剂。

turpentine　松节油
提取自针叶树的含油树脂。不应与“代用松节油”混淆，后者提取自石油。

twill　斜纹
三种基本纺织样式之一，布料正面带有典型的对角线纹理。

UV fluorescence microscopy　紫外荧光显微术
用强紫外射线将显微镜下的样品激发出荧光的方法。这种方法可让人分辨出一些特定的物质。

vacuum table　真空工作台
* 热 / 真空工作台（Heat/vacuum table）。

vacuum envelope　真空封套
一种 * 覆背（Lining）方法，在两块画布上涂蜡，并把它们封在气密的薄膜中，抽出空气以促进黏合。

vegetable gums　植物胶
水溶的植物树脂，如 * 阿拉伯胶（gum Arabic）或 * 黄芪胶（tragacanth）。

Venice turpentine　威尼斯松节油
* 香脂（Balsam）。

verdaccio　绿棕灰素描
用深赭色、黑色和铅白（碳酸铅）的混合物作画，在中世纪的意大利绘画中用来画肤色调子的底色。

verdigris　铜绿
乙酸铜，醋与铜反应的产物。在欧洲架上绘画中用作颜料粉。（译者注：有时也指铜、黄铜或青铜表面的碳酸铜绿锈，本书中未提到。）

Vernice liquida　威尼斯液
一种用亚麻油和 * 山达脂（sandarac）制成的光油。

wax immersion method　蜡浸法
将受到昆虫侵害的木板绘画或木雕浸入蜡中的方法。

weave interference　编织干扰
在 * 覆背（lining）时，当一块画布的纱线陷入另一块画布的纱线空隙时，或与之成一定角度交叉时，画布上出现的波浪状轧纹（moiré）效果。这种现象在画于编织得非常均匀的纺织品支撑体上的现代作品中最为明显。

wetting agent　润湿剂
降低水或其他液体表面张力的天然或合成物质，比如：可使水或其他液体渗入受损颜料层的腔隙。非离子润湿剂含有由若干种醚基团链接的烃基团，可增强水的溶解度。

Young's modulus　杨氏模量
材料的拉伸应力与拉伸应变的比值。是其弹性的一种计量。

第二部分 符号

C
碳的化学符号。

fd
非 * 极性（polar）* 色散力（dispersion forces）。

fh
* 氢键（Hydrogen bonds）。

fp
* 极性（Polar）* 偶极（dipole）力。

H
氢的化学符号。

N
氮的化学符号。

n
表示 * 折射率（refractive index）的符号。

OH
* 氢氧化物（hydroxide）的化学符号。

q
木材变形的量度。

qr
木材 * 径向（radial）变形的量度。

qt
木材 * 弦向（tangential）变形的量度。

r
木材总密度的符号。

r_0
木材湿度为 0% 时的总密度符号。

r_u
木材湿度为 u% 时的总密度符号。（应将测得的湿度放在“u”处）。

u
木材湿度符号。

uF
木材纤维饱和度符号；不同类型的木材其值介于 22% 至 30% 湿度之间。

第三部分 计量单位

at 工程大气压
压力单位，从 1978 年 1 月 1 日起不再使用。现在使用 * 巴（bar）（1 at=0.980665 bar）。

atm 标准大气压 / 物理大气压
压力单位，从 1978 年 1 月 1 日起不再使用。现在使用 * 巴（bar）（1 atm=1.01325 bar）。

Bar 巴
压力单位（0.980665 bar=1 工程大气压）。

Dyn 达因
达因（Dyne），现在已经不再使用的力的单位。105 Dyn = 1 *N（牛顿）。

K 开
开尔文，热力学温度的基本单位，得名于英国物理学家——拉各斯的开尔文勋爵（Lord Kelvin）（1824-1907 年）。按开氏温标 0℃ =273.16 K。

kp 千克力
千克力，已经停止使用的力的单位，自 1970 年 3 月 7 日起被 *N（牛顿）所取代。1 kp = 9.80665 N。

lux 勒克司
照度单位。

μm 微米
微米。为 1 米的百万分之一。也表示为 μ。

mbar 毫巴
毫巴，千分之一 * 巴（bar）。

mm Hg 毫米汞柱
压力单位（现在已为非正式单位）。1 mm Hg = 1.33322 *mbar（毫巴）。

N 牛顿
牛顿的正式简称，力的单位：使 1 千克质量获得 1 米 / 秒 2 加速度所需的力。在实用中，近似于 100g 质量的正常重力。

nm 纳米
纳米；十亿分之一米。

Torr 托尔
压力单位，特别是大气压力的单位（已不再使用），得名于意大利物理学家兼数学家埃万杰利斯塔 · 托里拆利（Evangelista Torricelli）（1608—1647 年），他首次演示了大气压力及其波动。1 Torr = 1/760 *atm = 1.3322 *mbar.

第四部分 缩写

AICCM
澳大利亚文物保护学院（Australian Institute for the Conservation of Cultural Material）。

DAB
德国药典（Deutsches Arzneibuch）。

DFG
德国研究协会（Deutsche Forschungsgemeinschaft）。

DIN
德国标准学会（Deutsches Institut für Normung）

DRV
德国修复师协会（Deutscher Restauratorenverband）。

ICCROM
罗马国际文物保护与修复研究中心（International Center for the Study of the Preservation and the Restoration of Cultural Property, Rome）。

ICOM
国际博物馆协会（International Council of Museums）。.

IIC
国际历史与艺术作品保护研究所（International Institute for the Conservation of Historic and Artistic Works）。

IICROM
罗马国际历史与艺术作品保护研究所（International Institute for the Conservation of Historic and Artistic Works, Rome）。

IRPA
布鲁塞尔皇家艺术遗产研究院（Institut Royal du Patrimoine Artistique）。

MAK
工作场所最大浓度（Maximaler-Arbeitsplatz-Konzentrations value）。

pH
氢浓度（potentia Hydrogenii）

PVAC
英文 Polyvinyl acerate（聚醋酸乙烯酯）的缩写。市售产品为水溶 * 分散质、可溶粉末或颗粒。

PVA1
聚乙烯醇（Polyvinyl alcohol）。

TLV
阈限值（Threshold limit value）。

UV
紫外（ultraviolet）

第五部分 产品品牌

AW2
聚环己酮树脂（酮树脂），以前曾在修复类文献中推荐使用，例如用作光油。自 1967 年起已不再生产；市场上可以购得的替代品是 Laropal K80。

Beva 371
用于修复的多功能黏结剂；一种合成树脂与微晶蜡的混合物，1970 年由 G · A. 伯杰研发。

Klucel
一种特殊形式的纤维素（羟丙基纤维素），既溶于水也溶于 * 极性（polar）溶剂。

文献目录

• Achternkamp, P.: Der Rückseitenschutz von Gemälden: Historische und zeitgenössische Praxis, in: Zeitschrift für Kunsttechnologie und Konservierung, 5 (1991), pp. 17-47
• Akke, K.: Les fiches de renseignements techniques sur les peintures contemporaines, in: Mouseion, 25/26 (1934), pp. 220-225
• Albano, A.: A semi-rigid transparent support for paintings which have both inscriptions on their fabric reverse and acute planar distortions, in: Journal of the American Institute for Conservation, 20, 1/2 (1981), pp. 21-27
• Albano, A.: Development of a general purpose table top humidification/suction system, in: ICOM, 7th Triennial Meeting. Copenhagen 1984, 84/2/1
• Althöfer, H.: The use of polyethylene glycols in the field of painting restoration, in: Studies in Conservation, 4, 1 (1959), pp. 31-34
• Althöfer, H.: Wiener Methoden der Gemälderestaurierung, in: Maltechnik, 2 (1960), pp. 50-55
• Althöfer, H.: Einige Probleme der Restaurierung moderner Kunst, in: Das Kunstwerk, 14 (1960), pp. 51-59
• Althöfer, H.: Zur Dokumentation in der Gemälderestaurierung, in: Österreichische Zeitschrift für Kunst und Denkmalpflege, 17 (1963), pp. 83 ft.
• Althöfer, H.: Zur Frage der Retuschen in der Gemälderestaurierung, in: Berichte der Bau- und Kunstdenkmalpflege in Baden-Württemberg. Vol. 4, offprint 1974, pp. 47-94
• Althöfer, H.: Moderne Kunst. Handbuch der Konservierung. Munich 1980
• Althöfer, H.: Ergänzungsfragen und ästhetische Probleme bei der Restaurierung moderner Kunstobjekte, in: Het retoucheren in de restauratie van Kunstwerken. IIC-Symposium Nederland, Jan van Eyck Akademie, Maastricht, 1980, pp. 65-67
• Althöfer, H.: Program for the restoration of modern art, in: International Symposium on Conservation of Contemporary Art. Ottawa 1980
• Althöfer, H. (Ed.): Restaurierung moderner Malerei. Tendenzen - Material - Technik. Munich 1985
• Althöfer, H. (Ed.): Das 19. Jahrhundert und die Restaurierung. Munich 1987
• Andresen, J.: Lining with a self-adhesive foil, in: Nordisk Konservatorforbunds, IIC Nordic Group's Preprints of the 9th Congress. Oslo 1981, p. 39
• Anonymous: By an artist. On the preservation of oil paintings. London 1835
• Anonymous: Holzwurmsuchgerit »Detektiw«, ein neues Hilfsmittel der Holzindustrie, in: Umschau in Wissenschaft und Technik, 7 (1951), p. 219
• Anonymous: Museums and Computers, in: Museum, 23 (1970/71), pp. 8-10, 11-17, 22-26
• Armenini, G. B.: De veri precetti della pittura. Ravenna 1587
• Arosio, R./Nicola, G.: Nuovi tipi telai e di supporti, in: Opifizio delle pietre dure e laboratori di restauro: Atti del convegno sul restauro delle opere d'arte, 1976, pp. 53-58
• Ashley-Smith, J. (Ed.): Science for conservators. Book II: Cleaning. Crafts Council, London 1983
• Augusti, S.: Tecnica e restauro. Naples 1949
• Augusti, S.: Traitement de conservation des peintures sur panneau, in: Studies in Conservation, 1 (1954), pp. 127-130
• Aulmann, H.: Von der Pflege des Bildes im Museum, in: Zeitschrift für Schweizerische Archäologie und Kunstgeschichte, 2 (1940), pp. 210-214
• Azevedo, M.: Restaurierung und Konservierung von Kunstwerken. Zurich 1952
• Azevedo, M.: Die Geschichte der Restaurierung, in: Das Atlantisbuch der Kunst. Zurich 1953, pp. 708-719
• Baldini, U.: Teoria del restauro e unità di metodologia. Vol. 1/2. Florence 1978/1981
• Baldini, U.: Das Cruzifix von Cimabue. Exhibition catalogue. Munich 1983
• Baldini, U./Taiti, S.: Italian lining techniques: Lining with pasta adhesives (and other methods) at the Fortezza da Basso, Florence, in: Conference on Comparative Lining Techniques. Greenwich 1974
• Ballo, E.: Technik der Ölmalerei. Leipzig 1924
• Banik, G./Krist, G. (Ed.): Lösungsmittel in der Restaurierung. Vienna 1984
• Barclay, M.: The final report on a stabilizing treatment for an unusually large and heavy contemporary painting on canvas, in: ICOM, 7th Triennial Meeting. Copenhagen 1984, pp. 84/2/3
• Barclay, M.: Two heavy contemporary oil paintings on canvas: A comparison between lined and unlined, in: ICOM, 8th Triennial Meeting. Sydney 1987, pp. 125 ft.
• Barclay, R./Matias, C.: An epoxy microballoon mixture for gap filling in wooden objects, in: Journal of the American Institute for Conservation, 28 (1989), pp. 31-42
• Basch-Bordone, J.: Handbuch der Konservierung und Restaurierung alter Gemälde. Munich 1921
• Bauer-Bolton, V.: Sollen fehlende Stellen bei Gemälden ergänzt werden? Munich 1914
• Baumann, B. B.: A technique for stretching and framing a double-sided canvas, in: Journal of the American Institute for Conservation, 21 (1982), pp. 77-79
• Bavendamm, W.: Die Holzschäden und ihre Verhütung. Stuttgart 1974
• Becker, H.: Die Bekämpfung pflanzlicher und tierischer Holzschädlinge, in: Bautenschutz und Bausanierung, 3 (1980), pp. 84-90
• Bedotti, J.: De la restauration des tableaux. Paris 1837
• Beltinger, K.: Historischer Abriß der Verwendung von Lösungsmitteln in der Restaurierung unter besonderer Berücksichtigung der Zeitspanne von 1860-1960, Dissertation. Fachklasse für Konservierung und Restaurierung an der Schule für Gestaltung, Bern 1987
• Beltinger, K.: Die Vernähung eines Risses in einem Leinwandgemälde, in: Zeitschrift für Kunsttechnologie und Konservierung, 6 (1992), pp. 353-359
• Bentz, F.: Über Restaurierungstätigkeit an Gemälden, in: Museumskunde, 1908, pp. 151 ff. Bentz, F.: Ratschläge zur Konservierung von Gemälden und Zeichnungen, in: Jahrbuch für Kunst und Kunstpflege, 1915-21
• Bergeon, S.: »Science et patience« ou la restauration des peintures. Paris 1990
• Bergeon, S., et al.: La rentoilage Français à la colle, in: ICOM, 5th Triennial Meeting. Zagreb 1978, 78/2/3
• Bergeon, S./Mondorf, G., et al.: Le blanchiment, un cas precis d'étude, in: ICOM, 6th Triennial Meeting. Ottawa 1981, 81/20/3
• Berger, G. A.: A vacuum envelope for treating panel paintings, in: Studies in Conservation, 10, 1 (1965), pp. 18-23
• Berger, G. A.: Weave interference in vacuum lining of pictures, in: Studies in Conservation, 11 (1966), pp. 170-180
• Berger, G. A.: The testing of adhesives for the consolidation of paintings, in: IIC Bulletin of the American Group, 1968-70, pp. 63-71
• Berger, G. A.: A new adhesive for the consolidation of paintings, drawings and textile, in: IIC Bulletin of the American Group, 11, 1 (1970), pp. 36-38
• Berger, G. A.: Application of heat activated adhesives for the consolidation of paintings, in: IIC Bulletin of the American Group, 11, 2 (1971), pp. 124-128
• Berger, G. A.: Correspondence letter on adhesives for attachment of paint films, in: Studies in Conservation, 16 (1971), p. 26
• Berger, G. A.: Effects of impregnation adhesives

on paint films, in: Bulletin of the American Institute for Conservation of Historic and Artistic Works, 12, 2 (1972), pp. 25-45
• Berger, G. A.: Formulating adhesives for the conservation of paintings, in: Conservation of paintings and the graphic arts. IIC Preprints, Congress Lissabon. London 1972, pp. 613-629
• Berger, G. A.: Testing adhesives for the consolidation of paintings, in: Studies in Conservation, 17, 4 (1972), pp. 173-194
• Berger, G. A.: Effects of consolidation measures on fibrous materials, in: Bulletin of the American Institute for Conservation of Historic and Artistic Works, 14, 1 (1973), pp. 43-65
• Berger, G. A.: Beva-lining of torn paintings - three films, in: Bulletin of the American Institute for Conservation of Historic and Artistic Works, 14 (1974), pp. 22-27
• Berger, G. A.: Some effects of impregnating adhesives on paint films, in: Conference on Comparative Lining Techniques. Greenwich 1974
• Berger, G. A.: Heat-seal lining of a torn painting with Beva 371, in: Studies in Conservation, 20, 3 (1975), pp. 126-151
• Berger, G. A.: Wachsimprägniemngen von Leinwandbildern, ein unwiderruflicher Eingriff, in: Maltechnik/Restauro, Vol. 81 (1975), pp. 41-44
• Berger, G. A.: Unconventional treatments for unconventional paintings, in: Studies in Conservation, 21, 3 (1976), pp. 115-128
• Berger, G. A.: Consolidation of delaminating paintings, in: ICOM, 5th Triennial Meeting. Zagreb 1978, 78/2/1
• Berger, G. A.: On hot-melt, heat-seal and hot-set adhesives, in: Bulletin of the American Institute for Conservation of Historic and Artistic Works, 18 (1978), pp. 44-45
• Berger, G. A.: Conservation of large canvas paintings: the role of constant tension mounting systems, in: Technology and Conservation, 5 (1980), pp. 26-31
• Berger, G. A.: Modeme Konservierung zeitgenössischer Kunst, in: Maltechnik, 1 (1980), pp. 50-66
• Berger, G. A.: Hinweise zum Blendrahmen, in: Maltechnik/Restauro, 4 (1986), pp. 47-54
• Berger, G. A.: Inpainting using PVA medium, in: Mills, J. S./Smith, P. (Ed.): Cleaning, retouching and coatings. IIC Preprints, Brussels Congress. London 1990, pp. 150-155
• Berger, G. A.: Transparent lining of paintings, in: ICOM, 11th Triennial Meeting. Edinburgh 1996, pp. 239-244
• Berger, G. A./Russell, W. H.: Investigations in the reactions of plastic materials to environmental changes, Part I, in: Studies in Conservation, 31 (1986), pp. 49-64
• Berger, G. A./Russell, W. H.: Some conservation treatments in the light of the latest stress measurements (Preliminary Report), in: ICOM, 8th Triennial Meeting. Sydney 1987, pp. 127 ff.
• Berger, G. A./Russell, W. H.: An evaluation of the preparation of canvas paintings using stress measurements, in: Studies in Conservation, 33 (1988), pp. 187-204
• Berger, G. A./Russell, W. H.: Untersuchungen zum Einfluß der Umwelt auf die Erhaltung von Leinwandgemälden, in: Restauro, 95, 3 (1989), pp. 191-202
• Berger, G. A./Russell, W. H.: Changes in resistance of canvas to deformation and cracking (Modulus of Elasticity »E«) as caused by sizing and lining, in: ICOM, 9th Triennial Meeting. Dresden 1990, pp. 107-112
• Berger, G. A./Zeliger, H. I.: Effects of consolidation measures on fibrous materials, in: IIC Bulletin of the American Group, 14, 1 (1973), pp. 43-65
• Berger, G. A./Zeliger, H. I.: Wax impregnation of cellulose: an irreversible process, in: Conference on Comparative Lining Techniques. Greenwich 1974
• Berger, G. A./Zeliger, H. I.: Detrimental and irreversible effects of wax impregnation on easel paintings, in: ICOM, 4th Triennial Meeting. Venice 1975, 75/11/2
• Berger, G. A./Zeliger, H. I.: The procedure of developing an adhesive for paintings: the importance of valid tests, in: Brommelle, N. S./Pye, E. M., et al.: Adhesives and consolidants. IIC Preprints, Congress Paris, 1984, pp. 13-17
• Bergmeier, K.-E: Ein Unterdrucktisch. Entwicklung, Konstruktion, Bau. Dissertation. Staatliche Akademie der Bildenden Künste, Institut für Technologie der Malerei, Stuttgart, 1987
• Bernstein, J.: The treatment of an extensively damaged oil painting on canvas, in: Bulletin of the American Institute for Conservation of Historic and Artistic Works, 14, 2 (1974), pp. 93-114
• Bertelli, C.: Il restauro di un quadro di Tiziano, in: Bollettino dell' Istituto Centrale del Restauro, 31/32 (1957), pp. 129-243
• Besnainou, D.: Cire et cires, Étude sur la composition, l'altération, la restauration, la conservation des œuvres céroplastique. Paris 1984
• Bjarnhof, M.: Removal of damp blotches by the aid of low pressure table, in: ICOM, 7th Triennial Meeting. Copenhagen 1984, 84/2/10
• Bjarnhof, M.: Treatment of paintings on copper supports. Some experiments and observations, in: ICOM, 8th Triennial Meeting. Sydney 1987, pp. 951-955
• Bogh, L./Kemath, A./Thorvildsen M.: Om forsog med Vinnapas-Dispersion EP 1, in: Meddelelser om Konservering, 5 (1975), pp. 135-162
• Bogovicic, I.: Symbols graphiques dans la documentation concernant la restauration, in: ICOM, 6th Triennial Meeting. Ottawa 1981, 81/4/1
• Boissonnas, A. G.: Relining with glas-fiber fabric, in: Studies in Conservation, 6, 1 (1961), pp. 26-30
• Boissonnas, A. G.: The treatment of fire-blistered oil paintings, in: Studies in Conservation, 8, 2 (1963), pp. 55-66
• Boissonnas, P. B.: Emploi du vacuum pour les tableaux sur bois, in: Studies in Conservation, 9 (1964), pp. 43-49
• Boissonnas, P. B.: A treatment for blanching in paintings, in: Studies in Conservation, 22, 1 (1977), pp. 43-44
• Boissonnas P. B.: Transfer eines Gemäldes von Otto Morach, in: Maltechnik/Restauro, Vol. 84 (1979), pp. 48-51
• Boissonnas, P. B./Percival-Prescott, W.: Removal of varnish and glue from painted surfaces using micro-friction, in: ICOM, 8th Triennial Meeting. Sydney 1987, pp. 137-144
• Booth, P.: Protecting paintings from dirt, in: Hackney, S./Townsend, J./Eastaugh, N. (Ed.): Dirt and pictures separated. London 1990, pp. 24-26
• Borelli, V. L.: Restauro e restauratori di dipinti in Francia dal 1750 al 1860, in: Bollettino dell' Istituto Centrale del Restauro, 3/4 (1950), pp. 71-84
• Borghini, R.: Il Riposo. Florence 1584
• Bosshard, H. H.: Holzknnde. Vol. 2. Basel 1975
• Bosshard-Van der Brüggen, E. V.: Konservierung einer Tüchleinmalerei, in: Maltechnik/ Restauro, Vol. 80 (1974), pp. 16-20
• Bourdeau, J.: A further examination of the barrier properties of Tinuvin 327 ultraviolet absorber in the protection of dammar films, in: Mills, J. S./ Smith, P. (Ed.): Cleaning, retouching and coatings. IIC Preprints, Brussels Congress. London 1990, pp. 165-167
• Bouvier, P. L.: Manuel des jeunes artistes et amateurs en peinture. Paris - Strasbourg 1827
• Brachert, T.: Gemäldepflege. Ravensburg 1955
• Brachert, T.: Zur Parkettierungsfrage, in: Maltechnik, 1 (1955), pp. 7-8
• Brachert, T.: Zum Problem der Firnisabnahme, in: Maltechnik, 3 (1955), pp. 69-71
• Brachert, T.: Rißbildung an Gemälden, in: Maltechnik, 4 (1956), pp. 105-111
• Brachert, T.: Probleme bei der Doublierung von

Leinwandbildern, in: Maltechnik, 3 (1965), pp. 80-81
• Brachert, T.: Historische Keilrahmensysteme, in: Maltechnik/Restauro, (1973), pp. 234-238
• Brachert, T.: Historische Klarlacke und Möbelpolituren, Part II, in: Maltechnik/Restauro, Vol. 84 (1978), pp. 120-125
• Bradley, M.: The treatment of pictures. Cambridge (Mass.) 1950
• Brammer, H.: Vacuum-Packung für Bildtafeln, in: Maltechnik, Vol. 71, 4 (1965), pp. 102-104
• Brammer, H.: Durch Restaurierungsmaßnahmen beschädigte Gemäldeoberflächen. Zwei Beispiele aus der Kasseler Gemäldegalerie, in: Zeitschrift für Kunsttechnologie und Konservierung, 1 (1987), pp. 95-104
• Brandi, C.: The cleaning of pictures in relation to patina, varnish and glazes, in: Burlington Magazine, 91 (1949), pp. 183-188
• Brandi, C.: Sui problemi dei supporti. Telai per dipinti trasportati dalle tavola e per affreschi strappati, in: Bollettino dell' Istituto Centrale del Restauro, 1 (1950), pp. 13-19
• Brandi, C.: Teoria del restauro. Rome 1963. Pocket edition: Turin 1977
• Brandt, W: Keilrahmen abnormer Formen und Formate, in: Maltechnik, 4 (1963), pp. 103-107
• Brandt, W: Lokaler Klimaschutz am Tafelbild, in: Nachrichtenblatt der Denkmalpflege in BadenWürttemberg, 11, 3 (1968), pp. 77-82
• Brauer, E H.: Moderne Lackkunstharze in der Praxis des Malers und Restaurators, in: Maltechnik/Restauro, 2 (1975), pp. 96-98
• Bresee, R. R.: General effects of aging on textiles, in: Journal of the American Institute for Conservation, 25, 1 (1986), pp. 39-49
• Brewer, J. A.: Effect of selected coatings on moisture sorption of selected wood test panels with regard to common panel painting supports, in: Studies in Conservation, 36 (1991), pp. 9-23
• Brimblecombe, E: Particular material in air of art galleries, in: Hackney, S./Townsend, J./Eastaugh, N. (Ed.): Dirt and pictures separated. London 1990, pp. 7-10
• Brinck-Madsen, H.: Preliminary note on the use of benzotriazole for stabilizing bronze objects, in: Studies in Conservation, 12, 4 (1967), pp. 163-166
• Brinck-Madsen, H.: Further remarks on the use of benzotriazole for stabilizing bronze objects, in: Studies in Conservation, 16 (1971), pp. 120-122
• Bromford, D./Staniforth, S.: Wax-resin lining and colour change: An evaluation, in: National Gallery Technical Bulletin, 5 (1981), pp. 58-65
• Brommelle, N. S.: Colour and conservation, in: Studies in Conservation, 2 (1955), pp. 76-85
• Brommelle, N. S.: Material for a history of conservation. The 1850 and 1853 reports on the National Gallery, in: Studies in Conservation, 2 (1956), pp. 176-188
• Brommelle, N. S./Pye, E. M., et al.: Adhesives and consolidants. IIC Preprints, Congress Paris, 1984
• Brommelle, N. S./Smith, E (Ed.): Conservation and restoration of pictorial art. London 1976
• Brommelle, N. S./Thomson, G. (Ed.): Science and technology in the service of conservation. IIC Preprints, Washington Congress. London 1982
• Brommelle, N. S./Werner, A. (Ed.): Problems of conservation in Museums. London 1969
• Brown, L.: »Royac« viskose primed canvas - an important development, in: Studies in Conservation, 36, 3 (1991), pp. 172-174
• Bruckner-Laufer, E/Gürtler Subal, C./Scheibli, B.: Handbuch der flüssigen und gasförmigen Arbeitsstoffe in der Konservierung und Restaurierung. Bern - Stuttgart - Vienna 1993
• Brunner, E: Rückseitenschutz von Gemälden. Dissertation. Staatliche Akademie der Bildenden Kiinste, Institut für Technologie der Malerei, Stuttgart, 1988
• Buck, R. D.: Treatment of paintings on wood in museums not air-conditioned, in: Museum News, 25 (1947), pp. 7 ff.
• Buck, R. D.: A note on the effect of age on the hygroscopic behaviour of wood, in: Studies in Conservation, 1 (1952), pp. 39-45
• Buck, R. D.: The use of moisture barriers on panel paintings, in: Studies in Conservation, 6 (1961), pp. 9-19
• Buck, R. D.: Is cradling the answer?, in: Studies in Conservation, 7, 3 (1962), pp. 71-74
• Buck, R. D.: Some applications of mechanics to the treatment of panel paintings, in: Thomson, G. (Ed.): Recent advances in conservation. London 1963, pp. 156-162
• Buck, R. D.: Some applications of theology to the treatment of panel paintings, in: Studies in Conservation, 17 (1972), pp. 1-11
• Buck, R. D.: Stretcher Design, preliminary survey, in: ICOM, 3rd Triennial Meeting. Madrid 1972, 72/21//2
• Buck, R. D./Merrill, D. F.: Honeycomb core construction for supporting panels, in: Bulletin of the American Institute for Conservation of Historic and Artistic Works, 12, 2 (1972), pp. 62-65
• Bucklow, S.: Formal connoisseurship and the study of painting techniques, in: ICOM, 11th Triennial Meeting. Edinburgh 1996, pp. 341-347
• Bucklow, S.: The description of craquelure patterns, in: Studies in Conservation, 42 (1997), pp. 129-140
• Burell, H.: Solubility parameters, in: Interchemical Review, 14, 2 (1955), pp. 31-46
• Burell, H.: The challenge of the solubility parameter concept, in: Journal of Paint Technology, 40 (1968), pp. 197-208
• Burmester, A./Koller, J.: Schadensbeschreibung und Wege zur Konservierung (von säuregeschädigten Gemälden) aus naturwissenschaftlicher Sicht, in: Jahresbericht der Bayerischen Staatsgemäldesammlungen, Munich, 1987/88, pp. 18-24
• Burmester, A./Koller, J./Kawinski, H.: The Munich Dürer Attack: the removal of sulphuric acid and acid compounds by use of a conditioned ion-exchange resin, in: Mills, J. S./Smith, E (Ed.): Cleaning, retouching and coatings. IIC Preprints, Brussels Congress. London 1990, pp. 177-183
• Burnstock, E./Caldwell, M./Odlyha, M.: A technical examination of surface deterioration of Stanley Spencer's paintings at Sandham Memorial Chapel, in: ICOM, 10th Triennial Meeting. Washington 1993, pp. 231-238
• Burnstock, A./Learner, T.: Changes in the surface characteristics of artificially aged mastic varnishes after cleaning using alkaline reagents, in: Studies in Conservation, 37, 3 (1992), pp. 165-184
• Burnstock, A./White, R.: The effects of selected solvents and soaps on a simulated canvas painting, Mills, J. S./Smith, E (Ed.): Cleaning, retouching and coatings. IIC Preprints, Brussels Congress. London 1990, pp. 111-118
• Burtin, E-X. de: Traité théorique et pratique des connaissances qui sont nécessaire à tout amateur de tableaux [...]. Paris 1808
• Büttner-Pfänner zu Thai, F. F.: Handbuch über Erhaltung, Reinigung und Wiederherstellung der Oelgemälde. Munich 1897
• Büttner-Pfänner zu Thai, F. F.: Über Erhaltung, Reinigung und Wiederherstellung der Oelgemälde nach der neuesten Forschung, in: Technische Mitteilungen für Malerei, 1897, pp. 15-19
• Busch, G./Bellstedt-Lange, L.: Ein ungewöhnlicher Restaurierungsfall, in: Maltechnik, 2 (1958), pp. 35-38
• Byrne, A.: Lining of easel paintings - a short bibliography, in: ICOM-Bulletin, 5 (1979), pp. 53-58
• Cadorin, E/Veillon, M.: La peinture mate: définition, techniques permettant d'obtenir l'effet mat, matériaux, modes d'application vernis mats, in: ICOM, 5th Triennial Meeting. Zagreb 1978, 78/6/5/1
• Caley, T.: Aspects of varnishes and the cleaning of oil paintings before 1700, in: Mills, J. S./Smith,

P. (Ed.): Cleaning, retouching and coatings. IIC Preprints, Brussels Congress. London 1990, pp. 70-72
• Carità, R.: Proposte per la parchettatura delle tavole, in: Bollettino dell' Istituto Centrale del Restauro, 16 (1953), pp. 173-188
• Carità, R.: Patricia della parchettatura, in: Bollettino dell' Istituto Centrale del Restauro, 27/28 (1956), pp. 101-131
• Carlyle, L.: Triammonium Citrate: an investigation into its application for surface cleaning, in: Hackney, S./Townsend, J./Eastaugh, N. (Ed.): Dirt and pictures separated. London 1990, pp. 44-48
• Carlyle, L/Townsend, J.: An investigation of lead sulphide darkening of nineteenth century painting materials, in: The United Kingdom Institute for Conservation, 1990, pp. 40-43
• Casazza, O.: Il restauro pittorico nell' unita di metodologia. Florenz 1989
• Cennini, C.: Das Buch von der Kunst oder Tractat der Malerei des Cennino Cennini di Colle di Valdelsa. Translated (into the German) and elucidated by A. Ilg. Quellenschriften für Kunstgeschichte, I, Vienna 1888
• Cession, C.: The surface layers of baroque gildings: Examination, conservation, restoration, in: Mills, J. S./Smith, P. (Ed.): Cleaning, retouching and coatings. IIC Preprints, Brussels Congress. London 1990, pp. 33-35
• Chittenden, R./Lewis, G./Percival-Prescott, W.: Prestreched low pressure lining methods (including vacuum envelope), in: Conference on Comparative Lining Techniques. Greenwich 1974
• Church, A. H./Ostwald, H. W.: Farben und Malerei. Munich 1908
• Ciatti, M.: Cleaning and retouching: an analytical review, in: Mills, J. S./Smith, P. (Ed.): Cleaning, retouching and coatings. IIC Preprints, Brussels Congress. London 1990, pp. 59-62
• Clark, C. D.: Pictures: Their preservation and restoration. Maryland 1959
• Clarke, W./Ives, H. E.: The use of polymerysed vinyl acetate as an artist's medium, in: Technical Studies in the Field of the Fine Arts, 4 (1935), pp. 36-41
• Colville, J./Kilpatrick, W./Mecklenburg, M. E: A finite element analysis of multi-layered orthotropic membranes with application to oil paintings on fabric, in: Brommelle, N. S./Thomson, G. (Ed.): Science and technology in the service of conservation. IIC Preprints, Washington Congress. London 1982, pp. 146-150
• Constable, W. G.: The painter's workshop. Boston 1963
• Conti, A.: Storia del restauro. Milan 1973
• Coremans, E: La recherche scientifique et la restauration des tableaux, in: Bulletin de l'Institut Royal du Patrimoine Artistique, 4 (1961), pp. 109-116
• Cowling E. G./Stamm, A. J.: An approach to the measurement of solid solution structures in wood and other cellulose materials, in: Journal of Polymer Science, Part C, 2 (1963), pp. 243-252
• Crecelius, S. O., et al..: Drying oil oxidation mechanism, film formation and degradation, in: Industrial and Engineering Chemistry, 47 (1955), pp. 1643-1649
• Crenshaw, K. B.: A study of texture modifications, interlining materials, support fabrics and cushioning materials, in: Bulletin of the American Institute for Conservation of Historic and Artistic Works, 1978, pp. 53-66
• Cröker, J. M.: Der wohlanführende Mahler. Jena 1729
• Cuany, V./Schaible, V./Schießl, U.: Studien zur Festigung biologisch geschwächten Nadelholzes -Eindringvermögen, Stabilitätserhöhung, feuchtephysikalisches Verhalten, in: Zeitschrift für Kunsttechnologie und Konservierung, 3, 2 (1989), pp. 249-292
• Cupr, V./Cibulka, B.: Vorbehandlung verrosteter Metalloberflächen vor dem Auftragen von Anstrichmitteln und anderen Stoffen, in: Deutsche Farben-Zeitschrift, 19 (1965), pp. 15-19
• Cursiter, S./De Wild, M. A.: Picture relining, in: Technical Studies in the Field of the Fine Arts, 5 (1937), pp. 157-178
• Cursiter, S./De Wild, M. A.: Note on picture relining, in: Technical Studies in the Field of the Fine Arts, 6 (1938), pp. 174-179
• Cursiter, S./De Wild, M. A.: Picture relining with wax, in: Technical Studies in the Field of the Fine Arts, 7 (1938), pp. 80-87
• Cursiter, S./De Wild, M. A.: Picture relining, in: Technical Studies in the Field of the Fine Arts, 7 (1939), pp. 191-195
• Cymorek, S.: Schadinsekten in Kunstwerken und Antiquitäten aus Holz, in: Holz-Zentralblatt, 110, 42 (1984), pp. 638-641
• Dahlin, E.: Konservering av 1600-tails malerei med torklebefolie, in: Meddelelser om Konservering, 1 (1970), pp. 17-23
• Damitz, E/Murphy, J. A.: Varnishes, in: Mattieloo, J. J. (Ed.): Protective and decorative coatings. New York 1943
• Dantzig, M. M. van: Barstforming op Schilderijen, in: Maandblad voor Beeldende Kunsten, 12 (1935), pp. 232-249
• Dasser, K. L.: Untersuchung und Dokumentation als wesentliche Bestandteile einer Restaurierung, in: Jahrbuch der Bayerischen Denkmalpflege, 36 (1982), pp. 95-108
• Delbourgo, S.: Les alterations de la couche pictorale sous l'objectif du microscop, in: Laboratoire de recherche des Musées de France, Paris, 1970, pp. 4-7
• De Mayerne-Manuskript, in: Berger, E.: Beitrige zur Entwicklungsgeschichte der Maltechnik. Vol. 4. Munich 1901, pp. 98-365
• Denninger, K. E.: Entfernung alter Leinölfarbschichten von Tafelbildern, in: Maltechnik, 1 (1955), pp. 22-26
• Denninger, K. E.: Verbesserte Holzwurmbekämpfung, in: Maltechnik, 63 (1957), pp. 65-69
• Denninger, K. E.: Ein Verfahren zur Übertragung italienischer Tafelbilder des 13.-15. Jahrhunderts, in: R. E. Straub (Ed.), Über die Erhaltung von Gemälden und Skulpturen. Stuttgart - Zurich 1963, pp. 99-106
• Denninger, K. E.: Strukturen und Eigenschaften des Holzes, in: Nachrichtenblatt der Denkmalpflege in Baden-Wiirttemberg, 11, 3 (1968), pp. 68-71
• Déon, H.: De la conservation et la restauration des tableaux. Paris 1851. German edition: Von der Erhaltung und Restaurierung der Gemälde. Translated and with many annotations by A. W Hertel. Weimar 1853
• De Wild, M. A.: Méthodes de restauration et de conservation des peintures des Écoles Hollandaise et Flamande, in: Mouseion, 15 (1931), p. 43
• De Wild, M. A.: A vacuum-relining apparatus for general use, in: Studies in Conservation, 4 (1959), pp. 73-77
• De Wild, M. A.: De verdoeken van schilderijen, in: Chemisch Werkblad, 55 (1959), p. 32
• De Wild, M. A.: Redwood, eine ausgezeichnete Holzart für Restaurierungen, in: Maltechnik/ Restauro, Vol. 65, 1 (1959), pp. 49-50
• De Wild, M. A.: Vakuum-Heizkasten, selbst gebaut, in: Maltechnik, 1 (1960), pp. 3-8
• De Wild, M. A.: Wiederbefestigung von Leinwand und Bildschicht, in: Maltechnik, 4 (1964), pp. 97-111
• Dietrich, G.: Untersuchungen zur Reinigung von Polimentvergoldungen. Dissertation Cologne Polytechnic, 1996
• Dix, U.: Inpainting with egg-tempera, in: Bulletin of the American Institute for Conservation of Historic and Artistic Works, 4th Annual Meeting, 1976, pp. 127 ff.
• Doerner, M.: Malmaterial und seine Verwendung im Bild. Stuttgart 1936. New edition: Stuttgart 1980
• Doolittle, A. K.: The technology of solvents and

plasticizers. New York 1954
• Dossie, R.: The handmaid to the arts. 2 vols. London 1758
• Dover, H. T.: The restoration of paintings, in: Burlington Magazine, 39 (1921), pp. 184-188, 221-223
• Dreiner, K./Klein, P./Zillich, I.: Investigation into the deformation of panel paintings, in: ICOM, 1 lth Triennial Meeting. Edinburgh 1996, pp. 268-270
• Drinkwater, N. G.: A new hot table for relining, in: Studies in Conservation, 3 (1957), pp. 89-91
• Dunkerton, J./Kirby, J./White, R.: Varnish and early Italian tempera paintings, in: Mills, J. S./Smith, P. (Ed.): Cleaning, retouching and coatings. IIC Preprints, Brussels Congress. London 1990, pp. 63-69
• du Pont Cornelius, F.: Further developments in the treatments of fire-blistered oil-paintings, in: Studies in Conservation, 11, 1 (1966), pp. 31-36
• du Pont Cornelius, F.: Movement of wood and canvas for paintings in response to high and low R. H. Cycles, in: Studies in Conservation, 12, 2 (1967), pp. 76-80
• Duve, G., et al.: Lösemittel Hoechst - Ein Handbuch für Laboratorium und Betrieb, Hoechst AG. Frankfurt am Main 1976
• Eastaugh, N.: The visual effects of dirt on paintings, in: Hackney, S./Townsend, J./Eastaugh, N. (Ed.): Dirt and pictures separated. London 1990, pp. 19-23
• Eibner, A.: Malmaterialkunde. Berlin 1909
• Eibner, A.: Sprung- und Rißbildung an trocknenden Ölfarbanstrichen. Munich 1920
• Eibner, A.: Entwicldung und Werkstoffe der Tafelmalerei. Munich 1928 (Sändig-Reprint 1974)
• Eibner, A.: Das Öltrocknen. Munich 1948
• Elm, A. C.: Some technical properties of paint films, in: Official Digest, 346 (1953), pp. 751-774
• Émile-Mâle, G.: Restaurations des peintures de chevalet. Fribourg 1976. German edition: Gemälde aufLeinwand und Holz. Berlin (West) 1976
• Erhardt, D./Bischoff, J. J.: Resin soaps and solvents in the cleaning of paintings: Similarities and Differences, in: ICOM, 10th Triennial Meeting. Washington 1993, pp. 141-146
• Erhardt, D./Tsang, J.: The extractable components of oil paint films, in: Mills, J. S./Smith, E (Ed.): Cleaning, retouching and coatings. IIC Preprints, Brussds Congress. London 1990, pp. 93-97
• Erhardt, N.: Möglichkeiten der Ergänzung großer Fehlstellen an fraßgeschädigtem Holz, Dissertation. Cologne Polytechnic, 1995
• Essers, G.: Verschweißung von Gewebeträgerrissen mittels Lötnadel, in: Maltechnik/Restauro, 91 (1985), pp. 42-43
• Etchinson, B.: Radiant heat for vacuum tables, in: Studies in Conservation, 14 (1969), pp. 170-173
• Faltermeier, K.: Abformungen in Kunststoffen, in: Kunststoffe in der Konservierung und Restaurierung von Kulturgütern, Bern 1986, pp. 19-28
• Falvey, D. M.: Practical cold lining developments in Skaneateles, New York, in: ICOM, 7th Triennial Meeting. Copenhagen 1984, 84/2/12
• Falvey, D. M.: The case study of the low-pressure treatment of a large-scale canvas mural painting: »The Settlement of Canada« by Frederick S. Haines, in: ICOM, 8th Triennial Meeting. Sydney 1987, pp. 153-159
• Feller, R. L.: Hardness and flexibility of natural and synthetic resins varnishes, in: The Museum News, 29, 20 (1952), pp. 7-8
• Feller, R. L.: Color change in oil paintings, in: Carnegie Magazine, 28 (1954), pp. 276-281, 285
• Feller, R. L.: Cross-linking of methacrylate polymers by ultraviolet radiation. Paper presented at the New York meeting of the Division of Paint, Plastics and Printing Ink Cemestry, American Chemical Society, 1957, pp. 465-470
• Feller, R. L.: Factors affecting the appearance of picture varnish, in: Science, 125 (1957), pp. 1143-1144
• Feller, R. L.: Dammar and mastic varnishes-hardness, brittleness and change in weight upon drying, in: Studies in Conservation, 3 (1958), pp. 162-174
• Feller, R. L.: New solvent-type varnishes, in: Thomson, G. (Ed.): Recent advances in conservation. London 1963, pp. 176-184
• Feller, R. L.: Polymer emulsions, in: IIC Bulletin of the American Group, 6, 2 (1966), pp. 24-28
• Feller, R. L.: Solubility Parameter, in: IIC Bulletin of the American Group, 8, 2 (1968), pp. 20-24
• Feller, R. L.: Studies in the photochemical stability of thermoplastic resins, in: ICOM, 4th Triennial Meeting. Venice 1975, 75/22/4
• Feller, R. L.: The relative solvent power needed to remove various aged solvent-type coatings, in: Brommelle, N. S./Smith, E (Ed.): Conservation and restoration of pictorial art. London 1976, pp. 158-161
• Feller, R. L.: Exposure tests on traditional and polyvinylacetate retouching systems and characterization of certain modern proprietary painting media, in: Bulletin of the American Institute for Conservation of Historic and Artistic Works, 4th Annual Meeting, 1976, pp. 126 ff.
• Feller, R. L.: Standards in the evaluation of thermoplastic resins, in: ICOM, 5th Triennial Meeting. Zagreb 1978, 78/16/4/9
• Feller, R. L.: Thermoplastic polymers currently in use as protective coatings and potential directions for further research, in: Conservation: The Art, the Craft and the Science. Brisbane 1983, pp. 5-18
• Feller, R. L./Bailie, C. W.: Solubility of aged coatings based on dammar, mastic and resin AW2, in: IIC Bulletin of the American Group, 12 (1972), pp. 72-81
• Feller, R. L./Curran, M.: Solubility and cross-linking characteristics of ethylene/vinylacetat copolymers, in: IIC Bulletin of the American Group, 1 (1970), pp. 42-45
• Feller, R. L./Curran, M.: Changes in solubility and removability of varnish resins with age, in: IIC Bulletin of the American Group, 15 (1975), pp. 17-26
• Feller, R. L./Stolow, N./Jones, E. H.: On picture varnishes and their solvents. Oberlin (Ohio) 1959. Revidierte Neuausgaben: Cleveland (Ohio) 1971, Washington 1985
• Fielding, T. H.: The knowledge and restoration of old paintings. London 1847
• Fieux, R. E.: Teflon coated fibreglass as a support for relining paintings, in: Bulletin of the American Institute for Conservation of Historic and Artistic Works, 14, 1 (1974), pp. 73-74
• Fieux, R. E.: Mechanical aspects of vacuum lining of paintings, in: Bulletin of the American Institute for Conservation of Historic and Artistic Works, 15 (1974), pp. 48-50
• Fieux, R. E.: Electrostatic hold as a pressure source in the lining of paintings, in: Journal of the American Institute for Conservation, 16 (1977), pp. 36-38
• Fieux, R. E.: Electrostatic hold: A new technique of lining, in: ICOM, 5th Triennial Meeting. Zagreb 1978, 78/2/7/1
• Fieux, R. E.: Silicone polymers for relining of paintings, in: Brommelle, N. S./Pye, E. M., et al.: Adhesives and consolidants. IIC Preprints, Congress Paris, 1984, pp. 46-49
• Fischer [First name unknown]: Spannungsrißbildung und Spannungsrißkorrosion bei Kunststoffen, in: Zeitschrift für Werkstofftechnik, 1, 2 (1970), pp. 74-83
• Forni, U.: Manuale del pittore-restauratore. Florence 1866
• Förster, C.: Über den Verfall der Restauration. Munich 1870
• Forster, M.: An investigation into the use of enzymes for removing glue linings from paintings, in: The Courtauld Institute Project. London 1978/79
• Friedländer, M.: Von Kunst und Kennerschaft.

Berlin 1957
• Friedlein, E.: Über das Nachdunkeln der Retuschen auf Ölbildern, in: Technische Mitteilungen für Malerei, 8 (1891), pp. 96 f.
• Frimmel, T. von: Handbuch der Gemäldekunde. Leipzig 1894
• Funke, W: Über die Einwirkung von Wasser auf Anstrichfilme, in: Werkstoffe und Korrosion, 20 (1969), pp. 15 ff.
• Gabler, W.: Eine Möglichkeit der Restaurierung von Rissen in Leinwandgemälden ohne Doublierung, dargestellt am Beispiel des Gemäldes »Die Nacht« von Ferdinand Hodler, in: Mitteilungen des Deutschen Restauratorenverbandes, 1980/81, pp. 22 ff.
• Gardon, J. L.: The influence of polarity upon solubility parameter concept, in: Journal of Paint Technology, 38 (1966), pp. 43-57
• Gettens, R. J.: Polymerized vinyl acetate and related compounds in the restoration of objects of art, in: Technical Studies in the Field of the Fine Arts, 4 (1935), pp. 15-27
• Gettens, R. J./Pease, M./Stout, G. L.: The problem of mold-growth in paintings, in: Technical Studies in the Field of the Fine Arts, 9, 3 (1941), pp. 127-143
• Gettens, R. J./Stout, G. L.: The problem of lining adhesives for paintings, in: Technical Studies in the Field of the Fine Arts, 2 (1933), pp. 81-104
• Gettens, R. J./Stout, G. L.: Trial data on painting materials - Supports, in: Technical Studies in the Field of the Fine Arts, 5, 1 (1936), pp. 23-24
• Geusau, P./Schreiner, M.: Beitrag zur Gemäldereinigung: Vergleichende Studie der praktischen Anwendbarkeit und Wirkungsweise von Lösungsmitteln, Lösungsmittelgelen, Harzseifen und Enzymen, in: Zeitschrift für Kunsttechnologie und Konservierung, 6 (1992), pp. 260-274
• Giebe, M.: Die Restaurierung der Supraporte »Blumensttick mit Putto«, von Adam Friedrich Oeser unter besonderer Beachtung konservatorischer Aspekte. Dissertation. Hochschule for Bildende Künste, Dresden, 1980
• Gifford, M. E.: Conservation of a painting, in: Journal of the Walters Art Gallery, 34 (1981), pp. 3 f.
• Gilsa, B. von: Gemäldereinigung mit Enzymen, Harzseifen, Emulsionen, in: Zeitschrift für Kunsttechnologie und Konservierung, 5, 1 (1991), pp. 48-58
• Gilsa, B. von: Harzseifen zur Firnisabnahme: Eine experimentelle und praktisch angewandte Studie am Beispiel der Abietatseifen, in: Zeitschrift für Kunsttechnologie und Konservierung, 7 (1993), pp. 184-218
• Gnamm, H.: Die Lösungsmittel und Weichmachungsmittel. Stuttgart 1946
• Goebel, J.: Aquapasto - Mitteilungen aus der Fabrikation, in: Maltechnik/Restauro, 2 (1970), pp. 53-54
• Goetghebeur, N.: Preliminary study and approach to the cleaning of »The Raising of the Cross« by Peter Paul Rubens in Antwerp cathedral, in: Mills, J. S./Smith, P. (Ed.): Cleaning, retouching and coatings. IIC Preprints, Brussels Congress. London 1990, pp. 1-5
• Goetghebeur, N./Lefevre, R., et al.: Materiele beschrijving, bewaringstoestand en behandeling, in: Bulletin de l'Institut Royal du Patrimoine Artistique, 9 (1966), pp. 73-88
• Goetz, A.: Über die Pflege von Gemälden. Hamburg 1916
• Goist, D. C.: Treatment of a flood-damaged oil painting, in: Bulletin of the American Institute for Conservation of Historic and Artistic Works, 4th Annual Meeting, 1976, pp. 48-56
• Gombrich, E. H.: Dark varnishes. Variations on a theme by Pliny, in: Burlington Magazine, 105 (1963), pp. 90-93
• Goupil, E-A.: Traité méthodique et raisonné de la peinture à l'huile. Paris 1867
• Graf, M.: Abformung von Oberflächenstrukturen in Kittstellen, in: Maltechnik, 2 (1974), pp. 107-109
• Graf, M.: Heißwasser-Doublierung für großformatige Bilder, in: Maltechnik/Restauro, Vol. 81, 1 (1975), pp. 45-46
• Granwehr, O./Brachert, T.: Selbstgebauter Heiztisch, in: Maltechnik, Vol. 72, 2 (1966), pp. 43-46
• Green, J.: Filling materials and methods for compensating losses in easel paintings. Dissertation. The Courtauld Institute of Art, London, 1979
• Green, T.: Surface dirt removal from unvarnished paint films, in: Hackney, S./Townsend, J./ Eastaugh, N. (Ed.): Dirt and pictures separated. London 1990, pp. 51-55
• Groen, K.: Scanning electron-microscopy as an aid in the study of blanching, in: The Hamilton Kerr Institute Bulletin, Cambridge 1977-1988, pp. 56-65
• Grosjean, D./Parmar, S.: Removal of air pollutant mixtures from museum display cases, in: Studies in Conservation, 36 (1991), pp. 129-141
• Grosser, D.: Über die Bekämpfung holzzerstörender Insekten mit Begasungsmitteln, in: Der praktische Schidlingsbekämpfer, 27, 5 (1974), pp. 58-63
• Grosser, D./Rossmann, E.: Blausäuregas als bekämpfendes Holzschutzmittel für Kunstobjekte, in: Holz als Roh- und Werkstoff, 32 (1974), pp. 108-114
• Grosser, D.: Pflanzliche und tierische Bau- und Werkholzschädlinge. Leinfelden-Echterdingen 1985
• Grosseschmidt, H.: Zur Behebung von Transport- und Aufbewahrungsschäden an einem über großen Leinwandbild, in: Mitteilungen des Deutschen Restauratorenverbandes, 1981/82, pp. 26 ff.
• Guhl, E.: Künsderbriefe. Berlin 1880
• Guilly, R./Sotton, M./Chevalier, M.: Étude de l'operation de décatissage des toiles de doublage en lin. Analyse comparative des caractéristiques des toiles décaties artisanalement et industriellement, in: ICOM, 6th Triennial Meeting. Ottawa 1981, 81/2/4
• Hacke, B.: A low-pressure apparatus for treatment of paintings, in: ICOM, 5th Triennial Meeting. Zagreb 1978, 78/2/12/1
• Hacke, B.: Konservering af maleri pa lærred, in: Kunst og Museum, 17, 1 (1982), pp. 27-55
• Hacke, B.: Über die Entwicklung und Möglichkeiten des Niederdruckapparates, in: Maltechnik/ Restauro, 4 (1983), pp. 157-167
• Hackert, P.: Über den Gebrauch des Firnis in der Malerey, nebst Anhang über Reinigung der Gemälde. Dresden 1800
• Hackney, S.: The distribution of gaseous air pollution within museums, in: Studies in Conservation, 29 (1984), pp. 105-116
• Hackney, S.: The removal of dirt from Turner's unvarnished oil sketches, in: Hackney, S./Townsend, J./Eastaugh, N. (Ed.): Dirt and pictures separated. London 1990, pp. 35-39
• Hackney, S./Hedley, G.: Measurements of the aging of linen canvas, in: Studies in Conservation, 26 (1981), pp. 1-14
• Hackney, S./Hedley, G.: The deterioration of linen canvas: accelerated aging test to investigate the modes of deterioration and to access retarding treatments, in: Brommelle, N. S./Thomson G. (Ed.): Science and technology in the service of conservation. IIC Preprints, Washington Congress. London 1982, pp. 151-153
• Hackney, S./Hedley, G.: Linen canvas artificially aged, in: ICOM, 7th Triennial Meeting. Copenhagen 1984, 84/2/16
• Hackney, S./Townsend, J./Eastaugh, N. (Ed.): Dirt and pictures separated. London 1990
• Hackney, S./Townsend, J., et al.: Studies on the deacidification of canvas supports with Magnesium Methoxy Methyl Carbonate, in: ICOM, 11th Triennial Meeting. Edinburgh 1996, pp. 271-275
• Haller, U.: Studien zur Herstellung und Anwendung von Lösungsmittelgelen, -pasten und Kompressen in der Restaurierung. Dissertation. Staatliche Akademie der Bildenden Künste, Institut für Technologie der Malerei, Stuttgart, 1994

• Hallström, B.: Letter to the editor (reeffects of lining on paint structure), in: Studies in Conservation, 16 (1971), p. 168
• Hallström, B.: Consolidation of pictures on canvas, in: Remarks on relining. Kungl. Konsthoegskolan. Stockholm 1972
• Hammer, I.: Sinn und Methodik restauratorischer Befundsicherung. Zur Untersuchung und Dokumentation von Wandmalerei und Architekturoberflächen, in: Restauratorenblätter, 9 (1987/88), pp. 34-58
• Hampel, G. J. C.: Restauration der Gemälde, sowohl alter, als schadhaft gewordener, in ihrem ganzen Umfange. Nebst einer Anleitung zur Freskomalerei. Weimar 1846
• Hansen, C.: The three dimensional solubility parameter - Key to paint component affinities, in: Journal of Paint Technology, 39 (1967), pp. 104-107
• Hartlieb, I./Messner, K./Riedl, H.: Wachstum von Schimmelpilzen in Malgründen und ihre Bekämpfung, in: Maltechnik/Restauro, 3 (1982), pp. 189-197
• Hatchfleld, P.: Notes on a fill material for water sensitive objects, in: Journal of the American Institute for Conservation, 2 (1986), pp. 93-95
• Hawker, J. J.: The bond strength of two hot table lining adhesives, Beva 371 and Plextol D360, in: ICOM, 8th Triennial Meeting. Sydney 1987, pp. 161-168
• Heckermann, D.: Untersuchungen und Möglichkeiten zur Behandlung brandgeschädigter Leinwandgemälde. Dissertation. Vienna 1985
• Hedley, G.: Some empirical determinations of the strain distributions in stretched canvas, in: ICOM, 4th Triennial Meeting. Venice 1975, 75/1/4
• Hedley, G.: Solubility parameters and varnish removal -A survey, in: The Conservator, 4 (1980), pp. 12-18
• Hedley, G.: The stiffness of lining fabrics: Theoretical and practical considerations, in: ICOM, 6th Triennial Meeting. Ottawa 1981, 81/2/2
• Hedley, G.: Relative humidity and the stress/strain response of canvas paintings: Unaxial measurements of naturally aged samples, in: Studies in Conservation, 33 (1988), pp. 133-148
• Hedley, G./Odlyha, M., et al.: A study of the mechanical and surface properties of oil paint films treated with organic solvents and water, in: Mills, J. S./Smith, E (Ed.): Cleaning, retouching and coatings. IIC Preprints, Brussels Congress. London 1990, pp. 98-105
• Hedley, G./Villers, C.: Polyester sailcloth fabric: A high-stiffness lining support, in: Brommelle, N. S./Thomson G. (Ed.): Science and technology in the service of conservation. IIC Preprints, Washington Congress. London 1982, pp. 154-158
• Hedley, G./Villers, C.: Lining in 1984: Questionnaire replies, in: ICOM, 7th Triennial Meeting. Copenhagen 1984, 84/2/22
• Hedley, G./Villers, C., et al.: A new method for treating water damage flaking, in: ICOM, 9th Triennial Meeting. Dresden 1990, pp. 119-123
• Heiber, W.: Die Doublierung mit Geweberasterhaftung, in: Zeitschrift für Kunsttechnologie und Konservierung, 1, 2 (1987), pp. 72-76
• Heiber, W.: Die Rißverklebung, in: Zeitschrift für Kunsttechnologie und Konservierung, 10 (1996), pp. 117-146
• Heimberg, B.: Zustandsbefund, Konservierung und Restaurierung (durch Säure zerstörter Gemälde), in: Jahresbericht der Bayerischen Staatsgemäldesammlungen, Munich, 1987/88, pp. 10 ff.
• Heimberg, B.: The Munich attack: Conservation and restoration of the damaged panels, in: Mills, J. S./Smith, E (Ed.): Cleaning, retouching and coatings. IIC Preprints, Brussels Congress. London 1990, pp. 185-187
• Hellwig, F.: Die Restaurierungsdokumentation im Germanischen Nationalmuseum Nürnberg, in: Arbeitsblätter für Restauratoren, 1 (Gruppe 22), 1986, pp. 34-41
• Hering, B.: Der Heißsiegelkleber »Salie 83«, in: Neue Museumskunde, 29, 3 (1986), pp. 218-224
• Hermesdorf, P. E J. M.: Joining loose members of panel paintings, in: Studies in Conservation, 1 (1954), pp. 87-91
• Hermesdorf, P. E J. M.: Ein neues Verfahren zur Übertragung von Tafelmalereien bei teilweiser Beibehaltung des Bildträgers, in: Straub, R. E. (Ed.): Über die Erhaltung von Gemälden und Skulpturen. Stuttgart - Zurich 1963, pp. 87-98
• Hermesdorf, P. E J. M./Rees-Jones sen., S.: The adhesive strength of whiting wax resin cements, in: Studies in Conservation, 4, 1 (1959), pp. 5-12
• Hilbert G. S.: Sammlungsgut in Sicherheit. Part 1. Berlin 1981
• Hiler, H.: Notes on the technique of painting. London 1957
• Hill, A.: Manufacture and use of AW2 resin, in: Modern Plastics, 25 (1948), pp. 118-120
• Hill, G.: My use of acrylic transfers as an alternative collage making method, in: Leonardo, 13 (1980), pp. 213-215
• Hirthe, W. E/Glatha, I., et al.: Gemäldezerstörung durch Pilze, in: Zentralblatt für Mikrobiologie, 142 (1987), pp. 271-282
• Hirthe, W. E/Glatha, I., et al.: Untersuchungen zum Schutz von Gemälden vor Befall mit Pilzen, in: Zentralblatt für Mikrobiologie, 142 (1987), pp. 369-377
• Hoare, R. M./Connel, S. J.: Build your own vacuum hot table for 600 Dollars, in: Journal of the American Institute for Conservation, 19 (1980), pp. 89-95
• Honig, M.: The use of polyurethane foam as a facing in the process of transfer, in: Bulletin of the American Institute for Conservation of Historic and Artistic Works, 14, 1 (1973), pp. 66-72
• Honig, M.: To further applications of polyurethane foam in the process of transfer, in: Bulletin of the American Institute for Conservation of Historic and Artistic Works, 14, 2 (1974), pp. 52-64
• Hoplinski, J.: Restauration d'une peinture bois au Musée National de Cracovie, in: Mouseion, 37/38 (1937), pp. 87-91
• Horie, C. V.: Materials for conservation. London 1987
• Horovitz, I.: Painting on copper supports: Techniques, deterioration and conservation, in: The Conservator, 10 (1986), pp. 44-48
• Hückel, A.: Der Heiztisch. Dissertation. Akademie der Bildenden Künste, Meisterschule für Konservierung und Technologie, Vienna, 1972
• Hückel, A.: Bemerkungen über den Heiztisch, in: Maltechnik/Restauro, Vol. 81 (1975), pp. 35-40
• Hulmer, E. C.: Notes on formulation and application of adhesives and supports, in: IIC Bulletin of the American Group, 11, 1 (1971), pp. 46-54
• Hummelen, I. J.: Over materialien voor het stoppen van lacunes in schilderijen op doek, in: Het retoucheren in de restauratie van Kunstwerken. IIC-Symposium Nederland, Jan van Eyck Akademie, Maastricht, 1980, pp. 73-77
• ICOM Committee for the Care of Paintings: The care of wood panels, in: Museum, 8, 3 (1955), pp. 139-164
• Ilten, E.: Das Problem der Reinigung des Harzlasurenbildes in der modernen Restaurierungstechnik, in: Österreichische Zeitschrift für Kunst und Denkmalpflege, 30 (1976), pp. 196-202
• Ivanova, Y. E./Fedoseeva, T. S.: The choice of a method of technical restoration of easel oil paintings depending on specific technical and technological features of a painting (on the example of restoring works by russian painters, belonging to the end of the XVIIth-beginning of the XIXth centuries), in: ICOM, 8th Triennial Meeting. Sydney 1987, pp. 169 ff.

• Jägers, E.: Einige Hinweise zur Handhabung von gesundheitsgefährdenden Arbeitsstoffen, in: Mitteilungen des Deutschen Restauratorenverbandes, 1980/81, pp. 28-31
• Jägers, E.: Kritische Betrachtungen über konservatorische und restauratorische Maßnahmen aus der Sicht der Physik, in: Mitteilungen des Deutschen Restauratorenverbandes, 4 (1982/83), pp. 6-11
• Jahn, J. Q.: Abhandlung über das Bleichen und die Reinigung der Oele zur Oelmalerey [...], nebst einem Beytrage über die Ausbesserung, das Auffrischen und das Abziehen alter Gemälde [...]. Dresden 1803
• Jakobs, D.: Restaurierung und Zeitgeschmack. Der Kruzifix von Cimabue nach der Restaurierung von Umberto Baldini, in: Zeitschrift für Kunsttechnologie und Konservierung, 1 (1988), pp. 53-67
• Jessell, B.: Helmut Ruhemann's inpainting techniques, in: Journal of the American Institute for Conservation, 17 (1977), pp. 1-8
• Jones, E. H.: The removal of varnish - Investigations on the removal of aged varnish coatings, in: Feller, R. L./Stolow, N./Jones, E. H.: On picture varnishes and their solvents. Cleveland (Ohio) 1971, pp. 171-191
• Jones, P. L.: The leaching of linseed oil films in iso-propyl alcohol, in: Studies in Conservation, 10 (1965), pp. 119-129
• Kainzlbauer, L.: Die Art, Behandlung und Wiederherstellung der Öl-, Tempera- und Fresco-Gemälde usw. Vienna - Leipzig 1910
• Karpowicz, A.: Aging and deterioration ofproteinaceous media, in: Studies in Conservation, 26 (1981), pp. 153-160
• Karpowicz, A.: In-plane deformations of films of size on paintings in the glass transition region, in: Studies in Conservation, 34 (1989), pp. 67-74
• Karpowicz, A.: A study on development of cracks on paintings, in: Journal of the American Institute for Conservation, 29 (1990), pp. 169-180
• Katz, K. B.: The artist's intention and the varnishing of German Expressionist paintings: Two case studies, in: Mills, J. S./Smith, P. (Ed.): Cleaning, retouching and coatings. IIC Preprints, Brussels Congress. London 1990, pp. 158-159
• Kaufmann, M.: Studien zur Problematik der speziellen Klimasituation am Leinwandbild, in: Zeitschrift für Kunsttechnologie und Konservierung, 5 (1991), pp. 59-73
• Keck, S.: The transfer of a small icon to a support of vinyl resin, in: Technical Studies in the Field of the Fine Arts, 9 (1940), pp. 11-20
• Keck, S.: A restoration with plastics, in: Paint, Oil and Chemical Review, 103, 9 (1941), p. 40
• Keck, S.: Mechanical alteration of the paint film, in: Studies in Conservation, 14, 1 (1969), pp. 19-30
• Keck, S.: Some picture cleaner controversies, past und present, in: Journal of the American Institute for Conservation, 23 (1989), pp. 73-87
• Keller, R.: Leinöl als Malmittel, in: Maltechnik/Restauro, 2 (1973), pp. 44 ff.
• Kelly, F.: Art restauration. Wiltshire 1971
• Kelly, F.: Die Restaurierung von Gemälden und Drucken. Munich 1973
• Ketnath, A.: Die Verwendung von Acrylharzen und der Heiß-Siegelmethode zur Konservierung von Leinwandbildern, in: Maltechnik/Restauro, Vol. 83 (1977), pp. 99-105
• Ketnath, A.: The treatment of a fire-damaged picture painted on masonite board, in: Studies in Conservation, 23 (1978), pp. 168-173
• Ketnath, A.: Die Verwendung von Acrylharzen und dem Niederdruckapparat zur Konservierung von Leinwandgemälden, in: Maltechnik/Restauro, 4 (1983), pp. 273-277
• Keyselitz, R.: Roste auf Holzbildern nach der »Wiener Methode« in: Maltechnik, Vol. 66 (1960), pp. 73-75
• Kiermaier, W.: Technik zur Oberflächenstrukturierung von Wachskittungen, in: Mitteilungen des Deutschen Restauratorenverbandes, 1980/81, pp. 32-39
• Kiesewetter, A./Große-Ruyken, G.: Das Kitten an Bildtafeln des Zaascher Altars - Ein Ergebnis der Untersuchung von Methoden und Materialien für Kittungen am Holztafelbild. Dissertation. Hochschule für Bildende Künste, Dresden, 1979
• Kiss, T.: Entwurf eines einheitlichen modernen Restaurierdokumentationssystemes für die ungarischen Museen, in: Mtizeumi Mütärgyvedelem, 4 (1977), pp. 193-202
• Klein, P.: Dendrochronologische Untersuchungen an Eichenholztafeln von Rogier van der Weyden, in: Jahrbuch der Berliner Museen, 23 (1981), pp. 113-124
• Klein, P./Bröker, F.-W.: Investigations on swelling and shrinkage of panels with wooden supports, in: ICOM, 9th Triennial Meeting. Dresden 1990, pp. 41-43
• Klopfer, H.: Wassertransport durch Diffusion in Feststoffen. Berlin- Wiesbaden 1982
• Klummer, G.: Die Fotogrammetrie und ihre Verwertbarkeit in der Restaurierdokumentation, in: Österreichischer Restauratorenverband, Schweizer Verband für Konservierung und Restaurierung, Deutscher Restauratorenverband (Ed.): Dokumentation in der Restaurierung, 1994, pp. 161-163
• Koller, J.: Terpentinöle für Malzwecke, in: Restauro, 2 (1988), pp. 133-138
• Koller, J.: Cleaning of a nineteenth century painting with deoxycholate soap: Mechanism and residue studies, in: Mills, J. S./Smith, P. (Ed.): Cleaning, retouching and coatings. IIC Preprints, Brussels Congress. London 1990, pp. 106-110
• Koller, J./Burmester, A.: Blanching of unvarnished modern paintings: A case study on a painting by Serge Poliakoff, in: Mills, J. S./Smith, P. (Ed.): Cleaning, retouching and coatings. IIC Preprints, Brussels Congress. London 1990, pp. 138-143
• Koller, M.: Gemäldeübertragungen - um jeden Preis?, in: Maltechnik; 2 (1971), pp. 94-103
• Koller, M.: Barocke Altarbilder in Mitteleuropa: Technik, Fassung, Konservierung, in: Der Altar des 18. Jahrhunderts. Das Kunstwerk in seiner Bedeutung und als denkmalpflegerische Aufgabe. Forschungen und Berichte der Bau- und Denkmalpflege in Baden-Württemberg. Vol. 5. Munich - Berlin 1978, pp. 173-222
• Koller, M.: Restaurierungswerkstätten und wissenschaftliche Dokumentation, in: Maltechnik/Restauro, Vol. 88 (1982), pp. 59-66
• Koller, M.: Care of polychromy and paintings on Austrian gothic and baroque retabels in a non-museum environment, in: Mills, J. S./Smith, P. (Ed.): Cleaning, retouching and coatings. IIC Preprints, Brussels Congress. London 1990, pp. 41-46
• Koller, M./Mairinger, F.: Problems of varnishes: Use, appearance and possibilities of examination, in: ICOM, 4th Triennial Meeting. Venice 1975, 75/22/9-1
• Kollmann, F.: Technologie des Holzes und der Holzwerkstoffe. Vol. 1. Berlin 1951
• Kollmann, F.: Rheologie und Strukturfestigkeit von Holz, in: Holz als Roh- und Werkstoff, 19, 3 (1961), pp. 73-80
• Köster, C.: Über die Restauration alter Ölgemälde. Heidelberg 1827
• Koyano, M.: Treatment of canvas paintings lining, in: Scientific Papers on Japanese Antiques and Art Crafts, 25 (1980), pp. 69-83
• Kozlowski, R.: A new cradle model, in: Studies in Conservation, 7 (1962), pp. 56-66
• Kozlowski, R.: An apparatus for glueing split panels, in: Studies in Conservation, 7 (1962), pp. 135-140
• Kreitmayr, A.: Verfahren zur Sicherung des Malgrundes von Oelgemälden auf Leinwand gegen Einflüsse der Atmosphärilien etc., in: Technische Mitteilungen für Malerei, 15 (1848), pp. 3 ff.
• Kresse, P.: Über den Mechanismus der Blasenbildung, in: Farbe und Lacke, 72, 12 (1966), pp. 1179-1190

• Kröh, F.: Zur Technik der Oelmalerei. Nach den neuesten Grundsätzen unter Berücksichtigung der Konservierung und Restaurierung der OelGemälde. Weimar 1886
• Kudrjawzew, E. W.: Die Technik des Gemälde-restaurierens. Leipzig (n.d.)
• Kühn, H.: Beitrag zur Theorie des mechanischen Formveränderungsverhaltens von Holz, in: Holz als Roh- und Werkstoff, 19, 3 (1961), pp. 81-82
• Kühn, H.: Erhaltung und Pflege von Kunstwer-ken und Antiquitäten. Vol. 1. Munich 1974
• Kühn, H.: Die Klebstoffe und Kittmassen, in: Mitteilungen des Deutschen Restauratorenverbandes, 1981/82, pp. 14 ff.
• Kühn, H./Roosen-Runge, H./Straub, R. E./ Koller, M.: Reclams Handbuch der künstlerischen Techniken. Vol. 1. Stuttgart 1984
• Kuiper, L./Hesterman, W.: Report on the restoration of Rembrandt's »Night watch«, in: Bulletin van het Rijksmuseum, 24 (1976), pp. 14-19
• Lafontaine, R. H.: Decreasing the yellowing rate of dammar varnish using antioxidants, in: Studies in Conservation, 24 (1979), pp. 14-22
• Lafontaine, R. H.: Effect of Irganox 565 on the removability of dammar films, in: Studies in Conservation, 24 (1979), pp. 179-181
• Lafontaine, R. H.: Use of stabilizers in varnish formulations, in: ICOM, 6th Triennial Meeting. Ottawa 1981, 81/16/5
• Landgrebe, B.: Möglichkeiten zur Abnahme von Wachs-/Harzdoublierungen, in: Zeitschrift für Kunsttechnologie und Konservierung, 2 (1988), pp. 297-304
• Langendorf, G./Schuster, E./Wagenführ, R.: Rohholz. Leipzig 1972
• Lank, H.: Egg tempera as a retouching medium, in: Mills, J. S./Smith, P. (Ed.): Cleaning, retouching and coatings. IIC Preprints, Brussels Congress. London 1990, pp. 156-157
• Lank, H./Pemberton-Pigott, V.: The use of dimethylformamide vapour in reforming blanched oil paintings, in: Brommelle, N. S./Smith, P. (Ed.): Conservation and restoration of pictorial art. London 1976, pp. 103-109
• Larsen, E.: Transfer of ancient paintings to new canvas, in: Apollo, 61 (1955), pp. 150-151
• Laurie, A. P.: The painters methods and materials. Philadelphia 1926
• Laurie, A. P., The warping of panels, in: The Museums Journal, 33 (1933), pp. 389-391
• Laurie, A. P.: Le dévernissage des tableaux anciens et la suppression des repeints, in: Mouseion, 25/26 (1934), pp. 216-220
• Laurie, A. P.: Restrainers and solvents used in cleaning old varnish from pictures, in: Technical Studies in the Field of the Fine Arts, 4 (1935), pp. 34-35
• Le Brun, B. P.: Réflexions sur le Musée National. Paris 1794
• Leene, J. E.: Restoration and preservation of ancient textiles and natural science, in: Thomson, G. (Ed.): Recent advances in conservation. London 1963, pp. 190-191
• Lehmann, H.: Kunststoffe als Imprägnierungsund Bindemittel für künstlerische oder dekorative Malereien, in: Maltechnik/Restauro, 2 (1972), pp. 105-108
• Lehmann, J.: Möglichkeiten der Erhaltung von Grabkreuzen, in: Arbeitsblätter der Restauratoren, 2 (Gruppe 1: Eisen), 1983, pp. 181-189
• Leonard, M.: Some observations on the use and appearance of two new synthetic resins for picture varnishes, in: Mills, J, S./Smith, P. (Ed.): Cleaning, retouching and coatings. IIC Preprints, Brussels Congress. London 1990, pp. 174-176
• Leonardo da Vinci: Trattato della pittura. Florenz 1492. German edition: Das Buch von der Malerei. Translated from Codex Vaticanus 1270 and clearly arranged by H. Ludwig. Osnabrück 1970 (Reprint of the 1882 edition)
• Leveton, B. C.: Framing method used to protect vulnerable works, in: Hackney, S./Townsend, J./ Eastaugh, N. (Ed.): Dirt and pictures separated. London 1990, pp. 27-28
• Leweke, F.: Probleme der Restaurierung großfor-matiger DeckenGemälde, in: Neue Museums-kunde, 4 (1977), pp. 302-310
• Lewis, G. I.: Preparatory treatment of paintings for lining. II: A vacuum envelope lining method as developed by W. Percival-Prescott and R. Chittenden in the Restoration Department of the National Maritime Museum, in: ICOM, 4th Triennial Meeting. Venice 1975, 75/11/6
• Liberti, S.: Nuovi ritrovati nella disinfestazione delle opere d'arte, in: Bollettino dell' Istituto Centrale del Restauro, 16 (1953), pp. 155-175
• Liberti, S.: Sull'uso di cloronaphtaline a bassa clorurazione quali disinfestanti del legno, in: Bollettino dell' Istituto Centrale del Restauro, 23/24 (1955), pp. 199 ff.
• Lodewijks, J.: Heat-sealing useful for relining of paintings, in: Preliminary Report to ICOM, Committee for the Care of Paintings. Brussels 1967
• Löffler-Dreyer, B.: Voruntersuchung am Cismarer Altar - Eine Dokumentationsmethode als Grundlage für ein Restaurierungskonzept, in: Zeitschrift für Kunsttechnologie und Konservierung, 1, 1 (1987), pp. 110-117
• Lohmann, U.: Holzhandbuch. Rosenheim 1986
• Lorenzi, F.: Restanrierung eines Bildes mit eingelaufener Leinwand, in: Maltechnik, 74, 2 (1970), pp. 34-39
• Lorenzi, F.: Trennung und Übertragung eines beidseitig bemalten Leinwandgemäldes, in: Maltechnik, Vol. 74, 4 (1970), pp. 103-107
• Lucanus, A. W.: The transfer of easel paintings, in: Thomson, G. (Ed.): Recent advances in conservation. London 1963, pp. 165-168
• Lucanus, F. G. H.: Beiträge zur Kennmis der richtigen Anwendung des Mastixfirnisses auf Gemälden, in: Berliner Kunstblatt, 2, 2 (1829), pp. 54-55
• Lucanus, F. G. H.: Gründliche und vollständige Anleitung zur Erhaltung, Reinigung und Wiederherstellung der Gemälde. Halberstadt 1832
• Lucas, A./Brommelle, N.: Failure of synthetic materials in picture conservation, in: The Museums Journal, 53 (1953), pp. 149-155
• MacBeth, R./Odlyha, M., et al.: Evaluation of moisture treatment of fabric-supported paintings, in: ICOM, 10th Triennial Meeting. Washington 1993, pp. 150-156
• Makes, F.: Enzymatic consolidation of paintings. University of Göteborg, Department of History of Art and Architecture. Göteborg 1979
• Makes, F.: Enzymatic removal of lining paste from paintings, in: ICOM, 7th Triennial Meeting. Kopenhagen 1984, 84/2/26
• Makes, F.: Enzymatic hydrolysis of the lining paste in Eeckhout picture »Joseph and his brothers« by Krill enzymes, in: ICOM, 9th Triennial Meeting. Dresden 1990, pp. 124-129
• Makes, F./Hallström, B.: Remarks on relining. Royal Academy Art School, Institute of Technology. Stockholm 1972
• Mantell, C. L.: Technology of natural resins. New York 1942
• Manual on the conservation of paintings. International Museums Office, Paris 1940
• Manuel de la conservation et de la restauration des peintures. Office International des Musées, Paris 1939
• Marette, J.: Bonnaissance des primitifs par l'étude du bois (du XIIe au XVIe siècle). Paris 1961
• Marijnissen, R. H.: Dégradation, conservation et restauration de l'œuvre d'art. Brussels 1967
• Marijnissen, R. H./Seghers, J.: Het verdoeken van grote schilderijen, in: Bulletin de l'Institut Royal du Patrimoine Artistique, 2 (1959), pp. 67-72
• Marot, P.: Recherche sur les origines de la transposition de la peinture en France. Nancy 1951
• Martin, W.: Alt-Holländische Bilder. Berlin 1918

• Marty, H.: Alterungsbeständigkeit und Alterungsverhalten von Doubliermaterialien. Dissertation. Akademie der Bildenden Künste, Vienna, 1981
• Marty, H.: Natürliche und synthetische Materialien und ihre Anwendung bei der Doublierung von Leinwandbildern und der Festigung der Malschichten, in: Mitteilungen des Deutschen Restauratorenverbandes, 1981/82, pp. 4-11
• Marty, H.: Übersicht über die Werkstoffe der Gemäldedoublierung und der Festigung ihrer Malschichten, in: Maltechnik/Restauro, 4 (1983), pp. 278-284
• Marty, Chr.: Alternativen zur Restaurierung brandgeschädigter Gemälde, in: Maltechnik/Restauro, 3 (1986), pp. 35-41
• Maschke, W.: Zwischendoublierung für Sonderfälle, in: Maltechnik, 64 (1958), p. 20
• Masschelein-Kleiner, L.: Les solvants. Brussels 1981
• Masschelein-Kleiner, L.: Die Lösungsmittel, in: Banik, G./Krist, G. (Ed.): Lösungsmittel in der Restaurierung. Vienna 1984, pp. 117-150
• Masschelein-Kleiner, L.: Ancient binding media, varnishes and adhesives, in: ICCROM. Rome 1985
• Mauclerc, M.: Traité des couleurs et vernis. Paris 1773
• Maurer, R.: Ein neues Verfahren der Gemäldeerhaltung, in: Technische Mitteilungen für Malerei, 53 (1937), pp. 219-225,231-235
• Mayer, R.: The artist's handbook of materials and techniques. New York 1963
• McGlinchey, C. W.: The industrial use and development of low molecular weight resins: An examination of products of interest to the conservation field, in: ICOM, 9th Triennial Meeting. Dresden 1990, pp. 563-567
• McGriffin, R. F.: A method for overpaint retention, in: Studies in Conservation, 24 (1979), pp. 47-53
• McKay, D. K.: The treatment of blistered paintings. M. A. C. Project 1977, International Center for the Study of the Preservation and Restoration of Cultural Property in Rome. Manuscript. Rome 1977
• Mecklenburg, M. F.: Some aspects to the mechanical behaviour of fabric-supported paintings, in: Report to the Smithsonian Institution. Washington D.C. 1982
• Mecklenburg, M. E/Webster, J. E.: Muminium honeycomb supports: Their fabrication and use in painting conservation, in: Studies in Conservation, 22 (1977), pp. 177-189
• Mehra, V. R.: Comparative study on conventional relining methods and materials and research towards their improvement, in: ICOM. Madrid 1972, pp. 29 f.
• Mehra, V. R.: A low-pressure cold-relining table, in: Conference on Comparative Lining Techniques. Greenwich 1974
• Mehra, V. R.: Nap-bond cold-lining on a low-pressure table, in: Maltechnik/Restauro, 2 (1975), pp. 87-95
• Mehra, V. R.: Cold-lining and the care of the paintlayer in a triple-stretcher system. Also: Answers to some questions and doubts about the coldlining system, in: ICOM, 5th Triennial Meeting. Zagreb 1978, 78/2/5/1
• Mehra V. R.: Minimizing strain and stress in lining canvas paintings, in: ICOM, 6th Triennial Meeting. Ottawa 1981, 81/2/14
• Mehra, V. R.: The cold-lining of paintings, in: The Conservator, 5 (1981), pp. 12-14
• Mehra, V. R.: Cold-lining and its scope: Some case histories, in: ICOM, 7th Triennial Meeting. Copenhagen 1984, 84/2/31
• Mehra, V. R.: Die Konservierung von Gemälden auf Leinwand, in: Restauro, 3 (1989), pp. 204-211
• Merimée, M. J. F. L.: The art of painting in oil and in fresco. London 1939 (Translated from the French by W B. Sarsfield)
• Merrifield, M. P.: Original treatises on the arts of painting. Vol. 2. New York 1967
• Merz, H.: Technische Hilfsmittel für die Arbeiten am improvisierten Vakuum-Heiztisch, in: Maltechnik/Restauro, 1 (1974), pp. 41-42
• Merz, H.: Die Verwendung wasserhaltiger Klebemittel auf dem Heiz-/Vakuumtisch, in: Studies in Conservation, 19, 1 (1974), pp. 51-53
• Messens, G.: Hand lining with wax-resin using an iron, in: Conference on Comparative Lining Techniques. Greenwich 1974
• Meyer, K. H.: Natural and synthetic high polymers. New York 1950
• Michalski, S.: A physical model of varnish removal from oil paint, in: Mills, J. S./Smith, R (Ed.): Cleaning, retouching and coatings. IIC Preprints, Brussels Congress. London 1990, pp. 85-92
• Miller, B. F.: The feasibility of using thermography to detect subsurface voids in painted wooden panels, in: Journal of the American Institute for Conservation, 16 (1977), pp. 27-35
• Mills, J. S.: Blanching of the paint film involving possible changes in the medium, in: National Gallery Technical Bulletin, 4 (1980), p. 60
• Mills, J. S./Smith, P. (Ed.): Cleaning, retouching and coatings. IIC Preprints, Brussels Congress. London 1990
• Mogford, H.: Handbook for the preservation of pictures. London 1845
• Moll, F.: Holzzerstörung und Holzschutz in der alten Literatur, in: Naturwissenschaftliche Zeitschrift der Forst-Landwirtschafr, 15, 2 (1917), pp. 77-78
• Moncrieff, A.: Review of recent literature of wood (January 1960- April 1968), in: Studies in Conservation, 13 (1968), pp. 186-212
• Moreau-Vautier, C.: The technique of painting. London 1912
• Mühlethaler, B.: Holzfestigung mit Kunstharzen, in: Nachrichtenblatt der Denkmalpflege in Baden-Wtirttemberg 11, 3 (1968), pp. 85-88
• Müller-Skjold, F.: Zur Frage der Schädigung von Gemälden durch Röntgenstrahlen, in: Angewandte Chemie, 49 (1936), pp. 161-162; 50 (1937), pp. 321 ff.
• Murray Pease Report, The, in: Studies in Conservation, 9 (1964), pp. 116-121
• Nazarova, I. V./Malachevskaya, E. L., u.a.: Technique of restoring paintings on canvas without lining, in: ICOM, 9th Triennial Meeting. Dresden 1990, pp. 130-132
• Nicola, G./Arosio, R.: A new facing material, in: Studies in Conservation, 18 (1973), pp. 177-179
• Nicolaus, K.: Untersuchungen zur italienischen Tafelmalerei des 14. und 15. Jahrhunderts, in: Maltechnik/Restauro, 3, 4 (1973), pp. 142-192
• Nicolaus, K.: DuMont's Handbuch der Gemäldekunde. Cologne 1979. New edition: Cologne 1986
• Nicolaus, K.: Gemälde. Untersucht - Entdeckt - Erforscht. Brunswick 1979
• Nicolaus, K.: DuMont's Bild-Lexikon zur Gemäldebestimmung. Cologne 1982
• Niedermann, U.: Einfaches Hilfsgerät zur Verleimung von Fugen und Rissen, in: Maltechnik/Restauro, 1 (1979), pp. 51 ft.
• Nikolova, D./Ikonomova, A.: Die Verwendung von Enzymen in der Restaurierung von Malerei, in: Restauro, 2 (1991), pp. 94-101
• North, K. S.: Old Masters - Their scientific preservation, in: International Studies, 96 (1930), pp. 23 ff.
• Ognibeni, G./Klöpfer, A.: Strahlmittel und Druckluft in der Gemälde- und Skulpturenrestaurierung, in: Restauro, 6 (1991), pp. 398-402
• Packard, E./Kirby, J.C.: The structure of some South German panel paintings - A problem in conservation, in: Journal of the Waiters Art Gallery, 10 (1947), pp. 91-97
• Parrini, R: A new lining canvas, in: ICOM, 5th Triennial Meeting. Zagreb 1978, 78/2/10/1
• Pease, M.: A treatment for panel paintings, in: The Metropolitan Museum of Art Bulletin, 3 (1948), pp.

119-224
• Pelikán, J. B.: Conservation of iron with tannin, in: Studies in Conservation, 11 (1966), pp. 109-155
• Perara, D. Y./Heert, P. M.: Water transport through paint films, in: Journal of the Oil and Colour Chemists Association, 54 (1971), pp. 313 ff., 395 ff., 546 ff., 589 ff., 774 ff.
• Percival-Prescott, W.: The lining cycle, in: Conference on Comparative Lining Techniques. Greenwich 1974
• Percival-Prescott, W.: Handbook of terms used in the lining of paintings. National Maritime Museum. Greenwich 1974
• Percival-Prescott, W.: Report on Greenwich lining conference, in: ICOM, 4th Triennial Meeting. Venice 1975, 75/11/1-1
• Percival-Prescott, W./Boissonnas, P. B.: Some alternatives to lining, in: ICOM, 7th Triennial Meeting. Copenhagen 1984, 84/2/35
• Percival-Prescott, W.: Eastlake revisited: some milestones on the road to ruin, in: Mills, J. S./ Smith, P. (Ed.): Cleaning, retouching and coatings. IIC Preprints, Brussels Congress. London 1990, pp. 73 ff.
• Peres, C./Hoyle, M./Tilborgh, L. van: A closer look. Amsterdam 1991
• Perkinson, R. L.: Design and construction of a suction table, in: Journal of the American Institute for Conservation, 20, 1/2 (1980/81), pp. 360
• Pernety, A. J.: Dictionnaire portatif de peinture, sculpture, et gravure. Paris 1757. German edition: Des Herrn Pernety Handlexikon der bildenden Künste [...]. Berlin 1764
• Perry, R.: Problems of dirt accumulation and its removal from unvarnished paintings: A practical review, in: Hackney, S./Townsend, J./Eastaugh, N. (Ed.): Dirt and pictures separated. London 1990, pp. 3-6
• Petersohn, R. H.: Die Restaurierung eines Tafelgemäldes aus der Werkstatt des Hans Leonhard Schiufelein, in: Restauro, 1 (1989), pp. 14-22
• Petrowitz, J. H.: Holzschutz und Denkmalpflege, in: Holz-Zentralblatt, 102, 154 (1976), pp. 2187-2189
• Petruscheffski, T.: Physikalische Untersuchungen von Ölfarbenanstrichen. Munich 1921
• Pettenkofer, M. von: Über Ölfarbe und Conservierung der Gemälde-Gallerien durch das Regenerations-Verfahren. Brunswick 1870
• Phelan, W. H./Baer, N. S./Indictor, N.: An evaluation of adhesives for use in paper conservation, in: IIC Bulletin of the American Group, 11 (1971), pp. 58-75
• Phenix, A.: Application of new cleaning methods, in: Conservation News, 52 (1993), pp. 42-43
• Phenix, A./Burnstock, A.: The deposition of dirt: A review of the literature, with scanning electron microscope studies of dirt on selected paintings, in: Hackney, S./Townsend, J./Eastaugh, N. (Ed.): Dirt and pictures separated. London 1990, pp. 11-18
• Phenix, A./Hedley, G.: Lining without heat and moisture, in: ICOM, 7th Triennial Meeting. Kopenhagen 1984, 84/2/38
• Philippot, A. P.: Le problème de l'intégration des lacunes dans la restauration des peintures, in: Bulletin de l'Institut Royal du Patrimoine Artistique, 1 (1954), pp. 5-19
• Philippot, A. P: Reflexions sur quelques problèmes estétiques et techniques de la retouche, in: Bulletin de l'Institut Royal du Patrimoine Artistique, 3 (1960), pp. 163-172
• Philippot, A. P.: Die Integration von Fehlstellen in der Gemälderestaurierung, in: Österreichische Zeitschrift für Kunst- und Denkmalpflege, 16 (1962), pp. 119-128
• Pieh, H./Bock, G. von: Aspekte einer Dürer-Restaurierung, in: Berliner Museen, Beiheft Restaurierungen, Berichte aus den Staatlichen Museen Preutischer Kulturbesitz, 3 (1982), pp. 15-19
• Plather, L. E.: To udublerte barokkbilder i Nasjonalgalleriet, in: Nordisk Konservatorforbunds, IIC Nordic Group's Preprints of the 9th Congress. Oslo 1981, pp. 33-38
• Plenderleith, H. J.: The conservation on antiquities and works of arc London 1956
• Plenderleith, H. J./Cursiter, S.: The problem of lining adhesives for paintings - Wax adhesives, in: Technical Studies in the Field of the Fine Arts, 3 (1934), pp. 90-113
• Plesters, J.: Dark varnishes - Some further comments, in: Burlington Magazine, 104 (1962), pp. 452-460
• Preußer, F.: Synthetische Materialien und ihre Eigenschaften, in: Mitteilungen des Deutschen Restauratorenverbandes, 1981/82, pp. 1-3
• Quandt, E.: Observations concerning the application of grounds in 18th century American paintings, in: IIC Bulletin of the American Group, 11 (1971), pp. 37-45
• Rabin, B.: A polyvinyl acetate heat-seal adhesive for lining, in: Conservation of paintings and the graphic arts. IIC Preprints, Congress Lissabon. London 1972, pp. 631-635
• Raft, K.: Re-forming, eine Methode der Firnisabnahme in Gemälden, in: Maltechnik/ Restauro, 1 (1971), pp. 1-5
• Raft, K.: An examination of the value of the reforming technique in practice, in: Studies in Conservation, 25 (1980), pp. 137-140
• Raft, K./Raft, A.: Beva 371, ein neues Klebemittel für Restauratoren, in: Maltechnik/Restauro, 1 (1973), pp. 31-38
• Raschle, F.: Alterung und Korrosion der Naturfasergewebe, in: Beiträge zur Konservierung textiler Bildträger. Bern 1983, pp. 14-28
• Rathgen, F.: Die Konservierung von Altertumsfunden. Parts II and III. Berlin 1924
• Rawlins, F. I. G.: The rheology of paintings, in: Technical Studies in the Field of the Fine Arts, 10 (1942), pp. 59-72
• Rawlins, F. I. G./Stout, G. L.: Brief methods of describing paint, in: Technical Studies in the Field of the Fine Arts, 10 (1942), pp. 37-46
• Rees-Jones, S.: Questionnaire on lining techniques, in: ICOM, 3rd Triannial Meeting. Madrid 1972
• Rees-Jones, S./Cummings, A./Hedley, G. A.: Relining materials and techniques. Summary of replies to a questionnaire, in: ICOM, 4th Triennial Meeting. Venice 1975, 75/11/3-1
• Rees-Jones sen., S./Hermesdorf, P. F. J. M.: The adhesive strength of whiting wax resin cements, in: Studies in Conservation, 4, 1 (1959), pp. 5-12
• Rees-Jones sen., S./Ritchie, P.: Radiographic detection of lyctris larvae in situ, in: Technical Studies in the Field of the Fine Arts, 5 (1936/37), pp. 179-181
• Rehbein, S./Temme, K.: Festigen des Bildträgers - Niveauherstellung, Farbwiederherstellung, in: Althöfer, H. (Ed.): Restaurierung moderner Malerei. Munich 1985, pp. 103-122
• Reichwald, H.: Grundlagen wissenschaftlicher Konservierungs- und Restaurierungskonzepte. Hinweise für die Praxis, in: Erfassen und Dokumentieren im Denkmalschutz. Schriftenreihe des Deutschen Nationalkomitees for Denkmalschutz, 16 (1982), pp. 11-36
• Reimold, F.: Transferring an altarpiece by Kontad Witz, in: Conservation of paintings and the graphic arts. IIC Preprints, Congress Lissabon. London 1972, pp. 825-830
• Renders, E.: Cracks in Flemish primitives, in: Burlington Magazine, 1928, pp. 59 ff.
• Renshaw-Beauchamp, R. B.: Another use for Beva 371, in: Bulletin of the American Institute for Conservation of Historic and Artistic Works, 15, 1 (1974), pp. 59-60
• Reschke, S.: Die plastische Oberflächengestaltung gekitteter Fehlstellen, in: Zeitschrift für Kunsttechnologie und Konservierung, 6 (1992), pp. 275-297
• Richard, M.: Factors affecting the dimensional responses of wood, in: Conservation of wood in

paintings and the decorative arts, in: IIC Preprints, Oxford Congress. London 1978, pp. 131-136
• Rie, E. R. de la.: Fluorescence of paint and varnish layers, in: Studies in Conservation, 27 (1982), Part I: pp. 1-7, Part II: pp. 65-69, Part III: pp. 102-108
• Rie, E. R. de la: Research on picture varnishes: status of the project at the Metropolitan Museum of Art, in: ICOM, 8th Triennial Meeting. Sydney 1987, pp. 791-796
• Rie, E. R. de la: The influence of varnishes on the appearance of paintings, in: Studies in Conservation, 32 (1987), pp. 1-13
• Rie, E. R. de la: Stable varnishes for old master paintings. Dissertation. Amsterdam 1988
• Rie, E. R. de la: Polymer stabilizers. A survey with reference to possible applications in the conservation field, in: Studies in Conservation, 33 (1988), pp. 9-22
• Rie, E. R. de la: Photochemical and thermal degradation of films of dammar resin, in: Studies in Conservation, 33 (1988), pp. 53-70
• Rie, E. R. de la: An evaluation of Irganox 565 as a stabilizer for dammar picture varnish, in: Studies in Conservation, 33 (1988), pp. 109-114
• Rie, E. R. de la: Polymer additives for synthetic low-molecular weight varnishes, in: ICOM, 10th Triennial Meeting. Washington 1993, pp. 566-573
• Rie, E. R de la/McGlinchey, C. W.: Stabilized dammar picture varnish, in: Studies in Conservation, 34 (1989), pp. 137-146
• Rie, E. R. de la/McGlinchey, C. W.: The effect of a hindered amine light stabilizer on the aging of dammar and mastic varnish in an environment free of ultraviolet light, in: Mills, J. S./Smith, P. (Ed.): Cleaning, retouching and coatings. IIC Preprints, Brussels Congress. London 1990, pp. 160-164
• Rie, E. R. de la/McGlinchey, C. W.: New synthetic resins for picture varnishes, in: Mills, J. S./ Smith, P. (Ed.): Cleaning, retouching and coatings. IIC Preprints, Brussels Congress. London 1990, pp. 168-173
• Rie, E. R. de la/Shedrinsky, A. M.: The chemistry of ketone resins and the synthesis of a derivative with increased stability and flexibility, in: Studies in Conservation, 34 (1989), pp. 9-19
• Ris-Paquot, O. E.: Guide pratique du restaurateur-amateur de tableaux, gravures, dessins, pastels miniatures. Paris 1890
• Roehn, C.: Physiologie du commerce d'art suivi d'un traité sur la restauration des tableaux. Paris 1841
• Rose, A. H. (Ed.): Microbial Biodeterioration. London - New York - Toronto - Sydney - San Francisco 1981
• Rosen, D.: Notes on the preservation of panel pictures, in: Journal of the Waiters Art Gallery, 4 (1941), pp. 123-127
• Rosen, D.: Preservation versus restauration, in: Magazine of Art, 34 (1941), pp. 458-471
• Rosen, D.: The preservation of wood sculpture: The wax immersion method, in: Journal of the Walters Art Gallery, 13/14 (1950/51), pp. 45-71
• Rossi-Manaresi, R., et al.: Examination and cleaning of paintings by Giambattista Tiepolo in the Scuola Grande dei Carmine, Venice, in: Mills, J. S./ Smith, P. (Ed.): Cleaning, retouching and coatings. IIC Preprints, Brussels Congress. London 1990, pp. 13-15
• Rostain, F.: Rentoilage et transposition des tableaux. Institut Frangais de Restauration des Œuvres d'Art. Paris 1981
• Roth, J.: Wax relining, in: Museum News, 1 (1951), pp. 6-7
• Röttger, G.: Doublieren übergroßer Leinwandbilder auf kleineren Heiztischen, in: Maltechnik, Vol. 73, 2, (1967), pp. 72-74
• Roux, A.-S.: Traitement des déchirures de support toile. Dissertation. Kunstgewerbeschule, Bern, 1993
• Ruf, J.: Korrosion: Schutz dutch Lacke und Pigmente. Berlin - Stuttgart 1972
• Ruggles, M.: A roller for use on the vacuum hot table, in: IIC Bulletin of the American Group, 7 (1966), pp. 16-17
• Ruhemann, H.: Neuer Apparat zur Behandlung von Blasen an Gemälden, in: Berliner Museen, Berichte aus den Preußischen Kunstsammlungen Berlin, 51 (1930), pp. 147
• Ruhemann, H.: Une méthode de restauration à la cite neutre, in: Mouseion, 17/18 (1932), pp. 167-169
• Ruhemann, H.: A record of restoration, in: Technical Studies in the Field of the Fine Arts, 3 (1934), pp. 2-15
• Ruhemann, H.: The impregnation and lining of paintings on a hot table, in: Studies in Conservation, 1 (1953), pp. 73-76
• Ruhemann, H.: Criteria for distinguishing additions from original paint, in: Studies in Conservation, 3 (1958), pp. 145-161
• Ruhemann, H.: The cleaning of paintings. London 1968
• Russell, W. H./Berger, G. A.: The behavior of canvas as structural support for painting, in: Brommelle, N. S./Thomson, G. (Ed.): Science and technology in the service of conservation. IIC Preprints, Washington Congress. London 1982, pp. 139-145
• Ruurs, R.: Matt oder glänzend. Gemäldefirnis im 17. Jahrhundert, in: Maltechnik/Restauro, 3 (1983), pp. 169-174
• Sakuno, T./Kawada, T.: Retardation of oil color hardening by extractives from wooden canvas stretcher, in: ICOM, 10th Triennial Meeting. Washington 1993, pp. 574-579
• Samet, W/Stoner, J. H./Wolbers, R.: Approaching the cleaning of Whistler's "Peacock Room": Retrieving surface interrelationships in "Harmony in Blue and Gold", in: Mills, J. S./Smith, P. (Ed.): Cleaning, retouching and coatings. IIC Preprints, Brussels Congress. London 1990, pp. 6-12
• Sandner, I.: The treatment of cracks in canvas paintings with synthetic adhesives-procedures and possible combinations with the lining process, in: ICOM, 9th Triennial Meeting. Dresden 1990, pp. 133-138
• Sandner, I./Bünsche, B., et al.: Konservierung von Gemälden und Holzskulpturen. Berlin 1990
• Sandner, I./Meier, G.: Die Konservierung von Leinwandbildern. Dresden 1982
• Savage, George: The art and antique restorer's handbook. London 1954
• Schädler-Saub, U.: Theorie und Praxis der Restaurierung in Itaiien, in: Maltechnik/Restauro, 1 (1986), pp. 25-41
• Schaefer, J.: Das Restaurieren von Gemälden, in: Weltkunst, 25 (1955), pp. 17-22
• Schaible, V.: Die Gemäldeübertragung, in: Maltechnik/Restauro, 2, (1 983), pp. 96-129
• Schaible, V.: Der Weg der Doublierungstechniken, in: Beiträge zur Konservierung textiler Bildtriger. Bern 1983, pp. 87 ff.
• Schaible, V.: Neue Überlegungen zur Feuchtigkeit am Leinwandbild, in: Zeitschrift für Kunsttechnologie und Konservierung, 1 (1987), pp. 75-95
• Schendel, A. van/Mertens, H. H.: De restauraties van Rembrandt's Nachtwacht, in: Oud Holland, 62, 1 (1947), pp. 1-52
• Schießl, U.: Das Leinwandgemälde auf der starten Platte, in: Beiträge zur Konservierung textiler Bildträger. Bern 1983, pp. 59 ff.
• Schießl, U.: Historischer Überblick über die Werkstoffe der schädlingsbekämpfenden und festigkeitserhöhenden Holzkonservierung, in: Maltechnik/Restauro, Vol. 90, 1 (1984), pp. 9-40
• Schießl, U.: Apage sanatas! Apage Copaiva, in: Zeitschrift für Kunsttechnologie und Konservie-rung, 1, 1 (1987), pp. 165-175
• Schießl, U.: Konservierungstechnische Beobachtungen zur Festigung gebundener, kreidender Malschichten auf Holz, in: Zeitschrift für Kunsttechnologie und Konservierung, 3 (1989), pp. 293-320
• Schießl, U.: Untersuchen und Dokumentieren

von bemalten Holzdecken und Täfelungen. Bern - Stuttgart 1991
• Schießl, U.: Festigkeitserhöhende Konservierung von Holz, in: Bayerisches Landesamt für Denkmalpflege, Arbeitsheft 73 (1995), pp. 15-27
• Schmid, K.-P.: Brandschaden-Restaurierung, in: Maltechnik, 2 (1968), pp. 35-40
• Schmidt, H.: Mikroskopie des Bohrmehles holzzerstörender Käfer, in: Freud, H.: Handbuch der Mikroskopie in der Technik. Vol. 5, Part 2. Frankfurt 1970, pp. 369-377
• Schmidt-Degner, F.: Wax relining of picture canvases, in: The Museums Journal, 32 (1932), pp. 86 f.
• Schmidt-Thomsen, K.: Trennen einer Altartafel, in: Maltechnik, 1 (1957), pp. 6-11
• Schmitt, S.: Das Pettenkofersche Regenerationsverfahren - Eine Studie zur Geschichte einer Methode und ihren Auswirkungen, in: Zeitschrift für Kunsttechnologie und Konservierung, 4 (1990), pp. 30-76
• Schmitt, S.: Examination of paintings treated by Pettenkofer's process, in: Mills, J. S./Smith, P. (Ed.): Cleaning, retouching and coatings. IIC Preprints, Brussels Congress. London 1990, pp. 81-84
• Schneider, T.: Eine Methode der Bildübertragung, in: Maltechnik, Vol. 66, 4 (1960), pp. 105-111
• Schoeler, C. von/Stoian, R.: Transparente kunstharzgebundene Retuschen aufhistorischen Holzoberflächen, in: Zeitschrift für Kunsttechnologie und Konservierung, 8, 1 (1994), pp. 150-157
• Schubart, H.: Failure of synthetic materials in picture conservation, in: The Museums Journal, 53 (1953), pp. 239-240
• Schulze-Senger, C./Schwarz, H. W.: Zur Stabilisierung begradigter einseitig bemalter Eichenholztafeln, in: Mitteilungen des Deutschen Restauratorenverbandes, 1985/86, pp. 98-102
• Sease, C.: The case against using soluble Nylon in conservation work, in: Studies in Conservation, 26 (1981), pp. 102-110
• Secco-Suardo G.: Il restauratore dei dipinti. Milan 1866
• Shashoua, Y. R.: Mechanical testing of resins for use in conservation, in: ICOM, 10th Triennial Meeting. Washington 1993, pp. 580-585
• Siegel, T.: Verbesserungen am Heiztisch-Unterdruckverfahren, in: Maltechnik, 2 (1959), p. 48
• Sonnenburg, H. von: The technique and conservation of the portrait Juan de Paréja by Velazquez, in: The Metropolitan Museum of Art Bulletin, 1971, pp. 476-478
• Sonnenburg, H. von: Raphael in der Alten Pinakothek. Munich 1983
• Sonnenburg, H. von: Säureanschlag auf drei Dürer-Werke in der Alten Pinakothek, in: Jahresbericht der Bayerischen Staatsgemäldesammlungen, Munich, 1987/88, pp. 7-10
• Sonnenburg, H. von: Verglasung als Vorbeugemaßnahme, in: Jahresbericht der Bayerischen Staatsgemäldesammlungen, Munich, 1987/88, pp. 17-18
• Sotton, M./Chevalier, H., et al.: Influence des positions respectives des toiles de doublage et toile support de peinture sur les propriétés de rentoilage à la colle, in: ICOM, 7th Triennial Meeting. Copenhagen 1984, 84/2/45
• Southall, A.: Wolbers' Corner, in: Conservation News, July 1989, pp. 11-12
• Southall, A.: Detergents soaps surfactants, in: Hackney, S./Townsend, J./Eastaugh, N. (Ed.): Dirt and pictures separated. London 1990, pp. 29-34
• Speroni, P.: A transportable suction table for on-the-spot conservation of large size paintings, in: ICOM, 9th Triennial Meeting. Dresden 1990, pp. 145-147
• Steele, G. van/Masschelein-Kleiner, L.: Modified starch for conservation purposes, in: Studies in Conservation, 25 (1980), pp. 64-70
• Stevens, W. C.: Rates of change in the dimensions and moisture contents of wooden panels resuiting from changes in the ambient air conditions, in: Studies in Conservation, 6, 1 (1961), pp. 21-25
• Stirl, K.: Eindringverhalten von Störleimlösungen in morbider Grundierung, nachgewiesen durch Autoradiographie bzw. histochemische Anfirbungen. Dissertation. Hochschule für Bildende Künste, Dresden, 1983
• Stöckler, K. J.: Praktisches Hülfsbuch der Kunstfreunde. Pest - Leipzig 1838
• Stolow, N.: Solvent action, in: Feller, R. L./Stolow, N./Jones, E. H.: On picture varnishes and their solvents. Oberlin (Ohio) 1959, pp. 45-111
• Stolow, N.: Application of science to cleaning methods: Solvent action studies on pigments and unpigmented linseed oil films, in: Thomson, G. (Ed.): Recent advances in conservation. London 1963
• Stopp, W.: Aluminium als Bildträger alter Gemälde, in: Maltechnik, 4 (1957), pp. 74-76
• Stout, G. L.: A museum record of the condition of paintings, in: Technical Studies in the Field of the Fine Arts, 3 (1934), pp. 200-216
• Stout, G. L.: An iron for relining, in: Technical Studies in the Field of the Fine Arts, 4, 2 (1935), pp. 113-118
• Stout, G. L.: A preliminary test of varnish solubility, in: Technical Studies in the Field of the Fine Arts, 5 (1936), pp. 146-161
• Stout, G. L.: General notes on the condition of paintings - A brief outline for the purpose of record, in: Technical Studies in the Field of the Fine Arts, 8 (1939), pp. 159-166
• Stout, G. L.: Note: Treatment of blemishing paintings, in: Technical Studies in the Field of the Fine Arts, 10 (1941), pp. 99-112
• Stout, G. L.: Description of film cracks, in: Journal of the American Institute for Conservation, 14 (1974), pp. 9-14
• Stout, G. L.: The care of pictures. New York 1975
• Stout, G. L.: A trial index of laminal disruption, in: Journal of the American Institute for Conservation, 17 (1977), pp. 17-26
• Stout, G. L/Cross, H. E: Properties of surface films, in: Technical Studies in the Field of the Fine Arts, 5 (1937), pp. 241-249
• Stout, G. L./Gettens, R. J.: The problem of lining adhesives for paintings, in: Technical Studies in the Field of the Fine Arts, 2 (1933), pp. 81-104
• Stout, G. L/Pease, M.: A case of paint cleavage, in: Technical Studies in the Field of the Fine Arts, 7 (1938), pp. 44-46
• Straub, R. E.: A modified apparatus for re-joining heavy panels, in: Studies in Conservation, 2 (1956), pp. 192-194
• Straub, R. E.: Ergänzung zum Heiztisch- und Unterdruckverfahren zur Konservierung von Leinwandbildern, in: Maltechnik, Vol. 64 (1958), pp. 70-77
• Straub, R. E.: Retouching with synthetic resin paint, in: The Museums Journal, 62 (1962), pp. 113-119
• Straub, R. E.: Retuschieren mit Kunstharzfarben, in: Maltechnik, Vol. 69, 2, (1963), pp. 65-73
• Straub, R. E.: A note on AW2 and MS2A, in: The Museums Journal, 63, 1-2 (1963), p. 128
• Straub, R. E.: Erhaltungsmaßnahmen am Leinwandbild, in: Nachrichtenblatt der Denkmalpflege in Baden-Württemberg, 8, 3 (1965), pp. 72-74
• Straub, R. E.: Spannvorrichtungen für das Leinwandbild, in: Nachrichtenblatt der Denkmalpflege Baden-Württemberg, 8, 3 (1965), pp. 75-77
• Straub, R. E.: Nachteile des Doublierens aufdem Vacuum-Heiztisch und Wege zu ihrer Behebung, in: Maltechnik, Vol. 71 (1965), pp. 97-102
• Straub, R. E.: Bildbelege und Dokumentation in situ im Bereich der Denkmalpflege, in: Nachrichtenblatt der Denkmalpflege in Baden-Württemberg, 103 (1967), pp. 58-63
• Straub, R. E.: Das Problem des verwölbten Holztafelbildes, in: Nachrichtenblatt der

Denkmalpflege in Baden-Württemberg, 11, 3 (1968), pp. 71-77
• Straub, R. E. (Ed.): Über die Erhaltung von Gemälden und Skulpturen. Stuttgart - Zurich 1963
• Straub, R. E./Rees-Jones sen., S.: Marouflage relining and treatment of cupping with atmospheric pressure, in: Studies in Conservation, 2, 2 (1955), pp. 55-63
• Stringari, C./Peres, C. M.: Vincent van Gogh's triptych of trees in blossom, Arles (1888). Part I: Examination and treatment of the altered surface coatings. Part II: On egg-white varnishes, in: Mills, J. S./Smith, E (Ed.): Cleaning, retouching and coatings. IIC Preprints, Brussels Congress. London 1990, pp. 126-130
• Strzelczyk, A. B.: Microbial biodeterioration in paintings and sulptures, in: Rose, A. H. (Ed.), Microbial Biodeterioration. London - New York - Toronto - Sydney- San Francisco 1981
• Stübel, M.: Gemälderestaurationen im 18. Jahrhundert, in: Der Cicerone, 18, 4 (1926), pp. 122-135
• Stübel, M.: Gemälderestauration und ihre Geschichte, in: Museumskunde, Neue Folge, 9 (1937), pp. 51-60
• Stühler, W.: Schwingungseinwirkungen auf Ausstellungsobjekte beim Transport und bei der Ausstellung - Ursachen, Auswirkungen, Abhilfemaßnahmen, Bewahren und Ausstellen. ICOM-Symposium 1982, Lindau. Munich 1984
• Suhr, W.: A built-up panel for blistered paintings on wood, in: Technical Studies in the Field of the Fine Arts, 1 (1932), pp. 29-34
• Suihko, N.: A method to repair canvas with plastic, in: Meddelelser om Konservering, 6 (1968), pp. 23-31
• Susat, A.: Über das Restaurieren alter Gemälde, in: Technische Mitteilungen für Malerei, 1937, pp. 93-95
• Susijn, H.: Het retoucheren van schilderijen, in: Het retoucheren in de restauratie van Kunstwerken. IIC-Symposium Nederland, Jan van Eyck Akademie, Maastricht, 1980, pp. 63-65
• Sutter, H.-P.: Holzschädlinge an Kulturgütern erkennen und bekämpfen. Bern 1986
• Teas, J. P.: Graphic analysis of resin solubility, in: Journal of Paint Technology, 40 (1968), pp. 19-25
• Theophilus Presbyter, Schedula diversarum artium. Revised text, translation and appendix by A. Ilg. Quellenschriften für Kunstgeschichte. Vienna 1874
• Thomson, G.: Some picture varnishes, in: Studies in Conservation, 3, 2 (1957), pp. 64-79
• Thomson, G.: New picture varnishes, in: Thomson, G. (Ed.): Recent advances in conservation. London 1963, pp. 176-184
• Thomson, G. (Ed.): Recent advances in conservation. London 1963
• Thomson, G.: Museum Environment. London 1987
• Tobolsky, A. V.: The mechanical properties of polymers, in: Scientific American, 1957, pp. 121-134
• Toch, M.: Paint, paintings and restoration. New York 1931
• Tonolo, A./Giacobini, C.: Importanza dell' umidità per lo sviluppo di microorganismi nei dipinti su tela, in: Bollettino dell' Istituto Centrale del Restauro, 36 (1958), pp. 191-205
• Torfs, I.: La réintégration par la retouche des peintures monochromes, École Nationale Supérieure des Arts Visuels de la Chambre. Brussels 1986/87
• Torraca, G.: Solubility and solvents for conservation problems, in: ICCROM. Rome 1984
• Townsend, J. H.: The refractive index of 19th century paint media - A Preliminary Study, in: ICOM, 10th Triennial Meeting. Washington 1993, pp. 586-592
• Troltsch, S.: Die Gemälde des Gerhard Richter, ihre Maltechnik und die Möglichkeit der Restaurierung mit dem Schwerpunkt Retusche. Dissertation. Cologne Polytechnic, 1990
• Unger, A.: Holzkonservierung, Schutz und Festigung von Kulturgut aus Holz. Leipzig 1988
• Unger, A./Unger, W: Die Bekämpfung tierischer und pilzlicher Schädlinge, in: Bayerisches Landesamt für Denkmalpflege, Arbeitsheft 73 (1995), pp. 7-14
• Urbani, G.: La conservation des peintures sur panneaux, in: Thomson, G. (Ed.): Recent advances in conservation. London 1963
• Urbani, G.: Problemi di conservazione. Bologna 1973
• Vanderlipp de Carbonnel, K.: A study of French painting canvases, in: Journal of the American Institute for Conservation, 20, 1 (1980/81), pp. 3-20
• Veil, D. P.: A new design for lining stretchers (System Rigamonti), in: IIC Bulletin of the American Group, 7, 1 (1966), pp. 14 ff.
• Villers, C.: Artist's canvases. A history, in: ICOM, 6th Triennial Meeting. Ottawa 1981, 81/2/1
• Vogelsang, U.: Gemälderestaurierung im 19. Jahrhundert am Beispiel Andreas Eigner. Dissertation. University of Cologne. Stuttgart 1985
• Volkmer, J./Indictor, N./Baer, N. S.: Special problems of lining materials and methods for special problems in painting conservation, in: Bulletin of the American Institute for Conservation of Historic and Artistic Works, 15 (1975), pp. 103-105
• Voss, E.: Bilderpflege. Leipzig 1899
• Wagner, C.: Arbeitsweise und Anschauungen in der Gemälderestaurierung um 1800. Veröffentlichungen des Instituts für Kunsttechnik und Konservierung am Germanischen Nationalmuseum Nuremberg, Vol. 2 (n.d.)
• Wahls, A. R.: Holzschädlinge und deren Bekämpfung, in: Maltechnik, Vol. 72 (1966), pp. 18-23
• Waldeis, P.: Erhaltung und Restaurierung der Gemälde, in: Nicolas Poussin - Claude Lorrain. Ausstellungskatalog Städelsches Kunstinstittt, Frankfurt am Main 1988, pp. 33-39
• Wales, C.: Lining torn paintings on aluminium panel, in: IIC Bulletin of the American Group, 8, 2 (1969), pp. 15 ff.
• Watherston, M.: A vacuum table treatment for cupped paint films on canvas using chemicals and water, in: IIC Bulletin of the American Group, Technical Papers, 1968-70, pp. 121-143
• Watherston, M.: Problems presented by colour field paintings, in: Conservation of paintings and the graphic arts. IIC Preprints, Congress Lissabon. London 1972, pp. 831-845
• Watherston, M.: Treatment of cupped and cracked paint films using organic solvents and water, in: Brommelle, N. S./Smith, E (Ed.): Conservation and restoration of pictorial art. London 1976, pp. 110-125
• Watin, J. F.: L'art du peintre, doreur, vernisseur, Paris 1753. First German edition: Der Staffirmahler, oder die Kunst anzustreichen, zu vergolden und zu lackieren. Leipzig 1774
• Weaver, J. R. H./Stout, G. L./Coremans, P.: Report of a committee of confidential inquiry into the cleaning and the care of pictures in the National Gallery. London 1947
• Weber, K. H./Müller, H.: Restaurierung und Konservierung des Tizian-Gemäldes »Der Zinsgroschen«, in: Holztechnologie, 9 (1968), pp. 19-23
• Wechsler, B.: Cleaning controversity. Zur Diskussion der Gemäldereinigung in England von 1946-1963, in: Zeitschrift für Kunsttechnologie und Konservierung, 1, 2 (1987), pp. 89-132
• Weddingen, E.: Zur Fragwürdigkeit des Doublierens, in: Mitteilungen des Deutschen Restauratorenverbandes, 1980, pp. 30-34
• Weddingen, E.: Durch Fehlschläge zur Erfahrung, in: Maltechnik/Restauro, i (1982), pp. 10 ft.
• Wehlte, K.: Rückseitenschutz für Gemälde, in: Die Kunstkammer, 5 (1935/36)
• Wehlte, K.: Werkstoffe und Techniken der Malerei. Ravensburg 1960

• Wehlte, K.: Infrarot-Strahler, Maltechnik, 3 (1960), pp. 75-81
• Wehlte, K.: Lammfellroller in der Hand des Künstlers, in: Maltechnik, 1 (1965), pp. 4-7
• Weihs, E: Ein neuer elektrischer Heizspachtel, in: Maltechnik, Vok 62, 2 (1956), pp. 40-42
• Weirich, G.: Wachstum von Schimmelpilzen und Bakterien aufverschiedenen Malgründen, in: Zeitschrift für Kunsttechnologie und Konservierung, 2 (1988), pp. 305-314
• Welsch, F.: Vollständige Anweisung zur Restauration der Gemälde in Öl-, Wachs-, Tempera-, Wasser-, Miniatur- und Pastellfarben. Quedlin burg - Leipzig 1834
• Werner, A.: Plastics aid in conservation of old paintings, in: British Plastics and Moulded Products Trader, 25 (1952), pp. 363-366
• Werner, A.: Synthetic waxes, in: The Museums Journal, 57 (1957), pp. 3-5
• Werner, A.: Einige wissenschaftliche Gesichtspunkte zum Problem der Konservierung von Kunstwerken, in: Straub, R. E. (Ed.): Über die Erhaltung von Gemälden und Skulpturen. Stuttgart - Zurich 1963, pp. 13-17
• Wetering, E. van der: Die Oberfläche der Dinge und der museale Stil, in: Maltechnik/Restauro, 2 (1982), pp. 98-102
• Whitmore, E M./Bailie, C. W: Studies on the photochemical stability of synthetic resin-based retouching paints: The effects of white pigments and extenders, in: Mills, J. S./Smith, P. (Ed.): Cleaning, retouching and coatings. IIC Preprints, Brussels Congress. London 1990, pp. 144-149
• Wiemers, B.: Historische und moderne Oberlegungen zur Festigung von Malschichten. Dissertation. Staatliche Akademie der Bildenden Künste, Institut für Technologie der Malerei, Stuttgart, 1983
• Willemsen, E.: Museale Gemälderestaurierung. Kunstsammlungen der Stadt Düsseldorf, 1950
• Willemsen, E.: Holzschutz durch Begasung mit Rabasan, in: Maltechnik, Vol. 64 (1958), pp. 11-15
• Willemsen, E.: Doublierung der Leinwandbilder, in: Jahrbuch der Rheinischen Denkmalpflege, 24 (1959-61), pp. 263-266
• Witte, E. de: Overzicht van de synthetische hatsen, gebruikt bij het retoucheren, hun eigenschappen en betrouwbaarkeid, in: Het retoucheren in de restauratie van Kunstwerken. IIC-Symposium Nederland, Jan van Eyck Akademie, Maastricht, 1980, pp. 15-24
• Witte, E. de: Die Anwendung moderner Kunststoffe in der Konservierung und Restaurierung. Neuere Erkenmisse, in: Mitteilungen des Deutschen Restauratorenverbandes, 1981/82, pp. 46-48
• Witte, E. de: Vieillissement naturel et artificiel des produits synthéthic compare â celui des produits naturels, in: Schweizer Verband für Konservierung und Restaurierung (Ed.): Kunststoffe in der Konservierung und Restaurierung von Kulturgiitern. Bern- Stuttgart 1987, pp. 87-97
• Witte, E. de/Goessens-Landrie, M.: The structure of "old" and "new" Paraloid B72, in: ICOM, 5th Triennial Meeting. Zagreb 1978, 78/1613
• Witte, E. de/Goessens-Landrie, M., et al.: Synthesis of an acrylic varnish with high refractive index, in: ICOM, 6th Triennial Meeting. Ottawa 1981, 81/16/4
• Witte, E. de/Guislain-Wittermann, R., et al.: Comparaison de quelques materiaux et techniques de retouche, in: Bulletin de l'Institut Royal du Patrimoine Artistique, 18 (1980/81), pp. 36-40
• Wolbers, R.: Notes for workshop on new methods in the cleaning of paintings. The Getty Conservation Institute, Malibu, 1988
• Wolbers, R.: A radio-isotopic assay for the direct measurement of residual cleaning materials on a paint film, in: Mills, J. S./Smith, R (Ed.): Cleaning, retouching and coatings. IIC Preprints, Brussels Congress. London 1990, pp. 119-125.
• Wolski, J.: Retusche mit Acrylharzfarben, in: Maltechnik/Restauro, 4 (1977), pp. 172-178
• Wolters, C.: The care of wood panels, in: Museum, 8, 3 (1955), pp. 139-164
• Wolters, C.: The care of paintings: Fabric paint support, in: Museum, 13, 3 (1960), pp. 135-171
• Wolters, C.: Treatment of warped woodpanels by plastic deformation; moisture barriers; elastic supports, in: Thomson, G. (Ed.): Recent advances in conservation. London 1963, pp. 163 ft.
• Wolters, C./Kühn, H.: Behaviour of painted wood panels under strong illumination, in: Studies in Conservation, 1 (1962), pp. 1-9
• Woodruff, H. C.: Experimental resurvey of the pencil hardness test for the evaluation of the hardness of dry films, in: Journal of Paint Technology, 38 (1966), pp. 691 ff.
• Wunderlich, C.-H./Weser, U., Gemdereinigung mit Lipasen?, in: Restauro, 1 (1995), pp. 22-27
• Wyld, M./Mills, J. S./Plesters, J.: Some observations on blanching with special reference to the paintings of Claude, in: National Gallery Technical Bulletin, 4 (1980), pp. 49-63
• Yashkina, L.: Adhesive methods of consolidating oil paintings with cuppings and hard craquelure, in: Conference on Comparative Lining Techniques. Greenwich 1974
• Zillich, I.: Das Begradigen von Holztafelgemälden. Dissertation. Staatliche Akademie der Bildenden Künste, Institut für Technologie der Malerei, Stuttgart, 1991
• Zinke, G. G.: Kunst allerhand natürliche Körper zu sammeln, auf eine leichte Art für das Kabinett aufzuarbeiten und vor der Zerstörung feindlicher lnsekten zu sichern. Jena 1802
• Zotto, E del: Preservation of canvas paintings: Structural solutions in relation to environmental changes, in: ICOM, 9th Triennial Meeting. Dresden 1990, pp. 113-118
• Zotto, E del/Tonini, E: Practical solutions to preserve panel paintings: Preliminary report on structural mechanisms, in: ICOM, 10th Triennial Meeting. Washington 1993, pp. 683-689
• Zycherman, L. A./Schrock, J. R. (Ed.): A guide to museum pest control. Foundation of the American Institute for Conservation and Association for Systematic Collections, Washington D. C., 1988

图版出处

c = center
l = left
r = right
a = above
b = below

Altötter, Germany: Dipl.-Rest. Martin Zunhamer 25, 26
Berlin: Staatliche Museen zu Berlin, Preussischer Kulturbesitz, Gemäldegalerie 358
Braunschweig, Germany: Anne Harmssen 104
Braunschweig, Germany: Herzog Anton Ulrich-Museum, Museumsfoto B.-P Keiser 160, 240, 245, 311, 324, 368
Budapest: Dozentin Katalin Görbe 294
Chichester, UK: Willard Development Ltd 46, 52a
Cologne: Dipl.-Rest. Sabine Allroggen 206
Cologne: Atelier Hoppmann 217
Cologne: Markus Brosig 13b, 15, 16
Cologne: Chefrestauratorin Christa Steinbüchel 27c, 27a, 1571a
Cologne: Dipl.-Rest. Katja Brunnenkant 95m
Cologne: Dipl.-Rest. Anke Oellerich 83r, 84, 93b, 94a, 106, 112, l14a, 1401, 149
Cologne: Dipl.-Rest. Petra Schwaerzel 110, 111
Cologne: Andreas Müller 298
Cologne: Kim Ohm 113c (x2), 113a
Cologne: Dipl.-Rest. Silvia Troltsch (test pictures) 274, 276, 282, 283, 295
Dietzenbach, Germany: ITW DeVilbiss, ITW Oberflächentechnik GmbH 323
Dresden: Werkstatt Prof. Winfried Heiber 94c, 94b, 151c, 151a, 352r
Dresden: Werkstatt Prof. Winfried Heiber, Dipl.-Rest. Gesine Dietrich 103, 216
Dresden: Werkstatt Prof. Winfried Heiber, Stephanie Hilden (retouching and filling) 278,279
Freiburg im Breisgau, Germany: Atelier Dipl.-Rest. Ursula Heiduk Vrana (photo: Dipl.-Rest. Christoph Müller 71
Hamburg: Mtonaer Museum in Hamburg 228
Hannover: Niedersächsisches Landesmuseum 204r
Heidelberg: Firma Thermo Lignum 39
Hohenwart-Deimhausen, Germany: Firma Mobigas 38
Hürth, Germany: Thorsten Laureck and Marc Wnuck (sketch: Dipl.-Rest. Silvia Troltsch, Cologne) 202, 203
Hürth, Germany: Thorsten Laureck and Marc Wnuck (sketch: Jens Hofmann, Cologne) 174, 190, 192, 197, 198, 214, 217, 218, 220, 224, 288, 289
Hürth, Germany: Thorsten Laureck and Marc Wnuck 18c, 181, 18r, 20, 21, 30, 41, 39a, 117, 121,165,231,233, 265,272, 361,364, 365
London: The National Gallery 69, 293
Lübeck: Drägerwerk Aktiengesellschaft 345
Munich: Bayerische Gemäldesammlungen 66
Washington: The National Gallery of Art, Andrew W. Mellon Collection 68
Wiirzburg: Peter R. Pracher, Gemälderestaurator 115
Zurich: Atelier Pierre B. Boissonnas 369

其他全部照片均由作者拍摄；大部分摄于不伦瑞克的安东·乌尔里希公爵博物馆、科隆的瓦尔拉夫 - 里夏茨博物馆和科隆应用技术大学修复系。

索引